普通高等教育物流类专业系列教材

现代物流装备

主　编　张振华
副主编　贾淑娟　顾九春
参　编　于桂香　刘　璐　李　翠
　　　　姜天华　朱惠琦

机械工业出版社

本书系统、全面地介绍了现代物流装备的总体构成，具体包括物流运输装备、集装箱技术装备、仓储技术装备、装卸搬运设备、连续输送设备、集装与包装设备、流通加工设备和物流安全管理等内容，重点讲解了物流设施与设备的基本类型、基本结构、基本功用、基本工作原理、主要技术性能及其在物流活动中的应用。

本书结构科学、严谨，内容全面、丰富，配图直观、新颖，比较全面地反映了现代物流装备的发展和使用状况，能够为读者提供全面、实用的物流装备基本知识和技术资料。

本书可供高等院校物流管理、物流工程、工业工程、交通运输工程及相关专业本科和专科教学使用，也可作为物流领域管理人员、工程技术人员和有关从业人员的学习和培训参考书。

图书在版编目（CIP）数据

现代物流装备/张振华主编. —北京：机械工业出版社，2021.3（2024.8 重印）
普通高等教育物流类专业系列教材
ISBN 978-7-111-67671-3

Ⅰ.①现… Ⅱ.①张… Ⅲ.①物流-设备管理-高等学校-教材 Ⅳ.①F253.9

中国版本图书馆 CIP 数据核字（2021）第 037401 号

机械工业出版社（北京市百万庄大街 22 号　邮政编码 100037）
策划编辑：常爱艳　易　敏　责任编辑：常爱艳　易　敏　王　芳
责任校对：黄兴伟　　　　　　封面设计：鞠　杨
责任印制：邓　博
北京盛通数码印刷有限公司印刷
2024 年 8 月第 1 版第 4 次印刷
184mm×260mm・18.25 印张・427 千字
标准书号：ISBN 978-7-111-67671-3
定价：53.00 元

电话服务　　　　　　　网络服务
客服电话：010-88361066　机 工 官 网：www.cmpbook.com
　　　　　010-88379833　机 工 官 博：weibo.com/cmp1952
　　　　　010-68326294　金 书 网：www.golden-book.com
封底无防伪标均为盗版　机工教育服务网：www.cmpedu.com

前　言

物流是集知识与技术（软件）、设施与设备（硬件）于一体的服务行业，其中，设施与设备（合称装备）是物流系统运行的物质基础，是物流产业的基本生产要素，是现代物流生产作业的基本技术手段。物流的所有作业过程都必须通过相应的物流装备来完成，没有装备的支撑，物流系统的运作根本无从谈起。因此，对物流类专业的学生来说，认识各种物流装备，熟悉其应用、选型、管理与配置等十分必要。介绍这些知识的课程——"物流装备"（或其他类似课程名）是物流类专业非常重要的专业课程。

本书作者团队曾经编写过该课程的教材，名为《物流技术装备》。该书于2014年1月由机械工业出版社出版，至今已7年，期间物流行业发生了许多变化。一方面，物流装备领域在这几年中有很大的发展，例如：物流基础设施的建设（如高铁的飞速发展），物流运输装备的发展（如我国飞机制造、机场建设、造船工业的新成就），其他物流装备的发展，以及新的国家政策对物流的影响等。这些变化和发展都应该在教材中及时得到反映。另一方面，物流类专业的师生、物流管理人员、物流工程技术人员和其他物流领域有关从业人员，在学习时对于教材知识和数据的更新要求也十分迫切，而该书中很多数据、图表已经是2013年以前的资料，急需更新。针对这些问题，我们重新编写了本书，并命名为《现代物流装备》。

本书共九章，分别介绍了物流装备的基本理论、物流运输装备、集装箱技术装备、仓储技术装备、装卸搬运设备、连续输送设备、集装与包装设备、流通加工设备、物流安全管理等方面的相关知识，力求全面而系统地反映近年来物流装备的新发展。

与我们编写的前一本教材以及其他教材相比，本书具有如下特点：①由于信息技术对于现代物流极其重要，物流类专业都单独开设相关课程，因而为避免重复，节约教材篇幅和课时，物流信息技术装备不再编入本书；②紧跟国家教育理念，本着思想教育入课堂的初衷，将我国物流领域的最新建设成就（如高铁建设、造船工业和飞机制造等）写入本书，适时激发学生的民族自豪感与家国情怀；③安全生产的重要性不言而喻，而物流安全大多与设施和设备相关，因此本书将物流安全管理作为一章单独编入。

关于本书对应课程的教学，建议采用多媒体教学手段，尽量多地通过图片和视频让学生直观地认识每种物流装备的结构、功能与主要应用，另外还可以配合相关实训课程进行设备的实际操作，真正做到理论与实践相结合，提高学生的技能水平。为了方便教学，我们制作了PPT课件等配套资源，使用本书作为教材的教师可联系本书编辑索取（cmp9721@163.com）。

在本书的编写过程中，参考了大量文献资源，包括图片和文字材料。这些资料极大地丰富了本书的内容，在此谨向这些文献资料的作者表示衷心感谢。

编　者

2020年12月

目 录

前 言
第1章 绪论 ··· 1
1.1 物流装备的含义 ·· 1
1.2 现代物流装备的地位与作用 ·· 4
1.3 我国物流装备的发展特点与现状 ··· 5
1.4 物流装备的发展趋势 ·· 8
1.5 物流装备的选配 ··· 10
1.6 现代物流装备课程的特点与学习目标 ··· 13
复习思考题 ·· 14

第2章 物流运输装备 ··· 15
2.1 公路运输装备 ·· 15
2.2 铁路运输装备 ·· 26
2.3 水路运输装备 ·· 39
2.4 航空运输装备 ·· 53
复习思考题 ·· 60

第3章 集装箱技术装备 ··· 61
3.1 集装箱概述 ··· 61
3.2 集装箱装卸搬运设备 ·· 79
3.3 集装箱码头 ··· 90
3.4 智能集装箱 ··· 94
3.5 集装箱多式联运 ··· 96
复习思考题 ·· 100

第4章 仓储技术装备 ·· 101
4.1 仓储技术装备概述 ·· 101
4.2 仓库的基本结构与分类 ··· 103
4.3 货架 ··· 111
4.4 自动化立体仓库 ·· 119

现代物流装备

4.5 仓库出入库站台及装卸系统 ………………………………… 125
复习思考题 ……………………………………………………… 129

第5章 装卸搬运设备 …………………………………………… 130
5.1 装卸搬运概述 …………………………………………………… 130
5.2 物流起重设备 …………………………………………………… 132
5.3 叉车 ……………………………………………………………… 142
5.4 轻型装卸搬运设备 ……………………………………………… 153
5.5 AGV 系统 ……………………………………………………… 155
5.6 巷道堆垛机 ……………………………………………………… 160
复习思考题 ……………………………………………………… 165

第6章 连续输送设备 …………………………………………… 166
6.1 连续输送设备概述 ……………………………………………… 166
6.2 带式输送机 ……………………………………………………… 167
6.3 链板输送机 ……………………………………………………… 171
6.4 刮板输送机与埋刮板输送机 …………………………………… 172
6.5 悬挂输送机 ……………………………………………………… 174
6.6 辊道输送机 ……………………………………………………… 175
6.7 螺旋输送机 ……………………………………………………… 178
6.8 气力输送机 ……………………………………………………… 181
6.9 斗式提升机 ……………………………………………………… 183
复习思考题 ……………………………………………………… 186

第7章 集装与包装设备 ………………………………………… 187
7.1 物流集装概述 …………………………………………………… 187
7.2 物料活性与物流模数 …………………………………………… 190
7.3 托盘 ……………………………………………………………… 192
7.4 其他集装器具 …………………………………………………… 205
7.5 包装的作用与类别 ……………………………………………… 212
7.6 包装设备的分类与组成 ………………………………………… 214
7.7 常用包装机械 …………………………………………………… 216
7.8 包装自动生产线 ………………………………………………… 223
复习思考题 ……………………………………………………… 226

第8章 流通加工设备 …………………………………………… 227
8.1 流通加工概述 …………………………………………………… 227
8.2 原材料流通加工设备 …………………………………………… 231
8.3 冷链物流装备 …………………………………………………… 234

目 录

8.4	生鲜食品流通加工设备	239
8.5	自动分拣系统设备	241
	复习思考题	254

第9章 物流安全管理 ······ 255

9.1	物流安全概述	255
9.2	部分通用安全生产基础知识	257
9.3	道路运输安全管理	259
9.4	仓储消防安全管理	266
9.5	装卸搬运安全管理	274
	复习思考题	280

参考文献 ······ 282

第1章 绪　　论

学习要点

1. 理解现代物流装备的内容与含义。
2. 掌握现代物流装备的分类。
3. 理解现代物流装备在物流运作中的地位和作用。
4. 了解我国物流装备的发展现状和特点，思考其存在的问题。
5. 了解选配物流装备的需求分析、原则和影响因素。

1.1 物流装备的含义

物流装备是物流管理研究和应用的重要内容，现代物流的各项功能均依赖于各种物流装备才能得以实现。企业生产经营、国民经济运转，乃至经济全球化、一体化的发展都依赖于以现代物流装备为中坚力量的物流系统的运营。

经过改革开放以来几十年的持续快速发展，我国已经成为有全球影响力的物流大国和全球最大的物流市场。随着综合国力的发展，我国物流业也在不断进步，但与发达国家相比，发展水平还存在一定差距，仍有很多不足。

现代物流装备的发展是加快我国物流业发展进程的主要内容之一。现代物流装备以完成现代化物流运输、自动化仓储、机械化装卸搬运和包装、信息化配送等现代物流基本作业为目标，以全球化的网络通信技术、识别技术、GPS导航技术、数据库技术等先进物流技术为手段，形成完整的现代物流流程。只有将现代物流装备的发展作为物流业发展的主要内容，才能有效地加快我国物流产业的发展进程。

在理解物流装备的含义时，需要理清物流装备、物流设施和物流设备这几个概念。

1.1.1 物流装备的概念

物流是物品从供应地向接收地的实际流动过程，由一系列具体的物流活动组成。物流活动由包装、装卸搬运、运输、储存、配送、流通加工等环节构成，物流活动的实现需要相应的技术和装备的配合。

所谓物流技术，是指物流活动中所采用的自然科学与社会科学方面的理论、方法以及设施、设备、装置与工艺的总称。其中，设施与设备是从事物流活动的重要技术要素，是从事物流生产活动的基本物质基础，体现了物流产业和物流企业的装备条件。

物流装备是指进行物流生产活动所采用的各种设施与设备的总称，主要包括各类起重运输设备、装卸搬运设备、输送设备、储存保管设备、分拣设备、集装单元化器具以及各类配套设备等。广义上，物流装备也包括与上述物流设备使用相关的各类物流设施，如仓库、配送中心、货运站场、集装箱站场等。一般来说，物流设施通常是指不动的建筑或结构等，物流设备通常是指活动性的或可移动的机械设备、装置和器具等。

1.1.2 物流设施

物流设施是指提供物流相关功能和组织物流服务的场所，包括公路、铁路、航空、港口、机场、货运站场、物流园区及通信设施等，其建设水平和吞吐（通过）能力直接影响物流活动和物流作业的运行效率。

从广义上讲，凡是与物流活动相关的各种设施都属于物流设施。在物流生产实践中，根据物流设施的功能和社会地位不同可分为物流专用设施和物流基础设施两大类。

1. 物流专用设施

物流专用设施是指具备物流相关功能和提供物流服务的场所，主要包括物流园区、物流中心、配送中心以及各类仓库和货运站等，图1-1是比较典型的物流园区。

图1-1 典型的物流园区

（1）物流园区。现代物流园区从大的方面说，主要具有两大功能，即物流组织管理功能和依托物流服务的经济开发功能。现代物流园区作为经济功能区，其主要作用是开展满足城市居民消费、就近生产、区域生产组织所需要的企业生产和经营活动。物流园区的内部功能可概括为8个方面，即综合功能、集约功能、信息交易功能、集中仓储功能、配送加工功能、多式联运功能、辅助服务功能和停车场功能。其中，综合功能的内容为：具有综合各种物流方式和物流形态的作用，可以全面处理储存、包装、装卸、流通加工、配送等作业方式以及不同作业方式之间的相互转换。

根据现行国家标准《物流园区分类与规划基本要求》（GB/T 21334—2017），物流园区可分为货运服务型、生产服务型、商贸服务型、口岸服务型和综合服务型5种基本类型。

物流园区对于实现物流企业集聚、整合利用现有物流资源、改善物流投资环境、推动第三方物流企业成长等具有重要作用，因此加快物流园区的规划和建设是实现现代物流发展的突破口，是促进区域经济整体发展的重要内容。

(2) 物流中心。物流中心是指从事物流活动的具有完善信息网络的场所或组织，其特点是可以为社会或企业自身提供物流服务，物流功能健全、集聚辐射范围大、存储和吞吐能力强。根据货物属性将物流中心划分为专业型物流中心、通用型物流中心和综合型物流中心等。

(3) 配送中心。配送中心的主要功能是提供配送服务。在物流供应链环节中，配送中心是一处物流节点，为物流下游经销商、零售商、客户做好配送工序。在配送中心，可利用流通设施、信息系统平台对物流中的货物进行倒装、分类、流通加工、配套、运输路线和运输方式设计，为客户提供量身配送服务。其目的是节约运输成本、保障客户满意度。

2. 物流基础设施

物流基础设施是用于保证国家或地区物流生产和社会经济活动正常进行的公共服务系统，是社会物流赖以生存和发展的基础物质条件，其建设水平和通过能力直接影响着物流各环节的运行效率。物流基础设施主要由国家统一规划和投资建设，为全社会生产和居民生活提供公共服务，是社会公共基础设施的重要组成部分，主要包括物流运输通道、物流公共信息平台、物流运输港站和枢纽。

(1) 物流运输通道。物流运输通道主要包括公路和城乡道路、铁路、水运航道、航空航线、运输管路等各种运输通道设施。物流运输通道是物流网络结构中的线路，是货物流动的主要通路，物流运输通道的通过能力直接影响着全社会的物流运行效率。

(2) 物流公共信息平台。物流公共信息平台是指基于计算机通信网络技术，提供物流信息、技术和设备等资源共享服务的信息平台。其主要功能是支持或者进行物流服务供需信息的交换，为社会物流服务供给者和需求者提供基础物流信息服务、管理服务、技术服务和交易服务。物流公共信息平台是建立社会化、专业化和信息化的现代物流服务体系的基石，对促进产业结构调整、转变经济发展方式和增强国民经济竞争力具有重要作用。

(3) 物流运输港站和枢纽。物流运输港站和枢纽主要包括各种运输方式的车站、港口、机场等港站设施，以及公路运输枢纽、铁路运输枢纽、水路运输枢纽、航空运输枢纽和综合运输枢纽等。运输港站和枢纽是物流网络结构中的节点，是物流活动的重要集散地，对物流的运作效率起着至关重要的作用。

1.1.3 物流设备

物流设备是以物流设施为载体，在进行储存、装卸搬运、运输、包装、流通加工、配送、信息采集与处理等物流活动时所使用的各种机械设备及装备的总称。它不包括建筑物、装卸站台等物流基础设施。"设备"一词本身的含义极广，有时也称为装备或机器，有时也用"机械"作为总称。其分类一般是按照设备所完成的主要物流作业来划分的，可划分为拣选设备、包装设备、集装设备、装卸搬运设备、运输设备、仓储设备、流通加工设备、信息技术设备、综合功能设备等。

1.2 现代物流装备的地位与作用

随着我国经济体制改革的深化和社会主义市场经济的发展,现代物流已经成为我国经济发展的重要产业和新的经济增长点。现代物流以现代管理理论和方法为指导,运用信息技术,通过物流设备与设施,为用户提供多功能、一体化服务。物流装备是现代物流系统的重要内容,先进的物流装备是物流中全过程高效、优质、低成本运行的保证。随着国家经济的快速发展,物流装备的现代化水平不断提高,越来越趋于自动化、集成化和智能化。

物流装备在现代物流中的地位和作用可概括为以下四点。

(1) 物流装备是物流系统的物质技术基础。物流系统必须有各种物流设施和设备的支持才能正常运行,因此物流设施和设备是实现物流功能的技术保证,是实现物流现代化、科学化、自动化的重要手段。

(2) 物流装备是物流系统的重要资产,是构筑物流系统的主要成本因素。在物流系统中,物流装备的投资比较大,随着物流设备技术含量和技术水平的日益提高,现代物流装备既是技术密集型的生产工具,也是资金密集型的社会财富,配置和维护这些设备与设施需要大量的资金和相应的专业知识。现代化物流装备的正确使用和维护,对物流系统的运行效益是至关重要的,一旦设备出现故障,就会影响物流系统中的某个环节,甚至使整个物流系统瘫痪。

(3) 物流装备涉及物流活动的各个环节。在物流活动的过程中,涉及物料或商品要经过的包装、运输、装卸、储存等作业环节,并且还涉及许多相关的辅助作业环节,而这些作业环节的高效完成均需要相应的物流装备。例如包装过程中,自动包装机、自动封箱机等设备得到了广泛应用;在运输过程中,各种交通工具如汽车、火车、船舶、飞机、管道等是必不可少的;在储存、搬运(装卸)、配送等过程中,不仅要求有必要的场地条件,还要用到各式搬运(装卸)机械。因此物流装备的性能好坏和配置是否合理直接影响物流活动各作业环节的效率。

(4) 物流装备是物流技术水平的主要标志。一个高效的物流系统离不开先进的物流技术和物流装备,先进的物流技术也是通过物流装备体现的。例如托盘、集装箱技术的发展和应用,以及各种运输方式之间联运的发展,促使搬运(装卸)实现了机械化、自动化,提高了装卸效率和运行质量;大力发展交通基础设施(如高速公路、高速铁路、港口等)建设和配置先进的物流设备,极大地缩短了物流时间,提高了物流效率;现代计算机技术、网络技术以及物流应用软件的开发,促使物流向信息化、高效化阶段演进。

因此,国家制定的物流企业评价标准《物流企业分类与评估指标》(GB/T 19680—2013),把物流企业拥有的物流装备条件作为重要的评价指标,对不同级别的物流企业应当具备的装备条件都做出了明确的规定(见表1-1)。实践证明,先进的物流技术和先进的物流装备是提高物流能力、推动现代物流迅速发展的两个"车轮",二者缺一不可,因此物流装备的现代化水平是物流水平高低的主要标志之一。

表 1-1 各类物流企业装备条件指标

企业类型	评估指标		级别				
			AAAAA 级	AAAA 级	AAA 级	AA 级	A 级
运输型物流企业	设施设备	运营网点（个）	50 以上	30 以上	15 以上	10 以上	5 以上
		自有货运车辆（辆）（或总载重量/t）	1500 以上（7500 以上）	400 以上（2000 以上）	150 以上（750 以上）	80 以上（400 以上）	30 以上（150 以上）
	信息化水平	网络系统	货运经营业务信息全部网络化管理			物流经营业务信息部分网络化管理	
仓储型物流企业	设施设备	自有仓储面积/m²	20 万以上	8 万以上	3 万以上	1 万以上	4000 以上
		自有/租用货运车辆（辆）（或总载重量/t）	500 以上（2500 以上）	200 以上（1000 以上）	100 以上（500 以上）	50 以上（250 以上）	30 以上（150 以上）
	信息化水平	网络系统	仓储经营业务信息全部网络化管理			物流经营业务信息部分网络化管理	
综合型物流企业	设备设施	运营网点（个）	50 以上	30 以上	20 以上	10 以上	5 以上
		自/租仓储面积/m²	10 万以上	3 万以上	1 万以上	3000 以上	1000 以上
		自有/租用货运车辆（辆）（或总载重量/t）	1500 以上（7500 以上）	500 以上（2500 以上）	300 以上（1500 以上）	200 以上（1000 以上）	100 以上（500 以上）
	信息化水平	网络系统	物流经营业务信息全部网络化管理			物流经营业务信息部分网络化管理	

1.3 我国物流装备的发展特点与现状

1.3.1 我国物流装备的发展特点

自 20 世纪 70 年代末以来，我国物流装备有了较快的发展，技术性能日趋现代化，集装箱运输得到了快速发展。随着计算机网络技术在物流活动中的应用，我国已具备开发研制大型装卸设备和自动化物流系统的能力。总体而言，我国物流装备的发展特点体现在以下几个方面。

1. 物流装备总体数量迅速增加

近年来，我国物流产业发展很快，受到各级政府的高度重视。在这种背景下，物流装备的总体数量迅速增加，如汽车、起重设备、升降设备、输送设备、搬运车辆、储存货架、自动化立体仓库、自动识别技术设备等。调查结果显示，所有现代化的物流装备在应用市场上均有大量企业使用，这说明在我国，现代物流装备的应用已得到企业足够的重视。

2. 物流装备的自动化水平和信息化程度得到提高

近年来，物流装备在自动化水平和信息化程度上都有了一定的提高，因而物流系统工作效率得到了较大提高。调研结果显示，仅有很少部分的小型企业采用纯人力进行物料的搬运与装卸作业，少部分企业采用单纯的平面仓库模式，也就是说，大多数企业所采用的物流装备都具有一定程度的自动化和信息化水平。

3. 物流装备在物流的各个环节都得到了一定的应用

物流装备市场的应用主体企业包括生产制造企业、商业企业和第三方物流企业。在不同企业的各个经营环节中，物流装备均得到了一定程度的应用。

4. 专业化的新型物流装备和新技术物流装备不断涌现

随着物流各环节分工的不断细化，以及以满足顾客需要为宗旨的物流服务需求的增加，专门为某一物流环节的物流作业、某一专门商品、某一专门顾客提供的新型物流装备和新技术物流装备不断涌现。目前我国的物流装备及其零部件生产企业达到3000多家，已经能够独立建造自动化立体仓库，生产AGV（自动引导车）和用于分拣搬运的机器人等，但自动化立体仓库、AGV、机器人等应用范围还不广泛。

5. 基本形成了物流装备生产、销售和消费系统

物流装备的生产、销售和消费系统已基本形成，我国拥有一批物流装备的专业生产厂家、物流装备销售的专业公司和一批物流装备的消费群体，这使得物流装备能够在生产、销售、消费的系统中逐步得到改进和发展。

6. 国外企业和合资企业对我国物流装备的发展发挥着重要作用

从整体上看，国外企业十分看好我国物流装备市场，纷纷在国内建厂，并在国内进行销售，从而加剧了国内企业的竞争。国外企业的产品由于具有较高的技术含量且性能稳定可靠而受到国内企业的普遍欢迎，但国外企业产品的价格往往要高于国内企业的同类产品，这也给国内企业带来了机遇。调查数据显示，50%以上的外资、合资企业愿意在国内投资扩建厂房，并且对我国市场表现出极大的信心，对物流周边设备和物流配套设备方面的投资表现出强烈的愿望。

7. 我国物流装备市场需求旺盛，需求量逐年上升

物流装备的制造业和销售业订单量增长都说明了这一点，尤其是出口量的增加，也带动了国内物流装备市场的蓬勃发展。

1.3.2 我国物流装备的现状

1. 物流基础设施方面

公路、铁路、水运和航空四大运输方式统筹规划，初步建设成结构合理的综合运输系统，为现代物流业健康发展提供了坚实的基础保障。公路运输方面，我国公路网总体水平明显提高：以高速公路为骨架的干线公路网络基本形成，国省干线公路等级逐步提升，农村公路行车条件不断改善。到2018年年末，我国公路总里程484.65万km，比上年增加7.31万km，高速公路里程14.26万km，增加0.62万km，二级及以上等级公路里程64.78万km，国省干线公路中二级及以上公路比例达到90.9%。铁路方面，到2018年年末，我国铁路营业里程达到13.1万km，较1949年增长5倍，里程长度居世

第1章 绪　论

界第一位；路网密度为每万平方公里97.1km；高铁运营里程达到2.9万km，居世界第一位。水运方面，到2018年年末，我国内河通航里程达到12.7万km，全国港口拥有生产用码头泊位23919个，是1949年的148.6倍，其中万吨级及以上泊位从1957年的38个增至2444个。在全球港口集装箱吞吐量排名前10的港口中，中国港口占有7席。我国已形成环渤海、长江三角洲、东南沿海、珠江三角洲和西南沿海5个港口群体，形成煤炭、石油、铁矿石、集装箱、粮食、商品汽车、陆岛滚装和旅客运输8个运输系统的布局。空运方面，我国民用机场总量初具规模，机场密度逐渐加大，机场服务能力逐步提高，现代化程度不断增强，形成了以北京、上海、广州等枢纽机场为中心，以成都、昆明、重庆、西安、乌鲁木齐、深圳、杭州、武汉、沈阳、大连等城市机场为骨干，以其他城市支线机场相配合的基本格局。截至2018年年末，我国共有民航运输机场233个，航空运输公司60家。

2. 物流专用设施方面

物流园区（基地）等物流专用设施发展较快。截至2018年年底，我国运营、在建和规划的各类物流园区共计1638个，比2015年的1210家增加428家。货运服务、生产服务、商贸服务和综合服务等各种类型的物流园区，通过功能集聚、资源整合，成为供需对接、集约化运作的物流平台。仓储、配送设施现代化水平不断提高，化工危险库、液体库、冷藏库等专业化库房，期货交割库和电子商务交割库快速增多，自动化立体仓库大量涌现。

3. 物流信息设施方面

全国很多地区采取政企联合的方式，开发建设公共物流信息平台，以物流信息服务需求为导向，整合物流领域政企相关信息资源，提供货运物流企业、从业人员资质和资格认证等政府公共信息，提供物流采购招投标、物流设施设备供求、车货交易、船舶交易等物流交易信息，卫星定位与货物追踪、车船维修救援等物流保障信息，金融、保险等增值信息，以及物流应用软件系统托管等服务，加强跨区域物流信息的交换与共享，显著提高物流系统的运作效率，降低物流成本。积极建设集装箱多式联运信息服务系统、港航电子数据交换（EDI）系统，依托沿海和长江沿线重要港口，实现港口集装箱水水、公水、水铁等联运信息服务，实现多种运输方式单证信息共享和通关一体化服务，提高集装箱整体周转效率，降低物流成本。

4. 物流运输设备方面

2019年7月，高速公路物流营运货车当月流量达到19516万辆，公路货物运输量当月达到362163万t。国家铁路机车拥有量达到2.1万，其中内燃机车0.81万台，占38.6%；电力机车1.29万台，占61.3%。国家铁路货车保有量达到649495辆。2018年年底，民航全行业运输飞机在册架数为3639架，比上年年底增加343架。民航业完成运输总周转量1206.53亿t·km，比上年增长11.1%，其中国内航线完成运输总周转量771.51亿t·km，国际航线完成运输总周转量435.02亿t·km。2018年年末，全国拥有水上运输船舶13.70万艘，净载重量25115.29万t，载客量96.33万客位，集装箱箱位196.78万TEU⊖，在国际上具有较高水平。

⊖ TEU为Twenty-feet Equivalent Unit的缩写，也是集装箱的标准箱。

5. 物流机械设备方面

近年来，随着我国物流产业的快速发展，物流机械设备的制造和应用也得到了快速的发展。一方面，物流机械设备的种类越来越齐全，例如仓储设备、包装设备、流通加工设备、装卸搬运设备以及物流信息设备等应有尽有，而且物流机械设备制造业不断研发新型物流设备，引导物流企业全面使用机械设备进行物流作业。另一方面，物流机械设备的总体使用数量越来越多，国内拥有一批物流设备的专业生产厂家、专业物流设备销售公司和巨大的物流设备消费市场，已经基本形成完整的物流设备生产-销售-使用产业链，形成了物流设备生产和使用相互促进的良性循环，促进了物流作业效率的不断提高。常用的包装分拣一体机如图1-2所示。

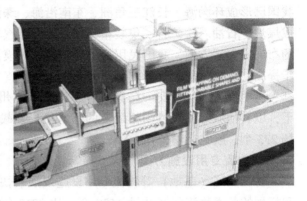

图1-2　包装分拣一体机

1.4　物流装备的发展趋势

物流装备的广泛应用，不断推动着物流装备自身技术水平的完善和提高。而且，随着现代工业建造技术和电子控制技术等高新技术的快速发展及其在物流装备制造领域的推广应用，物流装备呈现出大型化、高速化、专用化、智能化、系统化和绿色化的发展趋势。

1. 建造规模大型化

大型化是指设备的容量、规模、能力越来越大。规模的大型化极大地提高了设备的容量和工作能力，发挥了物流规模效应，降低了物流运营成本。大型化最主要体现在物流运输装备的载重能力和装卸设备的起重能力大型化等方面。在物流运输装备方面，公路长距离运输车辆不断向大型化方向发展，一般重型货车的最大总重量可以达到55t，在铁路货运中出现了装载71600t矿石的列车。水运船舶大型化可以弥补自身速度的缺陷，降低运输成本，现代大型油轮单船最大总载重吨位可以达到70万t。管道运输的大型化体现在大口径管道的建设方面，目前最大的口径为1220mm。航空货运飞机最大商载重量可达300t，最大装载空间一次可装载30个40ft（英尺，1ft=0.3048m）的标准箱。在装卸搬运设备方面，我国已成功研制了每小时装卸能力达到2500t的大型抓斗式卸船机；港口物流中使用的最大岸边集装箱桥式起重机的外伸距达到65m，起吊重量达到65t以上。

2. 运行速度高速化

高速化是指物流设备或装备的运转速度、运行速度、识别速度、运算速度大大加快。物流装备运行速度高速化可以全面提高物流作业的速度和效率，加快货物的流通和周转速度。高速化最主要体现在物流运输装备的运行速度和物流分拣设备的分拣作业速度等方面。

第1章 绪 论

在物流运输装备的运行速度方面，铁路运输已全面进入高速铁路运输时代，目前营运的高速列车最大商业时速已达 250~350km/h；航空运输中，超声速飞机在远程客运中得到广泛应用，双音速民用货运飞机将成为民用货机的发展方向；在公路运输中，重型货运车辆的速度性能在不断提高，高速公路的全面建设和汽车动力性能的不断提高，使得货物运达速度越来越快；水路运输中的杂货船和集装箱船的航速在不断地提高，目前航速最快的集装箱船，时速可达 30 海里（约 55km/h）；在管道运输中，高速体现在高压力方面，美国阿拉斯加原油管道的最大工作压力达到 8.2MPa。

在物流分拣设备的分拣作业速度方面，智能化的快速物流分拣系统分拣速度可以达到 10000 箱/h，大大提高了物流分拣中心的作业速度和效率。北京首都国际机场的行李分拣系统是世界上最现代化、分拣速度最快的行李分拣系统之一，其传送带的速度达 40km/h，每小时可分拣和运送行李 19000 多件。

3. 设备控制智能化

在现代物流装备的设计制造过程中，将先进的微电子技术、电力电子技术、光缆技术、液压技术及模糊控制技术应用到机械的驱动和控制系统，实现物流设备的自动化和智能化将是今后的发展方向。例如，自动化仓库和分拣中心的自动取送货小车、自动巷道堆垛机、智能搬运车（AGV，见图 1-3）以及自动分拣系统等自动化、智能化设备，在各类物流企业中得到了广泛的应用。物流装备控制智能化，可以最大限度地减少人为干预，提高设备运行的自动化程度。

图 1-3 新型 AGV

4. 设备配置系统化

物流生产活动通常都由多个环节组成，为了保证物流系统整体运行速度和效率达到最大化，必须使各个环节的设备配置相互协调，形成一整套功能匹配、衔接可靠的系统，从而避免单机功能不足而影响整体功能，或单机功能过剩而造成浪费。对于由多种设备构成的物流作业环节，可以在设备单机自动化的基础上，通过计算机把各种设备组成一个集成系统，形成各种设备的最佳匹配和组合，发挥最佳效用。所以，成套化和系统化物流设备具有广阔的发展前景。

5. 装备功能专用化

随着专业化物流运营方式的深入发展，各类物流企业都力求在自己具有优势的物流领域内做大做强，为客户提供专业化物流服务。因此，相应的物流装备也根据专业化服务的需求，不断向专用化方向发展。在物流运输领域，各种专用运输设备得到快速发展。公路、铁路运输中的冷藏车、罐式车、集装箱运输车、商品汽车运输车和大型货件运输车等各种专用车辆种类齐全，功能完善，能够满足各类特殊货物的专业化运输；水路运输中的各类船舶分工越来越细，例如，可以按照货物类别分别建造粮食船、矿石船、煤炭船等多种专用散货船舶。在仓储物流领域，各种专业化的冷藏库、恒温仓库、粮食仓库、医药及生物制品仓库、危险品仓库和精密仪器仓库等专用型仓库设施及设备

现代物流装备

得到广泛应用，专业化程度越来越高。2019年，我国冷库总容量达6053万t，冷藏车保有量21.47万辆。

6. 设备制造使用绿色化

绿色化和可持续发展是未来物流装备发展必须坚持的基本原则。绿色化就是要达到环保要求，减少资源消耗，减少环境污染。不断改进动力设备的技术性能，大力发展和应用低能耗、低排放的动力装置，积极开发和应用绿色复合材料。根据物流业务的实际需要，合理选用和配置与之相适应的设备，避免设备动力和功能浪费，加强设备的使用管理，提高设备利用率，通过科学的物流作业组织方式，提高设备的使用效率，减少能源消耗。

1.5 物流装备的选配

1.5.1 物流装备市场需求分析

近年来，物流的高速发展使先进的物流技术与装备得到了广泛应用，但从整体上来看，我国企业发展阶段和发展层次众多，不同企业有不同的需求，如何选择先进适用的物流技术与装备是摆在物流企业和物流从业者面前的最主要问题。

我国中小物流企业、一般的制造业和商贸业企业，在人工成本比较低的时候，一般采用人工搬运作业，对物流技术与装备需求不高。但是随着我国经济转型，人工成本的上升，越来越需要提高物流作业效率，减少人工搬运作业，降低劳动强度，这就对小型、实用、小巧的搬运设备提出了要求；在烟草、医药、汽车等现代制造领域，随着现代制造向着自动化、柔性化、敏捷化发展，也对现代物流系统提出了自动化与现代化的要求，目前世界上最先进的物流系统在我国也得到了广泛应用；电子商务、连锁零售等新兴商贸业态的发展，对现代物流配送中心的分拣与配送提出了很多新的需求，要求现代物流在多批量、少品种的情况下实现快速分拣。此外，商贸业配送网点有很多具体特点，不可能都是先进的自动化快速分拣，因此，先进、实用、简单的分拣技术是目前这一领域的主要需求。但大型及特大型电子商务物流配送中心，对全自动高速分拣、机器人分拣、"货到人"拣选等现代高速分拣技术装备有较大需求。

现代医药与食品安全问题突出，冷链物流与危险品物流发展很快，对物流管理的可视化、可追踪、可随时定位、可随时监控等提出了更多要求。因此，物联网、车联网技术在物流业得到应用，企业对智慧物流的发展有着迫切的期待。

总之，我国物流的发展是多层次的，对物流技术水平的要求也是多层次的，我国物流装备制造业随着物流行业、货物运输行业、仓储业的发展而壮大。

1.5.2 物流装备选配的原则

物流机械设备的选择与配置是物流企业经营决策的一项重要工作。一般物流机械设备投资规模大，使用期限较长，在配置和选择时，一定要进行科学决策和统一规划。正确地配置和选择物流机械设备，可为物流作业选择出最优的技术设备，使有限的投资发挥最大的技术经济效益。总的来说，配置和选择物流设施与设备应遵循技术先进性、经济合理性、生产可行性及标准化四大原则。

1. 技术先进性原则

技术先进性是指配置和选择物流设备能反映当前科学技术的先进成果，在主要技术性能、自动化程度、结构优化、环境保护、操作条件和现代新技术的应用等方面具有技术上的先进性，并在时效性方面满足技术发展的要求。物流设备的技术先进性是实现物流现代化所需的技术基础，但先进性以物流作业适用为前提，以获得最大经济效益为目的，绝不是不顾现实条件和脱离物流作业的实际需要而片面追求技术上的先进。

2. 经济合理性原则

经济合理性原则不是指一次购置和建造费用低，而是指物流设施设备整个生命周期内的整体成本低，特别是长期使用和维护费用低。任何先进的物流设备的使用都受到经济条件的制约，低成本是衡量机械设备技术可行性的重要标志和依据之一。在多数情况下，物流设备的技术先进性与低成本可能会发生矛盾，但应在满足使用的前提下对技术先进与经济上的耗费进行全面考虑和权衡，做出合理的判断，这就需要进一步做好成本分析。全面考察物流设备的价格和运行成本，选择整个生命周期费用低的物流设备，才能取得良好的经济效益。

3. 生产可行性原则

生产可行性包括系统性、适用性、可靠性、安全性、一机多用性和环保性等多个方面。

（1）系统性。系统性是指在物流设备的配置选择中用系统论的观点和方法，对物流设备运行所涉及的各个环节进行系统分析，把各个物流设备与物流系统总目标、物流设施、操作人员、物流作业任务等有机严密地结合起来，发挥各个环节的机能，使物流设备的配置选择最佳，能发挥最大的效能，并使物流系统整体效益最优。

（2）适用性。适用性是指物流设备能满足使用要求的能力，包括适应性和实用性。选配物流设备时，应充分注意与物流作业的实际需要和发展规划相适应，应符合货物的特征、货运量的需要、适应不同的工作条件和多种作业性能要求。因此，应根据物流作业的特点提出必要的功能要求，再选择相应的物流设备。这样的物流设备才有针对性，才能充分发挥功能。

（3）可靠性。可靠性是指物流设备在规定的使用时间和条件下完成规定功能的能力。它是物流设备的一项基本性能指标，是物流设备功能在时间上的稳定性和保持性。如果可靠性不高，无法保持稳定的物流作业能力，也就失去了物流设备的基本功能。物流设备的可靠性与物流设备的经济性是密切相关的。从经济上看，物流设备的可靠性高就可以减少或避免因发生故障而造成的停机损失与维修费用的支出；但可靠性并非越高越好，这是因为提高物流设备的可靠性需要在物流设备研发制造中投入更多的资金。因此，应全面权衡提高可靠性所需的费用开支与物流设备不可靠造成的费用损失，从而确定最佳的可靠度。

（4）安全性。安全性是指物流设备在使用过程中保证人身和货物安全以及环境免遭危害的能力。它主要包括设备的自动控制性能、自动保护性能以及对错误操作的防护和警示性能等。在配置与选择物流设备时，应充分考虑物流设备的安全性，防止人身事故，保证物流作业顺利进行。

（5）一机多用性。一机多用性是指物流设备具有多种功能，能适应多种作业的能力。配置用途单一的物流设备，既不方便使用，又不利于管理。配置和选择一机多用的物流设备，可以实现一机同时适宜多种作业环境的连续作业，有利于减少作业环节，提高作业效率，并减少物流设备的数量，便于物流设备的管理，从而充分发挥物流设备的潜能，确保以最低的投入获得最大的效益。如叉车具有装卸和搬运两种功能，因此应用极为广泛。

（6）环保性。物流设备环保性是指其噪声、振动和有害物质排放对周围环境的影响程度。在设备选型时，必须要求其噪声、振动频率和有害排放等控制在国家和地区标准的规定范围内。

4. 标准化原则

物流业面临巨大成本压力，在亟须转型升级的今天，物流装备标准化对于实现供应链上下游企业的物流运作优化、提高物流效率、降低整个社会的物流成本，将起到十分重要的作用。同时，对于物流装备行业和企业的发展而言，标准化也有利于实现规模化生产，进而提高效率、降低成本、缩短供货期、增强市场竞争力。

1.5.3 影响物流装备选配的因素

1. 社会因素

社会因素是影响企业发展的重要因素，因而它对企业生产装备的配置起到极大的影响。物流企业必须根据社会物流经济发展的态势、国家和地方经济技术发展政策和制度等宏观条件，制定企业的发展策略，决策企业装备投资的方向和规模。另外，国家和地方政府有关技术、环保及建筑等方面的政策和法规，也是物流装备配置必须考虑的重要因素。

2. 企业因素

物流装备是物流企业的基本生产要素，因此物流装备的配置必须根据企业物流生产的实际需要合理地进行决策，必须根据企业生产经营发展的总体目标系统地制定企业物流装备的配置规划。从企业物流生产角度考虑，物流装备的类型选择要根据企业物流生产的作业方式和具体作业内容，选定适用的结构类型和功能配置，保证生产需要且避免功能浪费，并留有适当的发展能力；物流装备的数量配置，则主要是由企业物流生产的规模、货物吞吐量和物流速度要求等方面的因素所决定。企业物流装备的配置既要满足当前的生产能力需要，又要考虑为企业的发展留有适当的空间。

3. 技术因素

物流装备的选配必须立足于当前物流装备的技术发展水平。了解相应的物流装备现有状况，掌握物流装备的基本功能、技术参数和使用性能，了解物流装备的市场供应情况、主要生产厂家以及用户对产品性能的评价，并且要了解分析物流装备的先进生产以及发展趋势、国内外新型物流装备的发展动态等因素，这些因素是物流设备选型和选择

第1章 绪 论

供应商的主要依据。

4. 货物因素

物流装备的作业对象是货物,因此在选择和配置物流装备时,必须认真分析所处理货物的性质和特点等因素,然后有针对性地选配适用的物流装备。

5. 自然因素

自然条件对于物流装备的影响,主要有地质和地形条件、气象条件等因素。

物流装备使用环境的地质条件对装备的形式、结构、造价及选用都有重大的影响。例如,在土质不好的条件下,安装重型机械或建造高大的储货仓库和油罐,都会遇到技术上的困难。即使可以解决技术问题,但是地基处理的费用也会大大增加,从而影响装备系统的经济性。

配置和选用物流装备,还要针对不同的气象条件设计和采用一些特殊的技术措施。例如在经常下雨的地区,为解决雨天货物装卸问题,应设计和安装防雨装备;北方地区要采取相应的防冻措施,防止货物在严寒季节冻结;对于冬季经常封冻的港口,应考虑冰冻对码头建筑形式和港口装备的影响。

1.6 现代物流装备课程的特点与学习目标

现代物流装备(或者物流技术准备、物流设施与设备等)课程是物流管理、物流工程等专业课程体系中一门非常重要的专业课程,对于学生全面认识和了解物流生产活动中常用的各种技术装备、培养学生对各种物流活动的直观认识,都有着重要的意义。

1. 主要学习内容

本书以物流的基本功能为主线,系统地介绍运输、仓储、装卸搬运、包装、流通加工等物流活动中常用的有关设施与设备,并对各种物流活动中应用的设施与设备按其功能进行了专门介绍,重点阐述各种设施与设备的基本功用、基本类型、基本结构、基本原理、主要性能和参数;介绍各种技术装备的主要应用场合,以及其合理配置与选用的基本理论和基本知识,使学生全面认识和了解物流生产活动中常用的各种技术装备,掌握各种技术装备的配置、选择、管理、使用的基本理论和基本方法。

2. 主要特点

对于物流专业来说,物流装备类课程具有以下三个显著特点:

(1)实践性强。物流装备类课程研究的对象是各种设施和设备等实体事物,要很好地理解和掌握这些物流装备的有关理论知识,必须通过观看实物或者图片、视频,认识设备的实物形象,建立具体的实物感。因此在教学和学习过程中,要特别重视实践性教学环节,力求能够深入物流生产现场观看物流装备实物。但是,由于在一般条件下,只有很少一部分设施和设备可以看到实物,而大部分只能通过图片或视频来认识,因此,在学习过程中要重视各种装备图片和视频的浏览和运用,尽量建立良好的感性认识。

(2)知识跨度大。物流装备类课程对运输、仓储、装卸搬运、包装、流通加工等各种物流活动的设施与设备都要进行介绍,涉及的知识面非常广,知识跨度非常大。因此,一般应在掌握了与这些物流作业相关的基本概念和知识之后再进行本课程的学习,

现代物流装备

既利于对各种物流设备的功能和应用条件的理解,又利于对以上有关知识的融会贯通和深入巩固。

(3) 实用性强。物流装备是从事任何物流活动都必不可少的物质条件,无论处于哪一个物流作业环节、走到哪一个物流作业场所,都会不同程度地接触物流装备,甚至直接操纵和使用物流设备,所以物流装备知识对于任何从事物流工作的人员都是必不可少的专业知识。本课程包含了物流技术及装备最基础的知识,能够使学生全面认识物流生产活动中常用的各种技术装备,使他们掌握各种装备的基本结构功能与合理运用等方面的基本理论和常识,具有很强的实用性。因此,学生应当明确本课程的重要意义,全面掌握本课程的基本知识,同时要随着物流装备技术的进步和发展,不断了解更先进的物流装备的有关知识。

3. 学习目标

通过现代物流装备课程的学习,总体上要达到以下学习目标:

1) 充分认识物流技术装备在现代物流系统中的地位和作用,认识学习和掌握物流技术装备知识的重要意义。

2) 掌握物流技术装备的分类和基本构成体系,对物流技术装备有比较全面的、整体的了解。

3) 掌握各类物流技术设备的功用、常用类型、主要应用场合和适用范围。

4) 掌握常用各种具体类型的物流装备的基本结构、基本原理、主要性能及参数。

5) 能够熟练地识别各种典型的物流技术装备。

6) 掌握常用的物流技术设备的配置、选择、管理、使用的基本理论和基本方法。

复习思考题

1. 物流装备的含义是什么?
2. 仓库、运输车、叉车、包装车间、包装机,哪些是物流设施,哪些是物流设备?
3. 现代物流装备包括哪些内容?
4. 我国物流装备的发展特点是什么?现状如何?
5. 物流装备有怎样的发展趋势?
6. 物流装备的选配要求和原则有哪些?

第 2 章 物流运输装备

学习要点

1. 熟悉公路货运车辆的主要类型、基本结构、主要性能及应用。
2. 了解铁路货运车辆的主要类型及应用,熟悉其技术参数。
3. 了解货运船舶的主要类型、性能及应用,熟悉其基本结构特征。
4. 了解货运飞机的主要类型、基本结构及其应用。
5. 理解各种运输设备的选用、装载的相关要求。
6. 了解公路、港口、机场等交通运输基础设施的类型和功能。

运输是物流最主要的功能之一,也是实现货物从供应地向接受地实际流动的最主要物流作业过程。物流运输是指利用载运工具在公共交通线路上实现货物空间位置转移的活动。在现代交通运输体系中,根据载运工具的不同类型,物流运输的基本方式主要包括公路运输、铁路运输、水路运输、航空运输和管道运输五种运输方式。

物流运输装备是指各种运输方式的载运工具以及交通运输线路和交通运输港站枢纽等交通基础设施的总称。载运工具是指承载货物进行空间移动的设备,主要包括汽车、铁路机车车辆(火车)、船舶、飞机等;交通运输线路是指供载运工具安全、顺畅运行的通路,包括公路、铁路、水运航道、飞机航线和管道等;交通运输港站枢纽是指对载运工具进行指挥控制,组织载运工具出发、通过、中转和到达,并用于进行货物运输组织、运输工具进行装载或卸载作业的场所,包括公路货运站、铁路货运车站、港口和机场等。

2.1 公路运输装备

2.1.1 公路运输概述

公路运输是综合运输体系的重要组成部分,是指利用可以载货的货运汽车(包括敞车、集装箱车、厢式货车、特种运输车辆等)、机动三轮货运车、人力三轮货运车、其他非机动车辆,在道路(含城市道路和城市以外的公路)上,使货物进行位移的道路运输活动。

1. 公路运输的特点

(1)技术经济性能指标好。工业发达国家不断采用新技术和改进汽车结构,因此汽车技术经济性能主要表现在动力性能的提高和燃料消耗的降低上。为降低运输费用,目前世界各国普遍采用燃料经济性较好的柴油机作动力,货运运行能耗为 3.4L/(100t·km),而汽油消耗则高达 6.5L/(100t·km)。

现代物流装备

(2) 货损货差小。随着货物结构中高价值生活用品的所占比例增加，汽车运输能保证质量、及时送达的特性日益凸显。对于高价货物而言，汽车运价虽高，但在总成本中所占的比例小，并可以从减少货损货差、及时供应市场中得到补偿。随着公路网的发展和建设，公路等级不断提高，混合行驶的车道越来越少，而且汽车的技术性能与安全装置也大为改善。

(3) 送达快。由于公路运输灵活方便，可以实现"门到门"的直达运输，一般不需中途倒装，因而其送达快，有利于保持货物的质量和提高货物的时间价值，加速流动资金的周转。

(4) 原始投资少，资金周转快。汽车购置费低，原始投资回收期短。美国有关资料表明：公路货运企业每收入1美元仅需投资0.72美元，而铁路则需2.7美元。公路运输的资本每年可周转3次，铁路则需3~4年才周转1次。

(5) 单位成本高，污染环境严重。公路运输，尤其是长途运输，单位运输成本要比铁路运输和水路运输高，相对而言对环境的污染也更为严重。

2. 公路运输的功能

(1) 主要承担中、短距离的"门到门"直达运输。当货物运输距离在200km以内时，利用汽车从发货点直接运输到收货点，既方便又经济。这是公路运输的最主要功能。

(2) 衔接其他运输方式，为其他运输方式进行货物集疏运输。由于铁路运输、水路运输和航空运输一般不能实现货物直达运输，因而通常都需要利用汽车将货物从各个不同的发货点集中运输到港站，或由港站疏散运输到各个收货点。

(3) 能够独立承担长距离直达运输。一般情况下，当货物运输距离超过200km时，采用其他运输方式可能更经济。但是当公路条件较好、汽车运输速度较快，或者货物不宜装卸转运时，再或者考虑到其他原因，也能够利用汽车承担长距离直达运输。事实上，随着公路条件的改善和汽车载重能力的提高，利用重型汽车进行长距离直达运输已经成为一种重要的物流运输方式。

2.1.2 我国公路网

1. 我国公路等级划分

(1) 按技术等级划分。公路根据技术等级分为高速公路、一级公路、二级公路、三级公路和四级公路五个等级。

高速公路是全部控制出入、专供汽车在分隔的车道上高速行驶的公路。它主要用于连接政治、经济和文化上重要的城市和地区，是国家公路干线网中的骨架。高速公路（四车道的）一般年平均每昼夜汽车通过量2.5万辆以上。

一级公路是供汽车分向、分车道行驶，并部分控制出入、部分立体交叉的公路，主要连接重要政治、经济中心，通往重点工矿区，是国家的干线公路。四车道一级公路一般能适应按各种汽车折合成小客车的远景设计年平均昼夜交通量为15000~30000辆；六车道一级公路一般能适应按各种汽车折合成小客车的远景设计年平均昼夜交通量为25000~55000辆。

二级公路是连接政治、经济中心或大工矿区等地的干线公路，或运输繁忙的城郊公

第 2 章 物流运输装备

路。一般能适应各种车辆行驶，折合成中型载重汽车的远景设计年平均昼夜交通量为 3000~7500 辆。

三级公路是沟通县及县以上城镇的一般干线公路。通常能适应各种车辆行驶，折合成中型载重汽车的远景设计年平均昼夜交通量为 1000~4000 辆。

四级公路是沟通县、乡、村等的支线公路。通常能适应各种车辆行驶，折合成中型载重汽车的远景设计年平均昼夜交通量为：双车道 1500 辆以下，单车道 200 辆以下。

（2）按行政等级划分。公路按行政等级可分为国家公路、省公路、县公路和乡公路（简称为国道、省道、县道、乡道）以及专用公路五个等级。一般把国道和省道称为干线，县道和乡道称为支线。

国道是指具有全国性政治、经济意义的主要干线公路，包括：重要的国际公路，国防公路，连接首都与各省、自治区、直辖市的公路，连接各大经济中心、港站枢纽、商品生产基地和战略要地的公路。国道中，跨省的高速公路由交通运输部批准的专门机构负责修建、养护和管理。

省道是指具有全省（自治区、直辖市）政治、经济意义，并由省（自治区、直辖市）公路主管部门负责修建、养护和管理的公路干线。

县道是指具有全县（县级市）政治、经济意义，连接县城和县内主要乡（镇）、主要商品生产和集散地的公路，以及不属于国道、省道的县际间公路。县道由县、市公路主管部门负责修建、养护和管理。

乡道是指主要为乡（镇）村经济、文化、行政服务的公路，以及不属于县道及县道以上公路的乡与乡之间及乡与外部联系的公路。乡道由乡（镇）人民政府负责修建、养护和管理。

专用公路是指专供或主要供厂矿、林区、农场、油田、旅游区、军事要地等与外部联系的公路。专用公路由专用单位负责修建、养护和管理。也可委托当地公路部门修建、养护和管理。

2. 我国国家高速公路网

2004 年 12 月 17 日，国务院审议通过了《国家高速公路网规划》。该规划中我国国家高速公路网采用放射线与纵横网格相结合的布局方案，由 7 条首都放射线、9 条南北纵线和 18 条东西横线组成，简称为 "7918" 工程，总规模约 8.5 万 km，其中主线 6.8 万 km，地区环线、联络线等其他路线约 1.7 万 km，是世界上规模最大的高速公路系统之一。

2013 年 6 月 20 日，交通运输部正式公布了《国家公路网规划（2013 年—2030 年）》。规划中，国家高速公路网进一步完善，在西部增加了两条南北纵线，成为 "71118" 工程，规划总里程增加到了 11.8 万 km。

国家高速公路网覆盖 10 多亿人口，其直接服务范围在东部地区超过 90%、中部地区达 83%、西部地区近 70%，覆盖地区的 GDP 将占到全国总量的 85% 以上；实现东部地区平均 30min 上高速，中部地区平均 1h 上高速，西部地区平均 2h 上高速。国家高速公路网将连接全国所有省会城市、83% 的 50 万以上人口的大型城市和 74% 的 20 万以上人口的中型城市；连接全国所有重要交通枢纽城市，其中包括铁路枢纽城市 50 个、航空枢纽城市 67 个、公路枢纽城市 140 多个和水路枢纽城市 50 个，已经形成较为完善的

现代物流装备

集疏运系统和综合运输大通道。

2.1.3 常用公路运输车辆

1. 选择公路运输车辆应考虑的因素

(1) 合理选择车辆吨位级别。对于车辆吨位级别的选择，主要应当考虑货物运输的批量大小和运输距离远近等因素。例如微型和轻型货车适用于市区范围内的小批量运输，中型货车适用于市区以外和短距离范围内的中等批量运输，重型货车适用于城市之间和城乡之间的大批量货物运输。

(2) 恰当选择车辆结构类型。根据货物的性质、特点和运输要求恰当选择车辆的结构类型。如果从事冷藏保鲜、罐装货物、集装箱等专门运输，需要有与货物相适应的专用车辆；如果从事大型物件运输经营，需要有相适应的超重型车组；如果从事危险品运输，需要有与所运输危险货物相适应的专用车辆。

(3) 根据运输距离恰当选用公路运输车辆。一般情况下，根据运输距离选择车辆时，要结合货物的重量：在运输距离较近且货物批量较小的情况下，应选微型或轻型运输车辆；在市区以外和短距离范围内且货物批量中等时，选择中型运输车辆；在运输距离较远且货物批量很大时，选择大型或重型运输车辆。

(4) 根据运输费用恰当选择公路运输车辆。在载货量情况相同和考虑经济性的情况下，价值较低的货物选用的运输车辆费用不宜过高，价值较高的货物则可选择运输费用较高的运输车辆。

2. 常用公路运输车辆的类型

(1) 普通栏板式货车。普通栏板式货车（见图2-1）具有栏板式载货装置，由车底板和前、后、左、右四面栏板构成敞开式货箱，通常俗称为敞篷车。前端栏板一般与底板固定在一起，其他栏板的开闭形式分为三面开闭式和后面开闭式两种。栏板根据高度的不同可分为低栏板、中栏板和高栏板等。普通栏板式货车的优点是装运货物的通用性强，可以适应各类货物的运输，而且非常便于货物装卸。其缺点是对货物的保护性差，容易造成货物损坏和丢失，还容易造成货物掉落，可能对环境造成污染或危害。因此，在物流运输中，普通栏板式货车用得越来越少，而且在大多数城市的市区内普通栏板式货车的使用都受到限制。普通栏板式货车主要适用于沙石、煤炭等不怕雨雪侵蚀的散货、建筑材料及零散杂货等货物的运输。

(2) 厢式汽车。《专用汽车和专用挂车术语、代号和编制方法》（GB/T 17350—2009）把厢式汽车（见图2-2）定义为：装备有专用设备，具有独立的封闭结构车厢（可与驾驶室联成一体）的专用汽车，分为厢式专用运输汽车和厢式专用作业汽车两大类。其中，厢式专用运输汽车包括29个子类，如警用车、囚车、血浆运输车、运钞车、运兵车、保温车（装备有隔热结构的车厢，用于保温运输）、冷藏车（装备有隔热结构的车厢和制冷装置，用于冷藏运输）、厢容可变车、厢式运输车、翼开启厢式车（装备有专用装置，使货厢翼顶和/或侧翼自行开启和关闭）、邮政车、爆炸品厢式运输车等；厢式专用作业汽车是用于完成特定作业任务或特殊服务的厢式汽车，包括71个子类，如防疫车、食品检测车、救护车、环境监测车和教练车等。物流中的厢式汽车运输安全、可靠，对货物损伤较小。与裸露的汽车运输相比，厢式汽车的防护条件好，避免了刮风、下雨等气候变化对货物的损伤；降低了货物被盗的风险，大大提高了货物运输的安全性。厢式汽车运输可以满足客户的各种需求，如有的要求防振，有的要求特殊包装，有的要求无菌，有的要求冷冻或保鲜等，对此裸露运输是无法达到要求的，而厢式汽车运输却可以通过对货物进行特殊处理，如冷藏、保鲜、隔离、悬挂、防震、充氧等来最大限度地满足客户的需求。同时，厢式汽车运输还有不污染环境、美观、保护交通设施、维护交通安全等优点。厢式汽车由于车型是按统一标准设计的，一般不会大量超载，对交通设施的损害大大减小，提高了交通安全性，也有利于物流运输行业的健康发展。但是厢式汽车也存在自重较重、卸货不方便的缺点。

图 2-1　普通栏板式货车　　　　　图 2-2　厢式汽车

（3）仓栅式货车。仓栅式货车（见图 2-3）是指装备有栅栏式结构货箱的专用货车。仓栅栏杆一般可半拆、全拆和随意升降，便于货物装卸。仓栅式货车与厢式汽车相比，具有自重较轻、货物装卸较方便及透气性能好等特点。其缺点是对货物的保护性较弱，不能使货物远离雨雪的侵蚀。仓栅式货车主要适用于瓜果、蔬菜（见图 2-4）等鲜活农产品和牲畜、家禽等活体动物，以及其他对防护要求不高、透气性能要求高的货物运输。

图 2-3　仓栅式货车　　　　　图 2-4　仓栅式货车长途运输蔬菜

（4）冷藏车。冷藏车是指用于运输冷冻货物或保鲜货物的厢式专用货车。冷藏车的货箱采用特殊的结构和隔热保温材料制成，具有良好的隔热保温功能。运输冷冻货物的冷藏车还装有制冷装置,以保证货物在运输过程中始终保持冷冻状态,主要用于运输冷冻水产品、冷冻食品等冷冻货物。运输保鲜货物的车辆不需要安装制冷装置,主要是利用货箱的隔热保温功能,使货物在运输过程中能够保持恒定的温度状态,通常也称为保温车,主要用于运输新鲜花卉、瓜果蔬菜、肉蛋食品、冷饮、鲜活水产品及医药用品等需要低温运输的货物。冷藏车能保证货柜的温度在货物允许的范围内,提供货物最适宜的储存温度,以达到货物保持新鲜的目的。其缺点是不能过长时间保存货物,只能当作一种最佳运输储存方法,而非长期储存方法。

(5) 罐式汽车。《专用汽车和专用挂车术语、代号和编制方法》(GB/T 17350—2009) 把罐式汽车(见图 2-5)定义为:装备有罐装容器,用于运输或完成特定作业任务的专用汽车,分为罐式专用运输汽车和罐式专用作业汽车两类。其中罐式专用运输汽车包括 26 个子类,如液化气体运输车、沥青运输车、运油车(装备有消除静电、灭火等安全装置,用于运输油料)、散装水泥运输车(采用压缩空气使水泥流态化,通过管道运输送到一定距离和高度)、供水车和混凝土搅拌运输车等;罐式专用作业汽车是指用于完成特定作业任务的罐式汽车,包括 22 个子类,如吸污车、加油车、绿化喷洒车、洒水车和防暴水罐车(装备有高压水泵、水罐、高压水枪等,用于平息群体性突发事件的罐式专用作业汽车)等。

(6) 平板式货车。平板式货车(见图 2-6)的载货装置是敞开式平面货台,没有栏板等包围结构。载货平台的结构一般采用水平式、阶梯式等多种类型,大型平板式货车一般采用阶梯式和凹梁式结构,可以降低载货平台的高度。平板式货车主要用于运输钢材、木材及大型设备、大型构件等长大、笨重货物。超大型货件运输平板车一般都装备有较多的车轮,大型平板式货车是物流企业组织大件货物运输、超限货物运输的专用车辆。货车大大提高了车辆的承载力,使得整车稳定性也大幅提升。其缺点是没有边门防护货物,货物容易发生掉落和丢失,容易造成危险。

图 2-5 罐式货车

图 2-6 平板式货车

(7) 集装箱运输车。集装箱运输是一种将品种不同、形状各异、大小不等的货物在运输前装入标准尺寸的特制箱内以便于水陆空联运的运输方式,它能实现装卸和运输的机械化、标准化,是对传统运输方式的一项重大改革,是交通运输现代化的重要组成部分。它能将零散件货物装在一个标准化的大箱子(或其他容器)里进行运输;在更换运输工具时,箱内的货物不需倒装,而只需将装有零散货物的集装箱从一种运输工具挪到另一种运输工具上。因此,集装箱是公路、铁路、水路和航空等运输方式联运的良好工具。集装箱运输的优点表现在:简化了装卸作业,转运时只需换装,不需倒装,大

第 2 章 物流运输装备

大简化了装卸作业,便于实现装卸机械化;集装箱的换装一般只需几分钟,缩短了等待装卸时间,提高了劳动生产率,加快了货物和运输工具的周转速度;同时由于货物直接装在集装箱内,无须倒装,因而不需对货物另行包装,节省了包装费用;在整个运输过程中,集装箱本身就是一个坚固的包装,因此减少了货损货差;集装箱运输还可减少被盗、潮湿、污损等引起的货损和货差,减少了社会财富的浪费,具有很大的社会效益。集装箱运输的缺点则表现在前期需要大量投资,资金回转较慢,需承担较大风险。集装箱运输车如图 2-7 所示。

(8) 商品车运输车。商品车运输车(见图 2-8)是指用于运输小型商品汽车的专用货车,其载货装置的结构主要有框架式和厢式等类型,一般都有双层空间,并配有固定汽车的加固装置,通常采用半挂车形式。为了适应不同运输场合的需要,美国车辆运输车已形成了多样化的特点:既有专用车辆运输车,又有多功能车辆运输车;既有固定货台车辆运输车,又有可升降货台运输车等。我国目前商品车运输车存在一些问题,需要整治,比如商品车运输车随意改造的乱象,不仅不能保证运输过程中商品车的完好,还容易造成安全事故。同时关于商品车运输车的相关法律法规并不全面,也需要完善,应努力为商品车运输车构建一个安全规范的运营环境。

图 2-7 集装箱运输车

图 2-8 商品车运输车

(9) 专用自卸汽车。《专用汽车和专用挂车术语、代号和编制方法》(GB/T 17350—2009)把专用自卸汽车(见图 2-9)定义为:装备有液压举升机构,能将车厢(罐体)卸下或使车厢(罐体)倾斜一定角度,货物依靠自重能自行卸下或者水平推挤卸料的专用汽车,分为专用自卸运输汽车和专用自卸作业汽车两大类。专用自卸运输汽车包括如污泥自卸车、摆臂式自装卸车(装备有可回转的起重摆臂,车斗

图 2-9 专用自卸汽车

或集装货物吊在起重摆臂上,随起重摆臂回转、起落,用于实现货物自装自卸)、厢式自卸车、自卸式垃圾车、散装粮食运输车等 16 个子类;专用自卸作业汽车是指装备有整体式车厢(罐体)自装卸机构,或者车厢(罐体)倾斜机构,或者水平挤压机构,用于完成特定作业任务的专用自卸汽车。

2.1.4 货运车辆装载规定

公路运输中，车辆由于行驶状态的改变，会产生各种不同的作用力于货物上，装载安全的目的是为了抵抗这些作用力，防止货物滑动、掉落或滚动。

车辆装载质量主要受两个方面的约束：一是车辆行驶安全，二是道路的承载能力。一旦超载，就会影响车辆的正常行驶，不仅会对车辆造成破坏，还可能引发安全事故，造成严重后果。另外，车辆装载重量若超过道路承载能力，将会对道路和桥梁造成极大的伤害，甚至会造成严重的安全事故。因此车辆在装载货物时，必须严格遵守规定。

（1）车辆装载货物的重量不得超过车辆行驶证上核定的载重量。车辆行驶证上核定的载重量即车辆最大允许装载重量，是最大允许总重量与整车整备重量的差值，限定的是车辆满载之后的最大总重量。在运输过程中必须严格按照车辆行驶证上核定的最大允许装载重量进行装载，严禁超载。

（2）装载货物的长、宽、高不得违反装载要求。装载货物的长度和宽度不得超出车厢，装载货物的高度必须符合以下规定：重型、中型载货汽车、半挂车装载货物，高度从地面起不得超过4m；载运集装箱的车辆不得超过4.2m；其他货运车辆不得超过2.5m。

（3）运载超限的不可解体的物品，必须按照超限运输相关规定装载和运送。对于有些在重量上或长、宽、高尺寸上超过以上规定的不可解体的长大、笨重货物，应当使用专用的大件运输车辆进行运输，并在车上悬挂明显的标志，而且应当按照公安交通管理部门指定的时间、路线和速度行驶；在公路上运输时，应当依照交通运输部颁布的《超限运输车辆行驶公路管理规定》（交通运输部令2016年第62号）执行。超限运输车辆行驶入公路前，其承运人应按规定向公路管理机构提出书面申请。公路管理机构在审批超限运输时，应根据实际情况，对需经路线进行勘测，选定运输路线，计算公路和桥梁的承载能力，制订通行与加固方案，并与承运人签订有关协议。超限运输车辆未经公路管理机构批准，不得在公路上行驶。

（4）全挂汽车列车装载货物时，全挂车的装载重量不得超过全挂牵引车的装载重量。

（5）货车装载货物必须将货物可靠地密封和固定，不得使货物掉落、遗漏和飘散。货物掉落、遗漏和飘散不仅会造成货损货差，严重时会造成危险。因此在装载时，务必可靠地密封和固定货物，防止货物滑动、掉落或滚动。

（6）危险品运输车辆运输危险货物，必须严格按照危险品运输相关规定装载。危险品是易燃易爆、有强烈腐蚀性的物品的统称，危险品的运输存在巨大的安全隐患。危险品运输是特种运输的一种，是指专门组织或技术人员对非常规物品使用特殊车辆进行的运输。一般只有经过国家相关职能部门严格审核，并且拥有能保证安全运输危险货物的相应设施设备，才有资格进行危险品运输。

（7）普通货物运输车辆不得装运危险货物。普通货物运输车辆不具备运输危险品的设施设备和能力，用其运输危险品将造成严重后果。

2.1.5 甩挂运输

甩挂运输是指牵引车按预先设定的运输计划,牵引挂车至目的地,然后甩下所牵引的挂车,挂上其他挂车再继续前往其他目的地的一种运输组织方式。在实际的甩挂运输作业过程中,牵引车与挂车或半挂车之间可以自由分解和组合,科学合理地安排两者之间的调度将极大缩短牵引车等待滞留的时间,在挂车装卸货期间,牵引车可以继续运输作业,提高了运输的效率。

甩挂运输的工作流程大致如下:牵引车按照计划或者接受调度指令拖带挂车,根据不同指令或者任务类型匹配所需的挂车,当不需要挂车时由牵引车单独前往目的地执行任务。多数货运企业的运输任务中,装卸货时间很长,牵引车闲置率高,此时令一辆牵引车对应多辆挂车,牵引车分时段拖带不同挂车执行任务,提高了牵引车有效利用率的同时也节约了牵引车的购置费用和无效行驶费用,提高了整个系统的运行效率。

1. 甩挂运输的组织条件

甩挂运输的终极目标是延长牵引车的有效行驶时间,通过减少挂车装卸货时牵引车的等待时间来实现这个目标,从而提高车辆的时间利用率,进而提高车辆的效率和企业的经济效益。目前甩挂运输在国内尚处在发展的初期,虽然在多方面具有明显优势,但因车辆特性导致甩挂运输的发展受限,并不是所有运输都适用甩挂运输,所以甩挂运输存在一定的应用条件。

(1)货源条件。在货源量足够大的情况下才适合选用甩挂运输,货源量很小时,不需要挂车调度就能完成运输;甩挂运输还需要稳定的客户,只有当客户稳定下来了,才能合理且有针对性地周转调度,而且稳定的客户几乎保证了固定的装卸点,便于挂车的循环利用;另外货物的种类要接近,不同类别的货物需要不同的运输环境,当货物类别过多时,购入的特殊用途的挂车可能闲置,反而没能发挥甩挂运输的优势。

(2)道路条件。运输最基本的条件就是道路条件,与传统货车相比,甩挂运输对道路的要求更为苛刻。甩挂运输中只由牵引车提供动力,且车体较长,无法通过坡度较大、弯度过大或者弯道过多的道路。考虑到行驶时车体的震动,甩挂运输更适合行驶在平坦的道路上。因此,甩挂运输决策时为了保证挂车安全行驶、顺畅通过,应该充分考虑道路的技术条件和通行条件。

(3)装卸作业组织条件。甩挂运输可以提高牵引车的有效利用率,减少空驶。当装卸作业的时间较短或者运输距离较短时,不适合采用甩挂运输。比较装卸作业时的等待时间和牵引车调度时的空驶时间,当前者远大于后者的时候,甩挂运输才是更好的选择。

2. 甩挂运输装备

(1)挂车。挂车是指由汽车牵引而本身无动力驱动装置的车辆,需要由一辆汽车(货车或牵引车)与一辆或一辆以上挂车的组合使用。载货汽车或牵引汽车为汽车列车的驱动车节,称为主车,被主车牵引的从动车节称为挂车。挂车是公路运输的重要车种,采用汽车列车运输是提高经济效益最有效而简单的手段,具有迅速、机动、灵活、安全等优势,可方便地实现区段运输。

挂车的总重量由它自身承受的称为全挂车,通常全挂车也简称挂车(见图 2-10)。

现代物流装备

其特点是本身无动力，独立承载，依靠其他车辆牵引才能行驶。挂车是就其设计和技术特性而言，需由汽车牵引，才能正常使用的一种无动力的道路车辆，用于载运人员或货物，或用于其他特殊用途。

图 2-10　全挂车组挂

半挂车是车轴置于车辆重心（当车辆均匀受载时）后面，并且装有可将水平或垂直力传递到牵引车的连接装置的挂车，即挂车的总重量一部分是由牵引车承受的（见图 2-11）。其特点是本身无动力，与主车共同承载，依靠主车牵引行驶。

图 2-11　牵引车与半挂车

（2）牵引车。牵引车是汽车列车的动力源，用以牵引挂车实现汽车列车的运输作业。根据结构与功能，牵引车可分为三类。

1）半挂牵引车。半挂牵引车用来牵引半挂车，与普通载货汽车相比，其车架上无货箱，只做牵引；在车架上装有鞍式牵引座，通过鞍式牵引座承受半挂车的前部载荷，并且锁住牵引销，拖带半挂车行驶。实践中可在载货汽车底盘的基础上，选取合适的后桥主传动比，缩短轴距，并在车架上配置鞍式牵引座进行改装。

2）全挂牵引车。全挂牵引车用于全挂列车和特种挂车列车的牵引，一般可由通用的载货汽车改装。拖带特种挂车的牵引车车架上装有回转式枕座，采用可伸缩的牵引杆同特种挂车连接，在运送超长尺寸货物时也可通过货物本身将牵引车与特种挂车连接起来。

3）场站用牵引车。场站用牵引车用于机场、铁路车站、港口码头等特殊作业区域内，可牵引半挂车或全挂车，完成货物运送和船舶的滚装运输作业。全挂牵引车前后大多装有牵引钩，可迅速连接或脱挂一辆或一辆以上的全挂车，半挂牵引车多装有低举升型牵引座。

第 2 章　物流运输装备

3. 甩挂运输的优势

随着政府的大力推广，甩挂运输正逐步应用于运输行业。与传统的运输模式相比，甩挂运输显然更符合现今社会的发展要求，其优势主要表现在如下几个方面。

（1）合理利用资源。在欧美发达国家，以牵引车拖带挂车组成的汽车运输量已经占到总运输量的近80%，牵引车与挂车的比例一般在1∶2.5左右，这也就意味着一辆牵引车至少可以有序携带两辆挂车进行作业，缩短了牵引车的闲置时间。

（2）提高运输效率。牵引车和挂车可以同时分别作业，通过甩挂运输实现"一车多挂"，使汽车货物运输列车化，增加车辆的每趟次运载量，继而提高了车辆的实际工作效率，降低了车辆的空驶率，缩短了在装卸点等待的装卸作业时间。

（3）降低物流成本。挂车自身的兼容性好，可以匹配不同的牵引车，又因牵引车可以携带多辆挂车，因此减少了设备的投资和运行费用，车辆的有效利用率提升可以降低人工作业强度，减少了人工劳动费用。

（4）节约能源，保护环境。同等的运输量，甩挂运输需要的牵引车辆更少，减少了车辆对道路的占用，减轻了道路交通压力。同传统货车运输相比，甩挂运输排放的汽车尾气污染更少，需要的能源也相对更少。

（5）促进多式联运的发展。甩挂运输是促进道路运输与铁路运输、水路运输等多式联运的有效途径，通过甩挂运输发展以其为基础的滚装运输和驮背运输，这种联合运输可以充分发挥每一种运输方式的优势，同时使总成本降低。传统运输方式中等待时间过长、车辆空跑等问题也能很好地解决，提高了总体的转运效率。在驮背运输、滚装运输的多式联运过程中，干线运输牵引车携带装载完成的挂车行驶至铁路货场或港口，随后场内牵引车将挂车移送至铁路平车、船舶上后与挂车分离，到达目的站或目的港后，再由另一端的牵引车将挂车运至目的地。

（6）促进行业发展。甩挂运输的发展需要高度组织化的支持，因此开展甩挂运输必然会推动物流中心和场站等物流节点的建设，完善信息系统，促进道路物流形成网络化经营，从而推动物流运输朝集约化、规模化不断发展，提高物流服务水平。

4. 甩挂运输的应用范围

根据甩挂运输的使用范围和应用途径，可以将甩挂运输的应用范围聚焦到港口集装箱运输、滚装甩挂运输、企业内部运输以及道路干线运输等领域。

根据车辆的行驶范围可以将港口集装箱运输分为两种：一种是货运码头到集装箱堆场之间的运输，牵引车在两点之间进行往返作业；另一种是港口到附近物流园区之间的集装箱运输。港口集装箱运输也是当前甩挂运输使用最广的领域之一。

滚装甩挂运输是指使用"滚装船"连车带货一起装运的一种海上运输方式，与传统滚装运输不同的是，甩挂运输的滚装运输只运输挂车，牵引车将挂车送上船后，卸下挂车驶出船舱，到达目的地后，当地的牵引车装载挂车驶出滚装船。当前得以实施的有渤海湾烟大航线滚装甩挂运输和鲁辽陆海联运大通道滚装项目。

企业内部运输中，在生产企业内部，牵引车装配多辆挂车在沿途各个装卸点实施甩挂作业。该运输方式在机场行李货物的拖挂、大型矿山的矿物运输中也有应用。由于其运输过程符合工厂流程式作业且可加挂多个挂车，因此作为生产企业内部运输方式。

道路干线运输中，牵引车从物流园区装载挂车，到达客户点后卸下挂车重新装上新的挂车，进行下一任务的运输活动。

2.2 铁路运输装备

2.2.1 铁路运输概述

铁路运输是使用铁路列车运送旅客和货物的一种运输方式，在社会物质生产过程中起着十分重要的作用。其特点是运量大，速度快，成本低，一般不受气候条件限制，适用于大宗、笨重货物的长途运输。1949年以前，铁路运输能力十分薄弱，全国仅有铁路约2.2万km，不仅数量少，质量差，技术装备落后，布局不合理，而且90%以上均由外国经营或受外资控制。中华人民共和国成立以来，我国的铁路建设尤其是高铁建设取得了长足的进步，路网布局趋于合理。京张铁路1905年9月开工修建，于1909年建成，是我国首条不使用外国资金及人员，由中国人自行设计建造并投入运营的铁路。2019年12月30日，京张高铁（北京北站—张家口南站）正式建成通车，标志着我国的综合国力和依靠自身力量搞建设的能力迈上了一个新台阶。

1. 铁路运输的特点

（1）运输能力强，运输成本较低。铁路运输的运输能力取决于列车本身的载重能力和铁路线路在一定时间内通过的列车数量。每一列车的载运能力比汽车和飞机强得多，双线铁路每昼夜通过的货运列车对数可达百余对，所以铁路货物运输能力非常强。而且由于铁路运输运距长、运量大，所以铁路运输的单位运输成本较低。

（2）运输适应性强，适宜各类货物的运输。几乎可以在任何需要的地方修建现代铁路，铁路运输受地理条件的限制较小，而且天气条件对铁路运输的影响也很小，所以铁路运输基本上能够适应各种条件下的货物运输。铁路货运车辆结构形式多种多样，能够适应各类货物的运输。

（3）运输速度较高，准时性强。随着高速铁路的建设和发展，铁路运输速度越来越快，高速铁路列车的运行速度可以达到200~350km/h。由于具有严格的列车运行计划，所以铁路运输的正点率高、准时性强。

（4）运输安全性好，能耗低，污染小。随着铁路安全控制技术的不断提高，铁路运输的安全程度越来越高，在各类交通运输方式中，铁路运输的事故率最低。另外，铁路机车车辆的行驶阻力相对较小，铁路单位运输量的能耗和排污仅为公路的1/7和1/13左右。而且，随着电气化铁路的不断发展，铁路运输造成的污染越来越小。

（5）运输计划性强，机动性差。铁路机车、车辆必须在固定的轨道上行驶，整个铁路网上的列车都必须严格地按照列车运行计划进行运输，因而铁路运输的机动性比较差，难以灵活地组织运输活动。

2. 铁路货物运输系统的功能

铁路货物运输系统主要用于担负大宗低价值货物、集装箱及化工产品和石油产品等罐装货物的中、长距离运输，是我国煤炭、粮食、木材和钢材等大宗货物的主要运输力量，是集装箱多式联运的重要运输环节。

第 2 章 物流运输装备

3. 铁路运输装备的构成

铁路运输技术装备主要由铁路、信号设备、机车车辆和车站等部分构成。

铁路是机车车辆和铁路列车运行的基础。铁路主要由路基、轨道及桥隧建筑物等部分构成。其中,轨道主要由钢轨和轨枕构成,钢轨通过连接零件固定在轨枕上。轨道是列车运行的基础,用以承载列车的载荷,并导引列车的行驶方向,列车通过车轮与钢轨的摩擦得以驱动行驶、制动减速或停车。

轨道两条钢轨内侧之间的距离称为轨距,国际标准轨距为 1435mm,通常称为准轨,大于标准轨距的称为宽轨,小于标准轨距的称为窄轨。我国绝大多数线路都采用标准轨距。

铁路信号设备是铁路信号、车站联锁设备、区间闭塞设备的总称,其作用是保证列车运行与调车工作的安全,提高铁路通过能力。铁路信号是指示列车运行和调车工作的命令。车站联锁设备的作用是使进路、进路道岔和信号机之间按一定程序、一定条件建立起既相互联系、又相互制约的联锁关系,保证车站范围内行车和调车的安全,提高铁路通过能力。区间闭塞设备是用来保证在铁路线的一个区间内同时只能有一个列车占用,防止两列对向运行的列车发生正面冲突,以及避免发生两列同向运行的列车发生追尾。

4. 我国铁路网布局

铁路网布局是指由线路、车站与枢纽所组成的铁路网在地域上的动态分布。铁路网布局必须协调其内部各个环节,组成高效安全的有机体系,从总体上满足社会经济发展和生产力布局提出的区内外联系的需要。

截至 2018 年年底,我国铁路里程达到 13.1 万 km,其中高速铁路运营里程 2.9 万 km,居世界第一。铁路货运总发送量完成 31.91 亿 t,比上年增加 2.72 亿 t,增长 9.3%。货运总周转量为 28820.55 亿 t·km,同比增长 6.9%。

我国铁路纵横交错,形成网络状。具体来说,南北方向有四条干线,即京沪线、京广线、京九线、北同蒲-太焦-焦枝-枝柳线;东西方向有三条干线,即京包-包兰线、陇海-兰新线、沪杭-浙赣-湘黔-贵昆线。以上述七条干线为骨干,形成了由其他干线、支线、辅助线、联络线和地方铁路组成的全国铁路网。这个铁路网覆盖了几乎全部的国土,把全国主要工矿、城镇、港口、农作物生产基地联结成有机整体。

2.2.2 铁路货运车辆

1. 车辆技术经济参数

车辆技术经济参数是表明车辆结构上和运用上某些特征的一些指标,除了自重、载重、容积等已在"车辆标记"部分做了说明外,还有以下几项。

(1) 自重系数。车辆自重与标记载重的比值,自重系数小,说明车辆对运送每一吨货物所做的功少,比较经济,所以自重系数越小越好。

(2) 轴重。车辆总重与轴数之比,即车辆每一轮加于轨道上的重力。车辆的轴重受轨道和桥梁结构强度(允许的载荷)的限制,所以不允许超过规定数值。

(3) 单位容积。车辆设计容积和标记载重之比,它是说明车辆载重力与容积能否达到充分利用的指标。

（4）每延米轨道载重。车辆总重量与车辆全长之比（单位：t/m）。它是车辆设计中与桥梁、线路强度密切相关的一个指标。

（5）构造速度。车辆设计时，按安全及结构强度等条件所规定允许车辆最高的行驶速度，车辆实际速度一般不允许超过构造速度。

2. 铁路车辆

铁路车辆是承载旅客和货物的铁路运输工具，一般不具备动力装置，需要连接成列车后由机车牵引运行。铁路车辆按照用途的不同分为客运车辆和货运车辆两大类。

货运车辆主要用于装载货物，不同的货物应选用相适应的货运车辆装载。我国目前铁路普通货运车辆的单节载重量，应用最广泛的是60t级和70t级，部分重载车辆的单节载重量有80t级的。铁路货运车辆按照结构和用途的不同，主要分为以下类别。

（1）敞车。敞车（C）是具有前后端壁、左右侧壁、底板，而无车顶，向上敞开的货车（见图2-12）。敞车车体有的没有车门，有的在车体两侧开有侧门，侧门一般为双合式车门。敞车约占铁路货车总量的60%，主要用于运输各种无须严格防止湿损的货物，如煤炭、矿石、木材和钢材等大宗货物，也可用来运送体积和重量不大的普通机械设备。

（2）棚车。棚车（P）是具有端壁、侧壁、底板、车顶和门窗的货车（见图2-13），能防止风、雪、雨、水侵入车内。侧门为双合式车门，每扇门板底部装有两个滑轮，可轻便地开闭。棚车主要用于运送怕日晒、雨淋、雪侵的货物，包括各种粮谷、日用工业品及贵重仪器设备等。

图2-12 敞车

图2-13 棚车

（3）平车。平车（N）是没有固定端壁和侧壁的平板式货车（见图2-14），主要用于运输不怕雨、雪侵蚀的货物及长型、大型、集重型货物，如钢材、木材、汽车和机械设备等，也可借助集装箱运送其他货物。按照结构的不同，主要分为平板式平车和带活动墙板式平车两种；按照功能的不同，可以分为通用平车、集装箱平车、多功能平车和专用平车。装有活动墙板的平车也可用来装运矿石、沙土和石渣等散粒货物。

图2-14 平车

第 2 章 物流运输装备

(4) 集装箱车。集装箱车（X）是专门用于运输各种集装箱的平车，也称为集装箱平车（见图 2-15），有单层集装箱车和双层集装箱车两种结构类型。单层集装箱车在底板上设有能够固定各类集装箱的转锁；双层集装箱车具有凹形底板，可以叠装两层标准集装箱。

图 2-15 集装箱平车

(5) 长大货物车。长大货物车（D）是专供运送超长、超大及笨重货物的车辆，载重量一般在 90t 以上，最大的可以达到 450t。长大货物车一般都以平车的形式设计和制造，按照其结构的不同，可分为长大平车、凹底平车、钳夹车和落下孔车等类型。长大平车为长度较一般平车长的多轴平车；凹底平车的底架中部装货平台比两端低，可装载截面尺寸较大的货物；钳夹车通过其下部的耳孔和销、上部的支承，同前、后钳形梁相应的部位相连接，使货物本身成为承载车体的一个组成部分，空载时两钳形梁可相互连接；落下孔车，其装货平台上有开孔，使货物的某些部分可以落在底板面以下，从而可以装载更大型的货物（见图 2-16）。

图 2-16 长大货物车

(6) 罐车。罐车（G）是具有容罐式车体的货车（见图 2-17），主要用于装运各种流体、液化气体和粉末粒状货物。按照用途的不同，罐车可分为轻油罐车、粘油罐车、沥青罐车、酸碱罐车、液化气体罐车、水泥罐车和粉状货物罐车等类型；按照结构特点的不同，罐车可分为卧式罐车和立式罐车。

(7) 冷藏车。冷藏车（B）是车体具有隔热保温功能，有的还具有冷冻功能的专用货车（见图 2-18），也称为保温车，主要用于运输易腐或对温度有特殊要求的货物。保温车可以运送鱼、肉、鲜果和蔬菜等易腐货物，还可以承担一些有控温要求的军工产品和化工产品的运输。具有冷冻功能的保温车内装有制冷设备，主要用于运输冷冻水产品、冷冻食品等冷冻货物。保温车的车体外表一般涂成银灰色，以利于阳光反射，减少吸热。

现代物流装备

图 2-17　罐车

图 2-18　冷藏车

（8）矿石车。矿石车（K）是指车厢下部做成漏斗形卸料口的货车，主要用于装运矿石、煤炭等颗粒状和小块状货物，也称为漏斗车（见图 2-19）。矿石车的车顶一般为敞开式，装货时物料从车辆顶部装入，卸货时物料依靠自身重力作用从底部的漏斗形卸料口自动流出。漏斗车按照用途的不同可分为矿石漏斗车、煤炭漏斗车和石渣漏斗车等多种用途的漏斗车。

（9）粮食车。粮食车（L）是专门用于运输散装粮食的货车，它是在矿石车的基础上研制的一种粮食专用漏斗车（见图 2-20）。粮食车的车顶为封闭式，在车顶上设有装货口。装货时粮食也是从车辆顶部的装货口装入，卸货时粮食依靠自身重力作用从底部的漏斗出口自动流出。

图 2-19　矿石车

图 2-20　粮食车

（10）运输汽车专用车。运输汽车专用车是专门用于运输小型商品汽车的货车，具有单层或双层装运汽车的空间，并配有用于固定汽车用的加固装置和橡胶防护栏。下层汽车可通过位于专用车端部的端站台或通用平车自行驶装卸，上层底板无倾斜功能的双层平车可通过专门配备的组装式斜度板或位于专用车端部的二层端站台自行驶装卸；上层底板具有倾斜功能的专用车可将上层底板置倾斜位，上层的汽车可通过呈倾斜状的上层底板自行驶装卸（见图 2-21）。

图 2-21　运输汽车专用车

第 2 章 物流运输装备

2.2.3 铁路车站与枢纽

车站是铁路运输的基本生产单位,它集中了运输有关的各项技术设备,并参与整个运输过程的各个作业环节。

1. 铁路车站的分类

按照技术作业性质,铁路车站可以分为中间站、区段站和编组站。

(1) 中间站。在铁路区段内,为满足区间通过能力及客货运业务需要而设有配线的分界点称为中间站。中间站的作业内容包括:

1) 列车的通过、会让、越行,在双线铁路上还办理调整反方向运行列车的转线作业。

2) 旅客乘降和行李、包裹的收发与保管。

3) 货物的承运、装卸、保管与交付。

4) 摘挂列车向货场甩挂车辆的调车作业。

有的中间站,还需办理工业企业线的取送车,补机的摘挂、待班和机车整备、转向等作业。另外,在客货运量较大的个别中间站,还有始发、终到旅客列车及编组始发货物列车的作业。

(2) 区段站。区段站位于铁路网上各牵引区段的分界处,它的主要任务是为邻接的铁路区段供应及整备机车或更换机车乘务组,并办理无改编中转货物列车规定的技术作业,以及一定数量的列车解编作业和客、货运业务。在设备条件具备时,还进行机车、车辆的检修业务。

(3) 编组站。编组站是指在铁路网上办理货物列车解体、编组作业,并为此设有比较完善的调车设备的车站。编组站和区段站统称为技术站。如果仅从技术作业上看,编组站和区段站都要办理列车的接发、解编、机车的供应或换挂、列车的技术检查及车辆的检修等,但实际上,编组站和区段站在作业的数量和性质以及设备的种类和规模上均有明显的区别。区段站以办理无改编中转货物列车为主,办理少量区段摘挂列车的改编作业;而编组站以办理改编中转货物列车为主,编解包括小运转列车在内的各种货物列车,负责路网上和枢纽中车流的组织,其调车场和调车设备的规模和能力均比区段站大得多。编组站的作业内容包括:

1) 改编中转货物列车作业,包括解体列车的到达作业和解体作业、始发列车的集结、编组作业和出发作业。改编中转货物列车作业是编组站的主要作业。

2) 无改编中转货物列车作业,主要是更换机车和列车技术检查作业。

3) 部分改编中转货物列车作业,除进行无改编中转货物列车作业外,有时还要变更列车重量、变更列车运行方向或进行成组甩挂等少量调车作业。

4) 本站作业车(地方作业车)作业,是指到达本枢纽或本站货场及工业企业线进行货物装卸或倒装的车辆,其作业过程较有调中转车增加了送车、装卸和取车等内容,其中重点是取送车作业。

5) 机务作业和区段站一样,包括机车出段、入段、段内整备及检修作业。

6) 车辆检修作业,包括列车技术检查及不摘车的经常维修、轴箱及制动装置的经常保养和摘车的经常维修、货车的段修等三类。

现代物流装备

7）其他作业。根据当地需要，编组站有时还需要办理如客运作业、货运作业以及军运列车供应等作业。铁路编组站如图2-22所示，编组站作业流程如图2-23所示（作业流程以列车改编作业过程为例）。

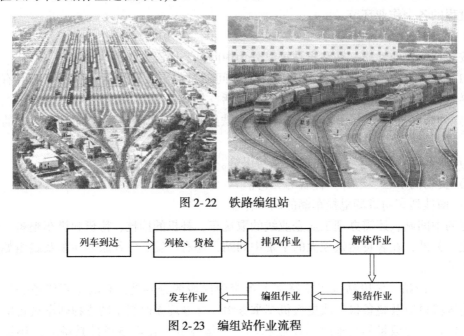

图2-22 铁路编组站

图2-23 编组站作业流程

2. 铁路枢纽

铁路枢纽按其在铁路网上的地位和作用分为路网性铁路枢纽、区域性铁路枢纽和地方性铁路枢纽。

（1）路网性铁路枢纽。凡承担铁路客、货运量和车流组织任务，为整个铁路网服务的枢纽都属于路网性铁路枢纽。这种枢纽一般位于几条铁路干线交叉或衔接的大城市，办理大量的跨局通过车流和地方车流；设有较多的专业车站，其设备的规模很大、能力很强，如沈阳、北京、郑州、徐州、武汉、上海等。

（2）区域性铁路枢纽。凡承担铁路客、货运量和车流组织任务，主要为一定区域范围服务的枢纽都属于区域性铁路枢纽。这种枢纽一般位于干线与支线交叉或衔接的大中城市，办理管内的通过车流和地方车流，设备规模不大，如太原、蚌埠、柳州等。

（3）地方性铁路枢纽。凡承担的运量和车流组织任务，主要为某工业区或港湾等地方作业服务的枢纽都属于地方性铁路枢纽。这种枢纽一般位于大工业企业和水陆联运地区，办理大量的货物装卸和小运转作业，如大同、秦皇岛等。

3. 调车工作

在铁路运输过程中除列车运行外，为满足解体、编组列车或为摘挂、取送车辆等需要，机车车辆在线路上的调动，都属于调车工作。通常调车工作是以机车为动力，在车站范围内进行的。

调车是铁路运输生产过程的重要组成部分，也是车站行车组织的一项重要而又复杂的内容。对于编组站来说，调车更是其日常的主要生产活动。车站能否按时接发列车，能否有效利用设备能力，是否完成生产计划指标，在很大程度上取决于调车工作组织和

第 2 章 物流运输装备

调车作业水平。

铁路货车在一次周转中要进行多次调车作业。在保证安全的前提下提高调车效率，可有效地缩短货车在站停留时间，加速车辆周转。调车工作占用大量人员和设备，消耗大量能源，因此提高调车效率可大大降低运输成本。

由此可见，调车工作的质量，对保证运输安全、提高运输效率、增强运输能力、降低运输成本、保质保量地满足国家和人民对铁路运输的需要起着十分重要的作用。调车工作的分类如下：

1) 解体调车：将到达的列车或车组，按车辆去向、目的地或车种，分解到指定的线路上。

2) 编组调车：根据《铁路技术管理规程》和列车编组计划的要求，将车辆选编成车列或车组。

3) 摘挂调车：为列车补轴、减轴、换挂车组或摘挂车辆。

4) 取送调车：为装卸货物或检修车辆，向装卸线、检修线送车或取回车辆。

5) 其他调车：如车列或车组转场货车检斤，整理车场存车及在站线上放行机车等。

调车按其设备不同分为牵出线调车和驼峰调车两种，其中牵出线调车包括平面牵出线（基本是设在平道上，或者是设在面向调车场不大于 2.5‰ 的坡度上；调车时，车辆溜放的动力是调车机车的推力）和坡道牵出线（调车时，车辆溜放以机车的推力为主，以车辆的重力为辅。牵出线本身部分比编组场部分的标高要高，其纵断面也是为了提高改编能力而特殊设计的）两种。

驼峰调车纵面如图 2-24 所示，驼峰调车场酷似骆驼的峰背，故称"驼峰"。它面向调车场有段较陡的坡度。调车时，车辆溜放的动力以其本身的重力为主，调车机车的推力为辅。平面牵出线和驼峰，虽然既可用作车列的编组作业，

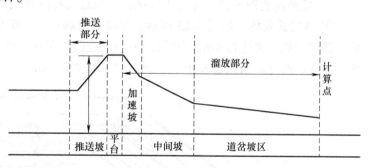

图 2-24 驼峰调车纵面图

也可用作车列的解体作业，但就其特点而论，驼峰一般设在调车场头部，适合于车列的解体作业；牵出线设于调车场尾部，适合于车列的编组作业。

由于车站作业性质的不同，因而其完成各种调车工作的比重也不相同。例如，编组站有大量的解体和编组调车，而中间站一般只有摘挂和取送调车。因此，对调车工作的基本要求是：及时解编列车和取送车辆，保证无阻碍地接车和正点发车；有效利用调车机车和调车设备，用最少的时间完成调车工作任务；确保调车安全。

2.2.4 铁路货场

货场是车站办理承运、保管、装卸和交付的生产车间，是铁路与其他运输工具的衔接口，是货运的起点和终点，是铁路联系社会的窗口、货物的集散地。

现代物流装备

1. 货场平面布置的基本要求

货场内各项设备的布置必须适应货运作业、装卸作业、搬运作业与取送车作业的要求。设计时，应结合货场的作业性质、作业量、办理货运作业的种类、地形条件、气候特点、城市规划要求以及装卸机械的使用条件等具体情况，综合考虑以下基本要求：

1）货场在站内的布置应保证取送车及管理的便利，且不妨碍车站的发展。

2）货场的布置要便于为托运人、收货人服务，方便进出货搬运，与城市交通有便利的联系。

3）货场布置要适应货场作业机械化的需要。

4）要有足够的场地以布置各项设备，并考虑作业的流水性，保证货场道路通畅。

5）货场内各项设备的布置应力求紧凑合理，充分利用有效面积，节省用地。如需改建货场，应充分利用既有设备以减少工程投资。

6）具有良好的排水条件，并符合消防、安全和卫生要求。

7）应根据远期运量和城市发展规划，留出必要的用地，以适应发展的需要。

2. 货场的分类

1）按照货物的品类分类，可分为综合性货场和专业性货场。

2）按照办理的货物种类分类，可分为整车、零担、集装箱和混合货场。

3）按照货运量大小分类，可分为：货运量在100万t及以上的大型货场，30万t到100万t之间的中型货场，30万t及以下的小型货场。

4）按照配置图分类，可分为尽端式、通过式和混合式货场。

① 尽端式货场。如图2-25所示，尽端式货场是由一组以上尽端式装卸线组成的货场。其装卸线一端连接车站的站线，另一端是设置车挡的终端。此类货场的优点：布局紧凑，货场线路和通道都较短，车辆取送和货物搬运距离相对较短，线路呈扇形分布，

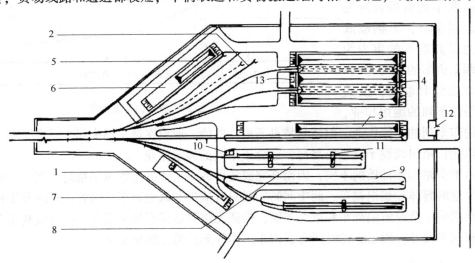

图2-25 尽端式货场

1—货物线 2—存车线 3—仓库 4—雨棚 5—危险货物仓库 6—普通货物站台 7—端式货场站台
8—笨重货物及集装箱堆放场 9—散堆装货物堆放场 10—集装箱修理间
11—门式起重机 12—货运室 13—中转货运办公室

线路与通道交叉少，因而进出货的搬运车辆和取送车的作业干扰少，有利于作业安全；运量增加时，货场扩建比较方便。其缺点是车辆取送作业只能在货场的一端进行，作业车辆的取送受到较大的限制。

② 通过式货场。通过式货场如图 2-26 所示，是由一组以上贯通两端的装卸线组成的货场，其装卸线两端均连接车站线。此类货场的优点是：货场两端均可进行取送车作业，这对未配置调车机的中间站，利用本务机车取送时，上下行方向均可作业，十分方便。取送车与装卸作业干扰少，利于办理成组、整列的装卸作业。其缺点是：货场装卸线比较长，建设投资相对较大，取送零星车辆时走行距离较长，货场通道和装卸线交叉较多，取送车与搬运作业易受到干扰。

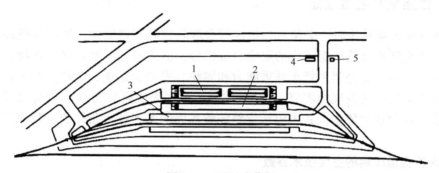

图 2-26　通过式货场
1—仓库　2—货物站台　3—堆放场　4—货运室　5—门卫室

③ 混合式货场。混合式货场如图 2-27 所示，是根据办理货物的种类、作业方法将装卸线一部分建成尽端式，另一部分建成通过式，所以混合式货场具有尽端式货场与通过式货场的优缺点。对混合式货场的布局和使用，应根据货物品类和运量大小来确定。一般情况下，对运量较小的货物，在尽端式装卸线作业；对运量较大的货物，在通过式装卸线作业。

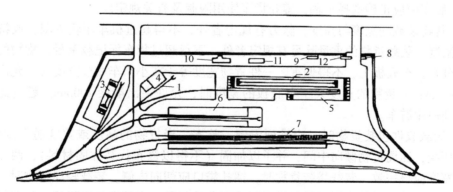

图 2-27　混合式货场
1—货物线　2—仓库　3—危险货物仓库及站台　4—牲畜圈　5—站台　6—长大、笨重货物堆放场　7—低货位
8—门卫室　9—装卸工人休息室　10—装卸机械维修组　11—叉车停放、保养及充电间　12—货运室

3. 货场的一般作业流程

货场的一般作业流程如下：

现代物流装备

1）按列车编组计划，合理安排货区货位，组织进货，按列车运行线组织出车时间和出车内容并配送空车。

2）妥善办理承运、收费和有关票据，按出车时间和内容进行装车。

3）取重车，连挂编组，送运转场。

4）收集到卸车信息，安排好卸车货位、机械、劳力。

5）送卸车，对货位，组织卸车，组织货物交付，腾空货位。

6）取空车，连挂编组，送运转场。

7）通过车辆的装载整理和倒装作业（技术站的）。

2.2.5 铁路货物装载规定

铁路货车装载货物时，必须对货物进行合理装载和严格加固，货物装载加固和货车满载工作是铁路运输组织工作的重要组成部分。其主要任务是：保证货物、车辆的完整和行车安全，充分利用货车载重能力和容积，安全、迅速、合理、经济地运输货物，以适应国民经济发展的需要。《铁路货物装载加固规则》是铁路货物装载加固和货车满载工作的基本依据，其中包括货物装载加固的基本技术条件和装载加固材料与装置。

1. 铁路货运车辆的主要技术参数

铁路货运车辆的技术参数主要包括载重性能参数、容积性能参数和尺寸参数。这些技术参数是表征货运车辆结构和性能的一些数据，是货物运输过程中对车辆进行配载和装卸作业的重要参考依据。铁路货车的主要技术参数通常涂印在车体两侧壁上。

2. 货物装载加固的基本技术条件

1）货物装载与加固的基本要求是：必须保证能够承受正常的调车作业以及列车运行中所产生的各种力的作用，以便保证货物在运输的全过程中，不会发生移动、滚动、倾覆、倒坍或坠落等情况。

2）装车前应正确选择车辆，遵守货车使用限制及有关规定。

3）货物装载的宽度与高度，除另有规定者外，不得超过机车车辆界限，或特定区段装载限制。装载货物的重量除另有规定者外，不得超过货车标记载重量，货物的重量应合理分布在车底板上，不得偏重。一件货物宽度等于或小于车底板宽度时，允许突出端梁300mm；当货物的宽度大于车底板的宽度时，允许突出端梁200mm。超过此限制时，必须使用游车。

4）装载成件包装货物时，应排列紧密、整齐。当货物的高度或宽度超出侧板时，应层层压缝，四周货物倾向中间，并予以加固（不得以篷布代替加固材料），两侧超出侧板的宽度应该一致。装载袋装货物时，捆扎袋口应朝向内侧。装载轻浮货物时，除用绳索交叉捆绑外，对超出侧板的货垛四周或四角的货件，应用绳索串联并一起捆绑牢固或在货车两端用挡板（壁）、支柱等加固。

5）使用铁线或钢丝绳加固捆绑货物的一般要求：①捆绑在货物上的拴结点，在条件许可时，应在货物重心高度相等处。②铁线拉牵形状应成"八"字形、倒"八"字形、交叉捆绑或下压式捆绑。③捆绑的铁线（或钢丝绳）与其在车底板上投影的夹角，一般应接近于45°。如捆绑铁线或钢丝绳主要用于防止货物水平移动时，其角度应适当

第 2 章 物流运输装备

减少；如主要用于防止货物倾覆时，其角度应适当增大。④苫盖篷布或加固货物时，所用绳子或铁线捆绑拴结后的余尾部分，长度不得超过 300mm。

3. 装载加固材料和装置

1) 装载超长、集重、超限及需要加固的其他货物时，应使用必要的加固材料和加固装置。通常使用的加固材料有支柱、垫木、三角木（包括铁制的）、凹木、挡木、掩木、方木、支撑方木、隔木、木楔、绞棍、铁线、钢丝绳、钢丝绳夹头、紧线器、固定捆绑铁索、绳子、绳网、钉子、U 形钉、扒锔钉、型钢等。

加固装置有：货物转向架、货物支架、车钩缓冲停止器和滑台。

2) 各种支柱的规格和使用方法。

① 木支柱必须选用坚实、圆直木材，并将其大头砍或锯成四方形，紧插于支柱槽内，并适当露出支柱槽下，露出的长度不得超过 200mm，支柱不得倒插（内插时除外）。

② 钢管支柱的直径不得小于 65mm，管壁厚度不得小于 4mm，也可采用 8kg 以上的轻轨代用。

③ 竹支柱的直径不得小于 80mm，应选用节密、瓢厚、圆直的毛竹。竹支柱只限装运竹子和轻浮货物时使用。

④ 各种支柱的长度为 3000mm，但内插支柱或装载重质货物达到货车标记载重量时可适当减短，装载轻浮货物时，可根据规定的货物装载高度确定。

3) 装运超长、集重和超限货物时，为使货物重量合理地分布在车底板上，必要时应使用横、纵垫木。叠装金属制品时，为防止窜动及便于装卸，应使用横隔木。

4) 装载圆柱形货物和带轮货物时，为防止货物在列车运行中发生滚动，应使用三角木（可用相应规格和强度的钢筋混凝土三角垫或金属三角垫代用，也可使用两块木材拼接）、凹木（可以铁木合制）、掩木、挡木、支撑方木等加固材料。其规格可根据货物的重量、体积与车底板接触面的大小确定。三角木、掩木的高度应是圆形货物或轮子直径的 15%，但最低高度不得小于 100mm，三角木的底宽应为高度的 1.5 倍。挡木的宽度与高度相等，其规格为 400mm×100mm×100mm。

2.2.6 "一带一路"下的中欧铁路联运

"一带一路"不是一个实体和机制，而是合作发展的理念和倡议。

1. "一带一路"下的中欧铁路联运

在"一带一路"倡议下，中欧班列开行数量快速增长，有力地促进了我国和"一带一路"沿线国家的经贸往来，被喻为"一带一路"上的"钢铁驼队"。中欧班列所带来的国际联运全新模式不仅大大节省了跨国物流成本，也提升了相关各国商品的市场竞争力，为我国铁路运输在国际上打造了一张亮丽的"名片"。中欧班列助力"一带一路"，架起了我国与欧亚各国互通有无的贸易桥梁。"一带一路"旨在强化贸易交流，推动经济合作，而这正是中欧班列开行的目的。现今中欧班列从我国国内 48 个城市开行，到达欧洲 14 个国家、40 余个城市，在这些城市之间，各种物资产品通过一趟趟"钢铁驼队"紧张有序地运送着。从机械设备、电子产品到餐桌上的异域风味，从木材、整车到服装鞋帽、日用百货，货物品类日益丰富，贸易规模逐渐扩大。今天的中欧班列恰似古时的"丝绸之路"一样，架起沿线各国沟通的桥梁，也惠及了相关国家民众的日常生活。

中欧铁路联运具有如下特点：

（1）运输里程长，稳定性高，运输时间是海运时间的1/3。优化了货源组织，利用海运货源多的优势互补，发挥中欧班列平均15~18天的高效率运输作用，达到双赢局面，使中欧班列成为各国的产业线。

（2）价格低，运价只是空运的1/5。我国有巨大的出口需求（如电子电动类、纺织服装类等优势产品），并可提供双清包税到门的服务；中欧班列国际铁路运输是"一带一路"促进中欧贸易政策的产物，是一种新的运输方式。

（3）运输量大，发展快。中欧铁路班列物流运输量剧增，中欧班列普遍被认为是"一带一路"倡议下的战略举措。实际上，中欧班列目前已俨然成为"一带一路"的标志性项目，使得各地政府不遗余力地大力推动。在欧洲，中欧铁路联运也颇受关注。

2018年，成都、重庆、西安、郑州、武汉5个城市分别开行中欧班列1591列、1442列、1235列、752列、417列，共5437列，占全部班列的86.3%，成为中欧班列的大型枢纽节点。截至2019年3月底，中欧班列累计开行数量突破了1.4万列，连接中国59座城市，可抵达欧洲15个国家50座城市，开行路线达到104条。

2. 我国国际铁路货物联运存在的主要问题

（1）各国铁轨宽度不尽相同。虽然我国的铁路与周边国家的铁路接轨，但铁路轨道的宽度却不完全相同。因此，货物在跨国运输时，若两国轨道宽度不一致，铁路车辆无法直接开过去，需换装到对方铁路车辆或更换轮对后，才能继续运输。在国际铁路联运中，如需经历多次换车、卸货和重装，将耗费大量的物流时间与成本。此外，各国铁路的调度和信号系统的制式也不一样，致使铁路机车在牵引列车过境运输时，要装配相应国家的信号调度设施，影响了铁路周转货物的时间和效率。

（2）繁复的货物申报与通关规定。国际铁路联运公约和各国海关对跨国运输的货物都有相应规定。2015年版《国际铁道货物联动协定》中的《国际货约/国际货协运单指导手册》规定：在使用"国际货约/国际货协运单"前，必须提前1个月办理运输商定。在快速发展变化的现代社会，市场风云万变，生产和需求都很难于1个月前准确预定。关于提前预报的严苛规定，导致国际铁路联运对运输需求的适应力大打折扣，无法承接无预期而又对运输时间提出要求的订单。

（3）运输成本居高不下。与海运相比，铁路运输的最大优势是运输时间短，约为海运的1/3。然而，对长期从事中欧贸易的企业而言，仅是运输时间短并不足够吸引其选择铁路运输，它们可以通过流程控制来规避海运时间长的劣势并能维持低成本。无法压低运输成本，再加上集装箱成本高，导致中欧班列的运输成本居高不下，目前只能靠政府补贴实现运营。

（4）线路重复问题严重。国内各地开往欧洲主要区域或同一目的地的班列线路重复问题严重，如渝新欧和汉新欧有80%以上的线路重复，中部省份开通中欧班列的城市除重庆、武汉以外，还有成都、长沙、合肥、西安，以及规划中的南昌、太原等地。因货源地基本相同，而上述城市间隔又近，揽货时难免争夺客户，造成恶性竞争。2016年，商务部在《郑欧班列运营基本情况、问题及建议》中指出：中欧班列线路重复

第 2 章 物流运输装备

"既造成往返程空载率居高难下,资源浪费和无序竞争,提高物流成本,也导致对外谈判铁路运价难度增加,不利于行业健康发展,影响我国国际形象"。

2.3 水路运输装备

2.3.1 水路运输概述

水路运输是各主要运输方式中兴起最早、历史最长的运输方式,是指以船舶为主要运输工具,以港口或港站为运输基地,以水域包括海洋、河流和湖泊为运输活动范围的一种运输方式。水路运输至今仍是世界上许多国家最重要的运输方式之一。我国是一个水路运输大国,2018 年,全国港口完成货物吞吐量 143.51 亿 t(其中沿海港口完成 94.63 亿 t,内河港口完成 48.88 亿 t);完成外贸货物吞吐量 41.89 亿 t(其中沿海港口完成 37.44 亿 t,内河港口完成 4.45 亿 t);完成集装箱吞吐量 2.51 亿 TEU(其中沿海港口完成 2.22 亿 TEU,内河港口完成 2909 万 TEU)。

我国也是一个造船强国,拥有中船重工、中船工业和中远海运重工三大船舶类央企,图 2-28 是武船集团建造的 40 万 t 矿砂船。2018 年,我国造船三大指标以载重吨计国际市场份额均超过 40%,继续保持世界领先;以修正总吨计造船完工量、新接订单量、手持订单量分别占国际市场份额的 36.3%、35.4% 和 35.8%,其中新接订单居世界第二位,完工量和手持订单量均位居第一。2019 年 12 月 17 日,中国第一艘国产航母"山东舰"(见图 2-29)下水服役,这是我国造船业的重大成就,标志我国造船业进入世界顶尖行列。

图 2-28 武船集团建造的 40 万 t 矿砂船

图 2-29 国产航母"山东舰"服役

1. 水路运输的特点

1)水路运输的运载能力大,能源消耗小,单位运输成本最低。船舶货舱与机舱的比例比其他运输工具大,船舶自重与其载重的比值为 8%~25%,而铁路货车的自重与载重之比为 25%~40%。目前,巨型油轮载重量可超过 70 万 t,普通的杂货船也多在 5~6 万 t。与其他运输方式相比,水路运输的单位运输成本最低,约为铁路运输的 30%、公路运输的 20%。

2)续航能力强,运输连续性好。大型运输船舶出航时所携带的燃料和给养物品充

现代物流装备

足，可以数十日持续航行，续航能力最强，适宜远距离运输，中途不需要停驶或转运，保证了运输的连续性。

3) 基建投资少，占用土地少。水路运输是利用"天然航道"进行运输的，不占用农田，不需要修建专门的通道，只需要在沿海地区建立港口、码头等设施。

4) 初期（购船）投资较大，而且回收期长。购置船舶的费用比较多，所以水路运输初期需要较大投资，而水路运输的经营收入并不很高，所以需要很长时间才能将资金收回。

5) 运输速度低，受气候影响大。由于大型船舶体积较大，水流的阻力随航速的增加而迅速增加。例如，当航速从 5km/h 增加到 30km/h 时，船舶受到的阻力将增加到原来的 35 倍，所以船舶航速一般较低。另外，船舶在海里航行，受气候和风浪条件影响较大。

6) 运输机动性差。船舶只能在规定水域和航线内航行，而且还要受港口条件的限制，所以水路运输的机动性较差。

2. 水路运输的功能

水路运输主要适宜负担中、远距离大宗货物运输和集装箱运输。远洋运输主要承担进出口贸易货物运输，一般是国与国港口之间的大宗散货、杂货、石油以及国际集装箱货物运输。沿海及内河运输主要承担煤炭、矿石、建材和粮食等大宗货物以及国内集装箱运输，其中沿海水路运输的煤炭运输量较大，是我国"北煤南运"的主要运输力量。

3. 水路运输的分类

1) 按照运输对象的不同，分为旅客运输和货物运输。

2) 按照船舶航行区域不同，可划分为沿海运输、远洋运输和内河运输三种形式。沿海运输是在陆地附近沿海航道区域各港口之间的运输，一般使用中、小型船舶；远洋运输是跨越海洋（公海），从事国与国港口之间的运输，主要是外贸货物运输（也称为国际航运），一般使用大型船舶；内河运输是指在江、河、湖泊、水库以及人工水道上从事的运输，一般使用中、小型船舶。

3) 按照营运组织形式不同，分为定期船运输、不定期船运输和专用船运输。定期船运输是指选配适合具体营运条件的船舶，在规定的航线上，定期停靠若干固定港口的运输；不定期运输是指船舶的运行没有固定的航线，按运输任务或按租船合同所组织的运输；专用船运输是指企业通过自置或租赁的船舶从事本企业自有物资的运输。

4. 水路运输装备的构成

水路运输装备包括通过海洋、江、河、湖泊等进行客货运输的各种船舶、港口码头以及通信导航等基础设施。水路运输装备是实现水路大能力运输的基础条件，水路运输系统的综合运输能力取决于船队的运输能力和港口的通过能力。

2.3.2 常用货船

1. 散货船

散货船（干散货船）是指专门用于载运无包装的粉末状、颗粒状和块状等大宗干散货装物的运输船舶，常用于运输散装的粮食、谷物、盐、矿砂、煤炭以及水泥等。它具有运货量大、运价低等特点。

(1) 散货船的类型。根据散货船的功能不同，可分为普通散货船、专用散货船、兼用散货船和特种散货船等类型。

1）普通散货船。普通散货船是指运输货物种类不固定、适用于运输各类散装货物的通用型散货船。散货船一般有单层甲板，机舱和驾驶台等上层建筑结构设置在船尾部。大型散货船一般不设置货物起吊设备，而是利用码头的装卸设备进行装卸。普通散货船的货舱截面一般呈八角形，由于所运货物种类单一，对舱室的分隔要求不高，而且各种散货相对密度相差很大，因此普通散货船的货舱容积较大，以满足装载轻货的要求。如需装载重货时，则采用隔舱装载的办法或采用大小舱相间的布置方式。

2）专用散货船。专用散货船是指专门用于某种货物运输的散货船，如运煤船、散粮船、矿砂船、散装水泥船等。专用散货船一般根据所运货物的特性对船体进行针对性设计，以提高船舶性能。

3）兼用散货船。兼用散货船是指在装运散货的同时，还能装运其他特定货物的散货船，如车辆–散货船、矿–散–油兼用船等。

4）特种散货船。特种散货船主要包括大舱口散货船（舱口宽度达船宽的70%，装有起货设备）、自卸散货船（通过所装载的自卸系统实现卸货自动化）和浅吃水肥大型船等。

（2）散货船的吨位分级。散货船的吨位，通常根据总载重量（DW）分为如下几个级别：

1）好望角型船，是指总载重量为10万t级以上的船，这种船在远洋航行中可以安全通过好望角或南美洲海角最恶劣的水域。

2）巴拿马型船，是指总载重量为6万t级的船，这是巴拿马运河所容许通过的最大船型。船长要小于245m，船宽不大于32.3m，最大容许吃水为12.0m。

3）轻便型散货船，是指总载重量为3.5万~4万t级的船，这种船吃水较浅，世界上各港口基本都可以停靠。

4）小型散货船，是指总载重量为2万~2.7万t级的船，最大船长不超过222.5m，最大船宽小于23.1m，最大吃水要小于7.9m。

2. 杂货船

杂货船（见图2-30）是用于装运各种包装、桶装以及成箱、成捆等零批件货的货船。杂货船有2~3层全通甲板，根据船的大小设有3~6个货舱，货舱的甲板上配有舱口、吊杆或吊车以装卸货物，底部常采用双层底结构以保证船舶的安全，机舱大多在船的中后部及尾部。

杂货船又分为普通型杂货船与多用途杂货船，其中多用途杂货船既可装杂货，又可装散货、集装箱甚至滚装货，所以现代新建杂货船常设计成多用途船。

杂货船的航行速度较快，具有吨位小、吃水浅、机动灵活的特点，所以杂货船对航道和港口水域条件的要求较低，且操纵性好，可以轻松地通过狭窄水道、桥梁和船闸，方便地进出中小港口。

3. 集装箱船

集装箱船又称箱装船、货柜船或货箱船，是一种专门载运标准集装箱的货船。其全部或大部分船舱用来装载集装箱，往往在甲板或舱盖上也可堆放集装箱。为了获得更好的经济性，其航速一般高于其他载货船舶。集装箱船的货舱口宽而长，货舱的尺寸按载箱的要求规格化，装卸效率高。根据集装箱船功能结构不同，可分为全集装箱船、半集装箱船和可变换集装箱船三种类型。

（1）全集装箱船。全集装箱船是指专门用于装运集装箱的船舶，是集装箱运输的主要船型。其所有船舱及上甲板都用于装载集装箱，外形瘦长，通常设置单层甲板，设有巨大的货舱口，上甲板平直，以便装载集装箱（见图2-31）。机舱和上层建筑一般位于船尾部，以留出更多甲板面积堆放集装箱。货舱内设有固定集装箱的格栅式导架，装有垂直导轨，便于集装箱沿导轨放下，四角有格栅限制，可防倾倒。货舱内一般可堆放3~9层集装箱，甲板上可堆放3~6层集装箱，甲板及货舱口盖上设有集装箱固定绑缚设备。集装箱船通常使用岸上的专用集装箱装卸起吊设备进行装卸，所以全集装箱船均不装设起吊设备。

图2-30 杂货船

图2-31 全集装箱船

全集装箱船的大小，通常以其装载集装箱的标准箱（TEU）数量进行评价。对于集装箱船的发展历程，通常也按其装载的标准箱数量多少进行分代，目前一般划分为第1代~第6代。第1代集装箱船出现于20世纪60年代，可装载700~1000TEU；第2代集装箱船出现于20世纪70年代，集装箱装载数增加到1800~2000TEU；第3代集装箱船发展于20世纪70年代中期，装载数达到了3000TEU；第4代集装箱船出现于20世纪80年代，装载数增加到4400TEU；第5代集装箱船的装载数增加到5500TEU；第6代集装箱船出现于20世纪90年代，最多可装载8000TEU，标志着大型集装箱船时代的开始，目前最大的全集装箱船载箱数可达10000TEU以上。未来的集装箱船将进一步向大型化、高速化方向发展。

（2）半集装箱船。半集装箱船又称集装箱两用船，是一种既可以装载集装箱，又可以装普通杂货的两用货船。目前世界上的多用途杂货船，大多都可以装集装箱。

（3）可变换集装箱船。可变换集装箱船的货舱内装载集装箱的结构为可拆装式。因此，可变换集装箱船既可装运集装箱，必要时也可装运普通杂货。

4. 冷藏船

冷藏并运输鱼、肉、果、蔬等时鲜、易腐货物的船舶，总称为冷藏船。冷藏船的货舱为冷藏舱，而且都分隔成较小的舱室，相邻舱室的舱壁装有隔热材料，使各舱室相互绝热，各自构成一个独立的封闭装货空间，各舱室之间互不影响，以便于装载多种不同的货物。冷藏船装有制冷装置，包括制冷机组和各种有关管路系统（以下简称管系）。

第 2 章 物流运输装备

此外,为了有效地抑制各类微生物的繁殖和活动,舱内还设有臭氧发生器,使舱内在特定的持续时间内保持一定的臭氧浓度,以起到杀菌消毒的作用。为了实现货舱内装货物的良好保温,冷藏船的舱口一般都开得较小。因受货运批量的限制,冷藏船载重吨位一般较小,为数百吨到数千吨。

由于不同种类的货物所要求的冷藏温度不同,因此冷藏船还可按不同的冷藏温度进行细分,如鱼、肉等动物性货物,因需在较低的温度下以冻结的状态进行运输,所以冷冻并运输这类货物的船舶被称为冷冻船。

5. 液货船

液货船是专门用于运输液态货物的船舶,主要有油船、液体化学品船和液化气船等类型。由于液体散货的理化性质差别很大,因此运送不同液体货的船舶构造与特性有很大差别。

(1) 油船。油船是专门用于运载散装石油及成品油的液货船,一般分为原油船和成品油船两种。油船通过专用的油泵和油管进行装卸,有的可以通过铺设在海上的石油管道来装卸,所以大型原油船可以不停靠码头,而只需要系浮筒来进行装卸作业。

原油船,是专门用于载运原油的船舶。由于原油运量巨大,载重量可达 70 多万 t,是船舶中的最大者。结构上一般为单底,随着环保要求的提高,结构正向双壳、双底的形式演变。上层建筑设于船尾,甲板上无大的舱口,用泵和管道装卸原油。原油船设有加热设施,在低温时可以对原油加热,防止其凝固而影响装卸。

成品油船,是专门载运柴油、汽油等石油制品的船舶。结构与原油船相似,但吨位较小,有很高的防火、防爆要求。由于成品油品种较多,为了不使油品混装,成品油船上都装有较多的独立装卸油泵和管系。

(2) 液体化学品船。液体化学品船是专门载运各种液体化学品,如醚、苯、醇、酸等的液货船。液体化学品船的货舱通常镀一层不锈钢或用不锈钢制成,以保证舱壁不受化学品腐蚀。由于液体化学品品种繁多,运输批量一般较小,为了能够同船运输多种液体化学品,液体化学品船货舱分隔较多,而且各舱都装有独立的装卸液泵和管系。

(3) 液化气船。液化气船是专门运输液化气体的液货船(图 2-32)。这种船需要先将气体冷却压缩成液体,再通过高压泵将液体注入液舱,所以液化气船装有专用的高压液舱。所运输的液化气体有液化天然气、液化石油气、氨水、乙烯、液氯等。这些液货的沸点低,多为易燃、易爆的危险品,有的还有剧毒和强腐蚀性。因此液化气船货舱结构复杂,造价高昂。液化气船按液化气的储存方式可分为三类:

图 2-32 液化天然气船(LNG)与液化石油气船(LPG)

现代物流装备

1）压力式液化气体船，适用于近海短途运输少量的液化气体。它是在常温下，对气体加压至液化压力，把液化气储藏在高压容器中进行运输。这种运输方式下，船体结构及操作技术都比较简单，但容器重量大，船舶的容量利用率低，不适用于建造大型高压容器。

2）低温压力式液化气体船，把液化气体的温度控制在常温45℃以下，但高于液化气体的沸点。在这样的温度范围内，把气体加压至液态进行运输。采用这种方式运输时，对液化气体的温度和压力都需要进行控制，舱内要隔热绝缘，并且设置冷冻装置。

3）低温式液化气体船，在大气压力下，将气体冷却至液态温度以下进行运输，船上设有温度和压力控制装置。这种船适用于大量运输液化气体，目前这种类型的液化气体船较多。

6. 滚装船

滚装船（见图2-33）是指把汽车直接开进船，将汽车连同车上的货物一起运输的专用船舶。滚装船所载运的汽车可以是轿车、客车和货车等各种类型的车辆。其中，货车可以连车带货一起承载，货物不用卸车，但所有车辆承载的人员（包括驾驶员）必须离车，按旅客运输进行承运。所以，滚装船一般多数是客货兼运的船舶，通常也称为客滚船。

图2-33 滚装船

滚装船一般设有多层甲板，各层甲板之间设有倾斜坡道或升降平台互相连通，用于车辆通行。车辆停放之后必须严格固定，为此在滚装船的货舱甲板上设置有定位器，用于固定车辆，以免船舶摇摆时车辆发生移动和碰撞。滚装船船身大多比较高大，中部线型平直，尾部采用方尾，驾驶台等上层建筑设置在船尾部或船首，机舱一般布设在船尾部。甲板上不需设置货舱口，也没有吊杆和起重设备。

以滚装船承载货运车辆所形成的水路运输与公路运输相结合的复合运输方式称为滚装运输。滚装运输的作业过程是：滚装船以装满货物或集装箱的车辆为运输单元，装载时，载货车辆连车带货直接开进船舱内，船舶经过水路航行到达目的港后，载货车辆开下船直接开往收货单位。

对于半挂车滚装运输，在出发港可以由牵引车把装载货物的半挂车拖到船上，然后

第 2 章 物流运输装备

使牵引车与半挂车分离,半挂车随船运输,而牵引车开下船、不随船运输;到达目的港之后,由目的港的专用牵引车登船将半挂车拖下船,然后再送往收货单位。这种将半挂车甩挂运输与滚装运输相结合的运输方式,称为滚装甩挂运输。这种运输方式既省去了牵引车随船运输的能源消耗和船舱空间占用等费用,又省去了驾驶员随船运输的人力消耗和费用,并且还提高了运输的安全性,是一种经济、安全、便捷的运输组织方式。

滚装运输和滚装甩挂运输主要适用于海峡两岸、江河两岸之间的货物运输,可以大大缩短货物运输距离,减少货物装卸作业次数和装船卸船时间,在我国环渤海地区、琼州海峡地区和长江水运中得到了广泛的应用。

7. 汽车运输船

汽车运输船是专门运载各类车辆的船舶,也可运输大型滚装货品,是一种高技术、高附加值船型。汽车运输船虽然属于滚装船范畴,但其船型布置、结构有其自身特点,如果设计不当,汽车运输船在横倾状态下因横向歪斜或斜菱变形时,横向强框架在舷侧接头区域容易出现结构被撕裂损坏的危险,因此必须特别重视汽车运输船的横向强度。

8. 驳船

驳船是指需要靠拖船或推船带动的单层甲板平底船,专门装运泥、砂、石、各种构件、材料和机械设备等。按性能与用途,驳船一般分为泥(石)驳、抛石船、甲板驳、半舱驳。

9. 载驳船

载驳船是专门用于载运驳船的船舶,可装载若干装满货物的驳船。按装卸驳船的方式,载驳船可以分为门式起重机式载驳船、升降式载驳船、浮坞式载驳船等。

门式起重机式载驳船:在两舷侧铺设门机轨道,用门机在船尾装卸驳船。

升降式载驳船:在船尾设有升降平台装卸驳船,并备有输送车送驳船就位。

浮坞式载驳船:母船先下沉一定深度,然后打开船首或船尾的门,使驳船浮进浮出。

10. 铁路轮渡

铁路轮渡(见图2-34)是用于装载铁路车辆的,在江河两岸、海峡两岸或岛屿之间进行运输的大型专用船舶。铁路轮渡运输的主要优势:将铁路车辆直接上船,不需要对货物进行倒装,减少了装卸作业环节,从而节省了装卸作业费用和时间消耗,减少了

图 2-34 铁路轮渡

现代物流装备

装卸设备投资,并减少了货物损失;对于有些地区,还能够缩短运输距离和运输时间,减少运输费用。

2.3.3 船舶的主要性能参数

货物运输船舶的主要性能参数包括重量性能参数、容积性能参数、船舶主尺度参数和船舶航速参数等。

1. 重量性能参数

船舶的重量性能是表示船舶能够装载货物重量多少的能力,包括船舶排水量和载重量两个方面的指标,其计量单位为吨(t)。

(1) 船舶排水量。货运船舶排水量主要用来表示船舶的空船重量和总重量大小,主要包括空船排水量、空载排水量和满载排水量三项指标。

1) 空船排水量,是只有船体、机电设备及舾装部分等永久性装备时船舶的排水量。新船的空船排水量等于空船重量,是一个确定的数据,一般在船舶资料中给出。

2) 空载排水量,又称轻载排水量,是由空船加上燃润料、淡水和船员以及必需的给养物品之后的排水量,是船舶运行最小限度的重量。

3) 满载排水量,是指船舶装载货后吃水达到限定载重线时的排水量,满载排水量等于满载重量,为空船重量、货物重量、航次总储备重量(包括燃润料、淡水、船员和行李、供应品和备品等的重量)及船舶常数的总和。其中,船舶常数是指新船出厂时或船舶经过大修后的空船重量与经过一段时间营运后的空船重量的差值。

(2) 船舶载重量。船舶载重量是衡量货运船舶载重能力大小的参数,分为总载重量和净载重量两项指标。总载重量表示船舶总载重能力的大小,净载重量表示船舶载货能力的大小。

1) 总载重量(DW),是指船舶在任意吃水状况下所能装载的最大重量,为货物重量、航次总储备重量及船舶常数的总和。总载重量的主要用途是:表征船舶的规模大小,统计船队运输能力拥有量,签订租船合同时用以表征船舶的载重性能,在营运管理中用以作为航线配船、订舱配载、船舶配载积载的重要依据,同时还是计算航次净载重量的基础。

2) 净载重量(NDW),是指船舶在具体航次中所能装载货物的最大重量。净载重量等于总载重量减去航次总储备重量及船舶常数之差。净载重量的主要用途是:表示船舶的载货能力大小,用作计算航次货运量的基础,并且是船舶配载积载的主要依据。

2. 容积性能参数

货运船舶的装载能力除了受船舶的载重性能限制外,还受船舶的容积性能限制。

船舶的容积性能是表示船舶能够装载货物体积多少的能力。船舶容积性能参数主要包括货舱容积和船舶登记吨位。

(1) 货舱容积。货舱容积是船舶货舱内部空间的度量,分为型容积、散装容积和包装容积,其计量单位为立方米(m^3)。货舱容积可用以确定装载货物体积的最大数量。

1) 型容积,是指不包括外板厚和舱内骨架等在内的,丈量所得到的货舱内部总容

第 2 章 物流运输装备

积。型容积是根据型线和甲板、双底、平台、纵横舱壁的理论线计算得到的围蔽处所的容积。

2) 散装容积,是指船舶货舱内能够装载具有流动性散货的货舱容积,如粮食、矿砂、煤炭等货物,能够自由流动,可充满船舶肋骨间隙。

3) 包装容积,是指船舶货舱可装载包装件货物的货舱容积,这种货物不具有流动性,不能充满船舶肋骨之间的空间,所以货舱的包装容积通常要比散装容积小 5%~10%。

船舶出厂时,一般都附有详细的各货舱散装容积、包装容积和相应的舱容中心位置等资料,以便于船舶装载参考使用。

(2) 舱容系数。舱容系数是指船舶货舱总容积与船舶净载重量的比值,单位为立方米/吨 (m^3/t)。舱容系数表示船舶每一净载重吨位拥有的货舱容积大小,是表征船舶对轻货或重货适应能力的指标,是船舶配载积载的重要依据。在船舶配载积载过程中,舱容系数通常用来与货物的积载因数相比较,判断船舶适宜装载重货还是轻货。

积载因数是指货物所具有的量尺体积(即以货物的最大外形尺寸计算的体积)与货物重量之比,单位也是立方米/吨 (m^3/t),它表示每一吨货物所占的容积大小,是表明货物轻重性质的重要指标。积载因数较大的货物属于轻货,积载因数较小的货物属于重货。显然,舱容系数较大的船舶适用于装载轻货,舱容系数较小的船舶适用于装载重货。

(3) 船舶登记吨位。船舶登记吨位是指为船舶注册登记而规定的一种以容积折算的专门吨位,它是根据船舶吨位丈量规范的有关规定,丈量所得到的船舶内部容积,按每 $2.83m^3$ 为 1 注册吨进行折算而得出的船舶吨位。船舶登记吨位分为总吨位和净吨位两种。

1) 总吨位 (GT),是通过对船舶所有围蔽处所的容积进行丈量和折算而得到的吨位。总吨位的用途主要是用于船舶登记,表示船舶的大小等级,作为航运业对商船拥有量的统计单位,也作为计算造船、租船、买卖船舶等费用以及确定保险费用和海损赔偿额的基准,还作为政府确定对航运业的补贴或造船津贴的主要依据。

2) 净吨位 (NT),是对船舶可用于装载货物的容积进行丈量和折算而得到的吨位。净吨位的用途主要是作为计算船舶向港口交纳的各种费用和税金的基准,以及作为船舶通过运河时交纳运河费的依据。

3. 船舶主尺度参数

船舶主尺度是用以表示船体外形大小的主要尺寸度量,通常包括船长、船宽、船深、吃水和干舷等参数。船舶主尺度是核定船舶能否进出具体的港口、靠离码头泊位以及通过船闸、桥涵、运河等限制性航道的依据,并且还是衡量船舶大小、计算船舶各种性能参数、收取各种港航费用的基础。根据船舶主尺度的不同用途,可以分为型尺度、最大尺度和登记尺度等,它们的测量方法也各不相同。在船舶运输过程中最主要应用的是最大尺度。

1) 船长,主要是指船的最大长度,是从船首最前端到船尾最后端的直线距离。

2) 船宽,船的最大宽度是指船两舷外侧之间最大宽度处的直线距离。

3) 船深,船的深度主要以型深表示,是指船体中部横剖面上从上甲板边线最低点

现代物流装备

到龙骨基线的垂直距离。

4）船舶吃水与船舶载重线。船舶吃水是指船体浸入水中部分的深度。由于船舶在不同的载重状态下，其浸入的深度是不同的，所以通常以船舶在满载状态下的浸入深度作为设计吃水深度，称为满载吃水，它是限定船舶最大吃水深度的基准。船舶满载吃水的深度，通常都以标线的形式标绘在船体两舷外侧，称为船舶载重线，即船舶设计吃水线。满载吃水的度量，就是在船体中部横剖面上，从设计吃水线到船底龙骨下缘的垂直距离。船舶载重线是船舶装载时限定的最大吃水线，船舶装载后的实际吃水必须不超过载重线。船舶载重线对于保障船舶合理装载和安全航行具有十分重要的意义，所以各种船舶的载重线都由船级社或国家船舶检验机构进行勘测和标定。海运船舶载重线标志如图 2-35 所示，勘绘在船体中部两舷外侧。

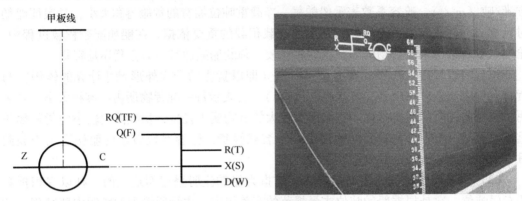

图 2-35　海运船舶载重线标志

由于船舶在不同季节以及世界不同的水域航行时所受到的浮力大小是不同的，船舶的实际吃水深度也不同，因此，船舶载重线必须根据不同的季节和航行区域分别进行标定，如图中字母 RQ（TF）表示热带淡水载重线，R（T）表示热带载重线，Q（F）表示夏季淡水载重线，X（S）表示夏季载重线，D（W）表示冬季载重线。注意，以上括号前的字母为汉语拼音字母，为我国船舶载重线代号，括号内的字母为国外船舶载重线代号。

5）干舷，是指船体型深中未浸入水中的那部分高度，即在船体中部横剖面上，从设计吃水线到上甲板表面的垂直距离。显然当船舶载重线确定之后，船舶干舷尺度也就随之确定。所以船舶装载时限定其实际吃水必须不超过载重线，实质上也就是限定了船舶必须具备的最小干舷高度。

4. 船舶航速

船舶航速是指船舶在航行时单位时间内所能航行的距离，单位通常用"节"⊖表示。船舶在不同的航行条件下所能达到的航速是不同的，通常用于表征速度性能的参数主要有试航航速和营运航速两项指标。

（1）试航航速。试航航速是船舶所能够达到的最高航速，它是船舶建造后在航行

⊖　1 节 ≈ 1.85km/h

第 2 章 物流运输装备

实验中测得的速度。试航航速是评价船舶速度性能的主要依据。

（2）营运航速。营运航速是船舶航行距离与实际航行时间的比值。营运航速是船舶在日常营运过程中实际所能够达到的平均航速，它除了与船舶本身的速度性能有关以外，还在很大程度上受船舶航行的航道条件、天气条件、水流条件以及驾驶条件等因素的影响，所以船舶实际营运航速通常都低于试航航速。

2.3.4 港口设施与设备

港口是指具有船舶进出、停泊、靠泊，旅客上下，货物装卸、驳运、储存等功能，具有相应的码头设施，由一定范围的水域和陆域组成的区域。港口可以由一个或者多个港区组成。

1. 水域设施

（1）港口航道。港口航道是供船舶进出港的航行通道。航道一般设在天然水深、泥沙回淤量小，不受横风、横流和冰凌等因素干扰的水域中。在工程量大、整治比较困难的条件下，航道水深一般按大型船舶乘潮进出港的原则考虑；在工程量不大或船舶航行密度较大的情况下，航道水深可按随时进出港的原则确定。

（2）防波堤。防波堤位于港口水域外围，是用以抵御风浪、保证港内有平稳水面的水工建筑物。除此之外，防波堤有时还兼有防水流、泥水、冰凌等自然因素对港口和航道产生干扰的功能，对于保护港内码头和护岸等构筑物也起着重要作用。

（3）锚地。锚地是供船舶（船队）在水上停泊及进行各种作业的水域。有防波堤掩护的海港，把口门以外的锚地称为港外锚地，口门以内的锚地称为港内锚地。前者供船舶抛锚停泊等待检疫、引航和乘潮进港，后者供船舶避风停泊、等待靠岸及离港、进行水上由船转船的货物装卸。作为锚地的水域要求水深适当，底质为泥质或砂质。

（4）港池。港池（见图 2-36）是供船舶靠泊、系缆和进行装卸作业的直接与码头相连的水域，一般不得占用主航道。另外，要求港池有足够的水域面积，使船舶能方便地靠岸和离岸，必要时可在外档进行水上装卸作业。港池大小可根据船舶尺度、靠离码头方式、水流和强风的影响及转头区的布置等因素确定。

图 2-36 港池

现代物流装备

（5）船舶回转水域。船舶回转水域是为船舶在靠离码头、进出港口需要转头或改向时而设置的水域。其大小与船舶尺度、转头方向、水流和风向等因素有关，一般设在口门和码头之间，以方便船舶作业。船舶回转水域的直径一般为1.5~3倍船长。有些集装箱船需要的回转水域直径可达6~8倍船长。

（6）护岸。护岸是指在河道岸坡上用块石或砼铺砌以保护河岸的建筑物。

（7）港口导航设施。港口导航设施主要有航道标志、信号设施、照明设备、通信设备等。

2. 陆域设施

陆域设施主要包括码头、泊位、港口作业区及港口道路和铁路设施等部分。

（1）码头与泊位。码头是指沿港口的水域和陆域交界线构筑的供船舶靠泊、旅客上下船、货物装卸和其他船舶作业的水上建筑物。港口的水域和陆域交界线称为码头岸线。供一艘船沿码头岸线停泊的作业单元称为泊位。一个泊位的长度，一般根据所能停靠船舶的船型长度而定。一个港口码头的泊位数量，是反映一个港口规模大小的主要依据，一般主要取决于码头岸线的长度。另外，一个港口码头所能够停泊的船舶吨位大小，反映了港口的船舶靠泊能力大小，通常按码头能靠泊的船舶最大吨级分类，例如能够停靠5万t级船舶的码头泊位，称为5万t级泊位。一般把供万t级以上船舶停靠的泊位称为深水泊位。一个港口拥有的泊位数量，特别是深水泊位数量，是衡量港口规模和测算港口通过能力的主要依据。

码头的基本布局形式（见图2-37）主要有顺岸式和突堤式。顺岸式码头是指顺着港口水域的自然岸线建筑的码头。这种形式的码头，建筑工程量较小，造价较低，但对港湾天然条件要求较高，对岸线的利用率较低。突堤式码头是指由岸边向水中建筑突堤或栈桥，在突堤或栈桥两侧形成泊位的码头，突堤和栈桥的方向可以与岸线垂直或倾斜。由于突堤和栈桥伸向水域，所以可以充分利用港口资源，形成较多的曲折岸线，增加了码头岸线长度和泊位数量，适宜于岸线资源受限制的沿海港口。但这种形式的码头，建筑工程量较大，造价较高。

a）顺岸式码头　　　　　　　　　　b）突堤式码头

图2-37　码头的布局形式

（2）港口作业区。为了便于港口的生产管理，通常根据货物种类、吞吐量、货物流向、船型和港口布局等因素，将港口划分为若干个相对独立的装卸生产单位，称为港

第2章 物流运输装备

口作业区。划分作业区可使同一类货物最大限度地集中到一个作业区内装卸，提高机械化、自动化程度，充分发挥机械设备的效率，提高管理水平，避免不同货种间的相互影响，防止污染，保证货物的质量和安全，便于货物储存与保管，并充分利用仓库和堆场的储存能力。一般港口，可根据货物种类划分为通用杂货作业区、大宗散货作业区（还可以更具体地划分为粮食作业区、矿砂作业区、煤炭作业区等）、液体化学品作业区、原油和成品油作业区、集装箱作业区等多种类别作业区。港口作业区主要是针对码头装卸货物的不同而划分的，所以通常也根据货物的类别将其称为杂货码头、粮食码头、煤炭码头、液体化工码头、石油码头和集装箱码头等（见图2-38）。

a) 集装箱码头及堆场

b) 石油码头及油库

图 2-38　港口作业区

港口作业区一般由码头前沿作业地带、仓库和堆场等设施组成。

1) 码头前沿作业地带。码头前沿作业地带是指沿着码头岸边设置的具有一定宽度的船舶装卸作业区域，用于货物装卸、转运和临时堆存。该区域设有专用的装卸设备和货物输送设备，一般采用混凝土或块石等铺砌成坚硬平整的地面，以满足各种机械行走和场地操作的要求；其宽度根据装卸货物的类别和作业量大小有较多差别，例如沿海港口、件杂货码头前沿作业地带的宽度一般在25~40m之间。

2) 仓库和堆场。港口是车船换装的地方，是货物的集散地。出口的货物需要在港口内聚集成批等候装船；进口的货物需要在港口内暂时储存，等待疏散和转运，并进行检查、分类或包装等相关作业。因此港口必须拥有足够容量的仓库和堆场，用以储存进出港口的货物，以保证港口的吞吐能力。

港口中的仓库和堆场按所在位置分为前方仓库、堆场，后方仓库、堆场。前方仓库和堆场位于码头前沿作业地带附近的区域内，主要用于临时储存准备装船和从船上卸下的货物；后方仓库和堆场位于离码头前沿较远的区域内，用于较长期储存货物。

港口中仓库的结构形式根据用途和储存货物的不同，可分为普通平房仓库、筒形仓库、罐式仓库等多种类型。普通平房仓库主要用于储存件杂货，筒形仓库用于储存粮食、水泥等散装货，罐式仓库用于储存油品和液体化学品等液体货物。

码头堆场是没有建筑结构的露天仓库，主要用于堆存煤炭、矿石矿砂、钢材、木材等大宗货物和集装箱，也可以用于堆垛存放袋装的粮食、化肥等货物，堆存此类货物的堆场需要有专用垫石等将货物垫高，并用篷布等将货物苫盖，以防雨雪侵蚀。

3) 港口集疏运设施。港口集疏运设施是指与港口相互衔接、为集中与疏散港口吞吐货物服务的交通运输设施，主要由港口道路、铁路、内河航道及相应的交接站场组成

现代物流装备

（见图2-39）。各个港口集疏运输系统的具体特征，如集疏运线路数量、运输方式构成和地理分布等，主要取决于各港口与腹地运输联系的具体方式、规模、方向、运距及货种结构等因素。

图2-39 港口集疏运设施

港口道路是港口货物集疏运输的主要途径之一，主要用于通行各种货运车辆和港口流动式装卸搬运机械。港口道路可分为港内道路和港外道路。港内道路主要用于各种货运车辆和港口流动式装卸搬运机械通行，因此对道路的轮压、车宽、纵坡和转弯半径等方面都有特殊要求。港外道路是港区与公路和城市道路相连接的通路，直接并入路网，其功能和技术条件与普通道路相同。

铁路运输是港口大宗货物集疏运输最主要的手段，合理配置港口铁路，对扩大港口通过能力具有十分重要的意义。港口铁路设施是在港口范围内专为港口货物装卸、转运服务的铁路线路及设备。完整的港口铁路设施应当包括港口车站、分区车场、码头和库场的装卸线，以及连接各部分的港口铁路区间正线、联络线和连接线等。港口车站负责港口列车的到发、交接、解编集结，分区车场负责管辖范围内码头、库场的车组到发编组及取送，港口铁路区间正线用于连接铁路网接轨站与港口车站，装卸线承担货物的装卸作业，联络线连接分区车场与港口车站，连接线连接分车场与装卸线。

3. 港口装卸搬运设备

港口装卸搬运设备是港口的主要生产设备，主要用于船舶和车辆的货物装卸，仓库和堆场货物的堆码、拆垛和转运作业，以及船舱内、车厢内、仓库内货物的搬运作业。港口装卸搬运设备的种类繁多且专用性强，按照功用的不同，可分为通用型装卸搬运设备（常用的有通用桥式起重机、门式起重机、轮胎起重机、带式输送机、螺旋输送机、斗式提升机、气力输送机和各式叉车等）和港口专用型装卸搬运设备（主要有门座式起重机、岸边起重机、多用装卸桥和各种装卸船机等）。港口装卸机械一般都具有较高的工作速度和生产率，并能适应频繁的连续作业的要求。

2.4 航空运输装备

2.4.1 航空运输概述

航空货运,也叫空运,是现代物流中的重要组成部分,提供安全、快捷、方便和优质的物流服务。空运以其迅捷、安全、准时的特点赢得了相当大的市场,大大缩短了交货期。航空运输方式主要有班机运输、包机运输、集中托运和航空快递业务。

1. 航空运输的特点

(1) 运行速度快。一般货运飞机的飞行时速大约为 600~800km/h,比其他交通工具要快得多。普通火车时速大约在 100~140km/h,汽车在高速公路上的行驶速度约 120km/h,轮船则更慢。航空货运的这一特点适应了一些特种货物的需求,例如高价值以及一些时效性要求较高的货物。另外在现代社会,需要企业及时对市场的变化做出非常灵敏的反应,企业考虑的不仅仅是生产成本,时间成本也是很重要的一项要考虑的因素,例如产品的订单按时生产、服装及时上市而获取更高的利润等情况,航空运输为它们提供了支持。

(2) 空间跨度大、不受地形限制。在有限的时间内,飞机的空间跨度是最大的,有的宽体飞机一次可以飞行 7000km,可连续跨洋飞行,从我国飞到美国西海岸只需 13h 左右。

(3) 破损率低、安全性高。在地面,由于航空货物的价格比较高,因而操作流程的环节较其他运输方式严格得多,破损的情况大大减少。货物装上飞机之后,在空中很难损坏,因此在整个货物运输环节之中,货物的破损率低、安全性好。这些优点使得有些货物虽然从物理特性来说,不适合用空运,例如体积比较大、质量比较重的机械设备、仪器等货物,但这类货物属易损货物,对运输安全性要求较高,因此采用航空运输可极大降低损坏的可能性。

(4) 基本建设周期短、投资少、占地少。航空运输的基础设施主要是机场,与修建铁路、公路相比,机场的建设周期短、占地少、投资少、收效快。

(5) 装载能力小、运输成本高。虽然航空货运存在以上诸多优点,但是其运价相对来说比较高,例如从我国到美国西海岸,空运价格是海运价格的数倍,因此对于货物价值比较低、时间要求不严格的货物,通常需要考虑运输成本问题,不会采用航空货运的运输方式。由于航空飞行器本身的载重容积限制,通常航空货运的运输量相对于海运运量来说要小得多,例如载重较大的民用飞机 B747 全货机,货物最大载重约 119t,相对于海运几万吨、十几万吨的载重,相差极大。

(6) 受气候条件影响大。飞机飞行很容易受到天气的影响,如遇到大雨、大风、雾等恶劣天气,航班就不能得到有效保证,这对航空货物的及时运输影响较大。

(7) 可达性差。难以实现"门到门"的运输,需要借助其他运输设备辅助运输。

2. 航空运输的功能

航空运输适用于对时间要求较高的邮件、快件货物、鲜活易腐货物和价值较高的高科技机电产品等货物的运输,运输的体积、重量、运输批量一般较小,适用于中、长距离运输,是救灾、抢险等紧急物资运输的主要方式。

3. 航空运输装备的构成

航空运输装备主要由飞机、飞行航线、机场和空中交通管理系统等部分构成。飞机是航空运输的主要运载工具，机场是供飞机起飞、着陆和进行运输作业组织的场所，飞行航线是航空运输的线路，空中交通管理系统是为了保证飞机和其他飞行器飞行安全而设置的各种助航设备和工作系统。飞机、飞行航线和机场共同构成了航空运输系统。航空运输系统各组成部分在空中交通管理系统的协调控制和管理指挥下，形成一个完整的航空运输体系，共同实现航空运输的各项功能。

4. 我国飞机制造成就

改革开放以来，特别是党的十八大以来，航空工业抓住机遇，大力创新，取得了巨大成就。

2013年1月26日，我国自主研制的运-20大型运输机首次试飞取得圆满成功。2016年7月6日，运-20大型运输机正式列装空军航空兵部队。

2016年11月1日，我国自主研制的新一代隐身战斗机歼-20首次公开亮相并参加中国珠海国际航展。2018年2月9日，歼-20开始列装空军作战部队。

2017年5月5日，C919大型客机首飞圆满成功，意味着我国具备了研制现代干线飞机的核心能力，这是我国航空工业的重大历史性突破。

2018年10月20日，大型灭火/水上救援水陆两栖飞机AG600水上首飞圆满成功，这是大飞机领域取得的又一个重大突破，填补了我国大型水陆两栖飞机的研制空白，是我国航空工业坚持自主创新取得的又一重大科技成果。

在我国航空业，国产客机C919、水陆两栖飞机AG600、大型运输机运-20被称为大飞机"三剑客"。

2.4.2 常用货运飞机

目前全球范围内服役的民用航空运输机型多样化，其中主流机型仍为波音和空客两大系列。在机型划分上，一般从客舱宽度、主要用途和载客量三个角度进行划分：从客舱宽度尺寸及其他条件角度，划分为宽体飞机和窄体飞机；从用途方面，划分为货运飞机（见图2-40）和客运飞机；从载客量角度，划分为大型飞机、中型飞机和小型飞机。

图2-40 货运飞机

（1）波音系列。美国波音公司生产制造的民用运输飞机产品系列——波音系列（B-），从第一代波音707开始，至今已发展到最先进的波音787系列（见图2-41）。波音787又称为"梦想客机"，是宽体中型客机，可乘坐210~330人，货运量为16t，更省油，效益更高。波音787是航空史上首架超远程中型客机，最大续航15700km，巡航速度约900km/h。

（2）麦道系列。麦道系列飞机（MD-）（见图2-42）是美国麦克唐纳·道格斯公司（简称麦道公司，现已被波音公司收购）生产制造的运输飞机产品系列，机型主要有MD-90中短程双发喷气客机、MD-95双发喷气式运输飞机、MD-11系列中远程三发大型宽体客机；其中MD11Combi型为客货混合型，MD-11CF型为客货可互换型，MD-11F型为全货机型。

图2-41　波音787

图2-42　麦道系列飞机

（3）空中客车系列。空中客车系列飞机（A-）（见图2-43）是由欧洲空中客车工业公司生产制造的运输飞机产品系列，其主型系列有A300、A310、A320、A330、A340、A380等多个系列，都属于宽体运输飞机。其中，经停、连续飞行16000km的A380是迄今为止建造的最先进、最宽敞和最高效的飞机，其货运机型A380F可运载150t业载（也称商载），航程超过10400km。

（4）安系列。安系列（An-）飞机是由乌克兰安东诺夫航空科学技术联合体设计生产的运输飞机。An-225是目前世界上最大的超重型运输飞机之一，起飞全重640t，最大商载250t，巡航速度为800km/h，在全负载的情况下可持续飞行2500km的距离。An-225货运机常用于运输大型航空航天器部件和其他成套设备、飞机机身、火车车厢以及大型战略物资。An-124（见图2-44）是目前世界上第二大的运输机，主要用于运输坦克、导弹、桥梁等大型军用设备。An-124上安排有厕所、洗澡间、厨房和两个休息间，远程飞行时飞行员可以得到较好的休息，因此远距离重型运输优势明显。

图2-43　空中客车系列飞机

图2-44　An-124运载列车

现代物流装备

（5）图系列。图系列（Tu-）是由俄罗斯图波列夫设计局研制生产的运输飞机产品系列。Tu-154M（见图2-45）最大巡航速度为950km/h，最大载荷航程为3700km，载荷为5450kg、载油量最大时航程为6600km。

（6）运系列。运系列飞机是我国设计制造的运输机（见图2-46），适用于客货运输，还可以用于空投空降、地质勘探及航空摄影等多种用途。用于运输货物时一次可以装载散货20t或集装货物16t。货舱装有多种装卸工具，地板上设有件固定装置。两台电动绞车，单台拉力为15t，可将大型货物拖入货舱；中小型货物可用机上2.3t的梁式吊车进行吊取搬运；货车可由随机装卸桥板直接驶入货舱，可同时装载两辆中型货车。我国首款大型运输飞机"运-20"于2013年1月26日成功完成首次飞行，最高载重量66t，最大起飞重量220t，可以在复杂的气象条件下执行各种物资和人员的长距离航空运输任务。

图2-45　Tu-154M

图2-46　国产"运-20"飞机

（7）新舟系列。新舟系列（MA-）飞机是我国西安飞机工业公司在"运-7"中短程运输飞机的基础上研制生产的双涡轮螺旋桨发动机支线飞机，目前有MA-60（见图2-47）、MA-600和MA-700等系列机型。可承载52~60名旅客，航程为2450km。新舟系列飞机可进行多用途改装，用于货物运输、海洋监测和探测等。

图2-47　新舟系列MA-60

2.4.3　机场

1. 机场的概念

机场也称为航空港（见图2-48），是用于飞机起飞、着陆、停放、维护和补充给养等活动，以及组织旅客上下和货物装卸等航空运输服务的场所。机场是航空运输网络中的节点，是航空运输的起点、终点和经停点。机场的基本功能是为飞机的运行服务，为旅客、货物及邮件的运输服务。

2. 机场的分类

机场按照航线性质的不同可分为国际机场和国内航线机场。国际机场是指有国际航班进出的机场，并设有海关、边防检查、卫生防疫和动植物检验和检疫等政府联检机

第 2 章 物流运输装备

图 2-48 机场

构。国内航线机场是专供国内航班使用的机场。

机场按照在民航运输网络中的地位不同可分为枢纽机场、干线机场和支线机场。国内、国际航线密集的机场称为枢纽机场。我国内地的枢纽机场有北京、上海和广州三大机场；干线机场是指各省、市、自治区首府以及一些重要城市和旅游城市（如大连、桂林和深圳等）的机场，我国的干线机场有 30 多个；支线机场是指为本省区内航线或邻近省区支线服务的机场，我国各地区级城市的机场大多数都属于支线机场。干线机场连接枢纽机场，空运量较大，而支线机场开设的航线少、空运量较少。

3. 机场的组成

机场一般由飞行区、客运运输服务区和机务维修区三个部分组成。飞行区是机场最主要的区域，主要设施包括飞机跑道、滑行道和停机坪，以及各种保障安全飞行的安全设施、通信导航设施和助航设施等。

机场客货运输服务区是进行旅客、货物及邮件等运输服务业务的区域，区内设施主要包括客机坪、航站楼、停车场，以及餐饮、旅馆、银行等旅客运输服务设施；货运量较大的机场，还设有专门的货运站。客货运输服务区的位置，通常设置在连接城市交通网并紧邻飞行区的地方。

先进的大型国际机场通常都设有先进的行李处理系统。例如，北京首都国际机场 3 号航站楼行李处理系统，采用国际最先进的自动分拣和高速传输系统，该系统由出港、中转、进港行李处理系统和行李空筐回送系统、早交行李储存系统组成，传输速度最高为 7m/s，每小时可处理行李 2 万件。航空公司只要将行李运到分拣口，系统只需要 4.5min 就可以将这些行李传送到行李提取转盘，大大减少了旅客等待提取行李的时间。机务维修区是进行飞机维护和检修作业的区域，设有维修厂、维修机库及维修机坪等设施。

2.4.4 航空货物装载

1. 货运飞机的装载限制

（1）重量限制。由于飞机结构和性能的限制，飞机设计制造时就规定了每一货舱可装载货物的最大重量限额。任何情况下所装载的货物重量都不允许超过此限额。否则,飞机的结构可能会遭到破坏,飞机安全将受到威胁。

(2) 容积限制。由于飞机货舱内可利用的空间有限,因此装载货物时必须根据货舱容积的限制,合理进行轻、重货物的配载配装,以保证飞机载重能力和机舱容积能力都达到最大利用率。

(3) 舱门限制。飞机只能通过舱门进行装货和卸货,因此货物的尺寸受舱门尺寸的限制。一般飞机制造商都提供舱门尺寸数据,装载货物时必须按照相应的飞机舱门尺寸确定货物的包装尺寸。

(4) 地板承受力限制。飞机货舱地板所能够承受的载荷也是有限的,通常以每平方米允许承受的重量加以限制。如果超过它的承受能力,地板和飞机结构很有可能遭到破坏。因此,装载货物时必须保证不超过地板单位面积允许承受重量的限额。

2. 集装货物组装

集装货物组装是指按照科学的方法、规定的程序和要求将货物装在集装板上或集装箱内。

组装前应进行集装器适航性检查,包括对集装箱和集装板的检查。

(1) 集装货物组装的基本要求。

1) 将经过检查适航的集装箱或集装板放置在托盘或其他带有滚轴装置的平台设备上。

2) 检查所有待装货物,根据货物的卸机站、重量、体积、包装材料及货物运输要求设计货物组装方案。

3) 危险物品或形状特异等可能危害飞机安全的货物,应将其固定,可以使用填充物将集装器塞满或使用绳、带系留,以防损坏设备、飞机,造成事故。

4) 遵循"大不压小、重不压轻、木箱不压纸箱"的货物码放原则,合理码放货物。

5) 根据飞机货舱高度确定集装货物高度,任何情况下宽体飞机下货舱的最大装载高度均为163cm,主货舱集装货物高度根据机型不同而不同。

6) 集装货物组装完毕后,应对整个集装器进行计重,计算结果是飞机载重平衡的重量依据。

7) 集装货物过重后,应详细填写集装器挂牌,作为后续各环节继续操作的依据。集装器货物的集装器挂牌应放入集装器挂牌专用袋内,集装板货物的集装器挂牌应拴挂在集装板网套上。

(2) 集装箱货物的组装。装在集装箱内的货物应码放紧凑,间隙越小越好,装在软门集装箱内的货物应注意避免货物挤压,以免损坏箱门或使集装箱变形。

如果集装箱内装有单件重量超过150kg的货物,且集装箱内所装全部货物的体积未超过集装箱容积的2/3,则应对该件货物额外进行系留固定。

集装箱组装完毕后必须将箱门关好,软门集装箱关门后必须保证箱内的货物不能凸出门帘或网套的垂直面。

装有贵重物品的集装箱或挂衣箱组装完毕后,要按规定用铅封将箱门封好。

(3) 集装板货物的组装。对集装板进行适航检查和清扫后,将集装板平放于货物组装平台或托架上,然后在空集装板上铺设一块足够尺寸的塑料布,塑料布自集装板周

第 2 章　物流运输装备

边向上折起的高度不应少于 80cm。

根据货物设计组装方案，装在集装板上的货物要码放整齐，上下层货物之间要相互交错，骑缝码放，避免货物坍塌、滑落。组装时，第一层货物要码放在集装板的卡锁轨以内，第二层货物可以和集装板的边框外沿垂直平行，保证挂网套时锁扣可以顺利锁入卡锁轨，固定在集装器上。

货物组装完毕后，用足够尺寸的塑料布自上而下苫盖货物，根据集装板组装的高度（机型舱位不同，装载高度不同），确定使用的塑料布尺寸。一般而言，由货物顶部向下苫盖，塑料布的底边离集装板平面不大于 40cm 为宜。自下往上的塑料布在内，自上往下的塑料布在外，两块塑料布的结合处用封口胶带或缠绕膜封住，防止雨水流入塑料布内，浸泡损毁货物。

3. 货物垫板与系留固定

体积或重量较大的货物（业内简称"超大超重货物"）由于其自身条件特殊，在集装器上组装时必须采取特殊的装载措施才能保证货物运输安全和航班飞行安全。通常超大超重货物在集装器上组装时必须采取的措施有两个：一是为保证飞机货舱地板承受的压力强度在规定范围内，而在集装板与货物之间增加支承货物的垫板以分散货物重量，称之为货物垫板；二是为保证货物在飞机上的稳定性，而对货物采取额外系留固定，称之为货物系留。

（1）货物垫板（以下简称"垫板"）是指为保证货物重量均匀分布，而支承在货物与集装器底板或货物与飞机货舱地板之间的，符合规定尺寸的木质板材或其他类似材料。

使用垫板是为了适当扩大货物的接地面积，使货物重量均匀地分布在飞机货舱地板上，从而保证集装板和飞机货舱设备的安全，节省维修费用，同时还可以保证货物的顺利装卸，缩短作业时间。

（2）超大超重货物在集装板的系留固定。飞机在起飞、爬升、降落、滑行转弯及在飞行中遇气流颠簸等情况下，装在飞机上的货物将产生向前、向后、向上、向左、向右 5 个方向的冲击，冲击力与货物自身重量成正比，重量越大的货物冲击力也越大。因此当飞机上装有重量较大的货物时，必须对这些货物采取额外固定措施，将其牢固地限定在集装器上，防止其移动、翻滚，损坏飞机，造成安全事故。

（3）系留设备与操作。系留货物必须使用符合适航要求的专用系留设备，包括钢索、系留带（尼龙带）、系留绳（角绳）、紧固器（松紧扣）、锁扣和辅助绳等。

必须采用对称原则系留，即上下或前后方向限动货物时，系留带两端的锁扣数量必须相同，且应固定在货物相对方向的相对位置。

一条系留带越过货物两端或顶面固定在集装板上时，其极限载荷为其自身载荷的 2 倍。一条系留带一端固定在货物上，另一端固定在集装板上时，该系留带的极限载荷为自身载荷。

一个双尾锁扣在相对应的反方向上最多可以与两条系留带连接，但是在一个限动方向上只能连接一条系留带。

当上、下限动时，至少应使用两条系留带，在货物重心的两侧经货物上方固定在集装器两侧对称的卡锁轨里。如果使用两条以上的系留带，应均匀分布在货物重心两侧。

现代物流装备

一条尼龙带越过货物顶面或两端进行系留时,货物两侧系留带的长度应相等。在相同限动方向上,并排的两个双尾锁扣之间的距离不应小于50cm,单尾锁扣不应小于30cm。在不同限动方向并排的两个锁扣之间的距离不应小于10cm。

前、后限动时应根据所装机型及货物在集装板上的装载方向决定尼龙带的系留位置,以前后限动为主,左右限动为辅。如果组装集装器时不能确定所装机型,应以货物长面的两侧为前后方向。

系留后,系留带必须拉紧。系留带拉紧后,集装板的边沿向上微微翘起是允许的,但翘起的高度不应超过3.2cm。如果货物上有不可避免的锋利边缘,则应加护垫或使用钢索进行系留。

为防止系留带发生位移、松动或滑落,系留后各系留带之间应使用辅助绳连接,也可以在货物表面尼龙带与货物的接点处加装辅助木块(厚度为1cm的木条即可)托住系留带。

在计算系留带的数量时,对使用了垫板的货物,应将垫板的重量计算在内。不能实际称重时,垫板的重量可按照货物重量的4%折算。

复习思考题

1. 简述公路货物运输的功能及我国公路等级划分。
2. 选择公路运输车辆应考虑的因素有哪些?
3. 简述常用公路运输车辆的类型与应用特点。
4. 甩挂运输的含义及主要特点是什么?
5. 铁路运输的特点是什么?
6. 简述铁路车辆的主要种类、结构特点与用途。
7. 铁路货场有哪些分类形式?
8. 铁路车站按技术作业性质可以分为哪几类?
9. 简述水路运输的特点。
10. 水路运输的装备有哪些?
11. 船舶按照用途不同可以分为哪些类型?
12. 航空运输的优点和缺点各是什么?
13. 航空运输的装备构成有哪些?

第 3 章 集装箱技术装备

学习要点

1. 掌握集装箱的概念、特点、分类、规格标准、结构和标记等内容。
2. 掌握国际标准第 1 系列集装箱的基本型号、外部尺寸和额定质量参数等。
3. 熟悉常用集装箱装卸搬运设备的类型、基本功能、主要用途及装卸搬运工艺。
4. 熟悉集装箱码头的概念与特点,了解码头的构成与集装箱自动化码头的布局模式。
5. 了解智能集装箱的概念与工作原理。
6. 了解国际多式联运的概念、特征及组织形式。

3.1 集装箱概述

集装箱是最主要的物流集装和运输器具之一,以集装箱为单元进行货物运输是对传统的以单件货物进行运输的一次重要变革。集装箱最大的成功在于产品的标准化以及由此建立的一整套运输体系。集装箱运输具有巨大的社会效益和经济效益,是当前世界上最先进的货物运输组织方式,已经成为交通运输现代化的重要标志。2018 年全球前 20 大集装箱港口完成集装箱吞吐量 3.4 亿 TEU,同比增长 3.8%,低于 2017 年的 5.6%。2018 年全球港口排名中,上海港连续九年居全球第一(见表 3-1)。

表 3-1 2018 年全球前 20 大集装箱港口吞吐量排名

排名	港口	吞吐量（万 TEU）	增长	国家	排名	港口	吞吐量（万 TEU）	增长	国家
1	上海港	4201	4.4%	中国	11	迪拜港	1495	-2.7%	阿联酋
2	新加坡港	3660	8.7%	新加坡	12	鹿特丹港	1451	5.7%	荷兰
3	宁波舟山港	2635	7.1%	中国	13	巴生港	1232	2.8%	马来西亚
4	深圳港	2574	2.1%	中国	14	安特卫普港	1110	6.2%	比利时
5	广州港	2187	7.4%	中国	15	厦门港	1070	3.1%	中国
6	釜山港	2166	5.7%	韩国	16	高雄港	1045	1.7%	中国
7	香港港	1960	-5.7%	中国	17	大连港	977	0.6%	中国
8	青岛港	1932	5.5%	中国	18	丹戎帕拉帕斯港	896	7.0%	马来西亚
9	洛杉矶/长滩港	1755	3.9%	美国	19	汉堡港	877	-1.0%	德国
10	天津港	1601	6.2%	中国	20	林查班港	807	3.7%	泰国

3.1.1 集装箱的定义与特点

1. 集装箱的定义

集装箱（Freight Container），是一种便于机械操作和运输的大型货物容器。因其外形像一个箱子，又可以集装成组进行运输，故称"集装箱"，也称为"货箱""货柜"。国家标准《系列1集装箱 分类、尺寸和额定质量》（GB/T 1413—2008），对集装箱定义如下。

集装箱是一种运输设备，应具备下列条件：①具有足够的强度，在有效使用期内可以反复使用；②适于一种或多种运输方式运送货物，途中无须倒装；③设有快速装卸的装置，便于从一种运输方式转移到另一种运输方式；④便于货物装满和卸空；⑤内容积等于或大于 $1m^3$（$35.3ft^3$）。

集装箱这一术语，不包括车辆和一般包装。

2. 集装箱的特点

作为现今应用广泛的集装运输设备，集装箱有着自身特殊的优势：

1）强度高、保护性强。集装箱自身结构的特点决定了它的强度比较高，保护防护能力强，从而货损较小。

2）功能多。集装箱自身有着小型储存仓库的作用，方便了运输保管，使用集装箱可以不再配置仓库、库房。

3）有利于充分利用空间。集装箱便于堆放，节省占地面积，有利于充分利用空间。

4）集装数量大。与其他集装设备相比，集装箱的集装数量较大，在散杂货的集装方式中，优势尤为明显。

5）标准化程度高。集装箱的标准化使其具备一系列的优点，便于对货物和承运设备做出规划，同时采用通用设备也能简化工艺，提高装卸效率。

在具备诸多优点的同时，集装箱也有着一些不可避免的缺点：

1）自重大。集装箱的自重大，无效运输和装卸的比重就大幅降低了物流效率。

2）造价高。集装箱的造价高，限制了其更为广泛的应用，同时也增加了物流成本。

3）返空难。集装箱的空箱返空运输浪费了人力、物力，在每次物流运作中分摊成本较高。

3. 集装箱运输的发展趋势

集装箱运输应用越来越广泛以及经营管理的现代化，使得集装箱运输将朝着物流中心化、管理信息化、港口高效化、船舶大型化、运输综合化的方向发展，从而达到降低运输成本、缩短运输周期的目的，真正为客户提供优质、快速、准时、便捷、价廉的服务。

（1）干线集装箱船舶向大型化和高速化发展。20世纪90年代以来，集装箱船的大型化趋势十分明显。2018年新船交付量同比增长18%，其中10000TEU及以上集装箱船运力交付占比82%，这表明大型集装箱船是交付主力。在集装箱船进一步向大型化发展的同时，集装箱船的高速化也逐渐被重视。美国、日本、西欧各国等一些发达国家，正在研究航速在35km/h以上的超高速集装箱船。

（2）世界主要集装箱港口向大型化、高效化和综合服务方向发展。世界主要集装箱港口拥有长度 300m 以上、前沿水深 12m 以上、陆地纵深 500~1000m 的集装箱泊位，采用大跨距、重负荷、自动化的装卸机械，都可满足超大型集装箱船的靠泊及装卸要求，同时全面实现计算机管理，能够向船东和货主提供全方位的优质服务。

（3）港口的中转作用日益重要。船公司在主要航线上配置的大型集装箱船，只在少数货源稳定可靠的、拥有深水泊位的港口之间航行。这些港口将其他港口的货源通过支线船吸引过来加以中转。如香港港和新加坡港 1990 年以后一直位居世界集装箱港口吞吐量排行榜前列，它们的转箱量占总吞吐量的比例高达 50%~60%。国外有专家称这样的港口为大中心港。

（4）多式联运日益完善。集装箱运输的优势之一是便于组织多式联运。一些发达国家除了大力发展港口基础设施和海运船队外，还重视海运船队、专用码头与内陆集疏运网络建设的相互匹配，形成日益完善的多式联运综合运输系统；同时也重视在国际组织中积极活动，拟定相关的国际公约，并通过国内立法，完善集装箱运输的规章制度，在全球建立货运代理和多式联运经营网络，力图通过改善经营管理来提高运输服务质量和市场竞争能力。

（5）信息管理实现现代化。电子数据交换（EDI）已在航运业发挥日益重要的作用。EDI 技术依靠计算机和通信网络，实现信息自动交换和自动处理，以电子单证逐步取代复杂的纸面单证，简化各种业务手续，并对集装箱动态信息进行有效跟踪，大大提高了运输效率和运输服务质量。

（6）箱型大型化和专用化。为提高件杂货的适箱率，使件杂货运输进一步实现集装箱化，集装箱箱体必须向大型化发展，以载运品种繁多的大尺度货物，如成套机械设备、钢管、车辆、木材和石材等。据统计，进入 21 世纪以来，40ft（1ft=0.3048m）箱的增长率是 20ft 箱的 2 倍，所占比例也已超过 20ft 箱，未来将有更多的 45ft 箱甚至更大的集装箱投入使用。可见，集装箱箱体大型化的趋势不可避免。同时，随着全球经济贸易的不断增长，未来将有更多货种进入集装箱运输领域，尤其是冷藏货、危险货、干散货、液体散货、服装、设备和车辆等特殊货种的箱运量将快速增长，所占比例也将增加。可以预见，冷藏箱、罐式箱、开顶箱、挂衣箱、框架箱及平板箱等专用集装箱将有不断增加的趋势。

（7）经营规模化。随着集装箱运输一体化的迅速发展，各大班轮公司通过兼并和组织联营集团实现了规模经营，成为全球承运人，并以货物集拼、仓储、运输、分拨等全方位服务，进一步完善干支网络，高效、快捷地组织"门到门"运输服务。广泛采用 EDI 系统，对集装箱运输的全过程实现自动化管理，合理安排航线，扩大干线直挂港的范围，缩短航班周期，加快货运速度，降低运输成本，提高运输服务质量。

3.1.2 集装箱的结构与箱体标识

1. 集装箱的结构

集装箱的结构根据箱体种类不同而有所差异，但就一般普通集装箱而言，基本结构都是上下纵梁、上下横梁和四个角柱构成矩形箱体框架，然后铺设箱顶、箱底、前端壁、后端壁和左右两侧壁并开设箱门，在箱顶部和箱底部的四个角上还分别设有四个专用的角件，如图 3-1 所示。

现代物流装备

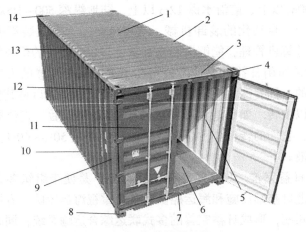

图 3-1　集装箱的结构
1—顶板　2—右侧壁　3—上横梁　4—顶角件　5—内衬板　6—底板
7—下横梁　8—底角件　9—角柱　10—下纵梁　11—后端门　12—左侧壁　13—上纵梁　14—前端壁

上下纵梁、上下横梁和四个角柱是集装箱主要的承载构件，由高强度钢材制成；箱顶板一般由整板制成，在集装箱堆垛时也不承受较大的载荷，所以有的集装箱箱顶做成软顶或者无顶，形成敞顶集装箱；箱底用以承载货物，由若干横向布置的底梁与两侧下纵梁相连接构成箱底骨架，然后铺设底板构成，具有较高的承载强度；箱底一般还设有供叉车叉取的横向叉孔。

集装箱顶部和底部的四个角件用于支承、装卸、堆垛和栓固集装箱。顶部的四个角件称为顶角件，主要用于集装箱装卸搬运设备对集装箱进行起吊装卸作业；底部的四个角件称为底角件，主要用在汽车和火车上栓固集装箱（见图3-2）。

图 3-2　集装箱角件、起吊与固定转锁
1—起吊转锁　2—顶角件　3—底角件　4—固定转锁

集装箱规定结构方位是为了明确集装箱的前、后、左、右以及纵、横的方向和位置，以便于对集装箱的结构进行描述。通常把集装箱装在汽车上时，靠向驾驶室的一端称为前端，另一端为后端；从集装箱的后端向前看去，右手边为右侧，左手边为左侧；由前至后称为纵向，由左至右称为横向。

一般集装箱的前端壁为封闭的，称为盲端；后端一般为开门端，所以大多数集装箱为后端开门。除此之外，集装箱的开门形式还有侧面开门、前后两端开门、后端开门并且左右单侧或两侧局部开门、后端开门并且左右单侧或两侧完全开门等多种形式，如图3-3所示。对于专用散货集装箱和敞顶集装箱，其顶部的敞口实际上属于一种顶部开门的形式。集装箱开门形式的选择，主要是根据不同的货物类别，考虑货物装卸作业的方便程度。

第 3 章 集装箱技术装备

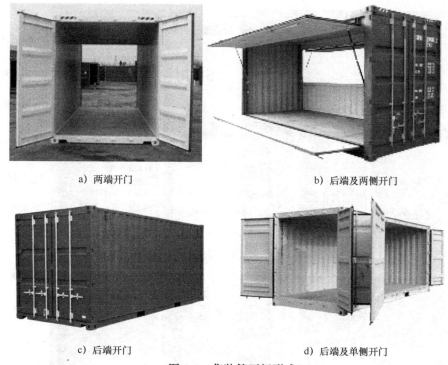

a) 两端开门　　　　　　　　b) 后端及两侧开门

c) 后端开门　　　　　　　　d) 后端及单侧开门

图 3-3　集装箱开门形式

2. 集装箱的箱体标记

为了便于集装箱在流通和使用中的识别和管理，便于单据编制和信息传输，国际标准化组织制定了集装箱标记。按其用途可分为识别标记、作业标记和通行标记，其中识别标记是必备标记，具有强制性；作业标记中的集装箱最大净载质量是可选择性标记；通行标记一般为可选择性标记。可根据集装箱适用的区域选择标记，如图3-4所示。

（1）识别标记。集装箱的识别标记主要包括箱主识别标记和集装箱类型识别标记。

1）箱主识别标记。主要由箱主代码、顺序号和核对数字组成，是用于识别集装箱权属和身份的编码。每一个标准集装箱都有一个在世界范围内具有唯一性的主识别标记。

箱主代码：即集装箱所有人的代码，通常由四位大写拉丁字母表示。前三个字母由公司制定，并向国际集装箱注册机构进行登记，登记时不得与登记在先的有重复。第四个字母用"U"表示，用以表示"集装箱"，称为设备识别码。

顺序号：又称为箱号，为同一个箱主的集装箱编号，由集装箱所属公司自定，用六位阿拉伯数字表示，若有效数字少于六位时，在有效数字前加"0"补足六位。

核对数字：也称为校验码，由一位阿拉伯数字表示，列于顺序号之后，置于方框之中以示区别。核对数字的作用是用于计算机核对箱主代码与顺序号记录的正确性。核对数字是根据箱主代码的四位字母与顺序号的六位数字，通过规定的换算方法换算而得出的。

2）集装箱类型识别标记。集装箱类型识别标记由尺寸代码和箱型代码组成，用于识别集装箱的规格尺寸和结构类型。

现代物流装备

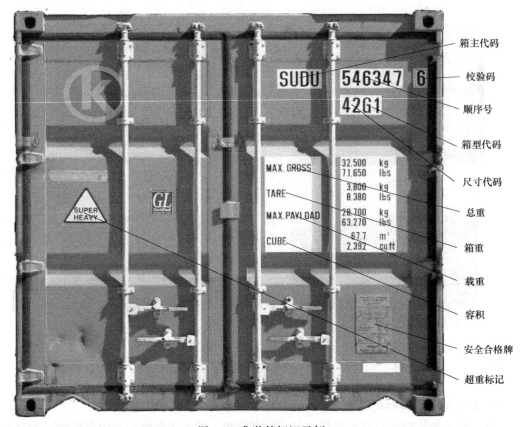

图 3-4 集装箱标记示例

尺寸代码：由两位字符表示。第一个字符表示箱长，其中"1"表示10ft箱，"2"表示20ft箱，"3"表示30ft箱，"4"表示40ft箱，5~9为未定号。另外，还以英文字母 A~P 作为特殊箱长的集装箱代码，例如"M"表示48ft箱。第二个字符表示箱宽和箱高。对于宽度为8ft的标准集装箱，用数字"0"表示8ft高的箱，"2"表示8ft6in（1in=0.0254m）高的箱，"5"表示9ft6in高的箱；对于宽度不是8ft的集装箱，用英文字母表示其特殊宽度。

箱型代码：用以反映集装箱按结构和用途划分时所属的类型，用一位字母和一位数字表示。第一位用字母表示集装箱所属类型："G"表示通用集装箱，"V"表示通风集装箱，"B"表示散货集装箱，"R"表示冷藏集装箱，"T"表示罐式集装箱，"U"表示敞顶集装箱，"P"表示平台和台架集装箱，"A"表示空陆水联运集装箱，"S"表示以货物种类命名的集装箱。第二位用数字表示结构特征，例如"G0"表示通用集装箱中，一端或两端设有箱门的集装箱；"G1"表示通用集装箱中，货物的上方有透气罩；"G2"表示通用集装箱中，一端或两端设有箱门，并且在一侧或两侧设有全开式箱门的集装箱。

尺寸代码和箱型代码作为一个整体在集装箱上标出。例如，图 3-4 中的"42G1"是指：箱长为40ft，箱宽为8ft，箱高为8ft6in，通用干货集装箱。

(2) 作业标记。作业标记（见图3-5）包括额定质量、空箱质量和最大净载质量标

第 3 章　集装箱技术装备

记、超高标记、空陆水联运集装箱标记和箱顶防电击警告标记等。作业标记的主要作用是对集装箱的装载、装卸搬运、运输和储存作业提供一些提示性信息或警示性信息。

1）额定质量、空箱质量和最大净载质量标记。集装箱的额定质量也称为最大总质量（Max Gross Mass），空箱质量也称为自重（Tare Weight），是集装箱的两个主要质量参数，按要求必须在箱体表面标出。另外，在标出额定质量和空箱质量的同时，还可以标出集装箱的最大净载质量（Net Weight），它是额定质量与空箱质量的差值。最大净载质量作为一种可选择性作业标记，可以根据需要标出，不具有强制性。

图 3-5　集装箱作业标记

三种质量参数标出时，要求用千克（kg）和磅（lb）两种单位同时在箱体标注。

2）超高标记。凡高度超过 2.6m（8ft6in）的集装箱，均应标出超高标记。该标记为在黄色底上标出的黑色数字和边框，数字为集装箱的实际高度尺寸。超高标记通常位于集装箱每侧的左下角，其他主要标记的下方，距箱底约 0.6m 处。另外，在箱体每端和每侧角件之间的顶梁及上侧梁处打出黄黑相间的斜条形标记，以便在地面或者高处能够清晰地识别。

3）空陆水联运集装箱标记。空陆水联运集装箱标记是指可以用于飞机、火车、汽车和船舶等多种运输方式之间进行联运的集装箱。此类集装箱具有与飞机机舱相匹配的系固装置，适用于空运，并可与地面运输方式相互交接联运。为适合于空运，该类集装箱自重较轻，结构强度较低。海上运输时禁止在船舱甲板上堆装，船舱内堆码时应配置在最上层；在陆上堆码时最多允许堆码两层。国际标准化组织对该类集装箱规定了特殊的标记，该标记为黑色，位于侧壁和端壁的左上角，并规定标记的最小尺寸为 127mm（5in）、长 355mm（14in）、字母标记的字体高度至少为 76mm（3in）。

4）箱顶防电击警告标记。凡装有登箱顶扶梯的集装箱，应标出箱顶防电击警告标记。该标记在黄色底上标出黑色三角形和闪电箭头。一般设在集装箱上位于邻近箱顶的扶梯处，以警告登箱顶作业人员有触电的危险。

（3）通行标记。集装箱通行标记（见图 3-6）是指允许集装箱在某些国家或地区之间使用和通行的标记。现有的集装箱通行标记主要有国际铁路联盟标记、安全合格牌照、集装箱批准牌照和检验合格徽等。

1）国际铁路联盟标记。凡符合《国际铁路联盟条例》规定的技术条件的集装箱，可获得国际铁路联盟标记（见图 3-6a）。该标记是在欧洲铁路上运输集装箱必备的通行标记。

2）安全合格牌照。该牌照表示集装箱已按照《国际集装箱安全公约》的规定，经有关部门试验合格，符合有关安全要求，允许在运输运营中使用。它是一张长方形金属牌，牌上记有"CSC 安全合格"字样，同时标有批准国、批准证书、批准日期、出厂年月、制造厂商产品号、最大总重等内容（见图 3-6b）。运输运营中使用的集装箱，在安全合格牌照上还必须标明维修间隔时间。

现代物流装备

a) 国际铁路联盟标记　　　b) 安全合格牌照　　　c) 中国船级社检验合格徽

图 3-6　集装箱通行标记

3）集装箱批准牌照。为加速集装箱在各国间流通，联合国欧洲经济委员会制定了《集装箱海关公约》（简称 CCC），凡符合《集装箱海关公约》规定的集装箱，可以贴上"集装箱批准牌照"，在各国间通行时由海关加封，即不必开箱检查箱内的货物，从而加速集装箱的流通。

4）检验合格徽。集装箱上的"安全合格牌照"，主要是为了确保集装箱不对人的生命安全造成威胁，但集装箱还必须确保运输过程中不对运输工具的安全造成威胁。所以，国际标准化组织要求各检验机关必须对集装箱进行相关检验，经检验合格后，在集装箱门上贴上代表该检验机关的检验合格徽。中国船级社的检验合格徽如图 3-6c 所示。

3.1.3　集装箱的分类与应用

1. 按照结构和用途分类

集装箱按照结构和用途的不同，可以分为通用杂货集装箱和专用集装箱两大类。其中，通用杂货集装箱的用途比较广泛，结构也比较一致。随着集装箱运输的发展，为了适应不同种类货物的运输，许多结构不同、用途专一的专用集装箱不断出现。常见的专用集装箱主要有冷藏集装箱、散货集装箱、通风集装箱、罐式集装箱、敞顶集装箱、台架式集装箱、平台集装箱、动物集装箱、汽车集装箱和服装集装箱。

（1）通用杂货集装箱。通用杂货集装箱（见图 3-7），也称为干货集装箱。通用杂货集装箱的适用范围非常广，除了液体货物、冷藏货物和鲜活货物等特殊货物以外，只要在尺寸和重量方面适合的各种干杂货物，都可以用杂货集装箱装运，通常主要用于装运日用百货、食品、机械、仪器、家用电器、医药用品以及各种贵重货物等。杂货集装箱一般均为封闭式结构，多数在后端设有箱门，有的除后端设端门外，在侧壁还设有侧门。有的杂货集装箱的侧壁可以完全打开，这种集装箱在铁路货车上装箱、拆箱作业十分方便。

通用杂货集装箱是最主要的、应用最广泛的集装箱，约占世界集装箱总量的 85%。国际标准化组织建议的国际标准第 1 系列通用集装箱就是指这一类集装箱。

（2）冷藏集装箱。冷藏集装箱（见图 3-8）是指具有保温或制冷功能，专门用于运输要求保持一定温度的低温货物或冷冻货物的集装箱，主要适用于运输鱼、肉、新鲜水果蔬菜和冷冻食品等货物。为了适应保温需要，冷藏集装箱的箱体都采用隔热保温材料和一定的隔热保温结构。

图 3-7　通用杂货集装箱

图 3-8　冷藏集装箱

用于运输冷冻食品的冷藏集装箱，需要具有制冷功能。目前国际上采用的冷藏集装箱主要分两种：①集装箱内部带有冷冻机，由冷冻机自行制冷，这种冷藏集装箱称为机械式冷藏集装箱。这种集装箱需要通过运输设备或者集装箱堆场上的外接电源进行制冷。②集装箱内没有冷冻机，而在集装箱端壁上设有进气孔和出气孔，集装箱装在船舱中，由船舶的制冷装置供应冷气，这种冷藏集装箱称为外置式冷藏集装箱，也叫离合式冷藏集装箱。

（3）散货集装箱。散货集装箱（见图 3-9）是专门用于装载干散货物的集装箱，适于运输的货物主要有粮食、谷物、豆类、硼砂、树脂以及颗粒状化学制品等干散货物。散货集装箱是一种密用式集装箱，除了端部设有箱门外，一般在箱顶上还设有装货口（装货口有圆形和长方形两种），在箱门的下方还设有卸货口。箱顶部的装货口处设有水密性良好的顶盖，以防雨水侵入箱内。有些散货集装箱也可以用来装载杂货，为了防止装载杂货时箱内货物移动和倒塌，在箱底和侧壁上也设有系环，以便能系紧货物。有时通过集装箱翻转机的配合，也可以用端开门的通用杂货集装箱装运散货，翻转机将集装箱翻转立起，开口向上装货，封口后再放置水平装车运输。

（4）通风集装箱。通风集装箱（见图 3-10）的外形与杂货集装箱相似，区别是在侧壁或端壁上设有 4~6 个通风口。通风集装箱的通风方式一般采用自然通风，其箱体大多采用双层结构，以便通风与排湿。它适于装载菌类、食品、新鲜水果蔬菜以及其他需要通风、防止潮湿的货物，能有效防止货物在运输途中腐烂变质。如将通风口关闭，便可以作为杂货集装箱使用。

图 3-9　散货集装箱

图 3-10　通风集装箱

现代物流装备

（5）罐式集装箱。罐式集装箱（见图3-11）是专门用于装运酒类、油类（如动植物油）、液体食品以及液体化学品等液体货物的集装箱，有的也可以装载化学品、水泥等颗粒状和粉末状货物。

罐式集装箱由罐体和箱体框架两部分构成，框架一般用高强度钢，其强度和尺寸符合国际标准的要求。角柱上也装有标准角配件，装卸时与国际标准集装箱相同。罐体是装载货物的容器，有单罐、多罐、卧式罐和立式罐等多种类型。罐体顶部设有注料口，罐底部设有卸料阀，装货口的盖子必须有水密性。有些液体货物随外界温度的降低会增加黏度，装卸时需要加温，所以在某些罐状集装箱的下部设有加热器。运输途中为能随时观察罐内货物的温度，罐上一般还装有温度计。

需要注意的是：罐体的强度在设计时是按满载为条件的，所以在运输途中货物如呈半罐状态，可能会对罐体有巨大的冲击力，造成危险，因此装货时应确保货物为满罐。

（6）敞顶集装箱。敞顶集装箱（见图3-12）是一种箱顶可以拆下来的集装箱，箱顶又分硬顶和软顶两种。硬顶是用钢板制成的可以开启的箱顶；软顶是用帆布、塑料布制成的顶篷，并用可折叠式或可拆卸式的弓梁进行支承。敞顶集装箱适于装载大、重型货物，如钢材和木材，特别是玻璃板等易碎的重型货物。这些货物可利用吊车从箱顶部吊入箱内，既不易损坏货物，又便于在箱内固定。

图3-11　罐式集装箱

图3-12　敞顶集装箱

（7）台架式集装箱。台架式集装箱（见图3-13）没有箱顶和侧壁，有的也没有端壁，只有底板和四个角柱的集装箱。这种集装箱适于装运长大货件和重型货件，如重型机械、钢材、木材、大型管材以及各种设备，货物可以用吊车从顶部装入，也可以方便地用叉车从箱侧面装货。有的台架式集装箱的四个角柱还可以折叠或者拆卸，以减少空箱回运时的空间占用。为了保证箱底的纵向强度，箱底通常都做得较厚，台架式集装箱

图3-13　台架式集装箱

第 3 章　集装箱技术装备

箱底的强度比一般集装箱底的强度大。为了把装载的货物系紧，在下侧梁和角柱上应设有系环。为了防止运输过程中货物坍塌，有的在集装箱的两侧还设有立柱或栅栏。台架式集装箱没有水密性，怕水湿的货物不能用这种集装箱装运。运输或在堆场上储存时，为了不淋湿货物应用帆布遮盖。

（8）动物集装箱。动物集装箱（见图3-14）是专门用于装运牛、马、羊、猪等活体家畜和鸡、鸭、鹅等活体家禽的集装箱。为了遮蔽阳光，箱顶采用胶合板遮盖，侧面和端面都设有窗口，保证良好的通风。侧壁下方设有清扫口和排水口，配有可上下移动的拉门，便于把垃圾清扫出去。由于装载的是活体动物，动物集装箱在船上应装在甲板上，不允许多层堆装，既便于空气流通，也便于清扫和照顾。该类型集装箱载重量

图 3-14　动物集装箱

相对较小，故其强度低于国际标准集装箱的要求。

（9）汽车集装箱。汽车集装箱（见图3-15）是专门用于装运小型商品车的集装箱。汽车集装箱的结构，有的与普通杂货集装箱相似，有的是在简易箱底上装一个钢制框架，没有端壁和侧壁。箱底采用防滑钢板，以防止汽车在箱内滑动，箱内还设有固定汽车的装置。一般小型汽车的高度为1.35～1.45m，如果在标准高度（2.438m）的集装箱内装载单层汽车，则会造成集装箱容积极大的浪费。所以，为了提高集装箱容积利用率，双层汽车集装箱应用较多，而双层汽车集装箱的高度显然高于国际标准集装箱。所以，汽车集装箱一般不是国际标准集装箱。

（10）服装集装箱。服装集装箱（见图3-16）是专门用于装运高档服装的集装箱，其结构是在普通杂货集装箱的基础上，在箱内上侧梁上装有许多横杆，每根横杆上垂下若干条皮带扣或绳索，服装利用衣架上的挂钩，直接挂在带扣或绳索上，从而保证服装在长途运输过程中不产生褶皱。这种服装装载法属于无包装运输，它不仅节约了包装材料和包装费用，而且减少了人工劳动，提高了服装运输的质量。这种集装箱和普通杂货集装箱的区别仅在于内侧上梁的强度需略加强。将横杆上的绳扣收起，就能作为普通杂货集装箱使用。

图 3-15　汽车集装箱

图 3-16　服装集装箱

2. 按照制造材料分类

（1）钢制集装箱。外板用钢板制造，结构部件也均采用钢材。钢制集装箱的优点是强度高、结构牢固、焊接性和密封性好，而且价格较低、坚固耐用、易于修理。所以钢制集装箱应用最为广泛，大多数集装箱都是钢制集装箱。钢制集装箱的缺点是自重大，抗腐蚀性较差，一般每年需要进行两次除锈涂漆维护作业，使用期限较短，一般为11～12年。

（2）铝合金集装箱。外板一般都采用铝镁合金制成。这种铝合金集装箱的主要优点是：自重较轻（铝合金的相对密度约为钢的1/3，20ft铝合金集装箱的自重为1700kg，比钢制集装箱轻20%～25%），因此同一尺寸规格的铝合金集装箱能比钢制集装箱装载更多的货物；耐腐蚀，不生锈，能对海水起到很好的防腐蚀作用，非常适用于海上运输；弹性好，外表比较美观；此外加工方便，加工费用和维修费用低，使用年限较长，一般为15～16年。

（3）玻璃钢集装箱。玻璃钢集装箱是用玻璃纤维和合成树脂混合制成的强化塑料贴在胶合板上而形成的玻璃钢板制成的集装箱。其主要优点是隔热性、防腐性和耐化学性均较好，而且强度较高，能承受较大的压力，易清扫，修理简便，维修费用也低；主要缺点则是自重较大，造价较高。

（4）不锈钢集装箱。外板用不锈钢材料制造。主要优点是强度高，不生锈，耐腐蚀性能好，外表美观，在使用期内维修保养作业量小，故使用率高，维修费用低；缺点则是价格较高。罐式集装箱的罐体一般多用不锈钢制作。

3. 按照运输方式分类

（1）联运集装箱。联运集装箱是适用于铁路、公路、水路和航空多式联运系统的集装箱。联运集装箱能够采用各种运输方式进行运输，可以便利地从一种运输方式转移到另一种运输方式，途中转运时无须进行货物倒装。通常情况下，国际标准系列集装箱都属于联运集装箱，适用于国际集装箱多式联运系统，特别是其中的公称尺寸为20ft（6m）和40ft（12m）的标准集装箱，是应用最为广泛的国际多式联运集装箱。

（2）海运集装箱。国际集装箱多式联运最主要的运输方式是海运，国际标准集装箱也是由海运集装箱发展起来的，所以现代的海运集装箱基本上都是联运集装箱。

（3）铁路集装箱。铁路集装箱是指专门用于铁路运输系统的集装箱。根据铁路集装箱的转运方式，通常可以与公路集装箱运输汽车、内河及近海集装箱运输船舶相联合，组成集装箱公-铁联运、水-铁联运。

铁路集装箱运输是国内集装箱运输的主要方式之一，所以我国铁路集装箱拥有较大的保有量，一般只用于国内运输，较少用于出口运输。

我国铁路集装箱按照重量和尺寸主要分为1t箱、10t箱、20ft箱、40ft箱，此外还有少数经铁路管理部门批准运输的其他重量和尺寸的集装箱，其中1t主要用于铁路零担货物运输。

（4）航空集装箱。航空集装箱是指用于航空货运、邮件和航空旅客行李运输的集装箱。从总体上讲，可用于航空运输的集装箱有两大类，一类是联运集装箱，另一类是航空专用集装箱。

联运集装箱（见图3-17）就是上述适用于陆海空多式联运的集装箱，主要是20ft

箱和40ft箱。这些大型集装箱只能用于大型全货运飞机和大型客货兼运飞机的主货舱装运，飞机上一般设有专用集装箱吊装设备。通常，可用于空运的联运集装箱还有一些特别的要求，并且在箱体上还标有专门标记。

图 3-17　航空联运集装箱

航空专用集装箱（见图 3-18）一般也称为航空专用成组器，是专门用于航空运输的集装箱。这种集装箱的主要特点：一是自重小，多为铝合金制造；二是尺寸较小且形状特殊，主要是为了适应飞机货舱的空间和形状。航空专用集装箱一般根据其外形的适配性，分为主货舱集装箱和下舱集装箱两种基本形式。

图 3-18　航空专用集装箱

主货舱集装箱只能用于全货机和客机的主货舱，下舱集装箱只能装于宽体飞机的下货舱。各种航空专用集装箱都根据其适用的货舱位置，设计成不同的形状，并规定了一定的底板平面尺寸和高度尺寸。

4. 按箱体长度分类

按箱体长度，可分为40ft集装箱、20ft集装箱、10ft集装箱以及45ft集装箱等。

5. 按总重分类

集装箱按总重可分为大、中、小三种类型。大型集装箱是指总重在20t及其以上的集装箱，小型集装箱是指总重小于5t的集装箱，而总重在5~20t的集装箱为中型集装箱。有时也可直接根据集装箱总重来为集装箱"命名"，如1t箱、5t箱、10t箱等。

6. 按集装箱的箱体构造分类

（1）根据侧柱和端柱的位置不同，可以分为内柱式和外柱式。内柱式的侧柱和端柱设在箱壁内部，而外柱式恰恰相反。相对来说，内柱式集装箱外表平滑，受斜向外力不易损伤，涂刷标记方便，加内衬板后隔热效果更好。外柱式集装箱外板不易损坏，可以省去内衬板。

（2）根据箱体构件的可组合性，可分为折叠式和固定式。折叠式集装箱的主要部件能简单地折叠或分解，反复使用时可再次组合起来。而固定式集装箱正相反，各部件永久地固定组合在一起，是目前使用的主流集装箱。

（3）根据集装箱的联结方式，可分为预制骨架式和薄壳式。预制式集装箱的外板

现代物流装备

用铆接或焊接方法与预制骨架连成一体。薄壳式集装箱则类似于飞机结构，把所有构件连成一个刚体，这种构造的优点是重量轻，共同承受扭力而不会产生永久变形，是目前使用的主流集装箱。

（4）根据集装箱内部构件的不同，可分为抽屉式和隔板式。抽屉式集装箱的箱内由一定尺寸的抽屉组成，打开箱门后便可抽出抽屉装取货物，一般是小型集装箱，主要用于装运仪器、仪表、武器、弹药等。隔板式集装箱的箱内由若干隔板分隔开，隔板可以随意组合拆卸拼装，适用于装运需要分隔的物品。

7. 特殊结构集装箱

（1）折叠式集装箱。折叠式集装箱（见图3-19）是指侧壁、端壁和箱门等主要部件能很方便地折叠起来，反复使用时可再次撑开的一种集装箱。折叠式集装箱主要用在货源不平衡的航线上，是为了减少回空时的舱容损失而设计的。这种集装箱折叠之后的高度仅仅相当于集装箱原高度的1/4，原本一辆货车只能托运一个空集装箱，折叠之后可以装载4个空箱。

图3-19　折叠式集装箱

（2）连体集装箱。连体集装箱（见图3-20）是用特制的连接器将两个以上小规格的集装箱连接到一起，形成一个较大规格的集装箱。两箱之间的标准连接器具有快速连接和分离的功能，非常便于两箱的组合与分离。连体集装箱的尺寸可以根据需要任意组合，例如在北美内陆运输中，用一个16ft和一个24ft的集装箱可以组合成一个标准的40ft集装箱，方便地满足不同运输条件的需要。

图3-20　连体集装箱

（3）成套集装箱。成套集装箱（见图3-21）简称套箱，由一组外部长宽高尺寸形成等差的集装箱组合而成，最大的箱一般为标准规格尺寸，其他箱为非标准箱，但各个箱都具有标准的角件，可以独立作为小型物流集装箱或小型仓库以装载货物；空箱回运或储存时，可以依次将小箱套入大箱之中，因而可以节约装载和储存空间。

（4）交换车体集装箱。交换车体集装箱（见图3-22）也称为箱体交换车体（Swap Body）。这种集装箱的箱体结构与普通集装箱相同，但是在其底部配有4个可折叠的支腿，可以支承集装箱停放。

第 3 章　集装箱技术装备

图 3-21　成套集装箱

交换车体集装箱是一种介于集装箱和半挂车之间的运输设备，它由专用的拖车载运。拖车车身与集装箱半挂车相似，自身没有货箱，车架承载平面上设有固定集装箱的转锁装置。集装箱可以利用专用吊具进行装车和卸车，在不便于使用专用吊具进行装卸的场合，可以直接将拖车穿过支腿插入箱体下方，车架升起将集装箱放稳并固定牢靠，然后收起支腿；卸车时按

图 3-22　交换车体集装箱

照相反的程序将集装箱卸下停放。所以，这种集装箱非常便于箱体与拖车之间的换转作业，可以提高集装箱的装卸速度，在欧洲和其他一些地区得到了广泛的应用。

3.1.4　集装箱标准化

1. 集装箱主要参数

（1）外尺寸。外尺寸是指包括集装箱永久性附件在内的集装箱外部最大的长、宽、高尺寸。它是确定集装箱能否在船舶、全（半）挂车、货车、铁路车辆之间进行换装的主要参数，是各运输部门必须掌握的一项重要技术资料。

（2）内尺寸。内尺寸是指集装箱内部最大的长、宽、高尺寸。它决定集装箱内容积和箱内货物的最大尺寸。

（3）内容积。内容积是指按集装箱内尺寸计算的装货容积。同一规格的集装箱，由于结构和制造材料的不同，其内容积略有差异。

（4）自重（空箱质量）。自重是指空集装箱的质量，包括各种集装箱在正常工作状态下应备有的附件和各种设备，如机械式冷藏集装箱的机械制冷装置及其所需的燃油。

（5）载重（载货质量）。载重是指集装箱最大容许承载的货物质量，包括集装箱正常工作状态下所需的货物紧固设备及垫货材料等在内的质量。

（6）总重（额定质量）。总重是指集装箱的自重和载重之和，即集装箱的总质量。它是营运和作业的上限值，又是设计和试验的下限值。

（7）自重系数。自重系数是指集装箱的自重与载重之比。集装箱自重系数越小越好，自重系数小，表明在集装箱自重既定的情况下，能够装载较多的货物。铝合金集装箱的优点就在于它的自重系数较小。

现代物流装备

（8）比容。比容是指集装箱内部的几何容积与载重之比。集装箱的比容大，表明在同样载重的情况下，它可以装载较大体积的货物，具有较大的使用范围。

（9）比面。比面是指集装箱底的全部面积与其载重之比。集装箱比面大，表明在同样载重的情况下，可以装载更多占用的放置面积较大的货物。

集装箱比容是反映封闭式集装箱装载能力的技术参数，比面则是反映敞开式集装箱装载能力的技术参数。

2. 集装箱标准化的必要性

集装箱运输方式具有"门到门"运输、国际多式联运以及高效率运输方式的特点，这些特点决定了集装箱国际标准化的必要性，具体表现在以下几个方面。

（1）国际运输所提出的必然要求。集装箱运输是一种国际运输方式，同一种运输设备要在全球各个国家间运输、交接与周转，因此其外形、结构、标记等就必须标准化，使各个国家的装卸设备、运输工具均能适应。

（2）多式联运方式所提出的必然要求。集装箱运输本质上是一种多式联运，即在多数情况下，一个集装箱要经过两种或两种以上运输工具，完成"门到门"运输。因此集装箱设备本身，在其外形、结构上必须标准化，以便能方便地在船舶、火车、卡车、飞机之间实施快速换装，并且便于紧固和绑扎。

（3）集装箱运输自身的特点所提出的必然要求。在集装箱货物运输的全过程中，集装箱连同其内部装载的货物是作为一个运输单元的。各种外形、特征各异的具体货物，均被装载在集装箱内部，在实际运输过程中，面对的是集装箱本身，而不是具体的货物，这要求集装箱具有标准化的、鲜明的外部标记。另外，在集装箱交接以及各运输方式衔接过程中，也有这方面的具体要求，以便于识别、记录与及时传输信息。

（4）集装箱运输过程安全的必然要求。集装箱是用来运输货物的，本身必须承载较大的负荷。集装箱经常需要在较为恶劣的环境下运营，如必须能承受远洋运输途中船舶的剧烈摇晃、火车和卡车启动与刹车的冲击、装卸过程中的冲击等。所以集装箱在强度上也必须有相应的标准规定，并有必要的检验和准用程序与规定。

为了有效地开展国际集装箱多式联运，必须强化集装箱标准化。集装箱标准按使用范围分，有国际标准、地区标准、国家标准和企业标准四种。

1）国际标准集装箱，是指根据国际标准化组织（ISO）第104技术委员会制定的国际标准来建造和使用的国际通用的标准集装箱，现行的国际标准集装箱为第1系列。根据国际标准 ISO 668—1995 的规定，第1系列集装箱共有 A、B、C、D 4 大类 13 种型号；2005 年国际标准化组织又对 ISO 668—1995 进行了补充修订，把 45ft 集装箱正式作为第 1 系列集装箱的 E 类，共有 2 种型号。

2）地区标准集装箱，是由地区组织根据该地区的特殊情况制定的各地区集装箱标准，根据此类标准建造的集装箱仅适用于该地区。如根据欧洲国际铁路联盟（UIC）所制定的集装箱标准而建造的集装箱，仅限于欧洲地区使用。

3）国家标准集装箱，是各国政府参照国际标准并考虑本国的具体情况，制定的本国集装箱标准。我国现行国家标准《系列1集装箱 分类、尺寸和额定质量》（GB/T 1413—2008）中规定了集装箱各种型号的外部尺寸、极限偏差及额定重量。

4）企业标准集装箱，是指某些大型集装箱船公司，根据本企业的具体情况和条件

第3章 集装箱技术装备

而制定的集装箱标准。这类集装箱主要在该企业运输范围内使用，如美国海陆运输公司的 35ft 集装箱。

此外，目前世界上还有不少非标准集装箱，如非标准长度集装箱有美国海陆运输公司的 35ft 集装箱、总统轮船公司的 48ft 集装箱；非标准高度集装箱主要有 9ft 和 9.5ft 两种高度集装箱；非标准宽度集装箱有 8.2ft 宽度集装箱等。

3. 集装箱标准化的发展历程

国际标准化组织（ISO）于 1961 年成立了有关集装箱的专门委员会——104 技术委员会（ISO/TC104），专门负责讨论与制定集装箱的国际标准，国际集装箱标准化就以 104 技术委员会为中心开展工作。

因为涉及大量不符合新国际标准的集装箱以及有关设备设施的淘汰和因标准改变而产生的一系列新的要求，为照顾当时的实际情况，最初制定的国际标准以 3 个系列作为基本尺寸，其中 1 系列基本相当于此前美国制定的集装箱，用于国际运输；2 系列相当于此前欧洲铁路联盟制定的标准集装箱，用于欧洲；3 系列则属于苏联的尺寸系列，用于苏联和东欧各国。

在各国集装箱标准化实际执行过程中，1 系列集装箱由于通用性好，逐渐被广泛接受。最初标准中的 2、3 系列标准在后来举行的会议中被降格为地区标准，不再作为国际标准。现行的国际标准集装箱为 1 系列。

在我国，1980 年 3 月，全国集装箱标准化技术委员会成立。自成立以来，该委员会先后制定了 21 项集装箱国家标准和 11 项集装箱行业标准。1985 年，国家标准 GB 1413 进行了第一次修订，标准名称改为《集装箱外部尺寸和额定重量》；1998 年进行了第二次修订，等效采用了国际标准《系列 1 集装箱 分类、尺寸和额定质量》（ISO 668—1995），形成了国家标准《系列 1 集装箱 分类、尺寸和额定质量》（GB/T 1413—1998）。该标准与国际标准相同，规定了 A、B、C、D 4 大类 13 种型号集装箱。2008 年又进行了第三次修订，等同采用了国际标准 ISO 668—1995 及其修正案 ISO 668—1995/Amd1-2005 和 Amd2-2005，在原来的 A、B、C、D 4 大类 13 种型号集装箱基础上，把 45ft 集装箱也正式规定为我国标准集装箱的 E 类，增加了两种型号——1EEE、1EE。

4. 国际标准集装箱

（1）国际标准集装箱的外部尺寸与型号。集装箱外部尺寸是指包括集装箱永久性附件在内，沿集装箱各边外部的最大长、宽、高尺寸。它是集装箱能否在船舶、底盘车、货车、铁路车辆之间进行换装的主要参数，是各运输部门必须掌握的一项重要技术资料。《系列 1 集装箱分类、尺寸和额定质量》（GB/T 1413—2008）中规定的各种尺寸见表 3-2。

由表 3-2 可知，目前国际标准集装箱根据其外部长度的不同，共分为 E、A、B、C、D 五种类别。其中 E 类集装箱最长，D 类集装箱最短。在国际集装箱多式联运中，用量最多、应用最广的是 A 类和 C 类。各种类别的集装箱又根据其高度的不同划分出不同型号，共分为 15 种型号。

国际标准集装箱长度具有一定的尺寸关联，其长度关系如图 3-23 所示。图中 1A 型为 12192mm（40ft）集装箱；1B 型为 9125mm（30ft）集装箱；1C 型为 6058mm（20ft）集装箱；1D 型为 2991mm（10ft）集装箱；i 为间距，其值为 76mm（3in）。应有：1A =

现代物流装备

1B+i+1D =（9125+76+2991）mm = 12192mm；1B = 1D+i+1D+i+1D =（3×2991+2×76）mm = 9125mm；1C = 1D+i+1D =（2×2991+76）mm = 6058mm。

表 3-2 GB/T 1413—2008 中的各种集装箱尺寸

集装箱型号	公称长度		长度			宽度		高度			额定质量	
	m	ft	mm	ft	in	mm	ft	mm	ft	in	kg	lb
1EEE	13	45	13716	45		2438	8	2896	9	6	30480	67200
1EE								2591	8	6		
1AAA	12	40	12192	40		2438	8	2896	9	6	30480	67200
1AA								2591	8	6		
1A								2438	8			
1AX								<2438	<8			
1BBB	9	30	9125	29	$11\frac{1}{4}$	2438	8	2896	9	6	30480	67200
1BB								2591	8	6		
1B								2438	8			
1BX								<2438	<8			
1CC	6	20	6058	19	$10\frac{1}{2}$	2438	8	2591	8	6	30480	67200
1C								2438	8			
1CX								<2438	<8			
1D	3	10	2991	9	$9\frac{3}{4}$	2438	8	2438	8		10160	22400
1DX								<2438	<8			

由表 3-2 可知，系列 1 国际标准集装箱的宽度均为 2438mm（8ft）。

（2）集装箱的质量参数。集装箱的质量参数主要包括集装箱空箱质量、载货质量和额定质量。在集装箱国际标准中，规定了集装箱的额定质量，其中 E、A、B、C 四类集装箱的额定质量均为 30480kg，D 类集装箱的额定质量为 10160kg。

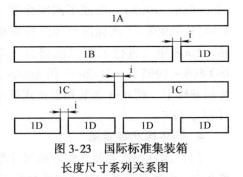

图 3-23 国际标准集装箱长度尺寸系列关系图

集装箱的额定质量是指集装箱空箱质量与载货质量之和，也称为额定总质量，它是集装箱使用过程中限定的最大总质量限值。国际标准中限定集装箱额定总质量的意义在于，为集装箱的装载，以及装卸搬运设备、运输设备和相关设施的设计制造和使用，提供统一的标准依据，以防止超载。

集装箱空箱质量是指包括永久性附件在内的空箱重量（习惯简称自重）。各种集装箱的空箱质量是由集装箱的大小、结构、材料等决定的，没有统一的标准要求。例如一般钢制 20ft 杂货集装箱为 2000~2500kg，40ft 杂货集装箱约为 3800kg，开顶集装箱约 2700kg；铝制 20ft 集装箱约为 1800kg，40ft 集装箱约为 3000kg。

集装箱的载货质量是指集装箱内装载货物的最大容许质量，它是集装箱额定总重量与空箱质量之差。对于空箱质量一定的集装箱，在具体使用过程中，实际上是通过控制

第 3 章 集装箱技术装备

装载货物的最大质量来保证集装箱的总重量不超过额定总重量限值的。所以,尽管标准中没有对集装箱的载货质量进行规定,但是,在实际生产过程中,必须严格控制集装箱装载货物的最大质量。

(3) 集装箱的内部尺寸和箱门开口尺寸。为了方便集装箱货物的配载和装载,保证集装箱货物的顺利装卸,保证集装箱内部容积得到充分利用,国际标准中对集装箱的内部尺寸和箱门开口尺寸进行了具体的规定,见表 3-3。在集装箱的使用过程中,应当根据该尺寸数据确定货物的包装尺寸规格,规划集装箱货物的配装。

表 3-3 系列 1 通用集装箱的最小内部尺寸和门框开口尺寸 (单位:mm)

集装箱型号	最小内部尺寸			最小门框开口尺寸	
	高度	宽度	长度	高度	宽度
1EEE	箱体外部高度减去241mm	2330	13542	2566	2286
1EE			13542	2261	
1AAA			11998	2566	
1AA			11998	2261	
1A			11998	2134	
1BBB			8931	2566	
1BB			8931	2261	
1B			8931	2134	
1CC			5867	2261	
1C			5867	2134	
1D			2802	2134	

5. 集装箱计量单位

为了便于计算集装箱数量,使集装箱箱数计算统一化,目前国际上将 20ft 集装箱作为换算集装箱(Twenty-feet Equivalent Unit,TEU),因此 20ft 集装箱也称为标准箱,作为 1 个计算单位(1TEU),40ft 集装箱为 2 个计算单位(2TEU),30ft 集装箱为 1.5 个计算单位(1.5TEU),10ft 集装箱为 0.5 个计算单位(0.5TEU)。TEU 是集装箱船载箱量、集装箱港口吞吐量、集装箱保有量等的计算单位。

在实践中还涉及自然箱和 FEU。自然箱就是以集装箱的自然数量作为计算单位,FEU 是将一个 40ft 集装箱作为换算单位。自然箱和 FEU 与 TEU (标准箱) 不同,比如各有 1 个 10ft、20ft、30ft 和 40ft 集装箱,使用不同的计算单位,计算数量是不同的:用自然箱表示是 4 个,用标准箱(TEU)表示是 5TEU,用 FEU 表示是 2.5FEU,在工作中要加以区分。

3.2 集装箱装卸搬运设备

集装箱是一种大型的集装单元货件,必须使用专用设备进行装卸搬运。集装箱装卸搬运设备主要用于港口集装箱码头、铁路集装箱货运办理站、公路集装箱中转站等场所。按照其主要用途,可分为:专门用于集装箱码头对船舶进行装卸作业的岸边集装箱

现代物流装备

桥式起重机,用于集装箱堆场进行车辆装卸和集装箱堆垛作业的轮胎式集装箱门式起重机、轨道式集装箱门式起重机、集装箱正面吊运起重机、集装箱专用叉车,还有专门用于集装箱码头和堆场进行短距离搬运的集装箱跨运车、集装箱底盘车等。这些装卸搬运设备,一般都是通过专用的集装箱吊具进行作业的。

3.2.1 集装箱吊具

集装箱吊具是指装卸集装箱的专用吊具,它通过其端部横梁四角的旋锁与集装箱的顶角配件连接,通过控制旋锁的开闭,进行集装箱装卸作业。因为它是专用设备,所以具有可靠性高、运行平稳、作业效率高等特点,是起重设备重要的辅助机具。

集装箱吊具一般由金属构架、旋锁、导向板、吊具前后倾斜及操纵控制装置等组成。操纵控制装置包括旋锁驱动装置、导向板驱动装置、吊具前后倾斜装置和吊具伸缩装置,都采用液压控制。吊具的四个角配件处装有指示灯,只有四个角配件同时旋合时,指示灯才会全亮,才允许调运集装箱。

集装箱吊具的基本工作过程是:当吊具通过导向装置降落到集装箱顶面时,能够使旋锁准确地插入集装箱四个顶角件的椭圆形孔中,通过液压系统驱动旋转90°,然后使旋锁闭合。吊具起升时,旋锁与集装箱角件相互卡紧成为一体,即可吊起集装箱进行装卸和搬运。完成装卸搬运作业之后,落下集装箱,旋锁打开,将吊具与集装箱角件脱离。集装箱吊具有固定式吊具、组合式吊具、伸缩式吊具、双箱式吊具等多种类型。

(1)固定式吊具。固定式吊具(见图3-24)包括直接吊装式吊具和吊梁式吊具两种。直接吊装式吊具是起吊20ft或40ft集装箱的专用吊具,吊具直接挂在起升钢丝绳上,在吊具上装设的液压装置通过旋锁机构转动旋锁,与集装箱的角配件连接或松脱。这种吊具结构简单,重量最轻,但只适用于起吊特定尺寸的集装箱。为了起吊不同尺寸的

图3-24 固定式吊具

集装箱,必须更换吊具,这不仅要花费较长的时间,而且使用起来也不方便。

吊梁式吊具是将专门制作的吊梁悬挂在起升钢丝绳上,根据起吊集装箱的需要来更换与吊梁连接的20ft或40ft集装箱专用吊具,液压装置分别装设在专用吊具上。这种专用吊具比直接吊装式吊具方便,但相对来说也增加了重量。

(2)组合式吊具。组合式吊具(见图3-25)是一种由两种或两种以上不同规格的吊具组合在一起,各吊具间可快速装拆

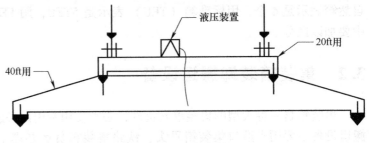

图3-25 组合式吊具

的组合式吊具。其主吊具用于20ft集装箱,装有液压装置,通过旋锁机构转动旋锁。当需要起吊40ft集装箱时,副吊具通过旋锁机构悬挂在主吊具下面,旋锁由主吊具的液压装置驱动。这种吊具构造较简单,并且自重小、故障少,拆装和维修保养较方便。

(3) 伸缩式吊具。伸缩式吊具(见图3-26)是由上架、底架、伸缩架、吊具伸缩装置、旋锁驱动装置、导向装置和吊具前后倾斜装置等部分组成。吊具通过上架的滑轮组与起升卷绕系统连接,其中旋锁驱动装置、导向装置、吊具前后倾斜装置和吊具伸缩装置均采用液压传动。其共用的液压泵驱动装置和油箱装设在底架上,底架通过销轴、吊具前后倾斜装置与上架相连。沿长度方向可伸缩的伸缩架支承在底架中的滑动支座上,由液压缸驱动。旋锁驱动装置和导向装置的液压控制元件装设在伸缩架的端梁上,由液压泵经高压软管供油,从运行小车垂下的电缆存放在电缆存储器中。

吊具的伸缩在驾驶室内,通过液压机构操纵。变换吊具的时间只需20s左右,动作迅速平稳,但结构较复杂,自重也较大,约10t左右。伸缩式吊具是目前集装箱起重机采用最为广泛的一种吊具,特别是对岸边集装箱起重机和龙门起重机这类码头前沿和堆场的装卸机械更为合适。因为这类机械往往需要吊运几种规格的集装箱,所以为了快装快卸、提高生产效率,要求尽可能缩短更换吊具所需的时间。

(4) 双箱式吊具。双箱式吊具(见图3-27)即一次能同时装卸两个20ft集装箱的不可移动的伸缩式吊具。伸缩式双箱吊具在标准吊具的基础上,在主框架的中部增加了4套独立的锁销机构及其相应的机构件,从而在保留标准吊具全部功能的基础上,增加了同时装卸两个20ft集装箱的功能,大大提高了装卸效率。

图 3-26　伸缩式吊具

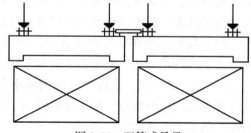

图 3-27　双箱式吊具

集装箱吊具按与装卸机械连接方式不同,即按吊运方式不同可以分为两类:四吊点吊运和单点吊运。四吊点吊运方式在吊运集装箱时有4个吊运点,吊具从4个吊点连接集装箱,通过吊具上的钢丝绳滑轮系统,卷绕在装卸机械起升机构的起升卷筒上进行吊运集装箱。集装箱专用装卸机械,如岸边集装箱起重机(集装箱装卸桥)、集装箱跨运车、集装箱龙门起重机等均采用这类集装箱吊具。单点吊运方式利用门座起重机或船舶吊杆等吊运集装箱时,吊具的吊运点只有一个,吊具用4根绳索吊起后,集中在吊钩一点上。吊具与集装箱角件的连接可以有电动、电动液压或手动的操作方式。

3.2.2　岸边集装箱起重机

岸边集装箱起重机(简称岸桥或吊桥,见图3-28)是专门用于集装箱码头对集装

现代物流装备

箱船进行装卸作业的专用设备。它由前后两片门框和拉杆构成的门架及支承在门架上的桥架组成，桥架临海（水）侧有外伸的悬臂，用以装卸船。在陆侧装有后伸臂，上面设有平衡装置，以保持装卸桥的平衡与稳定。外伸臂是活动的，平时吊起，放下后即可进行作业。行走小车沿着桥架上的轨道，用专用吊具吊运集装箱，进行装卸船作业。门架可沿着与岸线平行的轨道行走，以便调整作业位置和对准箱位。为了便于船舶靠离码头，桥架伸出码头外面的部分可以俯仰。高速型岸边集装箱起重机还装有吊具减摇装置。

图 3-28　岸边集装箱起重机

岸边集装箱起重机的结构种类，通常按门架结构形式、前大梁结构形式和行走小车牵引方式进行分类。

（1）按门架结构形式分类。岸边集装箱起重机早期门架结构形式为 A 形，随后出现了 H 形门架。A 形门架造型美观，不会碰到船舶上层建筑，整机重量较小。由于 H 形门架具有高度较低、焊接工艺性好、制造拼装容易等优点，故实际使用中，H 形门架比 A 形门架多。

（2）按前大梁结构形式分类。为避让船舶或当岸边集装箱起重机不作业时，一般前大梁必须仰起或缩进临海侧门框内。根据前大梁避让船舶方式不同，前大梁分为俯仰式、折叠式和伸缩式。折叠式和伸缩式一般是由于集装箱码头附近有航空飞行器飞行，为避免碰撞而根据当地政府法规特殊设计的。

（3）按行走小车牵引方式分类。岸边集装箱起重机按其行走小车牵引方式分有四种形式：自行小车式、全绳索牵引小车式、半绳索牵引小车式和导杆牵引小车式。

1）自行小车式，是将起升机构和小车运行机构都装设在小车架上，小车可自行。这种形式结构较为简单，钢丝绳磨损小，驾驶员视线好。前大梁仰起后，小车仍能继续作业，但小车自重较大。

2）全绳索牵引小车式，是将起升机构驱动装置与小车行走驱动装置都装设在机器房内，而不装设在小车车架上，小车行走靠钢丝绳牵引。这种形式的小车自重大幅减小，并且牵引性能好，起动和加速时不易产生打滑现象，但钢丝绳卷绕系统复杂，不便维修。

3）半绳索牵引小车式，又称自行式小车，它将起升驱动装置装设在机器房内，而小车行走驱动装置装设在小车架上。它取消了小车牵引钢丝绳系统，起升绳的卷绕与全绳索牵引小车式有所不同，即起升钢丝绳从机器房引出，经过大梁后部滑轮，再经过小车的滑轮，最后至前大梁固定。起升钢丝绳的卷绕是一个封闭系统，在小车行走过程中不至于发生升降现象，因而这种小车及其卷绕系统不需要平衡小车和其他补偿措施。起升钢丝绳的卷绕系统还可兼顾吊具的横倾和纵倾动作。半绳索牵引小车式兼有自行小车式和全绳索牵引小车式的优点，但仍然存在着钢丝绳容易磨损的问题。

4）导杆牵引小车式，与全绳索牵引小车式的相同之处是起升驱动装置和小车行走驱动装置都装设在机器房内，不同之处在于导杆牵引小车式小车的行走牵引不用钢丝绳，而用一套摆动导杆机构。摆动导杆靠装设在机器房内的驱动装置来推动小车行走，而在小车行走过程中起升钢丝绳的长度始终保持不变，因此不需要其他任何补偿措施。这种形式小车自重较小，行走速度可较高，启动和加速性能好，不会产生打滑，但结构尺寸较大，制造工艺要求高。

3.2.3 集装箱龙门起重机

集装箱龙门起重机专门用于集装箱货场进行堆码和装卸作业，按其行走部分不同可分为轮胎式（见图3-29）和轨道式（见图3-30）两种。

图3-29 轮胎式集装箱龙门起重机

图3-30 轨道式集装箱龙门起重机

（1）轮胎式集装箱龙门起重机。轮胎式集装箱龙门起重机主要由起升机构、小车运行机构、大车运行机构组成，并设有吊具回转装置和减摇装置。回转装置使吊具能在水平面内小范围回转，通常为±5°，以便吊具对准集装箱锁孔。减摇装置则要在前后和左右两个方向上衰减，防止吊具和集装箱摆动，这是因为龙门起重机在堆场工作，小车和大车都经常移动，在小车和大车方向上都可能发生摆动。

轮胎式集装箱龙门起重机的起升机构，是由直流电动机通过减速器驱动起升卷筒，从而实现吊具升降的。在卷筒的一端装有限位开关，以控制其起升高度的上、下极限位置。

轮胎式集装箱龙门起重机小车运行机构有分别驱动和集中驱动两种形式。分别驱动以两台电动机分别通过减速器驱动左右车轮。集中驱动以一台电动机采用低速共轴形式驱动左右车轮，小车运行机构采用齿轮齿条驱动，在门架上横梁中部的运行轨道内侧铺设有两根齿条，小车运行机构由一台电动机通过联轴节、减速器驱动两根半轴。在半轴的末端装有驱动齿轮，齿轮在齿条上运行，从而使小车行走。这种驱动方式的优点是小车行走定位比较准确，在风雪气候条件下，行走一般不会出现打滑现象。

轮胎式龙门起重机的转向有定轴转向和90°转向两种形式。定轴转向的轮胎式龙门起重机转弯半径大，适用于宽敞、设备台数少、使用不频繁的场所。90°直角转向轮胎式龙门起重机的每个支腿下都装有一个90°转向装置。

（2）轨道式集装箱龙门起重机。轨道式集装箱龙门起重机是集装箱货场进行装卸、堆码集装箱的专用机械。它由两片双悬臂的门架组成，两侧门腿用下横梁连接，两侧悬臂用上横梁连接，龙门架通过大车运行机构在地面铺设的轨道上行走。在港口多采用双梁箱形焊接结构的轨道式集装箱龙门起重机，个别采用 L 形单梁箱形焊接结构。在集装箱专用码头上，岸边集装箱起重机将集装箱从船上卸到码头前沿的挂车上，拖到堆场，用轨道式集装箱龙门起重机进行装卸堆码作业。在集装箱专用码头货场上，轨道式集装箱龙门起重机的工作速度应与码头前沿岸边集装箱起重机的生产率相适应，以保证码头前沿不停顿地进行船舶装卸作业。对标准集装箱码头来说，在一个泊位准备两台岸边集装箱起重机的情况下，货场一般配备三台跨度为 30~60m 的轨道式集装箱龙门起重机，其中两台供前方船舶装卸作业，一台供后方进箱和提箱用。

为了便于装卸集装箱半挂车和汽车，在轨道式集装箱龙门起重机的载重小车上还装有回转机构。转盘下面有四个滚轮，其中两个为主动滚轮，由两台对称布置的驱动装置驱动，在固定的小车环形轨道上行走。另一种形式的回转小车采用大直径滚柱轴承，结构紧凑，回转平稳，只需一套回转驱动装置。

轨道式集装箱龙门起重机与轮胎式集装箱龙门起重机比较，其优点有：跨度较大，可跨 14 列或更多列集装箱；堆码层数多，最多可堆放 5~6 层集装箱；堆场面积利用率高，这样可提高堆场的堆储能力；机械结构简单，维修保养容易，作业可靠；机械由电力驱动，节约能源。其缺点是机械沿轨道运行，灵活性差，作业范围受限制。它适用于堆场面积有限和吞吐量较大的集装箱专用码头。

3.2.4 集装箱正面吊运机

集装箱正面吊运机（见图 3-31）俗称集装箱正面吊，是一种具有较高灵活性的集装箱堆码和搬运机械，广泛应用于堆场、集装箱码头和中转站。

按其结构组成分类，可以分为单臂架集装箱正面吊运机和双臂架集装箱正面吊运机。单臂架集装箱正面吊运机的臂架为两级伸缩式单起重臂，臂架由两只俯仰液压缸支撑，结构简单，制造方便，操作灵活，是目前应用最多的集装箱正面吊运机形式。双臂架集装箱正面吊运机采用双起重臂，每个臂架分别由一只俯仰液压缸支撑，

图 3-31　集装箱正面吊运机

两组臂架可分别动作，也可同步动作，臂架载荷分布合理，使得吊具工作稳定性提高，但结构复杂，机动性差，目前较少应用。

按作业对象可分为重箱正面吊运机和空箱正面吊运机。重箱正面吊运机主要对重载货物的集装箱进行作业，一般可以堆码 4~5 层集装箱。空箱正面吊运机仅对空集装箱进行作业，一般可以堆码 7~8 层集装箱，最高到 10 层。

集装箱正面吊运机的参数包括：

（1）起重量。集装箱正面吊运机的起重量根据额定起重量和吊具的重量来确定。额定起重量一般按所吊运的集装箱最大总重量确定，对于国际标准 40ft 集装箱的最大重量取 30.5t。目前各厂家生产的起吊 40ft 的正面吊运机，其吊具重量约为 10t。

第3章 集装箱技术装备

（2）起升高度。起升高度即堆码高度，一般为4层箱高，如按8ft6in（即2.591m）箱高考虑，再加上一定的安全间隙，起升高度一般为11m左右。如要求堆5层箱高时，起升高度应不小于12.955m，一般为13m左右。

（3）工作幅度。集装箱正面吊运机通常能跨一排箱作业。一般要求在对第一排箱作业时，前轮外沿离集装箱的距离为700mm左右，工作幅度最小应距前轮外沿2m。在对第二排箱作业时，前轮离第一排集装箱的距离为500mm左右，工作幅度最小距离前轮外沿4.1m。

（4）车身外形尺寸。集装箱正面吊运机主要用在货场作业，要求能适应狭小的场地条件，因此对通过性能要求较高，需要控制车身宽度和长度。另外还要考虑整机的稳定性和车架受力情况。一般要求正面吊运机能在7.5m左右的直角通道上转弯，在9.5m左右的通道内能90°转向。因此要求其最小转弯半径为8.5m左右，最大轴距为5500mm左右，车体带臂架时长度约为5000~8000mm，车身宽度一般为3500~4000mm。

（5）行走速度。集装箱正面吊运机的运行距离一般在40~50m较为合理。如距离太远，则应在前沿机械与堆场间用拖挂车来做水平运输。集装箱正面吊运车在满载时只允许低速行驶，如行驶速度过快，则对爬坡、制动、整机稳定性以及发动机功率都有较大影响，故满载时最高速度一般不超过10km/h，空载时行驶速度可提高，一般为25km/h左右。

3.2.5 集装箱跨运车

集装箱跨运车（见图3-32）是集装箱装卸搬运设备中的主力机型，通常承担由码头前沿到堆场的水平运输以及堆场的集装箱堆码工作。

1. 集装箱跨运车分类

（1）无平台以及跨运和装卸共用结构的集装箱跨运车。这种结构形式的车体由两片垂直的"Π"型框架组成，门架上部用纵梁连接，下部安装在底梁上，驾驶室安装在后框架的一侧，动力装置设在底架上，车体为跨运和装卸共用结构。其优点是：由于没有平台，因而转弯半径小；在

图3-32 集装箱跨运车

起吊集装箱时，由于门架两侧外倾载荷相同，因而两侧轮胎向外位移也相同；堆码和通过的集装箱层数相同。缺点则是驾驶室位于后框架上，驾驶人视线较差。

（2）有平台以及跨运和装卸共用结构的集装箱跨运车。这种结构形式的跨运车，其车体与无平台式基本相同，只是车架后部设有平台，平台与后框架连接并支承在底架上，驾驶室和动力装置安设在平台上，车体亦为跨运和装卸共用结构。这种结构的优点是：驾驶人视线有改善；起吊集装箱时，门架两侧载荷相同，因而两侧车轮向外的位移也相同；由于前后轮轴距较长，车体启动、制动和行走时颠簸较小，对路面产生的轮压

也较小。缺点是由于设有平台，转弯半径较大，而且通过的集装箱层数比堆码时要少一层。

（3）有平台以及跨运和装卸专用结构的集装箱跨运车。这种结构形式的车体为一片水平"Π"形门架，前后通过4根立柱与底梁连接，跨运部分与装卸部分是单独的。装卸部分一般采用上下伸缩式辅助吊架，后部设有平台，驾驶室和动力装置设在平台上。其优点是：由于跨运、装卸专用，可增加堆码集装箱的高度；搬运集装箱时，整车外形高度较低，重心低，行走稳定性较好；驾驶员视线较好；车体起动、制动和行走平稳，轮压较小。其缺点是，由于载荷作用于"Π"形门架闭合端，两侧车轮向外位移不同，转弯半径较大。

2. 集装箱跨运车参数

（1）起重量。集装箱跨运车的起重量是所吊集装箱的最大总重量和吊具的重量之和。通常以 Q 表示，单位是 t。

（2）堆码和通过集装箱的层数（高度）。集装箱跨运车堆码和通过集装箱层数（高度）的确定与整个集装箱码头的堆存面积、堆存能力和具体作业条件有着密切的关系。增加堆码和通过集装箱的层数，可以提高堆场的堆存能力，但在收货人提货时，找箱倒箱比较困难。目前采用跨运车方式的集装箱码头货场，通常只堆码两层集装箱，要求跨运车吊着重箱能在两层集装箱上通过。

（3）装卸搬运效率。对于集装箱专用码头，集装箱跨运车的装卸搬运效率应与岸边集装箱起重机相适应，它与跨运车的配置台数和装卸搬运工作循环时间有关。跨运车的搬运装卸作业循环时间主要由两部分构成：一是搬运运行时间，二是装卸堆码时间。集装箱跨运车只有在直线行驶时才能达到最高速度，而在转弯时必须限速行驶。对于集装箱专用码头，从安全操作的角度考虑，跨运车直线行驶的一般速度为 8~10km/h，最高速度也只能在 20km/h 左右。集装箱跨运车由于起升高度较低，为降低起制动时的冲击载荷，升降速度不宜过快，同时考虑升降时间只占整个作业循环时间的 15%~20%，一般升降速度为 200~250mm/s 较适宜。

（4）宽度尺寸。跨运车是跨越在集装箱行列上行驶的，其外形宽度和内部宽度尺寸关系到集装箱货场的总体布置和跨运车下部的宽度。各列集装箱之间的间距越小，货场上可堆放的集装箱数量就越多，如果跨运车的内部宽度过小，就会影响跨运车在集装箱或底盘车上安全通过。

（5）最小转弯半径。转弯半径是衡量跨运车转向性能的一个重要技术指标，在使用时，转向性能本身也反映出跨运车的机动性。跨运车的外廓最小转弯半径是指跨运车搬运集装箱在平坦硬路面上低速转弯，其转向轮处于最大偏转角时，轮廓离转弯瞬时中心最远点的圆弧轨迹半径。跨运车搬运 40ft 集装箱的外廓最小转弯半径比搬运 20ft 集装箱的外廓转弯半径要大。

3. 集装箱跨运车优缺点

（1）一机多用。通过跨运车可以实现一机完成多种作业，包括自取、搬运、堆垛、装卸等，中间不需要其他机械的协助，减少了作业环节以及码头机械设备的种类和数量，使整个装卸运输系统简化，便于组织管理。

（2）灵活性强。与传统的集装箱拖挂车、集装箱自动导引车等水平运输设备相比，

第 3 章 集装箱技术装备

在作业过程中岸桥只需将集装箱卸在码头前沿,跨运车可自行抓取并运走集装箱。无须岸桥进行准确对位装车等相关动作,节省作业时间,可充分发挥岸桥设备的作业效率。

(3) 结构复杂。机械结构非常复杂,液压部件多,故障率较高,对维修人员的技术要求高,维护保养及运营成本高,整体的设备造价较高。

(4) 稳定性差。堆垛型跨运车整机车体高而窄,重心位置高,行走稳定性较差,对路面和驾驶员操作水平要求高。

3.2.6 集装箱叉车

集装箱叉车(见图3-33)是集装箱码头和堆场上常用的一种集装箱专用装卸机械,主要用于堆垛空集装箱等辅助性作业,也可在集装箱吞吐量不大(年低于3万TEU)的综合性码头和堆场进行装卸与短距离搬运。

图 3-33 集装箱叉车

集装箱叉车按照货叉工作位置的不同,分为正面集装箱叉车和侧面集装箱叉车。侧面集装箱叉车类似于普通侧面叉车,门架和货叉向侧面移出,叉取集装箱后回缩,将集装箱放置在货台上,再进行搬运。其行走时横向尺寸小,需要的通道宽度较窄(约4m)。但侧面集装箱叉车构造及操作较复杂,尤其操作视线差,装卸效率低,目前较少采用。正面集装箱叉车操作方便,是常用的形式,其中又可分为重载集装箱叉车、轻载集装箱叉车、空箱集装箱叉车、滚上滚下集装箱叉车等。

在集装箱码头和货场使用集装箱叉车的优点是:机动灵活、作业范围大;相对其他集装箱机械,其设备购置费用低廉;通过更换属具,可用来装卸搬运其他件货,达到一机多用的效果。

集装箱叉车也存在一些缺点:常用的正面集装箱叉车横向尺寸大,所需通道宽(约14m),且堆码层数较少,堆场面积和高度利用率低;满载时前轮压大,对码头前沿和堆场通道路面的承载能力要求高;行走时视野被集装箱阻挡,对集装箱作业有一定难度。相对于集装箱龙门起重机等来说,集装箱叉车的作业效率较低,因此不适用于大吞吐量的集装箱码头,一般用于吞吐量不大的综合性码头,或者作为专业集装箱码头、堆场的辅助性机械作业。

3.2.7 集装箱牵引车和挂车

集装箱牵引车（见图3-34a）又称拖头、拖车，专门用于牵引集装箱挂车（见图3-34b）的运输车辆。其本身不具备装载集装箱的平台，不能装载集装箱，通过连接器和挂车相连，牵引其运行，达到水平搬运作业的目的，是一种广泛使用的集装箱水平运输设备。

a) 牵引车　　　　　　　　　　b) 挂车

图3-34　集装箱牵引车与挂车

1. 集装箱牵引车分类

（1）集装箱牵引车按驾驶室的形式可分为长头式和平头式。长头式集装箱牵引车的发动机布置在驾驶座的前方，驾驶员受发动机振动的影响较小，比较舒适，发生碰撞时也较安全。此外，打开发动机罩检修也比较方便。但这种车头较长，因而整个车身长度和转弯半径较大。平头式集装箱牵引车的发动机在驾驶座位下面，驾驶员的舒适感较差，但牵引车的驾驶室较短，视线较好，轴距和车身全长比较短，转弯半径小。

（2）按车轴的数量可分为双轴式和三轴式。双轴式集装箱牵引车一般用于牵引装运20ft集装箱的半挂车。这种牵引车双轴一般为4×2型，即后轴为驱动轴，前轴为转向轴。其车身较短，轴距较小，转弯半径小，机动性能好。但由于后轴为单轴，因此承受负荷较小，牵引力也较小。三轴式集装箱牵引车后轴为双轴，承载能力大，牵引力大，一般用于牵引装运40ft集装箱的半挂车。这种牵引车车轴一般布置为6×4型，个别要求牵引力大和越野性能好的布置为6×6型，即后轴为驱动轴，前轴为转向轴或转向驱动轴。

（3）按用途可分为公路运输用牵引车和货场运输用牵引车。公路运输用集装箱牵引车采用大功率发动机（163~294kW），速度高（一般可达100km/h），具有多档高速，其制动性能和加速性能较好，因此主要用于高速路和长距离运输。货场运输用集装箱牵引车用于港口或集装箱货场做短距离运输，行驶速度低（一般不超过40km/h），牵引力大，牵引鞍座为低台式。

2. 集装箱挂车分类

（1）全挂车。全挂车的载荷全部自身承担，与牵引车仅用挂钩相连，可以靠轮胎独自站立。

（2）半挂车。牵引车提供支承点，提供动力之外还要承担一部分的挂车载荷，停靠时必须靠前边的支腿才能站住。

3.2.8 集装箱搬运自动导引小车

集装箱码头的水平运输系统由码头前沿的水平运输、堆场内的水平运输以及进出大门的水平运输系统组成。水平运输是集装箱码头装卸搬运工艺很重要的一个环节，其运行效率会影响整个码头的运作。自动导引小车（AGV，见图 3-35）是使用在自动化或半自动化码头的水平运输设备，具有无人驾驶、自动导航、准确定位、路径优化以及安全避碰等特征，能够沿规定的导引路径自动行驶。在集装箱运输作业中，根据搬运任务要求，由计算机管理系统优化运算得出最优路径后，通过控制系统向 AGV 发出指令信息，AGV 在接收到指令信息后，通过机体上的导向探测器检测到导向信息，对信息进行实时处理，沿规定的路径行走，完成搬运任务。

图 3-35 集装箱 AGV

集装箱码头的 AGV 水平运输系统主要包括三部分：AGV 与岸桥的衔接、AGV 水平运输以及 AGV 与场桥的衔接等。其工作过程如下：AGV 在运行的时候，首先要接到中央控制室生产过程控制系统（PSC）的指令，将小车运行到固定的停车位。当有作业调度指令下达时，AGV 根据指令运行到指定的岸桥下方，岸桥上装有位置传感器，能够感知 AGV 的实际位置，然后将实际位置信息传给 PCS，PCS 再向 AGV 发出停车指令，用来确保 AGV 精准地停靠在作业点位置上。AGV 的水平运输也是由 PCS 指挥控制的，主要包括 AGV 的定点停车、安全避碰、行驶路径优化以及集装箱装卸作业任务管理等，进而完成从码头前沿到堆场自动运输集装箱的任务。在使用自动堆垛起重机（ASC）的自动化码头，当 AGV 与 ASC 配合作业时，AGV 只要进入 ASC 下方的装卸作业位置，PCS 就会指示 ASC 配合完成与 AGV 的集装箱装卸工作。

AGV 水平运输系统是一个复杂、科学的系统工程，不仅要求安全可靠的硬件支持，还需要高效稳定的软件匹配，AGV 成功应用到集装箱码头的水平运输上，呈现出以下几特点。

（1）自动化程度高。在集装箱码头的装卸工艺上可以看出，AGV 水平运输系统是一个信息化、智能化、数字化、绿色化的系统工程。在码头前沿有自动化装卸岸桥，水平运输系统上有 AGV，堆场上有自动控制的轨道式集装箱龙门起重机（ARMG）或自动控制的轮胎式集装箱龙门起重机（ARTG），这些自动化机械统一匹配，协调工作，形成一个集成化较高的系统工程。

（2）灵活性高，具有柔性化特征。集装箱码头的装卸数量具有不平衡性，即在集装箱装卸船时，出口箱的数量和进口箱的数量不相等，这要求具有高度灵活的调度方案；集装箱船舶在靠泊时间上也存在不确定性，船舶的靠泊时间受很多因素影响，比如天气好坏、泊位空缺等，这自然会影响码头装卸工艺生产的进行，就对调度决策产生了不确定影响。AGV 的柔性化设计提供了解决方案的条件。

（3）安全性高。集装箱码头是机械化生产的场所，传统的集装箱码头需要人工操作，大大增加了意外事故对人身安全的威胁风险。在自动化码头的 AGV 运输系统中，采用了机器视觉技术、自适应控制技术和自动引导车系统（AGVS）控制技术等先进的科学技术，解决了 AGV 自身避碰以及 AGV 之间的避碰等问题；通过 GIS 与 AGV 位置的控制技术，解决了 AGV 与集装箱、岸桥以及场桥的碰撞等问题；通过交通流的控制，使得集装箱码头物流合理有序。以上种种技术的实施，大大提高了 AGV 运输系统的安全性，减少了对人身安全的威胁，甚至将对人身安全的威胁降到零。

（4）节能减排，绿色环保。集装箱码头的 AGV 生产采用清洁能源——电能作为动力驱动能源，减少了二氧化碳的排放，在能源方面比传统集装箱码头节省约25%，在成本方面节省约 20%。

3.3 集装箱码头

3.3.1 集装箱码头的概念与特点

集装箱码头是指包括港池、锚地、进港航道、泊位等水域，以及货运站、堆场、码头前沿、办公生活区域等陆域的，能够容纳完整的集装箱装卸操作过程的具有明确界限的场所。

集装箱码头是水陆联运的枢纽站，是集装箱货物在转换运输方式时的缓冲地，也是货物的交接点，因此集装箱码头在整个集装箱运输过程中占有重要地位。

件杂货码头与集装箱码头在码头结构方面没有实质性区别，主要是码头建成后的使用功能不同，也就是配置的码头装卸设备不同。件杂货码头主要配置龙门吊、桥吊等装卸设备来装卸一般的大宗货物，而集装箱码头则主要配置岸桥等集装箱装卸设备。

集装箱码头的职能包括：装卸职能（码头的基本职能和主要职能，是指船舶装卸和堆场交接箱的装卸，其装卸效率对集装箱船舶运输的效率起着决定性作用）、集散职能（集装箱码头应具有拆箱和拼箱的场所，CFS）、堆存职能（集装箱码头应具有存放集装箱的场所，CY）和其他职能（中转、靠泊、通关、检验、信息接收与处理、传递等）。

集装箱码头的特点如下。

（1）大型化和深水化。随着集装箱运输的发展，件杂货物集装箱化的比例不断提高，集装箱运量不断上升。根据规模经济原理，船舶越大，单位成本越低。因此为了降低集装箱船舶运输成本，各个集装箱船舶运输公司新投入使用的集装箱船舶越来越大，与此相对应的码头也越来越大：码头前沿水深不断增加，岸线泊位长度延长，堆场及整个码头的区域扩大。

第 3 章　集装箱技术装备

（2）机械高效化。由于集装箱船舶越来越大，因而从航次经济核算来分析，允许船舶停留在码头的时间应相对较短。通过缩短集装箱船舶在码头的停泊时间，可以降低停泊成本，提高集装箱运输船舶的航行效率，并充分发挥船舶单位运输成本的优势，降低全程水路运输的成本，提高经济效益。

为了保证集装箱船舶在码头以最短的时间装卸完集装箱，现代集装箱专用码头一般都配备了专门化、自动化、高效率的装卸搬运机械。

（3）管理现代化。集装箱运输业务的效率来源于管理的现代化，这都以运输信息传递的便利和高速处理为基础。在集装箱码头，信息的联系来源于两个方面：一是码头、外部客户和有关部门之间的信息联系，二是码头内部的现场指挥与生产指挥中心之间的信息联系。前者采用电子数据交换技术，后者采用现场数据输入仪，来降低整个信息传递过程中的出错率。

现代集装箱码头的有效运作，不仅要求员工具有较高的文化素质和熟练的技术，更重要的是要有先进的管理手段。国外一些先进的集装箱码头，如新加坡、鹿特丹，已经实现了堆场业务和检查作业的自动化。

（4）码头投资巨大。码头大型化，装卸搬运机械自动化、专门化、高速化，管理现代化都需要有较大的投资。另外，集装箱码头堆场造价等也比普通件杂货码头高得多。这些正是许多大型集装箱码头都采用中外合资的形式进行招商融资来建造的主要原因之一。

3.3.2　集装箱码头的主要设施

根据装卸作业和管理的需要，集装箱码头应由以下主要设施构成。

（1）靠泊设施。靠泊设施（Wharf）主要由码头岸线和码头岸壁组成。码头岸线供来港装卸的集装箱船舶停靠使用，长度根据所停靠船舶的主要技术参数及有关安全规定而定；码头岸壁一般是指集装箱船停靠时所需的系船设施，岸壁上设有系船柱，用于船靠码头时通过缆绳将船拴住，岸壁上还应设置预防碰撞装置，通常为橡胶材料制作。

（2）码头前沿。码头前沿（Frontier）是指沿码头岸壁到集装箱编排场（或称编组场）之间的码头面积，设有岸边集装箱起重机及其运行轨道。码头前沿的宽度可根据岸边集装箱起重机的跨距和使用的其他装卸机械种类而定，一般为 40m 左右。

（3）集装箱编排（组）场。集装箱编排（组）场（Container Marshalling Yard）又称前方堆场，是指把准备装船的集装箱排列待装以及为即将卸下的集装箱准备好的场地和堆放的位置，通常布置在码头前沿与集装箱堆场之间，主要作用是保证船舶装卸作业快速而不间断地进行。通常在集装箱编排场上按集装箱的尺寸预先用白线或黄线画好方格，即箱位，箱位上编上"箱位号"，当集装箱装船时，可按照船舶的配载图找到这些待装箱的箱位号，然后有次序地装船。

（4）集装箱堆场。集装箱堆场（Container Yard，CY）又称后方堆场，是指进行集装箱交接、保管重箱和安全检查的场所，有的还包括存放底盘车的场地。堆场面积的大小必须适应集装箱吞吐量的要求，应根据船型的装载能力及到港的船舶密度、装卸工艺系统、集装箱在堆场上的排列形式等计算、分析和确定。集装箱在堆场上的排列形式一般有纵横排列法（将集装箱按纵向或横向排列，此方法应用较多）、"人"字形排列法

(集装箱在堆场放成"人"字形，适用于底盘车装卸作业方式)。

(5) 集装箱货运站。有的集装箱货运站 (Container Freight Station，CFS) 设在码头之内，也有的设在码头之外。货运站是拼箱货物进行拆箱和装箱，并对这些货物进行储存、防护和收发交接的作业场所，主要任务是出口拼箱货的接收、装箱，进口拼箱货的拆箱、交货等。货运站应配备拆装箱、场地堆码用的小型装卸机械及有关设备，货运站的规模应根据拆装箱量及不平衡性综合确定。

(6) 控制塔。控制塔 (Control Tower) 是集装箱码头作业的指挥中心，其主要任务是监视和指挥船舶装卸作业及堆场作业。控制塔应设在码头的最高处，以便能清楚看到码头所有集装箱的箱位及全部作业情况。

(7) 大门。大门 (Gate) 是集装箱码头的出入口，也是划分集装箱码头与其他部门责任的地方。所有进出码头的集装箱均在门房进行检查，办理交接手续并制作有关单据。

(8) 维修车间。维修车间 (Maintenance Shop) 是对集装箱及其专用机械进行检查、修理和保养的场所。维修车间的规模应根据集装箱的损坏率、修理的期限、码头内使用的车辆，以及装卸机械的种类、数量及检修内容等确定。

(9) 集装箱清洗场。集装箱清洗场 (Container Washing Station) 的主要任务是对集装箱污物进行清扫、冲洗，一般设在后方并配有多种清洗设施。

(10) 码头办公楼。集装箱码头办公楼 (Terminal Building) 是集装箱码头行政、业务管理的大本营，目前已基本实现了信息化管理，实现了管理的自动化。

3.3.3 自动化集装箱码头的布局模式

自1993年世界首座自动化集装箱码头——ECT-Delta码头诞生以来，历经近30年的发展，全球已建成自动化集装箱码头40余座。相较于传统码头，自动化集装箱码头具有装卸作业智能化、操作无人化的突出特点，同时在效率、安全、环保、节能、运营成本等方面也具有一定的优势，已成为集装箱码头的发展方向。自动化集装箱码头的总体布局主要由所采用的自动化装卸工艺系统确定，陆域条件、交通条件、投资控制、作业成本等也是重要的影响因素。

1. "单小车岸桥+AGV+ARMG（单台，垂直码头布置）+跨运车"模式

ECT-Delta码头是该模式的代表案例，布局特点为：①进、出港闸口集中布置；②码头装卸采用单小车岸桥，AGV装卸区位于岸桥门框内，受门框的影响，须沿指定路径行驶，效率相对较低；③自动化堆场采用无悬臂ARMG，垂直于码头布置，每箱区配置1台ARMG，同时承担对海和对陆作业，效率较低；④可形成高密度集装箱码垛堆场，场地利用率高，堆存容量大；⑤自动化堆场海、陆侧设置AGV交换区及集卡交换区，水平运输设备不进入堆场；⑥集卡交换区采用跨运车作业，可在一定程度上填补ARMG作业能力的不足。

2. "双小车岸桥+AGV+ARMG"（2台套叠式、垂直码头布置）模式

汉堡港HHLA-CTA码头（见图3-36）是该模式的代表案例，布局特点为：①进、出港闸口集中布置；②铁路装卸区布置于港区后方，与自动化堆场相对隔离；③码头装卸采用双小车岸桥，AGV装卸区位于岸桥后伸距下方，不再受岸桥门框的影响，行驶路由得到优化，提高了作业效率；④岸桥在泊位间的调配不受AGV行驶路线的影响，有利于提高岸桥的利用率和装卸船效率；⑤堆场采用套叠式双 ARMG 布置，轨道垂直于码头，每台 ARMG 均可对海或对陆作业，作业的灵活性和可靠度高，但投资大、场地利用率相对下降；⑥堆场设置 AGV 交换区及集卡交换区，由 ARMG 直接完成对 AGV 及集卡的装卸作业。

图 3-36　汉堡港 HHLA-CTA 集装箱自动化码头

3. "双小车岸桥+AGV+ARMG"（2 台接力、垂直码头布置）**模式**

鹿特丹港 Euromax 码头为该模式的代表案例，其布局特点为：①进、出港闸口集中布置；②铁路装卸区位于港区后方，铁路进线与港外道路无交叉；③码头装卸采用双小车岸桥，AGV 装卸区位于岸桥后伸距下方；④堆场采用同轨、双 ARMG 布置，轨道垂直码头，2 台 ARMG 分别承担对海、对陆作业，也可通过接力式作业提高繁忙侧的作业效率；因同轨运行，较套叠式布置而言，作业的灵活性和可靠性有所降低，但场地利用率大为提升，投资大为下降；⑤堆场海侧、陆侧设置 AGV 交换区及集卡交换区，交换区内预留 ARMG 检修机位。

4. "双小车岸桥+AGV+ARMG"（2 台接力、平行码头布置）**模式**

厦门远海全自动化集装箱码头是我国第一个正式投入运营的全自动化集装箱码头，也是一座对已建码头改造后形成的自动化集装箱码头，其建设经验将对我国集装箱港口的技术升级产生积极的推动作用。该码头的布局模式特点为：①总体上基本延续了原码头的道路和堆场布局；②码头装卸采用双小车岸桥，AGV 装卸区位于岸桥后伸距下方；③堆场平行于码头布置，ARMG 轨道利用了原有 RTG 跑道，有利于降低工程造价和加快工程进度；④AGV 交换区、集卡交换区位于堆场的东西两端，相对于堆场垂直码头布置方式，水运运输车辆行驶路径较长；⑤AGV 交换区配备了 AGV 伴侣，可有效释放 AGV 的能力，同时也解决了 AGV 的电池充电问题。

5. "单小车岸桥+AGV+ARTG"（平行码头布置）**模式**

名古屋 Tobishima TCB 码头是该布局模式的代表案例，其布局特点为：①港区采用进、出港分离的闸口布置，港内道路均为单向道路，交通组织明晰、顺畅；②码头装卸采用单小车岸桥，水平运输采用 AGV，AGV 装卸区位于岸桥后伸距下方；③堆场平行

现代物流装备

码头布置，ARTG 跨内设 6 列箱+1 条集卡作业通道+1 条 AGV 作业通道；④水平运输采用 AGV，AGV 需带箱进入堆场。

6. "双小车岸桥+立体分配系统+ARMG"（垂直码头布置）模式

该模式也称为立体分配全自动化码头模式，是由上海振华港机集团研发的一种新的布局模式。立体分配系统由高架式支承结构系统、起重小车、低架桥平板车、地面平板车组成。堆场采用双 ARMG 布置，轨道垂直于码头，轨内布置集装箱和地面平板车轨道。因地面平板车可深入堆场，故堆场陆侧无集卡提送箱时，两台 ARMG 可同时进行装卸船作业时的堆、拆垛作业，不需接力。

7. "单小车岸桥+跨运车"（垂直码头布置）模式

布里斯班 Patrick 码头为该模式的代表案例，布局特点为：①采用进、出分离的闸口布置模式，交通组织简单、明晰；②水平运输、堆场装卸均采用无人驾驶跨运车，堆场垂直码头布置；③工程投资较小；④堆场陆侧端集中设置集卡交换区；⑤因堆高为 1 层，场地利用率低。

8. "单小车岸桥+跨运车+ARMG"（2 台接力、垂直码头布置）模式

巴塞罗那港 BEST 码头为该模式的代表案例，其布局特点为：①进、出港闸口集中布置；②铁路装卸区位于港区陆域后方，相对独立，铁路进线与港外道路进线无交叉；③码头采用单小车岸桥装卸作业，跨运车装卸车道和集卡作业通道位于轨内，后伸距内堆放舱盖板；④堆场采用同轨、双 ARMG 布置，轨道垂直于码头，2 台 ARMG 分别承担对海、对陆作业，也可通过接力式作业提高繁忙侧作业效率；⑤跨运车可从场地捡取箱和水平运输，故在码头和堆场装卸环节建立了缓冲区，提高码头的作业效率；⑥因机动性能好，其作业区域用地面积较小，节约的土地可进一步提升堆场的面积；⑦跨运车可进行自动化改造，该模式可满足分阶段实现全自动化的要求。

9. "双小车岸桥+集卡+ARMG"（平行码头布置）模式

迪拜 DP World 三期码头是该布局模式的代表案例，其布局特点为：①采用进、出港闸口分离布置；②码头采用单小车岸桥装卸作业，轨内布置装卸作业通道，轨道后布置舱盖板堆放区；③堆场平行于码头岸线布置，采用双悬臂 ARMG 装卸作业，箱区由围网封闭，海、陆侧悬臂下分别布置外集卡和内集卡装卸车道，2 条车道之间布置 1 条穿越车道；④港区外集卡、内集卡的交通流向分别为逆时针和顺时针循环方向。

10. "单小车岸桥+集卡+高架桥式起重机"模式

新加坡巴西班让码头是该布局模式的代表案例，其布局特点为：①码头装卸采用单小车岸桥，水平运输采用集卡，码头前方布置与传统码头相同；②堆场平行于码头布置，采用高架桥式起重机装卸作业，跨距大，堆高大，地面交通与大机行走实现了立体错位，无交叉，交通顺畅；③高架桥式起重机可转场作业，作业的灵活性较强；④堆场的设备基础投资大。

3.4 智能集装箱

随着集装箱运输的不断发展，由于自身固有的优势，集装箱已成为世界货物运输的最主要方式之一。世界上大部分进出口货物是由集装箱运输的，在美国，差不多一半的

第 3 章 集装箱技术装备

进口货物（按价值计算）是使用集装箱船运抵的。2017年，中美贸易集装箱生成量约2500万TEU，其中我国出口美国重箱1340万TEU。但是，随着世界海运的发展，对货物运输的实时性、可控性和安全性的要求越来越高，集装箱运输系统存在的缺陷，如无法实现实时作业、无法随时获知货物的情况、无法实时确定集装箱在整条供应链中所处的位置等，已成为迫切需要解决的问题。

3.4.1 智能集装箱的概念

所谓智能集装箱，通常是在设备的外部和内部均使用或者加装多个主动式射频识别（RFID）产品。主动式RFID产品的电子标签内自带电池，工作可靠性高，信号传送距离远。在结合GPS技术后，能在集装箱状态发生变化时实时将状态变化发生的时间、地点以及周围的环境信息传送给货主或管理人员，实现集装箱的实时跟踪。主动式RFID产品还包括一张电子封条、一张传感器封条。这些封条可以贴在运输货物的集装箱上，能够随时将集装箱的一些关键信息如位置、安全状况、灯光、温度和湿度的变化传给读取器网络，读取器网络收集、过滤获得RFID的信息，并将有效信息输送到交通安全信息系统（Transportation Security System，TSS）。发货人通过TSS系统，就可以实现对货物的追踪，了解货物的及时方位、状态和安全状况。

3.4.2 智能集装箱系统的作业流程

智能集装箱系统的作业流程涉及TSS系统、发货人端、装船港、卸船港和收货人端，如图3-37所示。

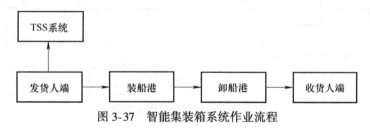

图3-37 智能集装箱系统作业流程

（1）发货人端。在发货人端，出口集装箱装箱完成作业后，须在集装箱上加装RFID电子标签并以手持终端机启动RFID电子标签，再由集装箱运输公司将集装箱运往码头集装箱堆场。

（2）集装箱装船港。待集装箱进入港口后，系统通过RFID阅读器实时记录集装箱到达的时间与集装箱的安全状态，并适时将信息以GPRS传输方式传送至TSS系统。同时，必须通过网络登录事先预设的账户，并在TSS系统上维护集装箱的舱单资料。集装箱进场信息经过码头集装箱堆场的港口管理系统确认后，集装箱堆场的监控作业就开始由RFID阅读器进行全程监控。当集装箱开始装船作业时，架设在船边的龙门起重机上的RFID阅读器记录集装箱装船作业的时间，同时确认该集装箱的安全状态，确保装船的集装箱为安全状态之后，集装箱船经海运路线驶往目的港。

（3）集装箱卸船港。集装箱船进港停靠码头后，经由卸货龙门起重机将集装箱调至集装箱堆场后，由现场的安全作业人员以手持终端机取得集装箱到港的信息。

（4）收货人端。在"门到门"运输模式下，集装箱被直接运送到收货人所在位置。

收货人在收到集装箱之后,直接剪断电子标签的插拴,完成集装箱的安全运输。

智能集装箱的信息处理流程包括道口信息处理流程(见图 3-38),即集装箱进场过程;还包括港口信息处理流程(见图 3-39),即集装箱出港过程。

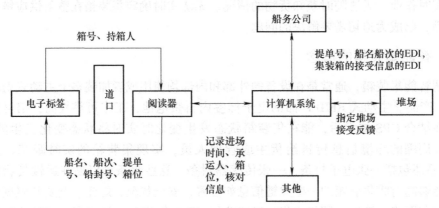

图 3-38 道口信息处理流程图

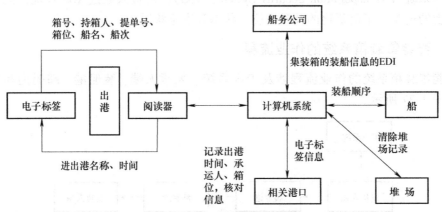

图 3-39 港口信息处理流程图

智能集装箱必须具备三大基本功能:①能够在集装箱现场密切监督和自动报告企图非法入侵集装箱内部的任何人的活动,并且正确显示这种入侵活动并未经过任何权威部门的事先批准;②能够在法律和现场允许的条件下,向愿意支付有关信息费用的当事人提供其供应链内的动态和具体位置;③能直接从集装箱内对外发送有关集装箱的舱单、提单和装箱单等有关数据。

3.5 集装箱多式联运

3.5.1 集装箱多式联运的概念与特征

国际货物多式联运是在集装箱运输基础上发展起来的,以实现货物整体运输最优化效益为目的的一种国际货物运输组织形式。集装箱运输的飞速发展,使多式联运成为国际货物运输业的主要方式之一。它打破过去海、陆、空等单一运输方式互不连贯的传统

第3章 集装箱技术装备

做法,将海、铁、公、空等单一运输方式有机结合起来联为一体,构成一种跨国(地区)的连贯运输方式,被誉为运输业的一次变革。由于集装箱在不同运输方式之间的转运十分方便,所以利用集装箱运输在多式联运中得到极为普遍的应用。

以集装箱为运输单元的多式联运可以提高运输效率,实现"门到门"运输,在运输途中不需要换装,可以减少中间环节及换装可能带来的货物损坏,缩短运输时间,降低运输成本,提高运输质量。多式联运适用于水路、公路、铁路和航空等运输方式,由于在国际贸易中的85%的货物都是通过海运来完成的,所以海运在国际多式联运中占主导地位。多式联运中必须由一个多式联运经营人承担或组织完成全程联运任务,对全程运输负总责。由于海运占主导地位,因而多式联运经营人也分为有船承运人和无船承运人。多式联运采用一次托运、一次付费、一单到底、统一理赔、全程负责的运输业务方法,可以提高运输管理水平,可以最大限度地发挥现有设备的作用,选择最佳运输路线组织合理化运输。集装箱多式联运具有如下特征。

(1) 必须订立多式联运合同。在国际多式联运中,多式联运经营人必须与托运人订立多式联运合同。所签订的多式联运合同,是指多式联运经营人凭其收取全程运费,使用两种或两种以上不同运输工具,负责组织完成货物全程运输的合同。在分段联运中,托运人必须与不同运输区段承运人分别订立不同的合同,而在多式联运中,无论实际运输有几个区段,也无论有几种运输方式,均只需订立一份多式联运合同。托运人只与多式联运经营人有业务和法律上的关系,至于各区段实际承运人,托运人不与他们有任何业务和法律上的关系。

(2) 必须由多式联运经营人对全程运输负责。按照多式联运合同,多式联运经营人必须对接货地至交货地的全程运输负责,货物在全程运输中任何实际运输区段的灭失损害以及延误交付,均由多式联运经营人以本人身份直接负责赔偿,尽管多式联运经营人可向事故实际区段承运人追偿,但这并不能改变多式联运经营人作为多式联运合同当事人的身份。

(3) 必须是两种或两种以上不同运输方式组成的连贯运输。多式联运是至少两种不同运输方式的连贯运输,如海-铁、海-公、海-空联运等。因此判断一个联运是否为多式联运,不同运输方式的组成是一个重要因素。

(4) 必须是国际货物运输。多式联运所承运的货物必须是从一国境内接管货物的地点运至另一国境内指定交付货物的地点,是一种国际货物运输,这有别于同一国境内采用不同运输方式组成的联合运输。例如,国际海运与国内陆运联合运输属于多式联运。

(5) 必须签发多式联运单证。多式联运经营人作为多式联运的总负责人,在接管货物后必须签发多式联运单证,从发货地直至收货地,一单到底,发货人凭多式联运单证向银行结汇,收货人凭多式联运单证向多式联运经营人或其代理人提领货物。因此,多式联运单证一经签发,表明多式联运经营人已收到托运人的货物,并对货物的全程运输开始负有责任。多式联运单证的签发,同时也证明了托运人和多式联运经营人是在多式联运合同下进行货物的交接和签发多式联运单证的。

(6) 必须是单一的运费率。海运、铁路、公路以及航空各种单一运输方式的成本不同,因而其运费率也不同。在多式联运中,尽管组成多式联运的各运输区段运费率不同,但托运人与多式联运经营人订立的多式联运全程中的运费率是单一的,即以一种运

现代物流装备

费率结算从接货地至交货地的全程运输费用,从而大大简化和方便了货物运费计算。

3.5.2 国际多式联运的组织方法

国际多式联运的全过程,就其工作性质的不同,可分为实际运输过程和全程运输组织业务过程两部分。实际运输过程是由参加多式联运的各种运输方式的实际承运人完成的,其运输组织工作属于各种运输方式的运输企业内部的技术和业务组织工作。全程运输组织业务过程是由多式联运全程运输的组织者——多式联运企业或机构完成的,主要包括全程运输所涉及的所有商务性事务和衔接服务性工作的组织实施。运输组织方法可以有很多种,但就其组织体制来说,基本上可分为协作式联运和衔接式联运两大类。

(1) 协作式多式联运的运输组织方法。组织者是在各级政府主管部门协调下,由参加多式联运的各种运输方式的企业和中转港站共同组成的联运办公室(或其他名称),货物全程运输计划由该联运办公室制订。

在这种机制下,发货人根据运输货物的实际需要,向联运办公室提出托运申请并按月申报整批货物要车、要船计划,联运办公室根据多式联运线路及各运输企业的实际情况制订该托运人托运货物的运输计划,并把该计划批复给托运人及转发给各运输企业和中转港站。发货人根据计划安排,向多式联运第一程的运输企业提出托运申请并填写联运货物托运委托书(附运输计划),第一程运输企业接受货物后经双方签字,联运合同宣告订立。第一程运输企业组织并完成自己承担区段的货物运输到后区段衔接地,直接将货物交给中转港站,经换装由后一程运输企业继续运输,直至最终目的地,由最后一程运输企业向收货人直接交付。在前后程运输企业之间以及港站与运输企业交接货物时,需填写货物运输交接单和中转交接单(作为交接与费用结算的依据)。联运办公室(或第一程运输企业)负责按全程费率向托运人收取运费,然后按各企业之间商定的比例向各运输企业及港站清算。

协作式多式联运是建立在统一计划、统一技术作业标准、统一运行时间表和统一考核标准基础上的,而且在接受货物运输、中转换装、货物交付等业务中使用的技术装备、衔接条件等,也需要在统一协调下同步建设或协商,并配套运行以保证全程运输的协同性。

(2) 衔接式多式联运组织方法。全程运输组织业务是由多式联运经营人完成的。

这种组织方法是由发货人首先向多式联运经营人提出托运申请,多式联运经营人根据自己的条件考虑是否接受,如接受,则双方订立货物全程运输的多式联运合同,并在合同指定的地点(可以是发货人的工厂或仓库,也可以是指定的货运站、中转站、堆场或仓库)由双方办理货物的交接,由多式联运经营人签发多式联运单据。

接受托运后,首先,多式联运经营人要选择货物的运输路线,划分运输区段(确定中转、换装地点)、选择各区段的实际承运人,确定零散货物集运方案,制订货物全程运输计划,并把计划转发给各中转衔接地点的分支机构或委托的代理人;其次,根据计划与第一程、第二程等实际承运人分别订立各区段的货物运输合同,通过这些实际承运人来完成货物全程运送。全程各区段之间的衔接,由多式联运经营人(或其代表或其代理人)采用从前程实际承运人手中接收货物再向后程承运人交接货物,在最终目的地从最后一程实际承运人手中接收货物后再向收货人交付。

第3章 集装箱技术装备

在与发货人订立运输合同后，多式联运经营人根据双方协议（协议内容除货物全程运输及衔接外，还包括其他与货物运输有关的服务业务）按全程单一费率收取全程运费和分类服务费、保险费（如需多式联运经营人代办）等费用。多式联运经营人在与各区段实际承运人订立各分运合同时，需向各实际承运人支付运费及其他必要的费用。各衔接地点委托代理人完成衔接服务业务时，也需向代理人支付委托代理费用。

这种多式联运组织方法是国际货物多式联运的主要组织方法，在国内多式联运中采用这种方法的也越来越多。

3.5.3 国际多式联运的组织形式

1. 海陆联运

海陆联运是国际多式联运的主要组织形式，也是远东—欧洲多式联运的主要组织形式之一。目前组织和经营远东—欧洲海陆联运业务的主要有班轮公会的三联集团、北荷、冠航和丹麦的马士基等国际航运公司，以及非班轮公会的中国远洋运输公司、中国台湾长荣航运公司和德国那亚航运公司等。这种组织形式以航运公司为主体签发联运提单，与航线两端的内陆运输部门开展联运业务。

2. 陆桥运输

在国际多式联运中，陆桥运输起着非常重要的作用，它是远东—欧洲国际多式联运的主要形式。所谓陆桥运输，是指采用集装箱专用列车或卡车，把横贯大陆的铁路或公路作为中间"桥梁"，使大陆两端的集装箱海运航线与专用列车或卡车连接起来的一种连贯运输方式。人们形象地把这种跨接大陆两端连接海运的铁路，称为大陆桥。严格地讲，陆桥运输也是一种海陆联运形式，只是因为其在国际多式联运中的独特地位，所以在此将其单独作为一种运输组织形式。

利用大陆桥进行"海铁海"多式联运，与单一海运相比可缩短运输距离、节省运输时间和运输成本。目前，国际多式联运主要有三座大陆桥，即位于欧亚大陆的欧亚大陆桥（即西伯利亚大陆桥），新亚欧大陆桥和位于北美大陆的北美大陆桥。

（1）西伯利亚大陆桥。西伯利亚大陆桥（SLB）是指使用国际标准集装箱，将货物由远东海运到俄罗斯东部港口，再经跨越亚欧大陆的西伯利亚铁路运至波罗的海沿岸，如爱沙尼亚的塔林或拉脱维亚的里加等港口，然后再采用铁路、公路或海运，运到欧洲各地的国际多式联运的运输线路。它大大缩短了从日本、远东、东南亚及大洋洲到欧洲的运输距离，并因此节省了运输时间。由此可见，它在贯通亚欧大陆、促进国际贸易中处于重要地位。

（2）新亚欧大陆桥。1990年9月12日，随着中国兰新铁路与哈萨克斯坦土西铁路接轨，连接亚欧的第二座大陆桥正式贯通。新亚欧大陆桥东起中国连云港，西至荷兰鹿特丹，途经哈萨克斯坦、乌兹别克斯坦、吉尔吉斯斯坦、塔吉克斯坦、俄罗斯、白俄罗斯、波兰、德国和荷兰等国，全长10900km。该陆桥为亚欧开展国际多式联运提供了一条便捷的国际通道，有助于缓解西伯利亚大陆桥运力紧张的状况。

（3）北美大陆桥。北美大陆桥是指利用北美的铁路从远东到欧洲的"海陆海"联运，包括美国大陆桥运输和加拿大大陆桥运输。美国大陆桥有两条运输线路：一条是从美国西部太平洋沿岸至美国东部大西洋沿岸的铁路和公路运输线，另一条是从美国西部太平洋沿岸至美国东南部墨西哥湾沿岸的铁路和公路运输线。北美大陆桥是世界上历史最悠久、影响最大、服务范围最广的陆桥运输线之一。

(4) 其他陆桥运输形式。北美地区的陆桥运输不仅包括上述大陆桥运输，还包括小陆桥运输和微桥运输等运输组织形式。如我国运往美国东海岸和内陆的货物，就主要以海运加小陆桥和微桥的方式安排运输。

3. 海空联运

海空联运又被称为空桥运输。在运输组织方式上，空桥运输与陆桥运输有所不同，陆桥运输在整个货运过程中使用的是同一个集装箱（不用换装），而空桥运输的货物通常要在航空港换入航空集装箱。不过两者的目标是一致的，即以低费率提供快捷、可靠的运输服务。目前，国际海空联运线主要有以下几个。

(1) 远东—欧洲。目前，远东与欧洲间的航线有以温哥华、西雅图、洛杉矶为中转地的，也有以香港、曼谷、海参崴为中转地的，另外还有以旧金山、新加坡为中转地的。

(2) 远东—中南美。近年来，远东至中南美的海空联运发展较快，因为此处港口和内陆运输不稳定，所以对海空运输的需求很大。该联运线以迈阿密、洛杉矶、温哥华为中转地。

(3) 远东—中近东、非洲、澳大利亚。这是以香港、曼谷为中转地至中近东、非洲的运输服务。

总的来讲，运输距离越远，采用海空联运的优越性就越大，因为同完全采用海运相比，其运输时间更短；同直接采用空运相比，其费率更低。因此，从远东出发将欧洲、中南美以及非洲作为海空联运的主要市场是合适的。

4. 江海联运

江海联运也叫河海联运，是指利用发达的内陆水系进行的集装箱运输，是能耗最低、污染最小的联运方式。江海多式联运把海运和内河运输连接起来，能方便地把货物运至内河水系的广大地区。目前世界范围最典型的江海联运是利用莱茵河进行的欧洲内河连通海运的多式联运。

复习思考题

1. 集装箱运输的特点是什么？
2. 集装箱的标记主要有哪些？请说明主要标记符号的意义。
3. 集装箱有哪些分类方式？
4. 简述集装箱的主要参数。
5. 为什么需要制定集装箱标准？简述《系列 1 集装箱　分类、尺寸和额定质量》。
6. 集装箱角件的作用是什么？
7. 常用的集装箱装卸搬运设备有哪些？
8. 集装箱跨运车的优缺点分别是什么？
9. 集装箱自动化码头的布局模式有哪些？
10. 简述智能集装箱的作业流程。
11. 集装箱多式联运的特征是什么？

第 4 章 仓储技术装备

学习要点

1. 理解仓储技术装备的构成、功用和特点。
2. 掌握仓库的功能和主要类别。
3. 了解货架的分类,掌握常用货架的类型、基本结构及应用。
4. 了解自动化立体仓库的概念,理解其组成与布局结构。
5. 熟悉仓库出入库站台和装卸设备的作用及基本类型。

4.1 仓储技术装备概述

4.1.1 仓储技术装备的构成

仓储是利用仓库及相关设施、设备进行物品的入库、存储、出库的物流活动。仓储技术装备是指仓储系统进行仓储物流活动的各种设施与设备的总称。

仓储活动是物流系统的中心环节之一,与运输并称为物流的支柱环节。仓储系统的高效运行,对整个物流系统的运作效率、运作成本及物流的服务水平都起着重要的作用。

仓储活动一般包括进货入库、储存保管、出库发货等作业过程,其基本作业内容主要包括对物品实施的出入库整理作业、在库维护作业和装卸搬运作业。一般仓储系统的基本作业流程可以概括为入库(提货与库内搬运、验收、建立货物信息档案)、保管(保养、码垛、检查、盘点)和出库(备货、出库)(见图 4-1)。

仓储技术装备主要包括仓库、储存设备、装卸搬运设备、物品保管辅助设备和计算机管理设备等设施与设备。由于各种仓储系统的具体功能不同、规模不一,而且仓储设备种类繁多,因此在具体使用与管理中,应根据仓储生产的实际需要合理选择和配置各种仓储技术装备。

(1)仓库。仓库是仓储系统的基础设施,主要由库房建筑或储存场地等构成,是储存保管货物的场所,也是整个仓储系统组织运营和生产作业的地方。仓库的种类有很多,可以是建筑结构型,也可是露天堆场型。

(2)储存设备。储存设备主要是指各种类型的货架、橱柜等设备,是仓储系统最主要的设备之一。货架是仓库存放货物的基本设备,可以有效地保护物品,方便货物管理。而且在现代仓储系统中,特别是自动化立体仓库,货架不仅用于储存货物,对货物的定位管理、自动化出入库作业和管理等也都起着至关重要的作用,既方便货物的进出,又能提高仓库的储存能力,是实现仓储系统自动化的重要条件。

现代物流装备

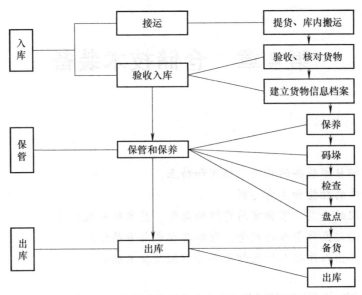

图 4-1 仓储系统的作业内容和基本流程

（3）装卸搬运设备。装卸搬运设备是指用于物品的出入库、库内堆码、货架存取的各种作业设备。装卸搬运设备对改进仓储作业方式、提高仓库管理水平、减轻劳动强度、提高作业速度和效率具有重要的作用。一般仓库中常用的装卸搬运设备主要包括叉车和托盘搬运车等，在大型自动化立体仓库中，还配有巷道堆垛机和出入库搬运设备。

（4）物品保管辅助设备。物品保管辅助设备是指仓储过程中所用到的各种辅助作业设备。种类很多，常用的主要包括各种计量设备、通风除湿等空气调节设备、商品质量检验设备、露天货物的苫垫设备和消防安全设备等。这些设备功能不同，但对物品的可靠储存和保管都起着不可忽视的作用。

4.1.2 仓储技术装备的功能

仓储活动是物流领域的一个中心环节，在物流领域中起着重要的作用，被称为物流的支柱。它的基本功能包括物资的保管功能、调节物资供需的功能、调节物资的运输功能、实现物资的配送功能和节约物资的功能。它的基本活动包括储存、保养、维护和管理。

仓储技术装备是指仓储系统进行仓储物流活动的各种设施与设备的总称，其功能如下：

1）仓储技术装备为货物的储存和保管提供可靠的环境和条件。必须要有良好的储存环境和条件对货物进行存放和保管，才能够保证货物的完好品质。仓库作为仓储系统的基础设施，可以使货物得到完善的管理，减少损失，提高货物储存质量。

2）仓储技术装备可以改善仓储作业条件，改变作业方式，减轻劳动强度。仓储过程中各个环节的各种作业活动，都包含着对货物的直接搬动作用，重复作业多，作业量大，使用人工作业的劳动强度高，作业效率低。利用仓储技术装备可以彻底改变落后的作业方式，减轻人工劳动强度。

3）利用仓储技术装备可以实现仓储作业机械化和自动化，提高仓储作业速度和效率。现代仓储系统中，货物流通量大，出入库频率高，库存周转速度快，只有采用机械化和自动化作业手段，才能够全面提高仓储作业速度和作业效率，以满足现代社会经济对仓储物流运行速度的要求。

4）利用仓储技术装备可以提高仓库储存能力，降低货物储存成本。现代仓储系统，采用拥有高层货架的仓库储存货物，并利用高举堆垛作业设备充分利用仓库高层空间，提高仓库面积利用率，可以极大地提高仓库储存能力，节约仓库占地面积，降低货物储存费用。

5）利用现代化仓储技术装备可以提高仓储管理能力，扩展仓储系统服务功能。现代化仓储技术装备利用自动控制技术和计算机信息管理技术，可以使库存管理和仓储作业实现统一的自动化管理，不仅能够进行货物储存保管服务，还能够为产品生产企业和用户提供可靠的供应链管理服务，全面提高供应链物流的速度和效益。

4.1.3 仓储技术装备的特点

（1）搬运作业功能要求高、速度要求低。仓储技术装备主要用于完成货物的出入库、上下货架、装卸车，在较小范围内进行货物的移动和起升，因此仓储技术装备对货物的搬运作业功能要求较高；由于作业场所的限制，在速度上要求一般较低。

（2）安全性能要求高。仓库内部存放了大量的货物，并且有许多设备同时作业，在这样复杂的环境和有限的空间内完成仓储作业，要求仓储技术装备必须具有很高的安全性能，以可靠地保证人员、设备和货物的安全。

（3）专业化程度高。仓储作业由一系列作业环节或工序组成，如装卸、搬运和堆垛等，单个工序的功能较单一，而工序之间的功能差别一般较大，为了提高工作效率，对仓储技术装备的专业化程度要求越来越高。

（4）自动化程度高。由于具有较高的专业化程度，因此仓储技术装备能较好地应用现代信息技术和自动控制技术，实现自动化控制和操作，提高工作效率。

（5）节能和环保要求高。为了控制仓储物流成本，在设计和选用仓储技术装备时，必须考虑其节能性和经济性。而且，仓储技术设备通常在较小的空间内工作，因此必须严格控制其噪声制造、废气排放等。

4.2 仓库的基本结构与分类

4.2.1 仓库的概念与功能

仓库是储存和保管货物的建筑物和场所的总称。对仓库的概念可以从两个方面来理解：从实物形态上看，仓库是存放货物的库房或场地；从社会组织角度上看，仓库是从事仓储物流服务的生产经营单位，是进行仓储物流活动和仓储生产作业的部门和场所。

仓库最基本的功能是储存货物，并对所储存货物的数量、质量和价值实施保管和控制。此外，随着仓储物流服务业的不断发展以及人们对仓库概念的深入理解，仓库也担负着货物处理、流通加工、物流管理和信息服务等多种功能，其含义远远超出了单一的储存功能。一般来讲，仓库的功能主要有以下几个方面。

现代物流装备

（1）储存和保管功能。储存和保管是仓库最基本的功能。仓库具有一定的空间用于存放货物，并根据货物的特性使用仓库内配有的相应设备，保持储存货物的完好性。例如，储存精密仪器的仓库，需要防潮、防尘、恒温等，应设置空调、恒温等控制设备。

（2）调节产品供需功能。在由供应商、生产企业和用户组成的物流供应链中，下一个环节对物资的需求与上一个环节的供应在时间上往往是不同步的，物流的基本职能之一就是创造物资的时间效用，即调节产品生产供应与消费需求的平衡关系，这一职能是由仓库来实现的。现代化大生产的形式多种多样，从生产和消费的连续性来看，每种产品的生产和消费都有不同的特点。有些产品的生产是均衡连续的，而消费是不均衡的，在时间上具有波动性；还有一些产品生产是不均衡的，具有季节性，而消费是长期均衡连续的。因此，要使生产和消费协调起来，就需要仓库来起"蓄水池"的均衡调节作用。

（3）配送和流通加工功能。现代仓库的功能已由保管型向流通型转变，即仓库由原来的储存、保管货物的中心向流通、销售中心转变。提供配送服务的仓库为制造商、批发商和零售商所利用，按照对客户订货的预期，对产品进行组合储备，并按照客户的需求进行流通加工作业。为此，现代仓库不仅具有储存、保管货物的设备，而且增加了货物分装、配套、流通加工和分拣等设施和设备；既扩大了仓库的经营范围，提高了货物的综合利用率，又方便了消费者，提高了服务质量。

（4）调节货物运输能力的功能。各种货物运输工具的运输能力差别较大，例如海运船舶的运载能力可达到数十万吨以上；火车货运车辆每节车厢一般能装载60t左右，一列火车的运量多达几千吨；而汽车的运输能力则较小，一般只有几吨至几十吨。它们之间运输能力的差异，需要通过仓库的集货和暂时储存来进行调节。仓库既保证了整个运输过程的连续性，又充分发挥了各种运输方式的优势，降低了物流总成本。

（5）物流信息传递功能。在仓储作业过程中总是伴随着物流信息的产生与传递，从货物的进货入库，到货物的出库供应，各个环节都同时伴有准确的货物信息记录和传输。这些信息既可以反映商品的物流情况，也可以反映商品的供求关系，为物流供应链中各企业的决策和管理提供可靠的信息。现代仓库的信息采集和传递越来越多地依赖计算机和信息网络，可以通过条码自动识别系统来提高仓库物流信息的传递速度及准确性。

4.2.2 仓库的主要参数

仓库的设计和评价指标有很多种，从仓库装备条件及其应用的角度来看，常用的参数主要有以下几项。

（1）库容量。库容量是仓库的主要参数之一，是规划设计仓库时首先要确定的内容。库容量的大小既取决于缓冲平衡的需要，又直接关系着仓库的建设投资和建成后的经济效益。因此，在满足缓冲平衡的前提下，库容量越小越经济。

（2）平均库存量。平均库存量是指一定时期内仓库日常经营过程中实际库存量的平均值，单位可为t、m^3或"托盘"。它可以反映仓库日常经营工作量的大小。

（3）库容量利用系数。库容量利用系数是平均库存量与最大库容量之比，是评价仓库经营情况和储存能力利用程度的重要指标。

（4）单位面积的库容量。单位面积的库容量是总库容量与仓库占地面积之比，是评价仓库储存空间利用程度的重要指标，可以反映仓库设施设备布局、货物储存方式和作业管理等情况。

（5）仓库面积利用率。仓库面积利用率是指在一定时点上，存货占用的场地面积与仓库可利用面积的比率。

（6）仓库空间利用率。仓库空间利用率是指在一定时点上，存货占用的空间与仓库可利用存货空间的比率。

（7）出入库频率。出入库频率是指仓库货物出入库的频繁程度，通常用 t/h、m³/h 或托盘/h 表示。出入库频率可以反映仓库作业量的大小和作业速度的高低，其大小是选择仓库内装卸搬运设备参数和数量的重要依据。

（8）装卸搬运作业机械化程度。装卸搬运作业机械化程度是指仓库内使用装卸搬运设备进行货物装卸搬运的作业量与总的装卸搬运作业量之比。

（9）机械设备利用系数。机械设备利用系数是指仓库内机械设备的全年平均小时搬运量与额定小时搬运量之比。

4.2.3 仓库的基本结构

一般仓库的建筑基本结构主要包括基础、骨架、立柱、墙壁、屋顶、地面、出入口、窗户和房檐等组成部分。仓库外部结构如图 4-2 所示，内部结构如图 4-3 所示。

图 4-2　仓库外部结构

图 4-3　仓库内部结构

（1）基础。建筑物的基础部分是根据建筑物重量、地面的耐压程度以及土质等条件，采用预制或现浇混凝土桩、浇筑混凝土结构。基础的结构根据建筑物重量和桩的强度、地基承载力决定。

（2）骨架。一般仓库的骨架是框架式骨架，由柱、中间柱或墙壁等构成。此外，地板的构造是支撑地板及地板龙骨的骨架。仓库建筑物由上述骨架形成主结构，其中柱间隔、柱的位置对仓库的使用十分重要。

（3）立柱。立柱是仓库骨架的主要组成部分，是承载梁及天花板等上层建筑载荷的主要构件。但是仓库内有柱子时，会减少仓库容量并影响装卸作业，因此，应当尽量减少柱子的数量。

对于平房仓库，当梁的长度较短时，可以建成无柱型结构；当梁的长度超过 25m 时，一般需要设立中间的梁间柱。在开间方向上设立壁柱时，一般每隔 5～10m 设一根壁柱，但是由于这个距离仅和门的宽度有关，库内不显露出柱子，因此和梁间柱相比，设壁柱比较简单。但是，开间方向上的柱间距必须与隔墙的设置、库门和库内通道的位置、天花板的宽度以及出入库停车站台长度等相匹配。特别是设货车停车站台时，根据货车的车体宽度，大型货车（车体宽2.5m）应能接纳两台车，小型货车（车宽1.7m）应能接纳3台车，因此，开间方向上的柱间隔一般为7~8m。

多层仓库应当采用适当的柱间距，一般钢筋混凝土结构柱间距为6~8m，预应力钢筋混凝土结构柱间距为15m左右。

（4）墙壁。仓库的墙壁包括内墙和外墙。在设计内墙时，应按照建筑物防火要求设防火墙，防火墙的中间部分要设有通路，必须通过防火门在各区域之间来往，使各个区域成为独立的保管场所。仓库外墙（包括地板、楼板和门），必须采用防火结构或简易耐火结构。为此，外墙应使用耐火材料，除混凝土墙外，还可使用石棉瓦板、石棉水泥板、纸浆水泥板、石棉珍珠岩、石棉、热压轻质混凝土等材料。

（5）屋顶。仓库屋顶的结构应当具有一定的坡度。当屋顶为"人"字形屋架时，一般坡度为1/10~3/10，在积雪的地方坡度大一些，根据需要还可设防雪板。对于仓库屋顶的材料，平房仓库一般可采用镀锌铁板、大波石棉瓦、长尺寸带色铁板等材料。

（6）地面。仓库地面的结构主要应考虑地面的耐压强度，一般平房仓库为$2.5~3t/m^2$；多层仓库第一层也为$2.5~3t/m^2$，其他各层随层数加高，地板承受能力可逐渐减小。地面的承载能力是由保管货物的重量、所使用装卸机械的总重量、楼板骨架的跨度所决定的，一般为$3t/m^2$左右。另外，地面要采取防止磨损、龟裂及剥离的施工方法，除特殊情况外，最好用现浇混凝土并且用抹板加工。

（7）出入口。仓库出入口的位置和数量是由建筑的开间长度、进深长度、库内货物堆码形式以及通路设置、建筑物主体结构、出入库频率、出入库作业流程以及仓库职能等因素所决定的。例如，从建筑物主体结构来看，当开间柱距为5~10m时，出入口的中心线间隔为5~10m，则设2个出入口；但一般的仓库，多数情况是1000~1500m²的仓库面积设4个出入口。

出入口尺寸的大小是由货车是否出入库内，所用叉车的种类、尺寸、台数、出入库频率，以及保管货物的尺寸大小等因素所决定的。普通仓库出入口的宽度、高度尺寸一般为3.5~4m。一般的仓库，当货车进入库内时，出入口的有效高度为4m，有效宽度为4m；如果货车不进入库内，有效高度上限为3.7m，有效宽度上限为3.5m。另外，防火墙的开口的高及宽均为2.5m。库内墙壁开口处的尺寸，是由在库内使用的叉车高度、宽度及货物尺寸大小、人行通道的尺寸所决定的。

出入口的开闭方式多使用拉门式、开启式及卷帘式三种。其中卷帘式除向上卷之外，还有一种板状的、收拢到上部的方式，这种方式多在寒冷地区使用。

（8）窗户。仓库窗户的主要作用是采光和通风。窗户的种类有高窗、地窗、天窗等。为了防盗、防漏雨和排水，一般只采用高窗。

（9）房檐。仓库一般都在出入口外侧设置房檐。仓库设置房檐的主要作用是遮挡雨雪，以保证在雨雪天能正常进行出入库作业；另外，房檐之下还可以在出入库时临时放置货物。房檐的宽度一般在4m左右。

4.2.4 常见仓库的类型

从不同的角度来分析，仓库可以有不同的分类标准。按照仓库的构造，大致将仓库分为平房仓库、多层仓库、高层货架仓库、筒形仓库、露天仓库等；按照仓库的用途及其他特性，分为冷藏仓库、恒温仓库、无人仓库、危险品仓库等。

1. 按照仓库的用途分

仓库按照它在商品流通过程中所起的作用可以分为以下几种。

（1）采购供应仓库。采购供应仓库主要用于集中储存从生产部门收购的和供国际进出口的商品，一般这一类的仓库库场设在商品生产比较集中的大、中城市，或商品运输枢纽的所在地。

（2）批发仓库。批发仓库主要用于储存从采购供应仓库调进或在当地收购的商品，这一类仓库一般贴近商品销售市场，规模同采购供应仓库相比一般要小一些。它既从事批发供货，也从事拆零供货业务。

（3）零售仓库。零售仓库主要用于商业、零售业的短期储货，一般为店面销售服务。零售仓库的规模较小，所储存物资周转快。

（4）储备仓库。储备仓库一般由国家设置，以保管国家应急的储备物资和战备物资。货物在这类仓库中储存时间一般比较长，并且储存的物资会定期更新，以保证物资的质量。

（5）中转仓库。中转仓库处于货物运输系统的中间环节，存放那些等待转运的货物，一般货物在此仅做临时停放。这一类仓库大多设置在公路、铁路的场站和水路运输的港口码头附近，以方便货物在此等待装运。

（6）加工仓库。一般具有产品加工能力的仓库被称为加工仓库。

（7）保税仓库。保税仓库是指为国际贸易的需要，设置在一国国土之上，但在海关关境以外的仓库。外国企业的货物可以免税进出这类仓库来办理海关申报手续，而且经过批准后，可以在保税仓库内对货物进行加工、存储等作业。

以上是通常的几类仓库。生产出来的产品首先被储存在采购供应仓库，其次流向批发仓库，再次流向零售仓库，最后商品进入卖场，在那里向最终用户销售。

2. 按保管货物的特性分类

（1）原料仓库。原料仓库被用来储存生产所用的原材料，这类仓库一般比较大。

（2）产品仓库。产品仓库的作用是存放已经完成的产品，但这些产品还没有进入流通领域。这种仓库一般附属于产品生产工厂。

（3）冷藏仓库。冷藏仓库用来储藏那些需要冷藏储存的货物，一般多是农副产品、药品等对于储存温度有要求的物品。冷库的两个关键性条件，一是要有绝热保温的先决条件，二是要有一个制冷系统。所以，冷库通常具有通风换气系统、精准控温系统（此系统通常具备温度监控、湿度监控、数据采集软件）、加湿系统、消毒系统（例如臭氧消毒机、紫外线消毒机）。

（4）恒温仓库。和冷藏仓库一样，恒温仓库也是用来储存对于储藏温度有要求的产品的。

（5）危险品仓库。危险品仓库用于储存危险品（见图4-4）。由于危险品可能对人

现代物流装备

体以及环境造成危害，因此对此类物品的储存一般会有特定要求，例如许多化学用品就是危险品，对它们的储存都有专门条例规定。

图 4-4 危险品仓库

（6）水面仓库。水面仓库是指利用货物的特性以及宽阔的水面来保存货物的仓库，例如用水面保管圆木、竹排等。

3. 按建筑构造分类

（1）平房仓库。平房仓库是指单层建筑结构的仓库，也称为单层仓库，是最常见、使用最广泛的一种仓库建筑类型。这种仓库只有一层，当然也就不需要设置楼梯，它的主要特点是：

1）单层仓库设计简单，所需投资较少。

2）由于仓库只有一层，因此在仓库内搬运、装卸货物比较方便。

3）各种附属设备（例如通风设备、供水设备、供电设备等）的安装、使用和维护都比较方便。

4）由于只有一层，仓库全部地面的承压能力都比较强。

早期的平房仓库一般为普通砖石混凝土建筑结构，近年来新建平房仓库大多采用钢结构板房。仓库跨距一般为12m、15m、18m、24m、30m、36m不等，立柱间距一般为6m；地面堆货荷载大的仓库，宜采用较大跨距。储存一般货物的仓库，主要配置叉车、托盘搬运车等装卸搬运设备；储存钢材或大型包装件的仓库，可设置桥式起重机等起吊设备，用于库内货物的装卸和搬运。平房仓库内要求具有良好的防潮和防火措施，对于储存易燃品的仓库，应采用柔性地面层，防止产生火花。

单层仓库适于储存日用消费品、家电产品、机械产品、油类、金属材料、化工原料、木材及其制品等各类物品。水运码头仓库、铁路运输仓库、航空运输仓库，大多数都采用单层建筑，以加快装卸速度。但是，在城市内建筑单层仓库，建筑面积利用率较低，单位货物的存储成本较高，所以单层仓库一般建在城市的边缘地区。

（2）多层仓库。多层仓库（见图4-5）一般占地面积较小，大多建在人口稠密、土地使用价格较高的地区。由于是多层结构，因而需使用垂直输送设备搬运货物。多层仓库有以下特点。

第4章 仓储技术装备

1) 多层仓库适用于各种不同的使用要求，例如可以将办公室和库房分处两层，在整个仓库布局方面比较灵活。

2) 分层结构将库房和其他部门自然地进行隔离，有利于库房的安全和防火。

3) 多层仓库作业需要的货物垂直运输技术已经日趋成熟。

4) 多层仓库一般建在靠近市区的地方，因为它占地面积较小，建筑成本可以控制在有效范围内，所以多层仓库一般用来储存城市日常用的高附加值小型商品。使用多层仓库存在的问题在于建筑和使用中的维护费用较大，一般商品的存放成本较高。

（3）高层货架仓库。高层货架仓库（见图4-6）又称为立体仓库，也是一种单层仓库，但同一般单层仓库的不同之处在于它利用高层货架来储存货物，而不是简单地将货物堆积在库房地面上。在立体仓库中，由于货架一般比较高，所以货物的存取需要采用与之配套的机械化、自动化设备，一般在存取设备自动化程度较高时，也将这样的仓库称为自动化仓库。

图 4-5　多层仓库

图 4-6　高层货架仓库

（4）筒形仓库。筒形仓库（见图4-7）是指结构形式为圆筒形的储罐类封闭式仓库，简称筒仓或罐库。圆柱状的筒形仓库，仓壁受力性能好，建筑用料经济，容积能力大，所以被广泛应用。筒形仓库的构建形式有钢筋混凝土式和金属罐式等。钢筋混凝土式一般用于储存粮食、水泥等颗粒状、粉末状干散货物，金属罐式用于储存食用油、石油产品和化工产品等液体货物以及天然气等气体。

图 4-7　筒形仓库

用于储存干散货物的钢筋混凝土筒仓，库顶、库壁和库底必须防水、防潮，库顶应设吸尘装置，筒仓内壁平整、光滑，便于物料装卸。机械化筒仓的货物装卸，一般可采用斗式提升机、带式输送机、气力输送机等连续输送设备。机械化筒仓能有效地缩短物料的装卸流程，降低运行和维修费用，消除繁重的袋装作业，有利于机械化、自动化作业，因此已成为粮食、水泥等货物散装化物流最主要的形式之一。

金属结构的储油罐库和储气罐库，必须防热防潮，在罐顶上加隔热层或按防爆顶面设计，出入口设置防火隔墙，地面用不产生火花的材料，一般可用沥青地面，储油库要

现代物流装备

设置集油坑。

由若干筒仓形成的筒仓库区的布局应合理，以节省库区占地面积。

（5）露天堆场。露天堆场又称为露天仓库，是指在露天场地堆码和储存货物的室外仓库（见图4-8）。露天仓库一般用于存放钢材、木材、建材、矿砂、煤炭等露天时不易变质的大宗货物，也可以堆码存放粮食、化肥、水泥等袋装大宗货物，但需要采取完善的防雨防水措施，可靠地保护货物。露天仓库常见于此类物资的生产企业、加工企业、销售企业和交易市场，以及港口码头、铁路货场和公路货运站等场所。另外，在集装箱运输的港口集装箱码头、铁路集装箱办理站、公路集装箱中转站等场所，集装箱也都采用露天存放，通常称之为集装箱堆场。

图4-8 露天仓库

在港口码头和铁路货场，露天堆场通常按照堆放物品不同，划分为杂货堆场、散货堆场和集装箱堆场。杂货堆场主要堆放有包装和无包装的件杂货物，杂货在堆场存放要考虑需要苫盖、垫垛，以保证防雨和排水。杂货堆场的货位布置形式一般都采用分区分类堆存，按照"四一致"（性能一致、养护措施一致、消防方法一致、装卸方法一致）原则，对货物堆场划分为若干保管区域，并根据货物大类和性能，或按照货物发往地区划分为若干类别，以便分类集中堆存。

散货堆场主要堆存矿砂、煤炭等散装货物，一般直接露天堆放，并以散装方式进行运输、装卸和使用。散货堆场一般都配置专用的大型散料装卸和输送设备进行装卸作业。

集装箱堆场专门用于堆存和保管集装箱，并分别设置重箱堆场、空箱堆场、维修与修竣箱堆场，以满足发送箱、到达箱、中转箱、周转箱和维修箱等的生产工艺操作和不同的功能要求。集装箱堆场也配置专用的集装箱装卸搬运设备进行装卸和堆垛作业。

4. 按建筑材料不同分类

根据仓库使用的建筑材料，可以将仓库分为钢筋混凝土仓库、钢质仓库、砖石仓库等。

5. 按仓库所处位置分类

根据仓库所处的地理位置，可以将仓库分为码头仓库、内陆仓库等。这是根据仓库的地理位置赋予仓库的特性来进行分类的。

6. 按仓库的管理体制分类

根据仓库的管理体制，可以将仓库分为自用仓库和公用仓库。

（1）自用仓库。自用仓库是指某个企业建立的供自己使用的仓库，这种仓库一般由企业自行管理。

（2）公用仓库。公用仓库是一种专门从事仓储经营管理的、面向社会的、独立于其他企业的仓库。一般自用仓库称为第一或第二方物流仓库，而公用仓库被称为第三方物流仓库。

第4章 仓储技术装备

7. 无人仓库

无人仓库也称无人仓。无人仓是现代信息技术应用在商业领域的创新,实现了货物从入库、存储到包装、分拣等流程的智能化和无人化。目前海内外多家电商巨头纷纷建立无人仓,以解决货物存储或包裹分拣等问题。在未来发展中,如何加快技术升级、降低运营成本、为消费者提供精准服务,是无人仓应用的制胜关键。图4-9是菜鸟驿站无人仓的局部图片。

无人仓的构成包括硬件与软件两大部分。硬件包括存储、搬运、拣选、包装等环节的各类自动化物流设备,其中存储设备的典型代表是自动化立体库;搬运典型

图4-9 菜鸟驿站无人仓局部

设备有输送线、AGV、穿梭车、类Kiva机器人、无人叉车等;拣选典型设备有机械臂、分拣机(不是自动化设备)等;包装典型设备有自动称重复核机、自动包装机、自动贴标机等。软件主要是仓库控制系统(WCS)和仓库管理系统(WMS)。

4.3 货架

4.3.1 货架的作用

货架是用立柱、隔板或横梁等组成的立体地储存物品的设备。货架是仓库中储存货物的基本设备,在仓储系统中占有非常重要的地位。随着现代工业的迅猛发展,物流量大幅度增加,为了实现仓库的现代化管理、改善仓库的作用,不仅要求有足够数量的货架,而且要求其具有多种多样的结构和功能,以满足各种场合存储货物的需要,并且能够实现机械化、自动化作业和管理的要求。

在一定面积的仓库内储存货物时,为了提高货物的存放数量,采用上下堆垛方式存放,无疑比平铺在地面上可以提高存货数量。但是当把货物堆积起来,出库时若需从底部或里面取出货物,必须先移开上面或外面的货物,这需要花费很多时间和劳动力,很难做到货物"先入先出"。若将不同的货物放在立体货架上储存,就解决了以上问题。所以货架在现代物流活动中,起着相当重要的作用。仓库作业和管理的现代化水平,在很大程度上取决于货架的结构和功能。货架在现代仓储系统中的作用主要有以下几个方面。

1)可充分利用仓库空间,提高库容利用率,扩大仓库储存能力。货架是一种架式结构物,将物品放在货架上,可以实现立体化储存,货架越高,仓库空间利用率就越高。

2)保证货物存储质量,减少货物损失。存入货架中的货物,互不挤压,物资损耗小,可保证货物本身的完整功能,并且可以防尘、防潮、防破损,减少货物的损失。

3)货物存取方便,便于清点和管理,可以"先进先出"。利用货架储存货物,可以直接存放或取出,不受其他货物影响,方便快捷,可以提高存取作业速度;而且货架上的货物一目了然,便于盘点和管理;便于根据货物的入库顺序做到"先进先出",保证产品的有效期限。

4）便于实现仓储作业机械化、自动化，提高仓储作业的速度和效率。很多新型货架在结构及功能上，能够满足仓库作业的机械化及自动化管理的需要。

货架在仓储设备的总投资中所占比例较大，消耗钢材也较多，对仓库的运作模式也有极大的影响。因此，合理选择和设计货架，对于仓储系统的建设和运营都具有重要的意义。

4.3.2 货架的分类

1. 按货架的发展分类

传统式货架：可细分为层板式货架、层格式货架、抽屉式货架、橱柜式货架、U形架、悬臂架、栅架、鞍架、气罐钢筒架和轮胎专用货架等。

新型货架：可细分为旋转式货架、移动式货架、装配式货架、调节式货架、托盘式货架、进车式货架、高层货架、阁楼式货架、重力式货架和屏挂式货架等。

2. 按货架运动状态分类

固定型货架：可细分为层板式、托盘式、贯通式、重力式、阁楼式、抽屉式和牛腿式货架等。

移动型货架：可细分为轻中型移动式货架（又称密集架）、重型托盘式移动货架。

旋转式货架：可细分为多层水平旋转式货架、垂直旋转式货架和整体水平旋转式货架三种。

3. 按货架整体结构的制作工艺分类

按货架整体结构的制作工艺分类，可以分为焊接式货架和组装式货架，目前国内大多使用组装式货架。

4. 按货架系统与仓库建筑结构的关系分类

库架合一式货架：货架系统和建筑物屋顶等构成一个不可分割的整体，由货架立柱直接支承屋顶荷载，在两侧的柱子间安装建筑物的围护（墙体）结构。

分离结构式货架：货架系统和建筑物为两个单独的系统，互相之间无直接连接。

5. 按货架每层载重量分类

按货架每层载重量分类，可以分为轻型货架（每层载重量不大于200kg）、中型货架（每层载重量为200~500kg）和重型货架（每层载重量在500kg以上）三种。

6. 按货架的高度分类

按货架的高度分类，可以分为低位货架（高度5m以下）、高位货架（高度5~12m）和超高位货架（高度12m以上）三种。

7. 按功用分类

按功用分类，分为存储式、拣选式、陈列式三种。

8. 按结构分类

按结构分类，分为层板式、托盘式、驶入式、重力式、悬臂式、阁楼式等。

4.3.3 常用货架

1. 层板式货架

层板式货架（见图4-10）简称为层架，是由主柱、横梁、层板构成，其连接结构如图 4-11 所示。货架本身分为数层，层板用于存放货物。层板式货架应用广泛、种类繁多，一般可进一步划分。

图 4-10　层板式货架

图 4-11　层板式货架的连接结构

1）按层架存放货物的重量等级，可划分为轻型层板式货架、中型层板式货架和重型层板式货架三种。

2）按货架结构形式，可分为装配式、固定式及半固定式三种。装配式多用于轻型货架，采用轻钢结构，较机动灵活；固定式层架坚固、结实、承载能力强，用于重中型层架。半固定式既有装配式的灵活，也有较强的承载能力。

3）按层板安装方式，可分为固定层高及可变层高两种形式，层架的尺寸规格可在很大的范围内变动。一般而言，轻型层板式货架主要是人工进行装、取货操作，规格尺寸及承载能力都和人的搬运能力相适合，中、重型货架尺寸则要大得多。

层架结构简单，省料，适用性强，便于收发，但存放物资数量有限，是人工作业仓库的主要储存设备。轻型层架多用于小批量、零散收发的小件物资储存。中型和重型货架要配合叉车等工具储存大件、重型物资，所以其应用领域广泛。

2. 悬臂式货架

悬臂式货架（见图 4-12）又称为悬臂式长形料架，简称悬臂架，是由 3~4 个塔形悬臂和纵梁相连而成，分单面和双面两种。臂架用金属材料制造，为防止材料碰伤或产生刻痕，在金属悬臂上垫上木质衬垫，也可用橡胶带保护。悬臂架的尺寸不定，一般根

现代物流装备

据所放长形材料的尺寸大小而定。

图4-12 悬臂式货架

悬臂架为边开式货架的一种，可以在架两边存放货物，但不太便于机械化作业，存取货物作业强度大，一般适于轻质的长条形材料存放，可用人力存取操作，重型悬臂架用于存放长条形金属材料。

3. 托盘式货架

托盘式货架（见图4-13）是存放装有货物托盘的货架，多为钢材结构，也可用钢筋混凝土结构，可做单排型连接，也可做双排型连接。托盘式货架特点如下：

（1）跨度大，承载要求高。托盘式货架的跨度（长度）主要由托盘大小决定，一般一层货架可放置两个常规托盘。如果单托盘放置，可承载3t以上。

图4-13 托盘式货架

（2）结构稳定。由于托盘式货架的承载要求高，所以对托盘式货架的稳定性也有特别的要求，货架底脚必须安装膨胀螺钉，以保证货架的稳定性。

（3）无须有层板。一般来说，托盘式货架无须有层板，只需在横梁上安装跨梁即可，每托盘货位一般安装两根跨梁，这样可以最大限度地节约成本。

（4）层数可自定。托盘式货架的层数可根据仓库的房高、每托盘货位的高度等条件来确定；底层可不用横梁，托盘直接放置于地面上。

（5）利用率高，存取灵活方便。辅以计算机管理或控制，托盘式货架基本能达到现代化物流系统的要求。

托盘式货架广泛应用于制造业、第三方物流和配送中心等领域，既适用于多品种、小批量物品，也适用于少品种、大批量物品；在高位仓库和超高位仓库中应用最多，较高的托盘式货架使用堆垛起重机存取货物，较低的托盘式货架可用叉车存取货物；可实现机械化装卸作业，便于单元化存取，库容利用率高，可提高劳动生产率，实现高效率的存取作业。

第4章 仓储技术装备

4. 驶入式货架

驶入式货架又称贯通式货架（见图4-14），用钢结构制成。钢柱的一定位置上有向外伸出的水平突出构件，当托盘送入时，突出的构件将托盘底部的两个边托住，使托盘本身起到架子横梁的作用。当架上没有放托盘货物时，货架正面便成了无横梁状态，这时就形成了若干通道，可方便叉车等作业车辆的出入。

在支承导轨上，托盘按深度方向存放，一个紧接着一个，这使得高密度存储成为可能。货物存取从货架同一侧进出，先存后取，平衡重及前移式叉车可方便地驶入货架中间存取货物，无须占用多条通道。这种货架适用于存储大批量、少品种货物。驶入式货架是全插接组装式结构，柱片为

图4-14 驶入式货架

装配式结构，靠墙区域的货架总深度可以设计为7个托盘深度以内，中间区域的可两边进出的货架总深度通常在9个托盘深度以内，以提高叉车存取的效率和可靠性。驶入式货架广泛应用于各类仓库及物流中心，如食品、烟草、乳业、饮料等行业的仓库及物流中心，目前在冷库中也较为多见。

5. 移动式货架

移动式货架是指在底部安装有行走滚轮，可以在地面轨道上移动的货架。在平常不进行出入库作业时，全部货架密集排列，各货架之间没有通道相隔，而是相互紧密靠合在一起，全部封闭，并可全部锁住，以确保货物安全，同时可防尘、避光；当进行货物存取作业时，将相应的货架移动，形成人员或存取设备进出的作业通道，作业完毕再将货架移回原来位置，如图4-15所示。

图4-15 移动式货架

由于整组货架存放时没有通道，存取作业时只需一条通道，因而大大提高了仓库面积的利用率，在相同的空间范围内，移动式货架的储货能力要比层板式货架高得多。

各个货架底部都设有行走滚轮，整体放置在地面轨道上，并可沿轨道横向移动。根据驱动方式不同，可分为人力推动式、人力摇动式和电力驱动式三种形式。

移动式货架承载能力较低，而且在存取作业时需不断移动货架，存取货时间也比较长。所以，一般移动式货架主要用于出入库频率较低的轻小货物存储；采用电力驱动的移动式货架也可以用于存储大重量物品，尤其适用于对环境条件要求高、投资大的仓库，如冷冻库、气调仓库等，可相应减少对环境条件的投资。

6. 阁楼式货架

阁楼式货架是指以堆叠方式制成的两层以上阁楼结构式的货架。它以底层货架为基础，在其上方搭建一层楼板，形成一层阁楼式存货空间，可以直接放置货物，也可以再放置一层货架存放货物。底层货架既可用于储存货物，同时又是上层建筑的承重支柱。上下楼层之间配有楼梯和扶手，还可以配置货物提升设备（见图4-16）。

现代物流装备

阁楼式货架各楼层间距通常为 2.2~2.7m，顶层货架高度一般为 2m 左右，要充分考虑工作人员操作的便利性。阁楼上层的货物通常由叉车、液压升降台或货梯进行升降，再由轻型小车或液压托盘车进行水平搬运，上层货架的货物一般由人工进行存取。阁楼式货架主要有以下优点：

图 4-16 阁楼式货架

1）阁楼式货架可以充分利用仓库高度空间，提升货物储存高度，提高仓库储存能力。

2）阁楼式货架一般是在已有的平房仓库内建造阁楼，将原有的平房库改为两层以上的楼层库，所以特别适用于旧库房的改造和利用。

3）阁楼货架分层储存货物，便于人工和小型设备存取作业，可以节省高举升设备购置投资。

阁楼式货架适应于储存日用商品、五金配件、电子元件等中小件货物及轻泡货物，适宜于多品种货物的分类存储；上层可存放储存期较长的轻小货物，下层可存放重大型货物。阁楼式货架多使用冷轧型钢楼板，它具有承载能力强、整体性好、承载均匀性好、精度高、表面平整、易锁定等优势，提高了阁楼式货架的储存能力和货物适应性。

7. 重力式货架

重力式货架又称流动式货架（见图 4-17），有托盘重力货架与箱式重力货架之分，是现代物流系统中的一种应用广泛的货架设备。其原理是利用货体的自重，使货体在有一定高度差的通道上，从高处向低处运动，最终完成进货、储存和出库的作业。

重力式货架和一般层架从正面看基本相似，但是其深度比一般层架深得多，类似于许多层架密集靠放。每一层隔板呈前端（出货端）低，后端（进货端）高的一定坡度，

图 4-17 重力式货架

有一定坡度的隔板可制成滑道形式，货体顺滑道从高端向低端滑动；也可制成滑轨、辊子或滚轮，以提高货体的运动性能，尽量将坡度做得小一些。

带辊子滑道的重力式货架的辊子或滚轮结构有固定式和托起式两种。固定式辊子或滚轮一旦装上之后，就不可再变。托起式则可在不需滚动时，将辊子或滚轮落入内侧，货体则托放于槽板上，以保持货体稳定。需要使货体运动时，要给槽内软管充气，使之鼓胀，则将滚轮托起，使货体离开槽板而置于滚轮之上，这样货体便在自重作用下沿滚轮向低端运动。

重力式货架的主要特点：

1）单位库房面积存储量大。重力式货架是密集型货架的一种，能够大规模密集存放货物。

第4章 仓储技术装备

2）固定了出入库位置，缩短了出入库工具的运行距离。

3）由于入库作业和出库作业完全分离，两种作业可各自向专业化、高效率方向发展；且出入库时，工具不互相交叉，不互相干扰，事故发生率降低，安全性增加。

4）和驶入式货架等密集存储方式不同，重力式货架绝对保证先进先出，因而符合仓库管理现代化的要求。

5）重力式货架和一般货架相比，大大缩小了作业面，有利于进行拣选活动，是拣选式货架中很重要的一种，也是储存型拣选货架中重要的一种。

重力式货架的主要应用领域有：用于大量存储，或者作为拣选式货架，普遍应用于配送中心、转运中心、仓库、商店的拣选配货操作中，也用于生产线的零部件供应线上。大型重力式货架储存量较大，是以储存为主的货架；轻小型重力式货架则属于拣选式货架。

8. 旋转式货架

旋转式货架又称为回转式货架，是适应生产及生活资料由少品种、大批量向多品种、小批量发展趋势而发展起来的一类现代化储存货架。这种货架的出现可以满足目前由于品种的迅猛增加，拣选作业的工作量及劳动强度日益增大、系统日益复杂的要求。

根据旋转方式的不同，可分为垂直旋转式、多层水平旋转式和整体水平旋转式三种。

（1）垂直旋转式货架。这种货架类似垂直提升机，在提升机的两个分支上悬挂有成排的货格，提升机可正转，也可以反转。货架的高度为 2~6m，正面宽 2m 左右，10~30 层不等，单元货位载重 100~400kg，回转速度 6m/min 左右（见图 4-18）。

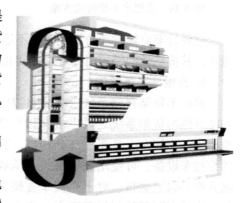

图 4-18 垂直旋转式货架

垂直旋转式货架属于拣选型货架，占地空间小，存放的品种多，最多可存放 1200 种。另外，货架上货格的小隔板可以拆除，这样可以灵活地存储各种长度、尺寸的货物。在货架的正面及背面均设置拣选台面，可以方便地安排出入库作业。在旋转控制方面，用编号的开关按键就可以轻松操作，也可以利用计算机操作控制，形成联动系统，将指令要求的货层以最短的路程送至拣选的位置。它主要适用于储存多品种、拣选频率高的货物，取消货格、改成支架后可用于储存成卷的货物，如地毯、纸卷、塑料布等。

（2）多层水平旋转式货架。此种货架的最佳长度为 10~20m，高度为 2~3.5m，单元货位载重 200~250kg，回转速度约为 20~30m/min。多层水平旋转式货架储存货物品种多，可达 2000 种以上。多层水平旋转式货架也是一种拣选型货架，这种货架各层可以独立旋转，每层都有各自的轨道，用计算机操作时，可以同时执行多个命令，使各层货物从近到远、有序地到达拣选点，拣选效率很高。多层水平旋转式货架主要用于出入库频率高、多品种拣选的配送中心等（见图 4-19）。

（3）整体水平旋转式货架。这种货架由多排货架连接，每排货架又有若干层货格，

现代物流装备

货架做整体水平式旋转，每旋转一次，便有一排货架到达拣货面，可对这一排的各层进行拣货。每排货架上可放置同种物品，但包装单位可不同，如上部货格放置小包装，下部货格放置大包装，拣选时不再计数，只取一个满足需要数量的包装即可；也可以在一排货架不同货格上放置互相配套的物品，可在同一排上将相关物品一次拣出。货架还可作为小型分货式货架，每排不同货格放置同种物品，旋转到拣选面后，将物品按各用户分货要求拣出后分放到各用户的指定货位，使拣选、分货结合起来。所以整体水平旋转式货架也是拣选型货架，也可看作拣选、分货一体化的货架（见图4-20）。

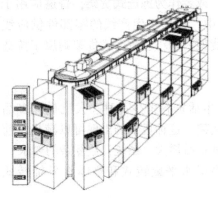

图4-19　多层水平旋转式货架

图4-20　整体水平旋转式货架

这种货架旋转时动力消耗大，不适用于拣选频度太高的作业。货架规模越大、长度越长，其拣选功能便越向分货功能转化，而成为适用于小型分货领域的分货式货架。

9. 穿梭车系统货架

穿梭车货架存储系统（见图4-21），是高密度存储的货架系统之一，由穿梭车货架、电池驱动的穿梭车、叉车三部分构成。独立充电的穿梭车设备，可使用无线遥控，承载托盘货物并在导轨上运行。对于穿梭车货架深处的货物，穿梭车可行使到托盘下方，将托盘货物从货架导轨上升起，并将托盘货物运到货架前端的出货口，叉车可以从导轨上存取货物。叉车也可以从导轨上把穿梭车搬运到其他货架的导轨上。通常情况下，一部叉车可对应所有穿梭

图4-21　穿梭车系统货架

车，但需要配合巷道长度、巷道数量、货架高度等。穿梭车货架系统适合长期的大批量、少品种货物存储。

与驶入式货架相比，穿梭车货架系统的优点有：实现托盘货物最高密集度存放，显著降低库房建设费用；抗地震安全性能大大高于驶入式货架；叉车无须进入巷道，货物及人员的安全性提高；存取货物效率提升50%；分层存取，灵活机动；可实现先进先出和先进后出；可自动盘点；先进的制造工艺以及一体成型的导轨，让穿梭车在货架上可以安静平稳地运行；防撞设计，保护货架整体安全；施工简便，适合各种使用环境；适合冷库使用。

4.4 自动化立体仓库

4.4.1 自动化立体仓库的概念与特点

自动化立体仓库又称自动化仓库、现代智能库、高层货架仓库等。自动化立体仓库系统（Automated Storage and Retrieval System，AS/RS）是不直接进行人工处理的自动存储和取出货物系统，是管理和控制仓库存取作业与设施设备的系统，由高层货架、巷道堆垛起重机、出入库输送机系统、自动化控制系统、计算机仓库管理系统及其周边设备组成。

在我国，著名的京东"亚洲一号"自动化立体仓库（见图4-22）于2014年6月完成设备安装调试后开始试运营，于2014年10月份正式投入使用。该物流中心位于上海嘉定，共分两期，规划的建筑面积为20万 m^2。投入运行的一期为中件商品仓库，总建筑面积约为10万 m^2，分为4个区域：立体库区、多层阁楼拣货区、生产作业区和出货分拣区。其中，立体库区高24m，利用自动存取系统（AS/RS），实现自动化高密度储存和高速拣货功能；多层阁楼拣货区采用各种现代化设备，实现自动补货、快速拣货、多重复核手段、多层阁楼自动输送，实现京东SKU高密度存储、快速准确拣货和输送功能。

图 4-22 京东"亚洲一号"自动化立体仓库

从我国自动化立体仓库建设数量来看，2018年自动化立体库已有5390座，新增885座。其中电商/快递、零售、冷链行业等服务领域需求增速明显高于工业制造领域，服装、新能源等新兴行业需求也开始凸显。在新能源、消费品以及传统工业领域，以"单库建设+生产对接"为主，具有相关工业服务基础的集成商更具竞争优势。

从市场需求方面看，2018年我国智能仓储市场规模为797.69亿元，同比增长16.45%。2014年—2018年智能仓储市场规模年均复合增长率为18.81%。目前，仓储配送一体化已经成为物流、电商和仓储的发展趋势。在人力成本上升、土地资源有限、经济转型升级等背景下，许多制造业企业开始以物流端为切入点进行自动化转型升级。作为智能制造的后端环节，在产品多样化、个性化的趋势下，智能仓储物流承担着提升效率、提升客户体验、提升企业核心竞争力的重任。随着大数据、物联网、机器人、传感器等技术的不断进步，智能仓储作为以上技术的载体，将继续高速发展。我国物流业的快速发展为仓储业的崛起提供了巨大的市场需求，而且在制造业、商贸流通业外包需求的释放和政策的引导下,智能仓储的战略地位将持续加强。未来智能仓储市场的需求将进一步释放,预计到2023年,智能仓储市场规模将达1975亿元,前景十分广阔。

自动化立体仓库的优势包括:

1)高层货架储存,可以提高仓库空间利用率。立体仓库构想的基本出发点是提高空间利用率,充分节约有限且昂贵的场地,其存储区可以大幅度地向上延伸发展,在仓库地面有限的情况下,可充分利用其竖向空间。在西方有些发达国家,提高空间利用率有更广泛、深刻的含义,节约土地已与节约能源、保护环境等诸多方面联系起来。一般来说,立体仓库的空间利用率为普通仓库的2~5倍左右。

2)自动存取,便于形成完善的生产物流系统,提高企业生产管理水平。传统的仓库只是货物的储存场所,保存货物是其唯一的功能,属于静态储存。自动化立体仓库采用先进的自动化物料搬运设备,不仅能使货物在仓库内按需要自动存取,还可以与仓库以外的生产环节进行有机的连接,并通过计算机管理系统和自动化物料搬运设备使仓库成为企业生产物流中的重要环节。形成自动化的物流系统环节,即动态储存,是当今仓储技术的发展趋势。

3)加快货物存取,减轻劳动强度,提高生产效率。自动化立体仓库具有快速的出入库能力,能妥善地将货物存入立体仓库,及时、自动地将生产所需零部件和原材料送达生产线。同时,立体仓库系统减轻了工人综合劳动强度。立体仓库采用巷道堆垛机,它沿着巷道内的轨道行驶,不会与货架碰撞,也无其他障碍,因此行驶速度较快。借助计算机控制,可以准确无误地完成库内货物的搬运工作,货物搬运效率远远高于一般仓库。

4)立体仓库用计算机进行仓储管理,可以方便地做到"先进先出",防止货物自然老化、生锈、贬值,也能避免货物的丢失。在库存管理中采用计算机控制,随时可以迅速、准确地清点盘库,由此大大提高了货物的仓储质量。

5)提高储存物品的环境适应性,降低作业的难度。自动化立体仓库能较好地满足避光、低温等一些特殊货物储存的环境要求,可以根据货物特性设置全封闭的、有针对性的储存环境,做到最大限度地存储和保护货物。

但自动化立体仓库也存在一些缺点,比如:结构复杂,配套设施多,基建和设备投资高;货架安装精度要求高,施工难度大,且施工周期长;储存货物的品种受到一定限制,对长、大、笨重货物以及要求特殊保管条件的货物必须单独设立储存系统;工艺要求高,对仓库管理人员和技术人员的操作技术和管理能力要求也较高;货物储存能力弹性较小,难以应付储存高峰。

4.4.2 自动化立体仓库的分类与构成

1. 自动化立体仓库的分类

(1)按仓库的高度分类。

1)低层立体仓库,高度一般在5m以下。大多是在已有仓库的基础上进行改建的,是提高原有仓库技术水平的手段。

2)中层立体仓库,高度在5~15m之间。由于中层立体仓库对库房建筑以及仓储机械设备的要求不高,造价也不高,是目前应用最多的立体仓库。

3) 高层立体仓库,高度在 15m 以上。由于其对库房建筑以及仓储机械设备的要求较高,造价高,安装难度大,目前应用比较少。

(2) 按库房建筑结构分类。

1) 整体式立体仓库,是指立体货架与库房建筑结构结合成一个整体的仓库。其立体货架既是储存货物的设备,又是库房屋顶和墙体支撑的结构体系。因此,货架除承受储存物品的负荷外,还必须承受库顶重量,以及风力、震动等各种外力。一般认为,这种结构形式适用于货架高度较高(15m 以上)的立体仓库。采用这种结构形式的优点是比较经济,建造成本较低;缺点是建成以后很难进行改变或扩展。

2) 分离式立体仓库,和普通仓库一样,其货架独立安装在库房建筑之内,货架结构与库房建筑结构相互分离。这种仓库的优点是简单灵活,便于改变和扩建。分离式自动化立体仓库的高度在 15m 以下时较为经济,否则对地面承载力要求过高而需要进行强化加固,会增加建筑成本。

2. 自动化立体仓库的构成

自动化立体仓库由库房、高层货架、巷道堆垛机、出入库搬运系统、自动控制与管理系统等部分构成,还有与之配套的供电系统、空调系统、消防报警系统、网络通信系统等。图 4-23 为自动化立体仓库结构示意图。

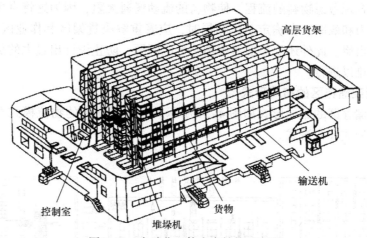

图 4-23 自动化立体仓库结构示意图

(1) 库房。库房是自动化立体仓库的主体建筑,一般采用单层平房结构,其高度根据立体货架总体设计高度确定。由于立体仓库存货量大,机械设备多,所以库房建造时对地基、门窗、墙体、柱子及消防设备等都有较高的要求。

(2) 高层货架。自动化立体仓库采用高层货架储存货物,其货架的结构类型根据仓库的用途和货物类别进行选择,一般采用钢结构单元货格式货架,配以托盘或货箱存放货物。各个货位的唯一地址由其所在货架单元货格的排数、列数及层数来确定,自动出入库系统据此对所有货位进行管理。

(3) 巷道堆垛机。巷道堆垛机是用于自动存取货物的设备。在两排高层货架之间一般留有 1~1.5m 宽的巷道,巷道堆垛机在巷道内来回运动,堆垛机上的升降平台可上下运动,升降平台上的存取货装置可对巷道堆垛机和升降平台确定的某一货位进行货物存取作业。

(4) 出入库搬运系统。出入库搬运系统是立体仓库的主要外围设备（通常称为周边设备），用于将货物运送到高层货架的巷道口或从巷道口将货物搬走。出入库搬运系统一般包括输送机、自动导向搬运车和叉车等。立体仓库常用的输送机一般有辊道输送机、链板输送机和带式输送机等，其作用是配合巷道堆垛机完成货物的输送、转移、分拣等作业。

(5) 自动控制与管理系统。自动化立体仓库通过计算机、管理信息系统和自动控制系统，对货物的存取和出入库进行管理，同时对巷道堆垛机和出入库搬运系统进行控制。计算机中心或中央控制室接收到出库或入库信息后，由管理人员通过计算机发出出库或入库指令。巷道堆垛机、自动分拣机及其他周边搬运设备按指令起动，共同完成出库或入库作业。管理人员对此过程进行全程监控和管理，保证存取作业顺利进行。

4.4.3 自动化立体仓库总体布置

一般来说，自动化立体仓库的分区包括入库暂存区、检验区、码垛区、储存区、出库暂存区、托盘暂存区、不合格品暂存区及杂物区等。规划时，立体仓库内不一定要把上述每一个区都规划进去，可根据企业的工艺特点及要求来合理划分各区域和增减区域。同时还要合理考虑物料的流程，使物料的流动畅通无阻，因为这将直接影响自动化立体仓库的能力和效率。在确定总体布局时，应着重解决货架区和作业区的衔接问题，消除输送线的阻碍。此外还要提前考虑消防分区问题，防止设计出过大的货架区使得后期的消防设计难以进行。

1. 高层货架储存区的布局形式

高层货架储存区的布局形式如图 4-24 所示。自动化仓库的物流模式有三种，即同端出入式、贯通式和旁流式。

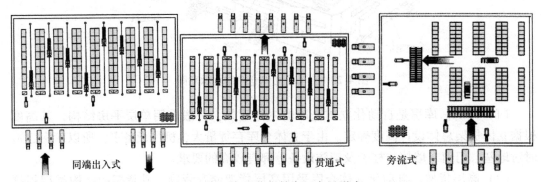

图 4-24 高层货架储存区布局形式

(1) 同端出入式。同端出入式即货物的入库和出库在巷道同一端的布置形式，包括同层同端出入式和多层同端出入式两种。这种布置形式的最大优点是能缩短出入库周期，特别是在仓库存货不满而且采用自由货位储存时，优点更为明显。此时可以挑选距离出入口较近的货位存放货物，缩短搬运距离，提高出入库效率。入库作业区和出库作业区也可以在一起，便于集中管理。

（2）贯通式。贯通式即货物从巷道的一端入库，从另一端出库。这种方式总体布置比较简单，便于管理操作和维护保养，但是对于每个货物单元来说，要完成它的入库和出库全过程，堆垛机需要穿过整个巷道。

（3）旁流式。旁流式即货物从仓库的一端（或侧门）入库，从侧门（或一端）出库。这种方式是在货架中间分开，设立通道，与侧门相通。这样减少了货格，即减少了库存量，但由于可组织两条线路进行搬运，因而提高了搬运效率，方便了不同方向的出入库。

在规划储存区空间时应考虑的因素包括：货品尺寸和数量，托盘尺寸和货架空间，设备的型号、尺寸、能力和旋转半径，走廊宽度、位置和需要空间，柱间距离，建筑尺寸与形式，进出货及搬运位置，补货或服务设施的位置以及作业规则。总之，不论仓储区如何布置，应先得出存货所占空间大小、货品尺寸及数量、堆放方式、托盘尺寸和货架储位空间。

2. 高层货架区巷道堆垛机轨道铺设形式

在单元货格式自动化立体仓库货架中，主要作业设备是有轨巷道堆垛机，简称堆垛机。堆垛机的主要用途是在高层货架的巷道内来回穿梭运行，将位于巷道口的货物存入货格或者取出货格内的货物运输到巷道口。这种主要用途对巷道堆垛机在结构和性能上提出了一系列严格的要求。自动化立体仓库货架中堆垛机的布置有三种方式：直线式，即每个巷道配备一台堆垛机；U形轨道式，即每台堆垛机可服务于多条巷道，通过U形轨道实现堆垛机的换巷道作业；转轨车式，即堆垛机通过转轨车服务于多条巷道。通常，以每条巷道配备一台堆垛机最为常见，但当库容量很大，巷道数多而出入库频率要求较低时，可以采用U形轨道式或转轨车式以减少堆垛机的数量。

3. 高层货架的布置

高层货架是立体仓库的核心，一般两侧最外边的货架采用单排布置，中间所有货架都采用双排并靠布置，每两排货架之间形成巷道；巷道的宽度是由巷道堆垛机的宽度和巷道堆垛机与货架之间的间隙（一般为75~100mm）所决定的。

高层货架的整体结构和布置，主要应根据单元货格尺寸以及货架长度、宽度、高度和排数等参数来确认。

单元货格尺寸对仓库的有效利用和仓库作业的顺利进行产生直接的影响。单元货格尺寸取决于货物单元的规格尺寸、存放时四周留出的间隙尺寸以及货架构件的结构尺寸。

高层货架整体长度是由货架列数和货格的长度尺寸决定的。在货格总数一定的情况下，货架的列数与货架的层数和排数有关，货架的层数和排数越多，货架的列数越少，货架长度就越短。

货架高度取决于货架的层数和货格的高度。货架高度应根据仓库建筑物高度、货架的类型、仓库的规模和仓库的作业方式等因素来确定。确定了仓库的高度，也就确定了货架的层数。

货架的排数和列数的确定需综合考虑，货架的排数决定了巷道数，巷道数又与巷道堆垛机的配置有关，而巷道堆垛机的配置又与货物出入库频率有关。所以，在规模比较小、货物出入库频率不高的情况下，可以减少巷道数；相反，出入库频率较大时，可增

现代物流装备

加巷道数，即增加货架的排数。

货架的长度与高度之间有一定的比例关系，货架的长度过短不能有效发挥巷道堆垛机的作用，在高度一定的情况下，又会增加巷道数，增加巷道堆垛机台数。但是货架的长度也不宜过长，过长会增加巷道堆垛机存取货物的走行距离，影响作业效率。

单排货架的宽度等于货格的深度，货架的整体宽度则由单排货架宽度、货架排数、巷道数量及其宽度等因素决定。

4. 高层货架区与出入库作业区的衔接布局

立体仓库的出入库作业区与高层货架区的衔接方式，对立体仓库的作业速度和效率具有较大影响。一般来说，其衔接方式通常可采用堆垛机与叉车、堆垛机与AGV、堆垛机与其他搬运机械等多种方式，常用的衔接方式主要有以下几种。

(1) 叉车出入库货台方式。这种方式是在每一个巷道口处，即高层货架的外端设立一个放置货物的平台（见图4-25）。入库时，叉车将货物单元从入库作业区运送到入库货台，再由高层货架区内的堆垛机取走，送入货位；出库时，由堆垛机从货位取出货物单元，放到出库货台，然后由叉车取走，运送到出库作业区。

(2) 连续输送机方式。这种方式是在巷道口处，即高层货架的外端设置一套连续输送机（图4-26所示为辊道式输送机方式），与巷道堆垛机组成出入库输送系统。这种衔接方式是一些大型立体仓库和生产流水线立体仓库经常采用的方式，整个出入库输送系统可根据需要设计成各种形式。出库和入库输送系统可以设在同一端，既可入库又可出库，也可以分开设置在仓库的两端或同端不同的平面内。通常还可配置一些升降台、称重、检测和分拣装置，以满足系统需求。

图4-25 叉车出入方式

图4-26 连续输送机方式

(3) 自动导引车出入库货台方式。这种衔接方式是由自动导引车（AGV）和巷道堆垛机组成的出入库输送系统。在一些和自动化生产线相连接的自动化立体仓库中（如卷烟厂的原材料库等）经常采用这种方式，这种出入库输送系统的最大优点是系统柔性好，可根据需要增加AGV的数量，是一种全自动货物输送系统（见图4-27）。

(4) 穿梭车方式。这种衔接方式是由巷道堆垛机、穿梭车和出入库输送机组成的出入库输送系统（见图4-28）。穿梭车是在固定轨道上运行的搬运台车，它可以按照指令将货物运送到指定货架外端或将巷道堆垛机取出的货物运出。由于穿梭车具有动作敏捷、容易更换的特点，因此被广泛地应用在自动化立体车库系统中，是一种高效的出入库输送系统。

第4章 仓储技术装备

图4-27 自动导引车方式

图4-28 穿梭车方式

4.5 仓库出入库站台及装卸系统

仓库出入库站台和装卸系统是仓库衔接各种运输车辆的固定设施,是实现仓库高效运转的一个至关重要的环节。仓库出入库的装卸作业速度直接影响仓库和运输车辆的周转速度。如果没有出入库站台,由于仓储货物的发运和接收都需要对货物进行垂直装卸,就增加了装卸作业的难度,降低了装卸速度;如果货物通过出入库站台进行装卸,就可实现货物的水平装卸和搬运,货物不需提升就可直接装入车厢,既方便又省力,可以使装卸速度大大提高。

4.5.1 仓库出入库站台

仓库出入库站台(简称仓库站台,也称为仓库月台),是指仓库中供货运车辆停靠、便于进行货物装卸的平台或装置。仓库站台的高度一般在1.2~1.4m之间,其宽度一般为4m左右。

1. 仓库出入库站台的布置形式

常见的仓库出入库站台的布置形式主要有正面停靠型、侧面停靠型、锯齿形停靠型等三种形式。

(1)正面停靠型。站台沿仓库出入口直线布置,货车以尾部正面靠向站台,通过货车尾部箱门装卸货物(见图4-29)。这种形式是应用最广泛的布置形式,其优点是车辆占用站台面积小,可以同时停靠多辆货车进行作业;其缺点是车辆旋转纵深较大,需要较大

图4-29 正面停靠型站台

外部场地,且只能组织一个装卸工位对车辆进行装卸,装卸速度相对较慢。

(2) 侧面停靠型。与正面停靠型站台一样,侧面停靠型站台也是沿仓库出入口直线布置,但货车以侧面靠向站台,通过货车侧面箱门装卸货物(见图4-30)。这种布局形式的优点是车辆装卸工位较长,装卸速度相对较快;缺点是车辆占用站台面积较大,同时停靠车辆较少。这种形式一般适用于侧面开门的货车,或者考虑仓库出入大门和停车场地的布局,只适宜顺向停车的场合。

(3) 锯齿形停靠型。站台与仓库出入口方向成锯齿形布置,货车以其尾部和侧面同时靠向站台(见图4-31)。这种形式的优点在于车辆调转纵深较浅,并且装卸货可以从两面或三面(锯齿深的形成港池型)同时进行;缺点是车辆占用站台面积较大,同时停靠车辆较少,而且建筑结构较复杂。一般适用于外部场地较小的场合。

图4-30 侧面停靠型站台

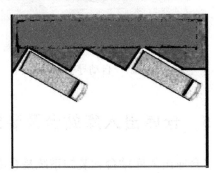

图4-31 锯齿形停靠型仓库站台

2. 仓库站台周边布局形式

出于对仓库装卸作业效率、空间布局和作业安全的考虑,站台的周边布局形式有内围式、平齐式和开放式三种。

(1) 内围式。内围式是把站台布置在库房之内,进出货车辆直接通过仓库大门驶入库房装卸货。这种形式对货物的保护性好,装卸作业不受风雨影响,但车辆进出作业不方便,一般应用较少。

(2) 平齐式。平齐式是把站台设在仓库出入口里面,其外侧与仓库出入口外墙平齐,整个站台与库房成为一体。这种形式的货物作业处在仓库里面,受风雨影响较小,对货物的保护性较好(但不如内围式),车辆进出和装卸作业方便、安全。保温冷藏仓库一般采用这种站台形式,保温效果较好。

(3) 开放式。开放式是把站台设在仓库外面,与仓库出入口连通。在开放式站台作业时货物不受遮掩保护,为此通常需要搭建防雨檐遮挡,但车辆进出和装卸作业方便、安全,所以应用比较广泛。

3. 仓库站台高度调节设备

仓库站台的作用是为了使叉车和托盘搬运车等装卸设备能够方便地进入车厢进行装卸作业,所以理想的仓库站台高度应当与车辆货台高度一致,使车厢底板与站台处于同一平面。但是仓库站台高度通常都是固定的,而载货汽车车厢底板高度有高有低,没有统一标准。因此,为了车辆在站台上能够顺利装卸作业,需要配置相应的站台高度调节装置,用以协调仓库站台与载货汽车装载平面的高度差,以便于装卸设备能够顺利进车

第4章 仓储技术装备

装卸。常用的仓库站台高度调节设备主要有以下几种类型。

（1）固定式登车桥。登车桥的主要作用是在站台与运输车辆之间搭起一座"桥"，使叉车便利地行驶以达到装卸货的目的。该设备一端与站台等高，另一端高度可调，可以搭在车厢后缘上，根据不同的车型及装车过程中车厢的变化，自动调整高度。固定式登车桥可以提高工作效率，节省劳动力，减轻劳动强度。固定式登车桥包括嵌入式和台边式两种类型。

嵌入式登车桥（见图4-32）是指嵌入装卸货操作平台中的登车桥，安装好的登车桥主板面与装卸货操作平台的上平面呈水平。在没有进行装卸车作业时，嵌入式登车桥不会影响平台上的其他作业任务。此种类型的登车桥用途较广泛，也是相对快捷的一种登车辅助设备。

台边式登车桥（见图4-33）直接安装于装卸货平台前端边沿位置，无须在装卸货操作平台上开挖或预留坑位，对建筑结构基本无改动。如果在建筑施工时没有考虑登车装卸作业因素，台边式登车桥作为一种补救方案，同样能够满足进入货车车厢装卸货作业的要求。台边式登车桥也根据不同现场情况设计有多种结构形式，可以在规定范围内向上（货台以上）或是向下（货台以下）调节，能够满足大多数装卸货平台的安装使用。

图4-32 嵌入式登车桥

图4-33 台边式登车桥

（2）货车升降平台。货车升降平台是用于调整货车后轮或整车的高度，使车底板高度与站台高度一致，以便于货物装卸的一种举升装置，如图4-34所示。货车升降平台安装在仓库出入门口外面，装卸作业时，货车倒入平台上；如果车辆底板高度与站台高度不一致，可以通过升降平台来调整货车底板高度使其平齐。这种升降平台多用于平齐式仓库站台。

（3）车尾附升降台。车尾附升降台（见图4-35）是安装在货车尾部的专用卸货平台。在货物装卸作业时，可利用此平

图4-34 货车升降平台

现代物流装备

图 4-35　车尾附升降台

台将货物装上货车或卸至仓库站台。升降台可延伸至仓库站台上，用于协调车厢底板与仓库站台的高度差，也可以直接倾斜放至地面，适用于无站台设施的场所装卸货物。

（4）移动式登车桥。移动式登车桥实际上是一种移动式出入库装卸货站台，其桥板后端着地，前端下方有可升降的支腿和行走滚轮，可以方便地在地面上移动，并且可以调整前端的高度，如图 4-36 所示。进行装卸作业时，将其前端搭接在货车底板上，叉车和搬运小车即可沿桥板登进车厢内装卸货物。它作为移动式装卸货站台，适用于没有固定仓库站台的场所进行装车卸车作业，并且可以根据作业需要，方便地变更作业场地。

图 4-36　移动式登车桥

4.5.2　连续输送机出入库装卸系统

一般仓库货物的出入库装卸，大多数是利用叉车、托盘搬运车等装卸搬运设备，通过仓库站台直接进车装卸。这种装卸作业方式属于间歇式作业方式，货物通常需要多个作业环节、多次起落搬运，而且人员和设备都需要反复往返运动，作业效率较低，劳动消耗较大。如果采用连续输送设备进行出入库装卸，通过连续输送机将仓库出入口与车辆连接起来，利用输送机连续运动的优势，可以减少货物的搬动作业环节和作业次数，从而可以提高出入库装卸作业速度和效率。特别是对于采用自动化分拣和出入库输送系统的现代仓库，仓库中分拣输送设备的出口端可以与仓库出入库站台合而为一，货车停靠在站台端部，分拣机分选的货物可以通过输送设备直接输送到货车中，完成无缝化连续装卸作业，可以使出入库装卸作业速度和效率大大提高。常用的连续输送机出入库卸系统主要有以下几种类型。

1. 伸缩式皮带输送机装卸系统

伸缩式皮带输送机装卸系统是指采用伸缩皮带输送机进行装卸作业的系统（见图 4-37）。伸缩式皮带输送机，又称为伸缩式装车机，它可以在长度方向上自由伸缩，

第4章 仓储技术装备

任意调整输送机的长度；可以双向运转输送物料，可与其他输送设备和物料分拣系统配合使用，实现物料出入库或车辆装卸的自动化作业。进行作业时，伸缩式皮带输送机伸进载货汽车车厢内，由人工在车内作业，将货物从皮带机取下并在车内堆码，或将卸车的货物装到皮带机上。皮带输送机可由车内人员进行操作控制。

伸缩式皮带输送机出入库装卸系统一般用来装卸普通包装货物，其优点是操作简单，使用方便，不工作时，输送机容易缩回，占地面积较小，在各行业中均得到广泛的应用。

2. 移动式输送机装卸系统

移动式输送机装卸系统采用移动式输送机进行车辆装卸，它可以方便地变换作业场地，以适应不同的仓库出入库位置的需要（见图4-38）。它可以用于普通仓库出入库装卸，也可以与仓库自动分拣线输出系统进行衔接，仓库内分拣完成后的货物可以通过其内部的输送装置输出，然后通过移动式输送机将货物直接送入载货汽车上；卸车的过程与此相反。移动式输送机装卸系统可采用带式输送机、辊子输送机或链板式输送机。

图4-37 伸缩式皮带输送机装卸系统

图4-38 移动式输送机装卸系统

3. 悬挂输送机装卸系统

悬挂输送机装卸系统一般用于邮政包裹、服装、冷鲜肉食品等货物的装卸，也可用于其他非托盘货物，如环状货物等的装卸。作业时，用一根可伸缩的轨道将仓库内的输送系统与载货汽车连起来，将货物直接送入车厢内。

复习思考题

1. 简述仓库的分类与主要应用领域。
2. 仓储技术装备主要由什么构成？
3. 请从多方面对多层仓库与高层货架仓库的优缺点进行对比。
4. 货架的分类与主要应用特点有哪些？
5. 自动化立体仓库的概念和特点是什么？
6. 自动化立体仓库高层货架区与出入库作业区的衔接方式有哪些？
7. 仓库的主要参数有哪些？
8. 仓库出入库站台的布置形式有哪几种？各有何特点？

第 5 章　装卸搬运设备

学习要点

1. 了解装卸搬运的概念及装卸搬运设备的分类。
2. 了解起重设备的概念及分类，掌握常用起重机的类型，了解其适用范围。
3. 掌握叉车的主要类型及技术参数，熟悉叉车的结构组成及分类，了解常用叉车品牌。
4. 了解常用轻型搬运设备的主要类型和特点。
5. 熟悉 AGV 的概念及主要应用领域，理解其自动导引原理。
6. 熟悉巷道堆垛机的主要类型、基本结构，掌握其功能和主要参数。

5.1　装卸搬运概述

5.1.1　装卸搬运的概念与特点

装卸是指货物在指定地点，以人力或机械载入或卸出运输工具的，以垂直移动为主的物流作业过程，是支承状态的转变。搬运是指货物在同一场所内，以人力或机械对物品进行的，以水平空间移动为主的物流作业过程，是区域范围内短距离、以水平方向为主的位置移动。

通常的装卸搬运是在同一物流节点内（如仓库、车站或码头等），以改变货物存放状态和空间位置为主要内容和目的的作业活动。物流的各个环节和同一环节的不同活动之间，都必须进行装卸搬运作业。装卸搬运作业把物流活动的各个阶段连接起来，成为连续的流动过程。装卸搬运作业的特点如下。

（1）装卸搬运作业量大。物流过程中的每一个环节基本上都包含着货物的装卸搬运作业，而且装卸作业量会随运输方式的变更、仓库的中转、货物的集疏以及物流的调整等有大幅变动。

（2）装卸搬运方式复杂。在物流过程中，货物是多种多样的，它们在性质上、形态上、重量上、体积上以及包装方法上都有很大的区别。即使是同一种货物，在装卸搬运前处理方法的不同，也可能会产生完全不同的装卸搬运作业。

（3）装卸搬运作业不均衡。在生产领域，由于生产活动具有连续性、比例性和均衡性，企业内部装卸搬运相对也比较均衡。然而物资进入流通领域后，由于受到产需衔接、市场机制的制约，物流量有较大波动。从另一方面看，各种运输方式由于运量和运速的不同，使得港口、码头及车站等不同物流节点会出现集中到货或停止等待的不均衡装卸搬运。

第5章 装卸搬运设备

(4) 装卸搬运对安全性的要求较高。装卸搬运作业需要人与设备、货物及其他劳动工具相结合，工作量大，情况变化多，作业环境复杂。装卸搬运同其他物流环节相比，导致出现不安全问题的因素较多，涉及人员、物资和设备的安全。

(5) 具有伴生性和起讫性。装卸搬运的目的总是与物流的其他环节密不可分，因此与其他环节相比，它具有伴生性特点。如运输、储存、包装等环节，一般都以装卸搬运为起始点和终结点，因此它又有起讫性特点。

(6) 具有提供保障性和劳务性。装卸搬运制约着生产与流通领域其他环节的业务活动，这个环节如果处理不好，整个物流系统就可能处于瘫痪状态。装卸搬运保障了生产与流通其他环节活动的顺利进行，具有保障性质，但不产生有形产品，因此具有提供劳务的性质。

5.1.2 装卸搬运设备的作用

装卸搬运设备是指用来进行装卸、升降、搬移和短距离输送货物等装卸搬运作业的设备的总称，是实现装卸搬运作业省力化、机械化、自动化的重要手段。装卸搬运设备是物流过程中非常重要的机械设备，可以用于完成船舶与车辆货物的装卸，库场货物的堆码、拆垛、运移，以及舱内、车内、库内货物的起重搬运和输送等作业。装卸搬运设备在物流活动中的作用主要体现在以下几个方面：

1) 实现装卸搬运作业机械化、自动化甚至智能化，减轻工人的劳动强度，改善劳动条件，节约劳动力。

2) 提高装卸搬运作业速度，缩短装卸搬运作业时间，加速运输工具周转，全面提高物流速度。

3) 提高装卸搬运作业质量，保证货物安全，减少货物损坏。

4) 提高装卸搬运作业效率，降低作业成本。装卸搬运设备的应用可以有效地提高装卸搬运作业效率，使每吨货物分摊到的作业费用相应减少，从而使作业成本降低。

5) 充分利用仓库和货场的货位，加速货位周转，提高空间利用率，减少货物堆码的场地面积。采用机械设备作业，货物堆码高，而且装卸搬运速度快，可以及时腾空货位，减少场地占用面积。

5.1.3 装卸搬运设备的分类

装卸搬运设备所处理的货物来源广泛，种类繁多，而且外形和特性各不相同，如箱装货物、袋装货物、桶装货物、散货、易燃易爆货物及有毒物品等。为适应各类货物的装卸搬运和满足装卸搬运过程中各个不同环节的具体要求，装卸搬运设备的种类也多种多样，因而分类方法也很多，常按以下方法进行分类。

1. 按主要用途和结构特征进行分类

按主要用途和结构特征进行分类，装卸搬运设备可分为起重设备、连续输送设备、装卸搬运车辆、专用装卸搬运设备等类别。其中，专用装卸搬运设备是指带专用取物装置的装卸搬运设备，如船舶专用装卸搬运设备、集装箱专用装卸搬运设备、托盘专用装卸搬运设备等。

现代物流装备

2. 按作业方向分类

（1）水平方向作业的装卸搬运设备。这类装卸搬运设备的主要特点是沿地面平行方向实现货物的空间转移，如各种机动、手动搬运车辆等。

（2）垂直方向作业的装卸搬运设备。这类装卸搬运设备可以完成货物沿着与地面垂直方向的上下运动，如各种升降机、堆垛机等。

（3）混合方向作业的装卸搬运设备。这类装卸搬运设备综合了水平方向和垂直方向两类装卸搬运设备的特点，在完成一定范围垂直作业的同时，还要完成水平方向的移动，例如门式起重机、桥式起重机、叉车、巷道堆垛起重机等。

3. 按被装卸搬运货物的形态分类

（1）包装成件货物的装卸搬运设备。包装成件货物一般是指怕湿、怕晒，需要在仓库内存放并且多用棚车装运的货物，如日用百货、五金器材等。这种货物的包装方式很多，主要有箱装、筐装、桶装、袋装、捆装等。该类货物一般采用叉车并配以托盘进行装卸搬运作业，还可以使用场地牵引车和挂车、带式输送机等解决包装成件货物的搬运问题。

（2）长大笨重货物的装卸搬运设备。长大笨重货物通常是指大型机电设备、大型钢材、原木、混凝土构件等，具有长、大、重且结构和形状复杂的特点。这类货物的装卸搬运作业通常采用轨道式起重机和自行式起重机进行作业。在长大笨重货物运量较大并且货流稳定的货场、仓库，一般配备轨道式起重机；当运量不大或作业地点经常变化时，一般配备自行式起重机。

（3）散装货物的装卸搬运设备。散装货物通常是指成堆搬运、不能计件的货物，如煤、焦炭、沙子、白灰、矿石等。散装货物一般采用抓斗起重机、装卸桥、链斗装车机和输送机等进行装卸搬运作业。

（4）集装箱货物的装卸搬运设备。集装箱一般采用专用的装卸搬运设备进行装卸搬运作业，例如集装箱船的装卸采用岸边集装箱装卸桥，集装箱堆场一般采用轮胎式集装箱门式起重机或集装箱正面吊运起重机进行装卸搬运作业，还可采用专用集装箱叉车、集装箱跨运车等进行装卸搬运作业。

5.2 物流起重设备

5.2.1 起重设备的概念、特点及分类

起重设备是用来吊起货物、垂直升降货物或兼做货物小范围水平移动，以满足货物的装卸、转载等作业要求的机械。一般起重设备的基本工作过程为：取物装置从取物点抓取货物，起升机构提起货物垂直起升，运行机构或旋转机械将货物进行水平运移，到达指定位置将货物垂直降落并卸下，接着进行反向运动，使取物装置返回到原位，以便进行下一轮工作循环，即吊取货物-垂直提升-水平运移-垂直降落-卸下货物-空吊返回。

由此可见，起重设备的运动是间歇的、往复循环式的运动，每一个工作循环中都包括载货行程和空返行程。在两个工作循环之间，一般有短暂的停歇。所以起重设备工作

第5章 装卸搬运设备

时,各机构经常是处于起动与制动、正向与反向等相互交替的运动状态之中。

1. 起重设备的特点

1) 起重设备通常具有庞大的金属承载结构和比较复杂的起重工作机构,能完成比较复杂的复合运动,作业过程中通常是几个不同方向的运动同时操作,技术难度较大。

2) 所吊运的货物种类多,载荷变化的范围大。

3) 有些起重设备,需要载运人员直接在导轨、平台或钢丝绳上做升降运动,存在许多潜在的危险因素,其可靠性直接影响人身安全。

4) 起重设备的工作环境非常复杂,大多数起重设备需要占用较大的作业空间。作业场所常常会遇有高温、高压、易燃易爆和输电线路等危险因素,对设备和作业人员构成威胁。

5) 起重设备在作业时通常需要多人配合、共同协作,才能完成一项作业,因此要求相关作业人员必须密切配合、动作协调。

2. 起重设备的分类

(1) 轻小型起重设备。轻小型起重设备一般只有一个升降机构,使货物做升降运动,在某些场合也可做水平移动。轻小型起重设备主要有手拉葫芦(见图 5-1)、电动葫芦(见图 5-2)和卷扬机等。它们具有轻小简单、使用方便的特点,适用于流动性和临时性作业,手动的轻小型起重设备尤其适宜在无电源的场合使用。

图 5-1　手拉葫芦

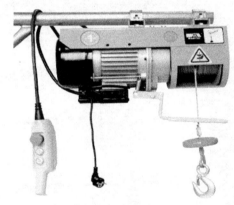

图 5-2　电动葫芦

(2) 桥式起重机。桥式起重机配有起升机构、大车运行机构和小车运行机构,依靠这些机构的配合动作,可在整个长方形场地及其上空作业,适用于车间、仓库和露天堆场等场所。桥式起重机包括通用桥式起重机、门式起重机、桥式堆垛起重机、装卸桥和冶金专用起重机等多种类型。

(3) 臂架式起重机。臂架式起重机配有起升机构、旋转机构、变幅机构和运行机构,液压起重机还配有伸缩臂机构,依靠这些机构的配合运作,可以在圆柱形场地及其上空作业。臂架式起重机可装在车辆上或其他运输工具上,构成可移动的臂架式起重机。这种起重机具有良好的机动性,适用于码头、货场和矿场等场所。臂架式起重机主要包括汽车起重机、轮胎起重机、履带式起重机、塔式起重机、门座式起重机、浮式起重机和铁路起重机等。

(4) 其他起重设备。除了上述起重机以外，升降机也可用于起重，如载货电梯、升降机等。

5.2.2 桥式起重机

桥式起重机是横架于车间、仓库和料场上空进行物料调运的起重设备，它的两端坐落在高大的水泥柱或者金属支架上，形状似桥，故而得名。桥式起重机的桥架沿铺设在两侧高架上的轨道纵向运行，可以充分利用桥架下面的空间吊运物料，不受地面设备的阻碍。它是使用范围最广、数量最多的一种起重机械。

桥式起重机吊挂重物在厂房内可做上、下、左、右、前、后六个方向的运动来完成重物的移动。其运动形式有三种（以坐在司机室内操纵的方向为参考方向）：起重机由大车电动机驱动大车运行机构，沿车间基础上的大车轨道做左右运动；小车与提升机构由小车电动机驱动小车运动机构，沿桥架上的轨道做前后运动；起重电动机驱动提升机构，带动重物做上下运动。

1. 通用桥式起重机

（1）结构组成。通用桥式起重机（见图5-3）由金属结构、起重小车、大车运行机构和电气控制设备四个部分组成。

图 5-3　双梁式通用桥式起重机

起重机的金属结构部分是起重机的机架，它主要用于安装其他各部分工作装置，承受吊重、自重和大车小车制动停止时产生的惯性力等各种负荷。金属结构由水平主梁及端梁构成，主梁横跨于厂房两边墙壁立柱的上方，两端的端梁底部装有滚轮，通过滚轮支撑在两端的大车运行轨道上。起重机的主梁有单梁式和双梁式两种：单梁式结构简单，承载能力较弱，适用于货件重量较小的场合；双梁式结构较复杂，承载能力较强，适用于起吊重型货件的场合。

桥式起重机的起重小车由起升机构、小车运行机构和小车架等部分组成。起重小车安装在起重机的主梁上，能够沿着主梁上的小车运行轨道横向往返移动搬运货物。起升

第5章 装卸搬运设备

机构由吊具、钢丝绳、卷筒以及电动机和减速器组成，是起重机最基本、最主要的工作机构，担负货物起吊上升和下降的工作。小车运行机构由小车滚轮、电动机、减速器和制动器以及主梁上的小车运行轨道等组成，能驱动起重小车沿着主梁水平横向往返移动。单梁式通用桥式起重机一般以主梁底部翼板构成小车运行轨道，起重小车吊挂安装在起重机的主梁上。双梁式通用桥式起重机都是以两条主梁顶平面构成小车运行轨道，起重小车横跨安装在两条主梁上方，所以双梁式起重机的起重小车本身承载能力高于单梁式起重机。

起重机大车是指起重机整机。大车运行机构由安装在桥架两端的端梁底部的车轮、电动机、减速器、传动器和制动器以及大车运行轨道等组成，能够驱动起重机整机沿着大车运行轨道水平纵向往返移动吊运货物。通用桥式起重机的大车运行轨道布置在仓库、车间两侧墙壁或者立柱的顶部。

电气控制设备包括大车和小车集电器、保护盘、控制器、电阻器、电动机、照明设备、电气线路及各种安全保护装置。

(2) 通用桥式起重机的分类。

1) 按构造分：单梁桥式、双梁桥式、多梁桥式、双小车桥式、多小车桥式、电动葫芦桥式、大起升高度桥式起重机等。

2) 按取物装置分：吊钩桥式起重机、抓斗桥式起重机、电磁桥式起重机、集装箱桥式起重机、两用桥式起重机、三用桥式起重机、挂梁桥式起重机等。

3) 按用途分：通用桥式起重机、冶金桥式起重机、手动桥式起重机、防爆式桥式起重机等。

(3) 通用桥式起重机的特点。

1) 通用桥式起重机安装在仓库、生产车间等作业场所的上空，因而节省了占地面积，而且运行时不妨碍同一作业场地的其他工作。

2) 通用桥式起重机本身无支腿，稳定性好，起重能力较大，工作速度较快，单机生产率高。

3) 除了在仓库、生产车间等室内使用以外，通用桥式起重机也可以在室外场合使用，但需要在装卸作业场地修建立柱或桥墩。

2. 门式起重机

门式起重机是通用桥式起重机的一种变形，又叫龙门吊。门式起重机主要用于室外货场、料场中散货和件货的装卸作业。它的金属结构像门形框架，承载主梁下安装两条支脚，可以直接在地面的轨道上行走，主梁两端可以具有外伸悬臂梁。

(1) 门式起重机的分类。

1) 按构造分：单梁式门式起重机、双梁式门式起重机、箱型或桁架式门式起重机。

2) 按悬臂分：单悬臂门式起重机、双悬臂门式起重机、无悬臂门式起重机等。

3) 按支承方式分：轨道式门式起重机（见图5-4）、轮胎式门式起重机（见图5-5）。

4) 按取物装置分：吊钩门式起重机、抓斗门式起重机、电磁式门式起重机等。

5) 按使用场合分：通用门式起重机、造船门式起重机、水电站门式起重机等。

6) 按起重小车分：自行小车式门式起重机、牵引小车式门式起重机、手拉葫芦式门式起重机等。

现代物流装备

图 5-4 轨道式门式起重机

图 5-5 轮胎式门式起重机

(2) 门式起重机的特点。

与通用桥式起重机相比，门式起重机的走行轨道直接铺设在作业场地，并且走行轨道的高度可与作业场地在同一平面上，因此门式起重机的货位面积和通道等能得到充分利用。

门式起重机没有固定的永久性建筑物（只有走行轨道的基础埋置于地表面以下），可适应货场改建、变迁。

大多数门式起重机两端带有一定长度的悬臂，不仅作业面积大，货位得到充分利用，还可以在汽车与铁路之间直接进行装卸和换装，提高了装卸效率，加速了车辆和货位的周转。

轮胎式门式起重机不受轨道限制，具有一定的机动性。

3. 装卸桥

装卸桥是门式起重机的另一种形式，通常把跨度大于 35m、起重量大于 40t 的门式起重机称为装卸桥。装卸桥的取物装置以双绳抓斗或其他专用吊具为主，工作对象是大批量散装物料或成批件物品，常用在电厂、车站、港口、林区货场等场所，通常以生产率来衡量和选择装卸桥。其起升和小车运行机构是工作性机构，速度较高，起升速度大于 60m/min，小车运行速度在 120m/min 以上，最高达 360m/min；为减少冲击力，在小车上设置减震器。大车运行是非工作性的，为调整装卸桥工作位置而运行，速度相对较低，一般为 25m/min 左右（见图 5-6）。

图 5-6 装卸桥

(1) 装卸桥的分类。

1) 按结构形式分：桁架式装卸桥和箱形门架式装卸桥。采用桁架结构可减小整机自身重量，而采用箱形结构便于制造。

2) 按小车形式不同分：普通抓斗小车式、带回转臂架抓斗小车式、带回转臂架抓

第5章 装卸搬运设备

斗起重机式、载重小车和牵引小车式等多种形式。

3) 按用途分：通用装卸桥，用于电站、煤场、矿场及木材场等；岸边集装箱桥式起重机，用于集装箱码头岸边，作为集装箱装卸货船专用设备；抓斗卸船机，用于港口、内河岸边，作为煤矿石和粮食等散装物料的专用卸船或装船设备。

(2) 装卸桥的特点。

装卸桥的特点有：跨度一般大于35m，可达100m；门架支腿，一般一个制成刚性，另一个制成柔性；桥架大多带有悬臂，起重量一般超过40t；当装卸大量同样物品时，可以装备专用取物装置，如抓斗等。

5.2.3 臂架式起重机

臂架式起重机是指金属结构以具有可回转、可摆动（或固定）的悬伸臂架为主要特征的一大类起重机，通过臂架的伸幅变化和绕着垂直轴线旋转运动而实现货物的升降和水平运移，完成装卸搬运作业。

臂架式起重机的运动形式包括起升机构的垂直升降运动、变幅机构的仰俯或伸缩运动和旋转机构的水平旋转运动，所以臂架式起重机的工作范围是一个圆柱形的立体空间。

臂架式起重机的结构一般包括金属构架、起升机构、变幅机构、旋转机构、运行机构和电气控制设备等部分。起升机构用以吊取货物并进行提升或降落；变幅机构可以改变起重机的作业半径，主要通过改变臂架的仰俯角度或者通过起重小车在臂架上的移动来实现；旋转机构可以使臂架绕着垂直轴线进行旋转；运行机构属于非工作性机构，对于移动式臂架起重机，主要用来变换作业场地位置。运行机构的类型有轨道式、轮式和履带式。

臂架式起重机包括固定式臂架起重机、门座式起重机、汽车起重机、轮胎起重机、履带起重机、浮式起重机等。

1. 固定式臂架起重机

固定式臂架起重机（见图 5-7）是指直接安装在码头或库场的墩座上，只能原地工作，其中有的臂架只能俯仰不能回转、有的臂架既可俯仰又可回转。固定式臂架起

图 5-7 固定式臂架起重机

重机适用于内河码头、港口、货场、仓库及厂矿企业的各类件杂货的装卸作业,与其他抓具配合也可装卸淤泥。固定式臂架起重机具有结构紧凑、性能可靠、维修方便等特点。

2. 门座式起重机

门座式起重机是指装在沿地面轨道行走的门形底座上的全回转臂架起重机,如图 5-8 所示。门座起重机可以沿着铺设在码头、车站、货场地面的轨道运行,其门座跨度可以跨越一条到两条铁路线。它是港口码头前沿的通用装卸设备之一,能够以较高的生产率完成船-岸、船-车、船-船之间多种装卸和转载作业。

图 5-8 门座式起重机

门座式起重机的工作机构包括起升机构、回转机构、变幅机构和运行机构四个部分。通过起升、变幅、旋转三种运动的组合,并通过运行机构调整整机的工作位置,可以在较大的作业范围内满足货物装卸和运移的需要。

门座式起重机具有以下优点:

1) 门座式起重机的起重能力范围较大,一般为 5~100t。

2) 门座式起重机有较快的运动速度,起升速度可达 70m/min,变幅速度可达 55m/min。

3) 门座式起重机具有高大的门架和较长的伸臂,因而具有较大的起升高度和工作幅度,能满足港口码头船舶和车辆的机械化装卸、转载的要求,并且能够充分利用作业场地。

4) 因为门座式起重机工作时需要带货物变幅,所以其起重特性被设计成额定起重量不随取物装置位置改变而变化,即在它的全工作幅度范围内均能达到最大起重能力。

门座式起重机的缺点:造价高,需用钢材多,需要较大电力供给,需要坚固的地基,附属设备也较多,等等。

3. 汽车起重机

汽车起重机(见图 5-9)是装于载重汽车底盘上的全旋转动臂架起重机。行走性能如汽车,转台上设驾驶室,作业时打支腿,吊臂有伸缩式和折叠式两种。

汽车起重机的优点是行驶速度快、通过性好、机动灵活、可快速转移作业地点,以

第 5 章 装卸搬运设备

及到达目的地能快速投入工作等,因此汽车起重机特别适用于作业场所不固定的流动性装卸搬运作业条件。缺点是稳定性差,在进行起吊作业时必须放下支腿将汽车支撑稳固,且不允许吊着货物行驶。

4. 轮胎起重机

轮胎起重机(见图 5-10)是装于专用轮胎底盘上的全旋转动臂架起重机。采用刚性悬架,可带载行走,作业时要打支腿。吊臂多为桁架结构,分段组装,也有用伸缩臂的。

图 5-9 汽车起重机

图 5-10 轮胎起重机

轮胎起重机的优点是稳定性好,使用方便,生产效率高,多用于港口、铁路站场、堆场及工地。缺点是灵活性差,因带载行驶,故对行驶速度有限制,工作场地相对固定,不能进行流动性作业活动。

5. 履带起重机

履带起重机(见图 5-11)是装在履带运行底盘上的全旋转动臂架起重机,多带有万能挖掘机,能进行正铲、反铲或抓斗作业。一般采用内燃机或电力驱动,液压和机械传动。履带起重机接地面积大,爬坡能力强,通过性能好,转弯半径小;但行走慢,对地面有一定破坏作用,多用于野外吊装和建筑工地上。

6. 浮式起重机

浮式起重机(见图 5-12)是以专用浮船作为支承和运行装置,可沿水道自航或托航的水上臂架起重机。浮式起重机广泛应用于海上和港口,可独自完成船岸之间或船船之间的装卸作业。

浮式起重机的优点:能在水上进行装卸,自重不受码头地面承载能力的限制;可从一个码头移到另一个码头进行装卸作业,设备利用率较高,配合浮码头工作可不受水位差影响,因而适用于码头布置比较分散、货物吞吐量不大以及重大货件的装卸作业,对水位变化大的内河港口则更为适宜。缺点则是造价较高,需要的管理人员较多。

浮式起重机按航行方式的不同,可分为自航浮式起重机和非自航浮式起重机。自航浮式起重机是可独立航行的浮式起重机,它具有独立的内燃机发电机组,供自航、起重作业以及辅机、生活用电;它的机动性好,但增加了对动力装置的投资和营运管理工作。非自航浮式起重机依靠拖船航行,起吊动力靠船上发电或岸上供电,作业中的移位借助浮船甲板上的绞缆机牵引。

现代物流装备

图 5-11　履带起重机

图 5-12　浮式起重机

按回转能力的不同，浮式起重机可分为全回转浮式起重机（起重装置可绕回转中心线相对浮船做 360°以上连续转动）、非全回转浮式起重机（起重装置只能在夹角小于 360°的有限范围内绕回转中心线相对浮船转动）和非回转浮式起重机（起重装置不能相对浮船转动）三种类型。

5.2.4　起重机械常用吊具

吊具即取物装置，是起重机上直接提取货物的部件。吊具的性能对提高生产率、减轻工人劳动强度和安全生产都有直接影响。吊具必须安全可靠，适应种类繁多的货物特点，并尽量满足自重轻、结构简单、尺寸紧凑、牢固耐用，能迅速或自动、半自动地取物和卸货的要求。

吊具种类繁多，根据适用货物形态的不同，可以分为吊运成件货物的吊具、吊运散粒货物的吊具和吊运液态货物的吊具三种类别。吊运成件货物的吊具有吊钩、吊环、夹钳和扎具等，吊运散状货物的吊具有抓斗、料斗和电磁铁等，吊运液态货物的吊具有盛桶等。其中吊钩和吊环是起重机里应用最广泛的两种取物装置，常与动滑轮组合成吊钩组。

1. 吊钩

吊钩是应用最广泛的通用取物装置，按其形状可分为单钩、双钩和带鼻吊钩等多种类型（见图 5-13）。单钩的制造和使用均较方便，适用于中小起重量。在港口装卸船舶时，为防止吊钩钩住船舱口等障碍物以及悬挂绳脱钩，通常采用带突出鼻状的凹口深槽形的带鼻吊钩。双钩的受力情况比较有利，因而在吊同样货重时其自重较轻，适用于大起重量。为使吊钩强度高和韧性好，可用优质低碳钢整体锻造；大起重量的吊钩为

图 5-13　吊钩

便于制造,也可由钢板铆合制成片式钩,但它比整体锻造的笨重。

2. 抓斗

抓斗(见图 5-14)主要用来装卸散货,有时也用来抓取长形材料。由于港口散货装卸量大,而抓斗的装卸货过程完全是由起重机驾驶员操纵、依靠机械的力量进行的,避免了人工装卸的繁重体力劳动,节省了挂摘钩的辅助时间,大大提高了装卸生产效率和劳动生产率。因此,抓斗在港口装卸作业中起着十分重要的作用,得到了极其广泛的应用。

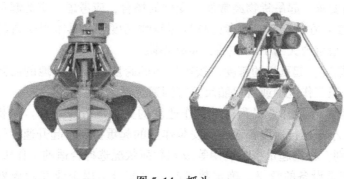

图 5-14 抓斗

3. C 形吊钩

C 形吊钩是一种吊运卧放卷形材料的专用吊具,如图 5-15 所示。使用时,只要将 C 形吊钩的承载梁插入卷材即可。当到达指定货位后,松下吊钩,承载梁与卷材脱离,随着吊车钩头的平移,承载梁即可自行退出。

4. 电磁吸盘

电磁吸盘是靠电磁力自行吸取导磁物品的取物装置。通常靠线圈通电激磁吸料,断电去磁卸料。图 5-16 所示的电磁吸盘由铸钢外壳和装在其内的线圈组成,电流通过挠性电缆输入,线圈通电后即产生磁力线,磁力线在外壳与磁性物料间形成闭合回路,于是物料被电磁吸盘吸住。把物料吊到指定地点之后,线圈断电,物料即可自行脱落。电磁吸盘以直流电为宜,因为直流电工作可靠,磁力损失及漩涡损失小,电感影响也较小。

图 5-15 C 形吊钩   图 5-16 电磁吸盘

5.2.5 起重设备的选择

(1)选择起重设备的类型。应该根据吊装工作的类型以及作业场所情况来选择合适的机械设备。

(2) 确定起重设备的主体结构。应根据装卸搬运货物的种类,合理选择工作机构、取物装置和操纵方式;还应充分考虑设计规范规定的标准,以及场地或作业环境的限制。

(3) 考虑起重设备的性能参数。主要根据起重量、跨度、起重高度、工作速度及工作级别等参数对起重设备进行合理的型号选择。

1) 起重量:常以起重机可能遇到的最大起吊货物来确定,同时考虑转载工作的条件或工艺过程的要求。起吊货物经常发生变化的场合,应考虑一定的起重量的余量。

2) 起升高度:在选择时,需考虑越过障碍物高度和吊具本身所占的高度以及作业场地的范围。一般室内大约16m左右,室外不限。

3) 跨度或幅度:起重机的跨度,按照厂房的跨度或作业场地的需要进行选择;起重机的幅度,按照工作范围或者船舶尺寸等因素选择。

4) 工作速度:不同作业过程对于工作速度的要求也有所差别。如装卸用的起重机一般起升速度、小车运行速度都较快,安装作业的起重机要求起升速度较快。

5) 工作级别:根据起重机的利用等级和载荷状况选择合适的工作级别。

(4) 所需起重设备的数量。确定数量时,要充分考虑企业经营规划和目标、货物年装卸量、设备配置方案、生产作业任务、起重机台班定额产量等因素,尽量做到一机多用,既要达到运行目标又要节约成本。

(5) 其他方面。充分考虑设备作业的现场环境因素、作业成本及周期,保障企业的效益。以桥式起重机的选用为例,主要从它的使用环境、调运物品状况、工作级别、空间要求以及其他特殊使用要求等方面考虑。

5.3 叉车

5.3.1 叉车的概念与特点

叉式装卸车简称叉车,又名铲车,是指用货叉或其他工作装置自行装卸货物的起升车辆,属于物料搬运机械。叉车起源于20世纪初,在第二次世界大战之后开始被广泛使用,现在叉车已经逐渐向系列化、专业化方向发展,日本、美国的用量最高,欧洲次之。叉车在装卸搬运机械中应用最为广泛,一般应用于车站、港口、机场、工厂、仓库等场所,是机械化装卸、堆垛和短距离运输的高效设备。叉车不仅可以将货物进行垂直堆码,而且可以进行短距离水平运输。

在物流装卸作业中,叉车能够减轻装卸工人繁重的体力劳动、提高装卸效率、降低装卸成本。此外,它还具有以下特点:

1) 机械化程度高。在使用各种自动取物装置或在货叉与货板配合使用的情况下,可实现装卸作业机械化,无须体力劳动。

2) 机动灵活性好。叉车外形尺寸小、重量轻,能在作业区域内任意调动,适应货物数量及货流方向的改变,可机动地与其他起重运输机械配合工作,提高机械使用率。

3) 可以一机多用。在配备与使用各种工作属具,如货叉、铲斗、臂架、串杆、货

第5章 装卸搬运设备

夹、抓取器、倾翻叉等之后,可以适应不同品种、形状和大小的货物的装卸作业,提高装卸效率。

4) 提高仓库容积利用率,最大起升高度可达 3~5m。

5) 有利于托盘成组运输和集装箱运输。

6) 与大型起重机械相比,成本低、投资少、经济效益好。

叉车种类繁多,通常可按动力装置、结构特点和用途分类。按照动力装置分类,可分为内燃机叉车和电动叉车。按照结构特点不同,可分为平衡重式叉车、插腿式叉车、前移式叉车、侧叉式叉车、拣选式叉车以及其他特种叉车等。按照用途分类,可分为通用叉车、专用叉车、集装箱叉车和内作业叉车。

5.3.2 叉车的结构组成

不同的叉车虽然在功能上有一定差异,但其基本结构大致相同,一般都由动力装置、起重装置、叉车底盘和电器设备组成。

1. 动力装置

动力装置的作用是为叉车的各工作机构提供动力源,保证叉车工作装置装卸作业和叉车正常运行所需要的动力。叉车动力装置有电动和内燃机两大类。

(1) 电动叉车。电动叉车是以蓄电池为电源,通过电动机驱动叉车运行和进行装卸作业。电动叉车一般外形尺寸较小,具有运转平稳、操纵简单、检修容易、营运费用较低、噪声小、无废气污染和环保性好等优点。但其缺点是:由于蓄电池容量的限制,电动机功率较小,因而起重能力较小,车速和爬坡能力都较低;需要配置充电设施,基本投资较高,而且充电时间较长,一次充电后的连续工作时间较短;蓄电池怕冲击震动,对路面平整度要求高。因此电动叉车主要适用于室内作业,以及通道较窄、搬运距离不长、路面好、起重量较小、车速要求不太高和环保性要求较高的作业场合。通常情况下,在物流仓库、工厂车间等室内进行装卸搬运作业所用的叉车都是电动叉车。

(2) 内燃机叉车。内燃机叉车是以柴油机或汽油机等内燃机作为动力装置的叉车。内燃机叉车的优点是功率大、爬坡能力强、作业持续时间长、对路面要求低、维修方便、备件供应充足和基本投资少。其缺点是运转时噪声和振动较大,而且向周围环境排放废气,营运费用较高。因此一般情况下,在室外作业、路面不平、起重量较大、作业繁忙、搬运距离较长的作业场合主要选择内燃机叉车。在内燃机叉车中,采用柴油机作为动力源的叉车应用得较为普遍,起重量 3t 以上的叉车基本上都采用柴油机,主要原因是柴油机耗油少,柴油价格较便宜,排出的废气中所含的有害成分较少。但柴油机比较笨重,振动和噪声比较大。起重量较小的叉车可选用汽油机,它体积小、重量较轻,但油耗高、汽油价格高,废气中有害成分较多。在石油气供应比较丰富的地方还可用液化石油气叉车,或对汽油机加以改造使其使用液化石油气,这使得燃料价格低,排出的废气也较少。

2. 起重装置

起重装置由直接进行装卸作业的工作装置及液压控制系统组成。

(1) 工作装置。叉车工作装置的作用是完成货物的叉取、卸放、升降、堆码作业,主要由门架、叉架、货叉、链条和导向滑轮等组成。

（2）液压控制系统。液压控制系统的作用是把发动机（或电动机）的能量传递给叉车的工作装置，以便实现货物的起升和门架的前、后倾斜。

3. 叉车底盘

叉车底盘主要包括传动系统、转向系统、制动系统、行驶系统等。

（1）传动系统。传动系统的主要作用是将动力装置输出的动力高效、经济和可靠地传给驱动车轮。为了能适应叉车行驶的要求，传动系统必须具有改变速度、改变扭矩和改变行驶方向等功能。

（2）转向系统。叉车转向系统的作用是改变叉车的行驶方向或保持叉车直线行驶。叉车多在仓库、货场等场地狭窄、堆放很多货物的地方作业，行驶中需要频繁地左、右转向，要求转向系统动作灵活，操作省力。

（3）制动系统。叉车制动系统的作用是使叉车能够迅速地减速或停车，并使叉车能够稳定地停放在适当的地方，防止溜车。

（4）行驶系统。行驶系统承受并传递作用在车轮和路面之间的力和力矩，缓和路面对叉车的冲击，减轻叉车行驶时的振动。一般叉车的行驶系统由车桥、车架、车轮和悬架等部分组成。

4. 电器设备

叉车电器设备包括电源设备和用电设备，主要由蓄电池、发电机、起动机、电动机、照明设备、仪表等组成。其中，蓄电池和发电机属于电源设备，为叉车用电设备提供电能。蓄电池是电动叉车的动力装置，为电动机提供电能驱动叉车行驶和作业。

5.3.3 常用叉车类型

1. 平衡重式叉车

平衡重式叉车（见图5-17），用内燃机或蓄电池作为动力，是叉车中应用最广泛的一种形式，大约占叉车总数的80%，所有的重型叉车都属于平衡重式叉车。其结构特点是：具有前后两排车轮，前轮为驱动轮，后轮为转向轮。货叉伸出于车身的正前方，货物重心落在车轮轮廓之外，为了保持叉车的纵向稳定性，防止向前倾翻，会在车体尾部配有一定重量的平衡重块，因此称为平衡重式叉车。它可以由驾驶人单独操作以完成货物的装卸、搬运和堆垛作业，依靠叉车的前后移动来叉取货物。

图5-17 平衡重式叉车

平衡重式叉车的主要优点是：承载能力强，运行性能好，稳定性能好，作业适应能力强，效率高，能够搬运各种类型的货物，可以用于港口、车站、货场等各种室外作业场所。电动平衡重式叉车可以用于仓库、工厂车间等各种室内作业场所，进行货物装卸搬运作业。其起重能力范围非常宽，轻型的平衡重式叉车的起重量在1~2t，重型的起重量可以达到45t。平衡重式叉车的缺点是自身重量和体积较大，需要较大的作业空间，机动性和操作性能相对较差。

2. 插腿式叉车

插腿式叉车（见图 5-18）的特点是，叉车前方带有小轮子的支腿能与货叉一起伸入货板叉货，然后由货叉提升货物。由于货物重心位于前后车轮所包围的底面积之内，所以叉车的稳定性好。插腿式叉车一般采用蓄电池作为动力源，起重量在 2t 以下。

插腿式叉车比平衡重式叉车结构简单，自重轻，外形尺寸小，机动性能好，便于操作，适合在狭窄的通道和室内进行堆垛搬运

图 5-18　插腿式叉车

作业，特别适合单面型托盘货物的搬运作业。插腿式叉车的明显缺点是由于有支腿的阻挡，货叉不能直接插入平底货物的底部，需要使用单面型托盘或用垫板将货物垫起，以便支腿插入货物底部；另外，插腿式叉车承载能力较小，运行速度较低，而且由于行走车轮直径较小，因而对地面的平整度要求较高。

3. 前移式叉车

前移式叉车是在插腿式叉车的基础上发展而来的，是一种特殊类型的插腿式叉车。前移式叉车的货叉可沿叉车纵向前后移动。取货卸货时，货叉伸出，叉取货物以后或者带货移动时，货叉退回到接近车体的位置，因此叉车行驶时的稳定性好。

前移式叉车根据货叉的移动方式，可以分为两种类型：一种是门架前移式（见图 5-19），另一种是叉架前移式（见图 5-20）。门架前移式叉车在进行叉取作业时，由门架带着货叉沿支腿内侧的轨道向前移动伸出支腿之外，叉取货物之后，门架又缩回到原来的位置，然后带货运行。叉架前移式叉车的叉架与门架之间装有铰接式伸缩机构，在进行叉取和卸下货物时，门架不动，叉架借助伸缩机构前移和后退，从而使货叉向前伸出和向后缩回。这两种叉车在作业时支腿都不能插入货物的底部，而是通过货叉的移动方便地实现货物的叉取和卸下。与普通插腿式叉车一样，货叉回到原位之后，货物的重心处于前后车轮所包围的底面积之内，从而保证了叉车可以稳定地带货运行。

图 5-19　门架前移式叉车

图 5-20　叉架前移式叉车

前移式叉车一般以蓄电池作动力源，起重量在 3t 以下。车身小、重量轻、转弯半径小、机动性好、操作灵活，不需要专门在货堆之间留出空间，而且还可以越过低矮障

碍物直接叉取高层货物。但其运行速度很慢，所以主要在室内和狭窄的通道内进行装卸搬运作业。

4. 侧叉式叉车

侧叉式叉车（见图5-21）的门架和货叉分布在车体的侧面，侧面还有一个货物台。当货叉叉取货物时，货叉沿门架上升到高于货物台的高度后，门架沿导轨缩回，降下货叉，货物便放在叉车的货物台上。侧面式叉车主要用于搬运长、大件货物，且多以柴油机驱动，最大起重量为40t。

图5-21 侧叉式叉车

由于侧叉式叉车的货物沿叉车纵向放置，可减少长大件货物对道路宽度的要求。同时，货物重心位于车轮支承平面之内，叉车的行驶稳定性较好，运行速度较高，驾驶员的视野性也比平衡重式叉车好得多。但是，由于门架和货叉只能向一侧伸出，当需要在载货平台另一侧卸货时，叉车必须掉头以后才能卸货，这是该类叉车的不足之处。

5. 三向叉车

一般叉车的货叉只能朝一个方向叉取货物，三向叉车的货叉却可以在左、前、右三个方向叉取货物。其叉取方向的改变有两种方式：一种是通过门架相对于车体旋转改换方向，为转柱式三向叉车（见图5-22）；另一种通过叉架相对于门架旋转改换方向，称为转叉式三向叉车（见图5-23）。

图5-22 转柱式三向叉车

图5-23 转叉式三向叉车

转叉式三向叉车也称为三向堆垛叉车，即VNA（Very Narrow Aisle）叉车，可分为低位驾驶三向堆垛叉车和高位驾驶三向堆垛叉车。低位驾驶三向堆垛叉车的驾驶室始终在低处而且不能提升，因此驾驶员的操作视野受到限制，主要用于提升高度低于6m的情况。高位驾驶三向堆垛叉车的驾驶室可以提升，驾驶员可以清楚地观察到任何高度的货物，性能和效率也优于低位驾驶三向堆垛叉车。

由于货叉可以三向旋转，叉车在通道内不必转弯就可以直接从两侧货架上存取货物，因此这类叉车所需的作业空间很小，特别适用于高层货架仓库的狭窄巷道内作业，可以使仓库的空间得到高效利用，大大提高了仓库储存空间利用率。三向叉车与前移式叉车相比，可节约35%的仓库空间；与平衡重式叉车相比，可节约50%的仓库空间。

第 5 章 装卸搬运设备

6. 车载式叉车

车载式叉车（见图 5-24）最独特、最大的创新在于采用一个发动机、两个驾驶室的结构，前后两个驾驶室都配有独立的操控系统。它还突破了传统叉车不能上路高速行驶的局限，行驶速度最大可达 120km/h。由于车载式叉车可以在高速公路上行驶，既节省了运输费用，又可快速到达现场进行作业，因此一台车载式叉车可以完成多台普通叉车的工作，提高了效率。尤其是在叉车租赁行业，车载式叉车可以降低企业的运营成本。

图 5-24 车载式叉车

车载式叉车通过加装不同的作业属具，可以快速实现升高作业、道路救援、仓储物流、牵引清障、挖掘铲运等各项功能作业。将汽车与叉车相结合，既可以当汽车使用，完成长途跋涉，也可以轻松地完成搬运、堆垛等多项作业。

7. 拣选叉车

拣选是按订单或出库单的要求，从储存场所拣选出物品，并放置在指定地点的作业。拣选作业是物流配送中心最频繁的业务活动之一，为减轻拣选作业的劳动强度，提高拣选作业效率，适用各种不同场合的拣选叉车应运而生。拣选叉车（见图 5-25）就是用于物流配送中心进行货物拣选作业的叉车，主要是对非整盘货物（即单件或少量货物）进行人工拣取或存放。

图 5-25 拣选叉车

拣选叉车按照其作业高度的不同，可分为高位拣选叉车和低位拣选叉车两大类，但目前还没有具体的分类标准。低位拣选叉车一般工作高度在 2m 左右，高位拣选叉车的工作高度可以达到 10m。

常用叉车的部分参数见表 5-1。从表中可以看出，采用蓄电池作为动力源的叉车，载重量较小，更适合在室内工作以及较轻货物的搬运；而采用内燃机作为动力源的叉

现代物流装备

车,载重量较大,适用于室外作业以及大重型货物的搬运。

表 5-1 常用叉车部分参数

品牌	型号	车身规则(mm×mm)	额定载重量(kg)	动力	主要应用领域
林德叉车	E16C-01-E20PH-01	2060×1158	1600~2000	蓄电池	室外、室内皆可作业
比亚迪叉车	CPD16S	1935×1050	1600	锂电池	木材厂,造纸厂,制造工厂,室内、室外均可作业
杭州叉车	A系列1.0t	1995×1120	1000	锂电池	室内、室外均可作业,主要用在室内
安徽合力叉车	CPC20	2522×1150	2000	柴油/汽油/液化石油气	工厂、仓库、车站、码头、港口等场所,进行成件包装货物的装卸和搬运
美科斯	FD80T-M	4260×2248	8000	柴油	室外大型作业

5.3.4 叉车属具

叉车属具是指叉车作业时用于取货的附属装置。叉车最基本的属具是货叉,但是为了适应叉车对各种不同种类货物装卸搬运作业的需要,可以采用多种不同类型的专用属具,从而提高叉车的作业能力、扩大叉车的使用范围、提高叉车的通用性能和作业效率,提高叉车作业安全、减少货物损伤、减轻工人的劳动强度。

常用的叉车属具主要有货叉、夹抱器、推拉器、串杆、悬臂吊和集装箱专用吊具等多种类型,不同的作业任务可选用不同的属具。常见的叉车属具如图5-26所示。

(1)货叉。货叉是叉车最常用的属具,以叉取方式对货物进行搬运作业。货叉的类型很多,普通货叉是最主要的叉车属具,有两个向前伸出的叉齿,叉齿的间距可以在叉架上左右移动进行调节,以适应大小不同的货件,可用于各种作业场合、各类货物的搬运作业。双托盘货叉主要用于托盘货件搬运作业。它由两组普通叉齿组成,可同时叉取两组托盘货件,可以成倍提高托盘货件装卸搬运作业速度和效率。笼型货叉由纵横多组叉齿组成,可用于袋类、箱类或其他成组货物的搬运作业。

(2)夹抱器。夹抱器是以夹抱方式搬运货物的属具,针对不同形状或性质的货物,可以采用不同种类的夹抱器。例如,平板夹抱器主要用于纸箱、塑料箱等方形货物搬运作业,特别是对于成组的箱型货物夹抱搬运,可以极大地提高作业速度和效率;弧形夹抱器主要用于筒形或成卷的货物夹抱搬运;木材夹抱器主要用于木材、大型管件等的搬运作业。

(3)推拉器。推拉器是专门与滑板托盘搬运叉车配合使用的一种专用属具,它通过其下方的钳夹装置夹持滑板托盘的翼边,通过伸缩机构的推拉运动可以将滑板托盘货件整体拉上货叉和推出卸下。

(4)串杆。串杆是专门用于各类带有中心孔的货物的搬运属具,常用于钢板卷、

图 5-26 常见的叉车属具

钢丝卷、纸卷、电线卷等卷状和环状货件的搬运作业，可以根据货物大小和重量的不同，选择不同长度和直径的串杆。

（5）叉车吊钩。叉车吊钩是一种悬臂吊式叉车属具，主要用于集装袋、集装网等特殊包装货物的吊装和搬运作业。

5.3.5 叉车的主要技术参数与性能

1. 叉车的主要技术参数

叉车的技术参数主要说明叉车的结构特征和工作性能，具体如下。

（1）额定起重量。额定起重量是指当门架处于垂直位置、货物的重心处于载荷中心距以内时，允许叉车举起的最大重量。叉车作业时，如果货物的实际重心超出了载荷中心距，或者当起升高度超过了一定数值时，为了保证叉车的稳定性，最大起重量就要相应地减小，否则叉车就有倾翻的危险。

（2）载荷中心距。载荷中心距是叉车设计规定的，在货叉上放置额定起重量标准货件的重心至货叉垂直段前壁之间的水平距离（见图5-27）。货物的重心往往随着货物的形状、体积及在货叉上的放置位置等多种因素而有所变化，因此叉车在作业过程中，叉取的货物的实际重心位置，超出载荷中心距越远，则允许的最大起重量越小。比如货叉长度是1m，载荷中心距在0.5m的位置。依次类推，1.8m长的货叉，载荷中心距在0.9m的位置。如果用1m的货叉叉起长度为1.8m的货物，而货物的重心位置在0.9m处，那么就非常危险，叉车很可能会倾倒。

（3）门架倾角。门架倾角是指叉车在平坦、坚实的路面上，门架相对于垂直位置所能进行的前、后倾斜的最大角度（见图5-28）。门架前倾角的作用是便于对货物的叉取和卸放，一般前倾角为3°~5°；门架后倾角的作用是当叉车载货行驶时，防止货物从叉齿上滑落，并可以增加叉车载货行驶时的纵向稳定性，一般后倾角为10°~12°。

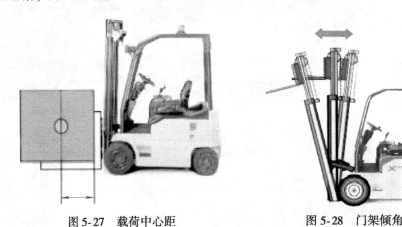

图5-27　载荷中心距　　　　　图5-28　门架倾角

（4）最大起升高度。最大起升高度是指叉车在额定起重量下，门架垂直地把货物举升到最高位置时，货叉水平段的上表面到地面的垂直距离（见图5-29）。它是叉车的重要性能参数，往往与仓库的货架类型相匹配。港口叉车的最大起升高度一般为3~4m，若要求再升高，则要增加门架和起升油缸的高度，或者采用三阶门架和多级作用的油缸。当最大起升高度超过一定数值时，必须相应减小叉车的允许起重量。

（5）自由起升高度。自由起升高度是指不改变叉车的总高时，货叉可能起升的最大高度（不超过外门架高度）。具有自由起升性能的叉车，可在进口不低于叉车总高的库门通过，或在低矮的船舱和车厢内作业。

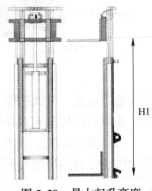

图5-29　最大起升高度

（6）起升速度。起升速度是指门架处于垂直位置，货叉满载提升的平均速度。提高起升速度是叉车发展的趋势，这主要取决于叉车的液压系统，过快的起升速度容易造成货损或机损事故，给叉车作业带来困难，根据港口装卸作业的要求，起升速度以15~20m/min为宜。

（7）行驶速度。行驶速度是指在平坦的硬路面上，叉车满载前进的最大速度。据统计，叉车作业时，行驶时间一般约占全部作业时间的2/3，因此提高行驶速度、缩短行驶时间对提高叉车作业生产率有很大意义。在港口露天货场上工作的内燃机叉车，其行驶速度可为 15~20km/h。

（8）最大牵引力。最大牵引力分为轮周牵引力和拖钩牵引力。发动机发出的扭矩，经过减速传动装置，最后在驱动轮轮周上产生切向力，称为轮周牵引力。当发动机输出功率为定值时，轮周牵引力与叉车行驶速度成反比。当发动机输出最大扭矩，叉车以最低档速度行驶时轮周牵引力最大。轮周牵引力在克服叉车行驶时的阻力以后，在叉车局部的拖钩上剩余的牵引力，称为拖钩牵引力。当叉车在水平坚硬的良好路面上以低档等速行驶时，叉车的外阻力为数值很小的滚动阻力，此时的拖钩牵引力最大。

（9）最小转弯半径。最小转弯半径是指叉车在无载低速行驶状态下，转向轮偏转最大角度时，车体的最外侧至转向中心的最小距离（见图 5-30）。采用较短的车身、外径较小的车轮，增大车轮转向、最大偏转角等，可减小转弯半径。最小转弯半径越小，叉车在直角通道上转向和在直角堆垛时所需的通道宽度也就越小。

（10）直角堆垛的最小通道宽度与直角交叉的最小通道宽度。直角堆垛的最小通道宽度是指叉车在路边垂直道路方向堆垛时所需的最小通道宽度。直角交叉的最小通道宽度是指叉车能在直角交叉处顺利转弯所需的最小通道宽度。转弯半径小、机动性好的叉车要求的通道宽度小。

（11）最小离地间隙与最大爬坡度。最小离地间隙是指除车轮外，车体上固定的最低点至车轮接地表面的距离，它表示叉车无碰撞地越过地面凸起障碍物的能力。增大车轮直径可以使最小离地间隙增加，但这会使叉车的重心提高，转弯半径增大。最大爬坡度（见图 5-31）是指叉车在正常路面情况下，以低速挡等速行驶时所能爬越的最大坡度，用度或百分数表示，分为空载和满载两种情况。叉车满载的最大爬坡度一般由发动机的最大扭矩和低速挡的总传动比决定，空载的最大爬坡度通常取决于驱动轮与地面的黏着力。

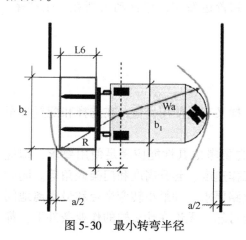

图 5-30　最小转弯半径

图 5-31　最大爬坡度

（12）自重和自重利用系数。自重是指包括油、水在内的叉车总重。自重利用系数通常有两种表示方法：一种是指起重量与叉车自重之比，另一种是指起重量和载荷中心距的乘积与叉车自重之比。显然，自重利用系数数值较大，表示在起重量和载荷中心距相同的条件下，叉车自重较轻，材料利用较经济，结构设计较合理。由于叉车的载荷中

现代物流装备

心距并不相同,所以后一种表示方法更为合理。

叉车的技术参数还包括外形尺寸、前后桥负荷、轮压、轴距、轮距等。

2. 叉车的主要性能

叉车的各种技术参数反映了叉车的性能,主要性能有以下几个方面。

(1) 装卸性。装卸性是指叉车起重能力和装卸快慢的性能,对叉车的生产率有直接影响。叉车的起重量大、载荷中心距大、工作速度高,则装卸性能好。

(2) 牵引性。牵引性表示叉车行驶和加速快慢、牵引力和爬坡能力大小等方面的性能。行驶和加速快、牵引力和爬坡度大,则牵引性好。

(3) 制动性。制动性表示叉车在行驶中根据要求降低车速及停车的性能。通常以在一定行驶速度下制动时的制动距离大小来衡量,相同行驶速度时的制动距离小则制动性能好。

(4) 机动性。机动性表示叉车机动灵活的性能,叉车小则机动性好。

(5) 通过性。通过性表示叉车克服道路障碍而通过各种不良路面的能力。叉车的外形尺寸小、离地间隙大、驱动轮牵引力大,则叉车的通过性好。

(6) 操纵性。操纵性是指叉车操作的轻便性和舒适性。各操作件之间的位置布置得当,则操纵性好。

(7) 稳定性。稳定性是指叉车抵抗倾覆的能力。稳定性是保证叉车安全作业的必要条件,对于正叉平衡重式叉车,由于货叉上的货物重心位于叉车纵向的车轮支承底面之外,当叉车满载货物举高、货叉前倾时,或叉车在满载全速运行途中紧急制动时,受制动惯性力和重力作用,叉车有可能在纵向丧失稳定、向前倾翻。当叉车高速转弯,或在斜坡上转弯,受到离心力、侧向风力、坡道分力等的作用,叉车有可能丧失横向稳定,向一侧翻倒。因此,为了保证叉车的安全作业,必须使叉车具有必要的纵向稳定性和横向稳定性。

(8) 经济性。经济性主要是指叉车的造价和营运费用,包括动力消耗、生产率、使用方便和耐用程度等。

5.3.6 叉车的选型与配置

1. 叉车的选用原则

叉车的种类繁多,型号规格各异,为充分发挥叉车的使用价值,在选择和配置叉车时应遵循以下两条基本原则。

(1) 满足必要的使用性能。选用叉车时首先要考虑其性能应满足使用要求,即应合理地确定叉车的技术参数,如额定起重量、工作速度、起升高度和门架倾角等。同时还要考虑叉车的通过性能是否满足作业场地及道路要求,如最小转弯半径和最小离地间隙等。除此之外,选用叉车还要考虑其工作安全可靠,无论在什么样的作业条件下,都要具有良好的稳定性。

(2) 保证最佳的经济性能。选择叉车除考虑叉车应具有良好的技术性能外,还应有较好的经济性。所谓经济性,是指叉车全寿命周期费用要低,即不仅要考虑叉车的购买价格,还要考虑叉车的运行费用,如燃料消耗、维护保养费用等。可采用重量利用系数对叉车的经济性进行定量化比较。重量利用系数是指叉车的额定载重量(Q)与自重

（G）的比值，它综合反映了叉车的设计制造水平。减轻叉车自重，不但可节省原材料，降低生产成本，而且能够减少运行过程中燃料的消耗和轮胎的磨损。在满足性能要求的情况下，宜选择重量利用系数大的叉车。

2. 根据工况选择车型和配置

车型和配置的选择一般要从以下几个方面考虑。

（1）作业功能。叉车的基本作业功能包括水平搬运、堆垛/取货、装货/卸货、拣选。另外，特殊的作业功能会影响叉车的具体配置，如搬运的货物是纸卷、铁水等，需要叉车安装属具来完成特殊功能。

（2）作业要求。叉车的作业要求包括托盘或货物规格、提升高度、作业通道宽度、爬坡度等一般要求，同时还包括作业效率（不同的车型其效率不同）、作业习惯（如习惯坐着还是站着）等方面的要求。

（3）作业环境。如果企业需要搬运的货物或作业环境对噪声或尾气排放等环保方面有要求，在选择车型和配置时应有所考虑。如果是在冷库中或是在有防爆要求的环境中，叉车的配置也应该是冷库型或防爆型的。仔细考察叉车作业时需要经过的地点，设想可能存在的问题，例如出入库时门高对叉车是否有影响；进出电梯时，电梯高度和承载对叉车的影响；在楼上作业时，楼面承载是否达到相应要求等。在选型和确定配置时，要向叉车供应商详细描述工况，并实地勘察，以确保选购的叉车完全符合企业的需要。

3. 品牌选择

目前国内市场的叉车品牌从国产到进口有几十家。2019年国产知名品牌：杭叉、柳工、厦工、威玛、安徽合力、诺力、佳力、江淮、龙工、东方红。

品牌的选择应先初步确定几个品牌作为考虑的范围，然后再综合评估。在初选阶段，一般把以下几个方面作为初选的标准：

1）品牌的产品质量和信誉。
2）该品牌的售后保障能力如何，在企业所在地或附近有无服务网点。
3）已用品牌的产品质量和服务。
4）选择的品牌需要与企业的定位相一致。

经初选后，对各品牌的综合评估包括品牌、产品质量、价格、服务能力等。叉车是一种工业设备，最大限度地保证设备的正常运转是企业的目标之一，停工就意味着损失，因此选择一个售后服务有保障的品牌至关重要。

5.4 轻型装卸搬运设备

5.4.1 手动液压升降平台车

手动液压升降平台车（见图5-32）是一种小型机械升降平台车。额定装载量分别有300kg、350kg、500kg、800kg、1000kg五种，最大起升高度有880mm、1300mm、1400mm、1500mm等。它采用手压或脚踏为动力，通过液

图5-32　手动液压升降平台车

压驱动载重平台做升降运动,主要用于小范围的升降,平台下降控制为旋钮或扳手控制。手动液压升降平台车可使操作者轻松快捷地装载或卸载搬运平台上的货物,操作者不需起身、弯腰或伸手够,只需通过一个脚踏的液压缸起升作业台面,就可方便轻巧地拿取货物。

踏动踏脚杆操纵油泵,使工作台面平稳上升,操纵控制旋钮或向上提升扳手,使工作台面平稳下降,车架底部配有万向轮,可向任意方向旋转。

手动液压升降平台车的特点:①重型钢结构,质量稳固;②脚踏杆连动液压系统起升平台到需要的位置;③过载保护装置即限压阀,自动控制车体在限定载重范围内工作,以保护车体和用户安全;④轮子全部采用聚氨酯材料,起到抗噪声的作用。

手动液压升降平台车广泛应用于机械制造、航天航空、医药卫生、物流配送、仓储超市、汽车、食品、铁路、石化、纺织等各行各业。

5.4.2 手动托盘搬运车

手动液压托盘搬运车(见图5-33)是一种小巧方便、使用灵活、载重量大、结实耐用的货物搬运工具,俗称"地牛"。要求其运行道路平整度较好,否则影响安全提升高度和搬运效率。搬运车除了具有托运货物的功能外,为了方便起降货物,车底盘与轮之间带有液压装置,可以方便地将车推入托盘底座之下。叉腿的前端有两个小直径的行走轮,用来支承托盘货物的重量。工作时,货叉插入托盘底部,上下摇动手柄,

图5-33 手动液压托盘搬运车

使液压千斤顶提升货叉,托盘或容器随之离地,然后手动驱动行走,到达目的地之后,提动手柄,货叉落下,放下托盘。

手动托盘搬运车主要应用于需要水平搬运而不需要堆垛的场合。用户可以根据不同的工况需求选择最适合型号。手动托盘搬运车分为标准型、快速起升型、低放型、镀锌/不锈钢型、纸筒型、电子称重型、5T重载型。承载能力为1.0~5.0t,作业通道宽度一般为2.3~2.8m。

手动托盘搬运车的优点是无污染、操作灵活、转弯半径小等。

5.4.3 手动液压堆高车

手动液压堆高车(见图5-34)是一种无污染、无动力的装卸产品,适用于工厂、车间、仓库、车站、码头等处的货物搬运与堆垛,对于那些有防火、防爆要求的场地(如印刷车间、油库、码头、仓库等)更为适用。

5.4.4 平板车

平板车(见图5-35)是以人力推、拉的搬运车辆,它是一切车辆的始祖。虽然物料搬运技术不断发展,但平板车仍作为不可缺少的搬运工具而沿用。平板车在生产和生活中获得广泛应用,是因为它造价低

图5-34 手动液压堆高车

廉、维护简单、操作方便、自重轻，能在机动车辆不便使用的地方工作，在短距离搬运较轻的物品时十分方便。

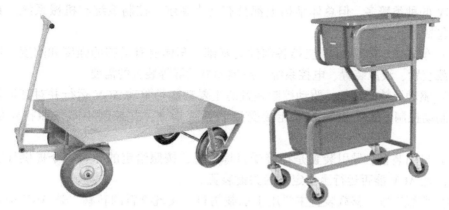

图 5-35 平板车及架式小推车

5.5 AGV 系统

我国国家标准《自动导引车（AGV）术语》（GB/T 30030—2013）对自动导引车（Automated Guided Vehicle，AGV）的定义为：自动导引车是装备有电磁或光学等自动导引装置，由计算机控制，以轮式移动为特征，自带动力或者动力转换装置，并且能够沿规定的导引路径自动行驶的运输工具，一般具有安全防护、移载等多种功能。AGV与其他自动化软、硬件配合使用，形成自动导引车系统，能更好地发挥作用。自动导引车系统（Automated Guided Vehicle System，AGVS）的定义为：由自动导引车、上位控制系统、导引系统、通信系统和充（供）电系统等构成的一整套系统的总称。该系统使自动导引车按照规定的导引路径自动行驶到指定地点，完成指定作业。

5.5.1 AGV 的作业特点

（1）工作效率高。AGV 的显著特点是无人驾驶，可实现自动充电功能，在考虑了安全冗余的前提下，可以实现 24h 连续运转，大大提高了物料的搬运效率。

（2）可靠性高、安全性高。AGV 中央管理系统，可以对 AGV 进行全程监控，可靠性得到极大提高。AGV 具有较完善的安全防护能力，能够在许多不适宜人类工作的场合发挥独特作用。

（3）自动化程度高和智能化水平高。AGV 的行驶路径可以根据仓储货位要求、生产工艺流程等改变而灵活改变。

（4）较好的柔性和系统拓展性。采用多智能传感器的融合技术来决策控制，关联设备多传感器融合配置技术在现有的 AGV 设备系统中已有成熟应用。AGV 一般配备有装卸机构，可以与其他物流设备自动接口，实现货物和物料装卸与搬运全过程自动化。

（5）经济、环保。运行路径改变的费用与传统的输送带和刚性的传送线相比非常低廉。此外，AGV 依靠自带的蓄电池提供动力，运行过程中无噪声、无污染，可以应用在要求工作环境清洁的场所。

5.5.2 AGV 的构成

AGV 的种类繁多，但总体结构上都具有动力系统、控制系统和机械系统。具体构成部分包括：

(1) 车体。车体是 AGV 支撑各部件的基础。车体要有足够的强度和刚度，以满足安装移载装置、液压装置、电控系统、按键和显示屏等装置的需要。

(2) 驱动及转向部件。驱动控制装置的主要功能是驱动 AGV 运行并对其进行速度控制与制动控制。转向控制装置能接受控制系统指令，并控制小车按照指定的方向行驶。

(3) 导引装置。导引装置是指接受目标信息，按照给定的导引指令提供导引信号的装置，是 AGV 能否运行至指定地的关键装置。

(4) 移载装置。移载装置主要用于承载物料，实现物料的转移，是 AGV 应用的关键要素。

(5) 安全装置。安全装置的主要作用是保证 AGV 的安全运行。在行驶和移载过程中出现异常时，AGV 能保持安全状态。

(6) 供电装置。AGV 一般以蓄电池作为动力源，也可采取其他供电方式，如超级电容、感应式供电等。

(7) 信息控制系统。信息控制系统的主要功能是监控 AGV 的运行状态，将信息传递给 AGVS，接受其控制指令并完成相应的任务。

5.5.3 AGV 的导引原理

AGV 的导引是指 AGV 根据路径偏移量来控制速度和转向角，从而保证 AGV 精确行驶到目标点的位置及航向的过程。AGV 的导引主要有以下几种方式。

(1) 电磁感应导引。该导引方式的基本工作原理为：在 AGV 的行驶路径上埋设金属导线，并加载低频、低压电流，使导线周围产生磁场；AGV 上的感应线圈通过对导航磁场强弱的识别和跟踪，实现 AGV 的导引。目前电磁感应导引技术比较成熟，应用也较为广泛。该导引方式的主要优点为引线隐蔽，不易被污染和破坏，导引原理简单而可靠，无声光干扰，制造成本较低；主要缺点则为路径更改的灵活性差，调整变动麻烦，感应线圈对周围的铁物质较为敏感。

(2) 磁带、磁点导引。该导引方式的基本工作原理为：在 AGV 的行驶路径上贴磁带或打磁点，通过磁感应信号实现导引。目前，磁带、磁点导引技术成熟，应用也较为广泛。该引导方式的主要优点为改变或扩充路径较容易，磁带、磁点的安装简单；主要缺点则为易受 AGV 行走路径周围金属物质的干扰。此外，由于磁带外露，容易造成机械损伤和被污染，导引的稳定性受环境影响较大，因此近年来此类 AGV 较多采用磁点导引方式。

(3) 光学导引。该导引方式的基本工作原理为：在 AGV 的行驶路径上涂漆或粘贴色带，通过对光学传感器采入的色带图像信号进行识别来实现导引。此外，用 CCD 摄像机和图像处理系统替代普通的光学传感器可以有效提高导引系统的可靠性。目前光学导引技术成熟，应用也较为广泛。该导引方式与磁带导引方式比较类似，主要优点为灵活性比较好，地面路线设置十分简单；主要缺点则为易受色带污染和磨损的影响，对环境要求较高，导引可靠性受制于地面条件，停位精度比较低。

（4）超声导引。超声检测技术是利用墙面或类似的物体对超声波的反射信号进行定位引导，因而在特定的环境下可以提高路径的柔性。由于不需要设置反射镜面，所以降低了引导成本。但是，当运行环境的反射情况比较复杂时，该导引方式的应用还十分困难。

（5）激光导引。该导引方式的基本工作原理为：在 AGV 行驶路径的周围安装位置精确的激光反射板，安装在 AGV 上的激光定位装置发射激光束并且采集由不同角度的反射板反射回来的信号，根据三角几何运算来确定其当前的位置和方向，实现 AGV 的导引。目前激光导引技术比较成熟，应用也较为广泛。该导引方式的主要优点为定位精确，能适应复杂的路径条件及工作环境，能快速变更行驶路径和修改运行参数；主要缺点则为激光定位装置成本较高。

（6）视觉导引。该导引方式的基本工作原理为：在 AGV 上安装 CCD 摄像机，AGV 在行驶过程中通过视觉传感器采集图像信息，并通过对图像信息的处理确定 AGV 的当前位置（识别给定路标）。视觉导引方式具有路线设置灵活、适用范围广、成本低等优点，也是 AGV 引导方式未来的发展方向。但是，由于利用车载视觉系统快速、准确地实现路标识别这一技术瓶颈尚未得到突破，因此该方法目前尚未进入实用阶段。随着计算机技术的发展及快速图像处理关键技术的突破，视觉导引技术将成为最具应用前景的 AGV 导引技术。

（7）惯性导引。惯性导引方式的基本工作原理为：在 AGV 上安装陀螺仪，在行驶区域的地面上安装定位块，AGV 通过对陀螺仪偏差信号的计算及地面定位块信号的采集来确定自身的位置和方向，从而实现 AGV 的自动导引。惯性导引技术是 AGV 领域一项新兴的导引技术，其主要优点是技术先进，定位精度高，灵活性强。随着惯性敏感元件的发展、成本的降低，惯性导引技术也极具发展前景。

（8）二维码导引。二维码导引方式是利用安装在 AGV 上的专业工业摄像机对 AGV 行驶经过的地标二维码连续拍摄图片，对拍摄到的地标二维码图像进行降噪处理，解析图像中二维码信息，获取二维码在行驶轨迹全局坐标系下的坐标信息，再解算图像中二维码在图像坐标系下的位置和角度，由此推导出 AGV 在全局坐标系下的精确位置和航向，从而提供 AGV 导航所需要的位置信息、航向信息和位姿误差信息。

（9）SLAM 激光导引。SLAM 激光导引则是一种无须使用反射板的自然导引方式，它不再需要通过辅助导航标志（二维码、反射板等），而是通过工作场景中的自然环境，如将仓库中的柱子、墙面等作为定位参照物以实现定位导引。相比于传统的激光导引，它的优势是制造成本较低，目前也有厂商研发了适用于 AGV 室外作业的激光传感器。

（10）复合导引。任何一种导引方式均有其局限性，目前已经投入商业应用的复合导引 AGV 主要有激光及磁点复合导引方式。

5.5.4 智能拣选叉车

拣货作业是指依据顾客的订货要求或配送中心的送货计划，尽可能迅速、准确地将

现代物流装备

商品从其储位或其他区域拣取出来，并按一定的方式进行分类、集中、等待配装送货的作业流程。拣选作业是物流配送中心活动中最频繁的业务之一，为尽可能地提高拣选作业的工作效率、减轻拣选作业的劳动强度，基于拣选叉车的智能拣选叉车便应运而生。智能拣选叉车是由计算机控制，具有自动运行及导航功能，和系统终端结合的，用于配送中心、仓库等自动按照计划进行货物拣选作业的叉车。

智能拣选叉车是智能机器人的一种，被广泛地应用于自动化仓储系统、柔性加工系统，可实现带托盘货物的立体存储、自动存取与搬运功能，主要应用场景包括电商、零售业的大件库、整存库，以及制造业中各类原材料库、半成品库和成品库。

1. 智能拣选叉车的特点

（1）提高工作效率，提高安全性。在有很多狭窄通道、作业空间有限、高位作业居多的作业场景下，一般要求操作人员具有较高的安全意识和操作技能，一旦操作不当，就会产生严重的经济损失甚至人身伤害。而使用智能拣选叉车作业，可以极大地提高工作效率，减轻工人的劳动强度，提高安全性。

（2）实现自动化、无人化。智能拣选叉车全流程自动实现货物的上架、下架以及搬运操作，从而实现自动出库和入库，达到仓储的无人化状态。

（3）提高存储效率，降低综合成本。与传统的自动化立体库相比，以智能拣选叉车为核心打造的自动存取系统柔性更高、灵活性更强，施工周期大幅缩减，且建造成本大幅降低，后期维护费用也会更低。

2. 智能拣选叉车的构成

智能拣选叉车（见图 5-36）整体组成一般包括车体、激光导航雷达、安全雷达、状态显示屏以及导航控制模块等，同时配备动力锂电池，支持快速手动、自动充电和电池更换。智能拣选叉车支持激光反射板导航、SLAM 导航以及混合导航，可适应各种复杂工作环境。

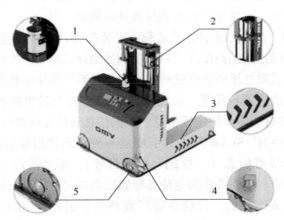

图 5-36 智能拣选叉车

1—激光导航　2—门架　3—多色工作指示灯　4—激光避障传感器　5—麦克纳姆轮

3. 智能拣选叉车的工作原理

智能拣选叉车一般需要与完善的 WMS、语音拣选系统配套使用，才能更好地发挥效能。智能拣选叉车的一般工作流程：WMS 自动分配拣选任务，智能拣选叉车接收系统指令,通常通过无线网络设备来对其进行运行路径规划和作业流程规划,叉车头顶通常采用激光(或视觉)探测设备,通过周围环境的反馈来确定叉车的实际坐标,从而自动导航到商品位置停泊,然后根据环境来自动运行搬运工作。智能拣选叉车将货物取下,完成订单上货物的拣选后,自动导航至集货区域。在叉车底部一般也安装有探测装备,但这个装备主要是用于确定货物的所在位置。智能拣选叉车的货叉及两条支腿在车体前方,货叉可上下升降,当探测器准确地探测到货物位置和托盘的口径后,货叉就会下降到一定高度,叉间距与物料托盘下的两个空档吻合后,其支腿进入并叉起托盘货物。

5.5.5 穿梭车

穿梭车在仓储物流设备中主要有两种形式:穿梭车式出入库系统和穿梭车式仓储系统(见图5-37)。它是以往复或者回环方式,在固定轨道上运行的台车,将货物运送到指定地点或接驳。穿梭车配备有智能感应系统和自动减速系统,能自动记忆原点位置。穿梭车是一种智能机器人,可以通过编程实现取货、运送、放置等任务,并可与上位机或 WMS 进行通信,结合 RFID、条码等识别技术,实现自动化识别、存取等功能。

穿梭车式仓储系统是由瑞典 EAB 公司发明的,将传统货架加装高精度导轨,可以让穿梭车在上面平稳运行,导轨同时承担货物输送和货物存储功能。因为叉车不需要驶入到货架内部存取货物,而是由穿梭车来完成,取消了叉车通道,所以能实现非常高的空间利用率。穿梭车式仓储系统,原则上一个巷道只能放置一种货物(SKU),特殊应用时(两端存取,先进后出)一个巷道可放置两种货物,所以这种系统比较适合单品种、数量较大的商品,可实现先进先出(FIFO)、先进后出(FILO)等多种作业。

穿梭车货架系统中穿梭车的应用主要有三种方式:

1)子母车:母车在横向轨道上运行,并自动识别作业巷道,释放子车进行存取作业,一定程度上提高了系统自动化程度。子母穿梭车如图5-38所示。

图 5-37 穿梭车式仓储系统

图 5-38 子母穿梭车

2)与堆垛机的配合:自动化立体仓库也可以应用穿梭车来提高仓储利用率。堆垛机自动识别穿梭车并分配作业巷道,由穿梭车在巷道内存取货物,再由堆垛机完成出入库作业,实现全自动出入库和系统管理。

3)多向穿梭车:多向穿梭车可以在横向和纵向轨道上运行,货物的水平移动和存取只由一台穿梭车来完成,系统自动化程度大大提高。

5.6 巷道堆垛机

5.6.1 巷道堆垛机概述

巷道堆垛机是自动化立体仓库中重要的搬运设备，是随着立体仓库的出现而发展起来的专用起重机。巷道堆垛机的主要用途是在高层货架的巷道内来回穿梭运行，将位于巷道口的货物存入货格，或者将货格中的货物取出并运送出巷道。这种使用工艺对巷道堆垛机的结构和性能提出了严格的技术要求。堆垛机的额定载重量一般为几十千克到几吨，其中 0.5t 的使用最多。行走速度一般为 4~120m/min，提升速度一般为 3~30m/min。巷道堆垛机具有如下特点：

1) 电气控制方式有手动、半自动、单机自动及计算机控制，可任意选择一种电气控制方式。
2) 大多数堆垛机采用变频调速，光电认址，具有调速性能好、停车准确度高的特点。
3) 采用安全滑触式输电装置，保证供电可靠。
4) 运用过载松绳、断绳保护装置确保工作安全。
5) 配备移动式工作室，室内操作手柄和按钮布置合理，座椅较舒适。
6) 堆垛机机架重量轻，抗弯、抗扭刚度高。起升导轨精度高，耐磨性好，可精确调位。
7) 可伸缩式货叉降低了对巷道的宽度要求，提高了仓库面积的利用率。

现代立体仓库所应用的巷道堆垛机主要分为两大类。一类是无轨巷道堆垛机（见图 5-39），又称为高架叉车，是一种变形叉车，其机动性比有轨巷道式堆垛机好。无轨巷道式堆垛机又可分为上人式和不上人式两种。驾驶舱随门架同时上升为上人式，优点是在任何高度都可以保持水平操作视线，保证最佳视野以提高操作安全性；同时由于操作者可以触及货架任何位置的货物，故可以同时用于拣货及盘点作业。另一类是有轨巷道堆垛机（见图 5-40），它通过机体上的滚轮在巷道内专设的轨道上穿梭进行作业。

图 5-39 无轨巷道堆垛机

图 5-40 有轨巷道堆垛机

第 5 章 装卸搬运设备

有轨巷道堆垛机与无轨巷道堆垛机的主要区别：一是有轨巷道式堆垛机采用钢轮在钢轨上运行，无轨堆垛机采用轮胎，因此轮压不同时会产生不同的变形量；二是有轨巷道堆垛机采用立柱，无轨堆垛机采用多级门架，货叉在水平和垂直方向上的定位精度不同。

这两种巷道堆垛机在现代立体仓库中都有广泛的应用。一般来说，无轨巷道堆垛机的购置和使用都比较灵活，适用于中、低高度的中小型立体仓库；有轨巷道堆垛机自动化程度比较高，功能专一，适用于大型高层自动化立体仓库。

5.6.2 有轨巷道堆垛机的分类与特点

1. 有轨巷道堆垛机的分类

（1）按支承方式分类。

1）地面支承式堆垛机：地面支承式堆垛机的运行轨道铺设在高层货架巷道内的地面上，堆垛机通过下部的滚轮支承在轨道上并驱动运行。上部通过导轮支撑在巷道上方的天轨上，防止堆垛机倾倒或摆动，在遥控时可兼作信号电缆吊架的导轨。与悬挂式相比，要求地面支承式堆垛机金属结构的立柱具有较高的弯曲强度，因此，需要加大堆垛机立柱的结构尺寸，从而增加了自身质量。地面支承式堆垛机承载能力较强，而且由于驱动装置均装在底部横梁上，维修保养都比较方便。所以地面支承式堆垛机应用比较广泛，适用于起重量较大的各种高度的立体仓库。

2）悬挂式堆垛机：悬挂式堆垛机通过滚轮悬挂在巷道上方的轨道下翼缘上运行，其运行机构安装在堆垛机门架的上部。在地面上也铺设有导轨，通过门架下部的导轮夹持在导轨的两侧，防止堆垛机运行时产生摆动和倾斜。堆垛机的载货台（包括伸缩货叉、驾驶室）沿门架上下升降的动作是由安装在门架上部的升降装置来实现的。另外，堆垛机的集电装置也安装在门架的上部，通过电缆将电力输入到驾驶室电气控制系统中。悬挂式堆垛机的优点是自重较轻，加减速时的惯性和摆动较小，稳定静止所需的时间较短；其缺点是运行、升降等驱动机构安装在堆垛机的上部，保养、检查与修理必须在高空作业，既不方便也不安全，而且仓库的屋顶或货架要承担堆垛机的全部移动荷重，从而增加了屋顶结构和货架的负载。

（2）按结构形式分类。

1）单立柱堆垛机：单立柱堆垛机的金属结构由一根立柱和下横梁组成，如图 5-41 所示。这种堆垛机的自重轻，但刚性较差，承载能力较低，一般用在起重量 2t 以下、起升高度不大于 16m 的立体仓库。单立柱堆垛机的行走速度最高可达 160m/min，载货台的升降速度最高可达 60m/min，货叉伸缩速度最高可达 48m/min。

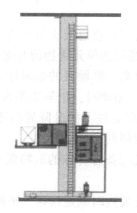 

图 5-41 单立柱堆垛机

2) 双立柱堆垛机：双立柱堆垛机的金属结构由两根立柱和上下横梁组成，如图 5-42 所示。这种堆垛机刚性好，起重量可达 5t，运行速度高，能快速启动并迅速制动，适于各种起升高度的仓库，能用于大件货物的作业，但其自重较大。

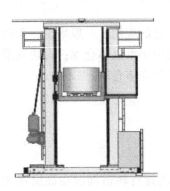

图 5-42 双立柱堆垛机

(3) 按作业方式分类。

1) 单元式堆垛机：是对托盘单元货物进行出入库作业的堆垛机，它完全通过取货装置进行货物存取作业。

2) 拣选式堆垛机：是由操作人员向（或从）货格内的托盘（或货箱）中存入（或取出）少量货物，进行出入库作业的堆垛机。这种堆垛机的特点是没有货叉。

3) 拣选-单元混合式堆垛机：具有单元式与拣选式综合功能的堆垛机。其载货台上既有货叉装置，又有驾驶室，可以满足两种作业方式的要求。

2. 有轨巷道堆垛机的特点

有轨巷道堆垛机对货物的存取作业有两种基本方式，即单一作业方式和复合作业方式。单一作业方式即堆垛机从巷道口出入库台，取一个单元货物送到选定的货位，然后返回巷道口的出入库台（单入库）；或者从巷道口出发到某一给定货位取出一个单元货物送到出入库台（单出库）。复合作业方式即堆垛机从巷道口出入库台取一件单元货物送到选定的货位，然后直接转移到另一个给定货位，取出其中的货物单元，再回到巷道口出入库台出库。为了提高作业效率，大多数采用复合作业方式。有轨巷道堆垛机具有以下特点：

1) 整机结构高而窄。采用有轨巷道堆垛机的高架仓库货架很高，货架巷道非常狭窄，堆垛机的宽度一般只与所搬运的单元货物的宽度相等。

2) 结构的刚度和精度要求高。堆垛机的金属结构设计除需要满足强度要求外，对结构的刚度和精度要求也很高。制动时，机架顶端水平位移一般要求不超过 20mm，结构振动衰减时间要短。载货台在立柱上的升降导轨不垂直度一般要求不超过 3~5mm，停车定位精度±5mm，起升定位精度±3mm。

3) 取物装置复杂。堆垛机配备有特殊的取物装置，常用的有伸缩平板，工作时能对两侧货架作业，存取货物。

4) 堆垛机的电力拖动系统要同时满足快速、平稳和准确三个方面的要求。

5) 安全要求高。必须配备齐全的安全装置，并在电器控制方面采取一系列连锁和保护措施。

第5章 装卸搬运设备

5.6.3 有轨巷道堆垛机的基本组成

有轨巷道式堆垛机由升降机构、运行机构、载货台及存取货机构、机架以及电气部分组成（见图 5-43）。

1. 升降机构

升降机构是使载货台垂直运动的机构，一般由电动机、制动器、减速机、滚筒或轮以及柔性件组成。常用的柔性件有钢丝绳和起重链两种。除了一般的齿轮减速机外，由于需要比较大的速比，因而采用蜗轮蜗杆减速机和行星减速机的也不少。起重链传动装置多数装在上部，常配有平衡重块，以减小提升功率。为了使起升机构的结构紧凑，常常使用带制动器的电机。

2. 运行机构

运行机构是堆垛机水平运行的驱动装置，一般由电动机、联轴器、制动器、减速箱和行走车轮组成。行走

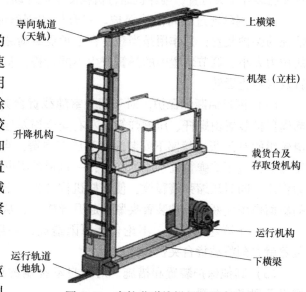

图 5-43 有轨巷道堆垛机的基本组成

车轮结构分有轮缘和无轮缘两种结构，有轮缘的车轮，当堆垛机货叉作业时，会对车轮产生啃轨力。所以为防止啃轨现象，多采用无轮缘车轮，并在下横梁底部安装侧面导向轮。

3. 载货台及存取货机构

载货台是堆垛机承载货物的装置。对于托盘单元式堆垛机，具有载货台和存取货机构；对于只需要从货格拣选一部分货物的拣选式堆垛机，载货台不设存取货装置，只有平台供放置盛货容器。存取货机构可以是伸缩式货叉，也可以是一块可伸缩的取货板，或者是其他类型的伸缩机构。载货台在辊轮的支承下沿立柱上的导轨垂直方向运行。

4. 机架

机架是堆垛机的主要承载构件，可分为单立柱和双立柱两种结构类型。机架一般都由立柱、上横梁和下横梁三大部分组成。

当堆垛机启动、停止及加减速运行时会产生惯性力，使立柱在巷道的纵向发生振动，整个金属结构成为振动体，其上部的振动较大。同样，在巷道的垂直方向，立柱由于货叉作业时的弯矩作用而产生弯曲，使叉端挠度增大。当柱端振动和货叉前端的挠度超过极限值时，就成为堆垛机自动定位的障碍，所以堆垛机的金属结构应具有足够的强度和刚度。

5. 电气设备

电气设备主要包括电力拖动、检测控制和安全保护等装置。在电力拖动中，控制电动机的转速常用涡流调速、交流变频调速、交流变极调速和可控硅直流调速。

6. 安全保护装置

由于巷道式堆垛机是在又高又窄的巷道内快速运行的设备，对它的安全必须特别重视。除一般起重机常备的安全装置（如各机构的终端限位保护、电动机过热和过电流保

护、控制电路的零位保护等）外，还应结合实际需要增加以下各项保护措施。

（1）运行保护。在运行和升降方向，距终端开关一定距离处设强迫减速开关，以确保及时减速。货叉伸缩机构只有在堆垛机运行机构和起升机构不工作时，才能起动。如果货叉已离开中央位置，堆垛机运行机构便不能起动，而起升机构也只能以慢速工作。

（2）钢丝绳过载和松弛保护。起升机构钢丝绳过载装置是控制堆垛机载货台受载情况的保护装置，其作用是当载货台上承受载荷超过最大或最小允许值时，通过钢丝绳的拉力大小，调节装置中的弹簧产生不同行程，从而切断起升机构电机回路电源，使装置及时停止运转。

（3）钢丝绳断绳保护。对于驾驶室随载货台升降的堆垛机，必须装设断绳捕捉器。断绳保护装置由螺杆、压缩弹簧、左右安全钳及连杆机构等组成。主要原理是在载货台滑轮组的U形板连接座下安装螺杆和压缩弹簧，当起升钢丝绳受载货台和货物质量的作用力时，使压缩弹簧处于压缩状态；一旦钢丝绳断裂，即滑轮组失去载货台和货物的重力作用，同时压缩弹簧释放，使连杆机构动作，把安全钳中的楔块向上运动，由于楔块的斜面作用使断绳保护装置夹紧在起升导轨上，从而保证载货台在断绳时不致坠落。

（4）下降超速保护。不论什么原因造成，一旦载货台下降发生超速现象，此保护装置就立刻将载货台夹住。

（5）其他保护装置和措施。对于自动控制的堆垛机，除上述各种保护以外，还需增设下列安全装置：

1）货格虚实探测装置。在入库作业中，货叉将货物单元送入货格之前，先用一个机械的或者光电的探测装置检查一下该货格内有无货物。如果无货，则伸出货叉将货物存入货格；如果已有货，则报警停止进行后续的运作。

2）出库检测装置。在出库作业中，货叉伸进货格完成取货动作之时，如果在货位上检测不到有货物存在，则报警。

3）伸叉受堵保护。货叉伸出受堵时，伸缩机构传动系统中装设的安全离合器打滑以进行保护。如果延续一定时间后，货叉尚未伸到头，即报警。

4）货物位置和外形检测。如果货物单元在载货台上位置偏差超过一定限度，或者倒塌变形，检测装置便报警，堆垛机不能继续工作。

5）货叉升降行程限制。货叉在货格内做微升降时，用检测开关限制微升降行程或限制其动作时间，以防止货叉微升降过度，损坏货物、机构或货架。

6）关键检测器件软件自检。对系统中的关键检测器件，如货位探测开关、货叉原位开关等采用软件自检措施，以及时发现并更换失灵器件。

7）堆垛机开动警告。堆垛机开动前发出声光警告。

5.6.4 巷道堆垛机的控制方式

1. 手动控制方式

手动控制是堆垛机最基本的控制方式。这种方式由操作人员在驾驶室内，用手柄或按钮来操作纵横运行、起升、货叉伸缩等运作。认址、变速、对准等全部靠操作人员来完成。该方式控制设备简单、经济，操作人员劳动强度较大、作业效率较低，适用于出入库频率不高、规模不大的仓库。

2. 半自动控制方式

半自动控制方式是由手动控制方式改进而成的。不同型号的半自动控制巷道堆垛机自动化程度也各不相同,但基本功能是:机构所配置的检测装置自动发出该机构停车信号,控制堆垛机自动停准。这种方式可显著提高堆垛机的作业效率,减轻操作人员的劳动强度。自动停准功能是半自动控制方式的主要功能,除自动停准功能外,有的堆垛机还有自动换速、自动认址、自动完成货叉伸缩存取货物的功能。其控制设备除手动操纵盘外,一般还设有简单的继电器逻辑控制装置。它具有经济实用、便于维修等优点,适用于出入库比较频繁、规模不大的仓库。

3. 全自动控制方式

全自动控制方式的主要特点是堆垛机上不需要操作人员。在堆垛机上便于地面操作的部位装有设定器,操作人员站在巷道口的地面上,通过设定器设定出入库作业方式和地址等数据。堆垛机上装有自动认址装置和运动逻辑控制装置,在操作人员设定完毕,并按下启动按钮后,堆垛机开始自动运行升降、认址、停准及存取货物等作业,实现堆垛机的自动操作。

4. 远距离集中控制

远距离集中控制堆垛机出入库作业的控制装置和地址设定器,安装在地面集中控制室内。操作人员通过设定器设定出入库地址和作业方式,并输入地面或机上的控制装置(包括计算机)中,经过计算和判断,发出堆垛机运行的控制命令,实现堆垛机的远距离集中控制。由于地面控制装置远离巷道和堆垛机,因而堆垛机和地面控制室内需要配备信息传送系统,常用的传输方法有电缆传输和感应传输两种。远距离集中控制方式适用于出入库频繁、规模较大、有多台起重机和输送机、有较大容量(货位在 2000 个以上)的仓库,特别是低温、黑暗、有害等特殊环境的仓库,这样可以节省人力,改善劳动条件,提高仓库作业效率,但初始投资和维护费用较高。

复习思考题

1. 简述装卸搬运的含义和特点。
2. 桥式起重机的运动形式有哪几种?
3. 门式起重机的特点是什么?
4. 臂架式起重机的结构类型及其特点是什么?
5. 如何选择合适的起重设备?
6. 叉车的结构主要由哪几部分组成?
7. 电动叉车和内燃机叉车的优点和缺点各是什么?
8. 各种类型叉车分别适用于哪些场合?
9. 叉车的主要技术参数有哪些?
10. AGV 的导引原理有哪几种?
11. 简述智能拣选叉车的构成及工作过程。
12. 巷道堆垛机的特点是什么?
13. 巷道堆垛机的安全保护装置有哪些?

第 6 章 连续输送设备

学习要点

1. 了解连续输送设备的概念与工作特点。
2. 理解并掌握带式输送机和链板输送机的基本结构、工作原理与主要应用。
3. 理解并掌握辊道输送机的结构、布置、驱动方式以及应用特点。
4. 理解气力输送机的工作原理。
5. 了解其他连续输送设备的工作原理与主要应用。

6.1 连续输送设备概述

连续输送设备是以连续的方式沿着一定的线路从装货点到卸货点均匀输送散装货物或成件货物的机械设备,通常简称为输送机。所谓"连续",是指输送机的货物输送装置是连续运动的,没有工作行程和空行程之分,因而使"装货-输送-卸货"等环节不断进行,没有间隔和停歇。

由于连续输送设备能在规定的时空内连续输送大量货物,搬运效率较高,因而其使用成本低,搬运时间可比较准确地被控制,货流稳定,从而被广泛用于现代散货和小型件杂货物流系统中。国内外大量散货港口码头、集散车场、冶金矿山基地、建材化工工厂、自动化立体仓库、物流配送中心和大型货场,大部分都拥有连续输送机械组成的搬运系统,如转运货场、进出库输送系统和自动分拣输送系统、自动装卸输送机系统等。连续输送设备不仅是生产加工过程中组成机械化、自动化、连续化和智能化流水线作业的不可缺少的组成部分,也是物流众多环节装卸搬运作业最常用的基本设备。

6.1.1 连续输送设备的特点

由于连续输送设备适用于输送松散密度为 $0.5\sim2.5\text{t/m}^3$ 的各种块状、颗粒状、粉末状等散装货和小型件杂货,因此对应于散装货和小型件杂货的特性,连续输送设备具有下列特点。

(1) 高效性。连续输送设备的输送路线固定,而且散料具有连续性,所以装货、输送、卸货可以连续进行,而且输送过程中极少紧急制动和起动,可以采用较高的工作速度,效率高,不受距离远近的影响。

(2) 自动控制性好。由于输送路线固定,动作单一,载荷均匀,速度稳定,所以较容易实现自动控制。

(3) 专用性比较强。一般来说,一种连续输送设备仅适用于几种固定类型的货物,对于单件重量很大的货物来说,通常的连续输送设备都不适用。

(4)经济性。一般连续输送设备性价比较高,设备耐用性较好,比较经济。

6.1.2 连续输送设备的分类

(1)按安装方式不同分为固定式和移动式两大类。固定式输送机,是指整个设备固定安装在一个地方,不能再移动。固定式连续输送设备主要用于专用码头、仓库中的货物移动及工厂的生产车间等,具有输送量大、单位能耗低、效率高等特点。

移动式连续输送设备,是指整个设备安装在可移动的车轮上,具有机动性强、利用率高、能及时布置输送作业线路的特点。这类设备输送量不太高,输送距离不长,适用于中小型仓库。

(2)按照连续输送设备的传动特点可分为具有挠性牵引构件的输送设备和无挠性牵引构件的输送设备。具有挠性牵引构件输送设备的工作特点是,物料或货物在牵引构件的作用下,利用牵引构件的连续运动使货物向一定方向输送。牵引构件是往复循环的一个封闭系统,通常是一部分输送货物,另一部分牵引构件返回。常见的有带式输送机、链式输送机、斗式提升机等。

无挠性牵引构件输送设备的工作特点是,利用工作构件的旋转运动或振动,使货物向一定方向运送。它的输送构件不具有往复循环形式,常见的有气力输送机、螺旋输送机、振动输送机等。

(3)按照结构形式可分为辊式、链式、轮式、胶带式、滑板式、悬挂式等。

6.2 带式输送机

6.2.1 概述

带式输送机(见图6-1)是以封闭无端的输送带作为传动构件和承载构件的连续输送机械。输送带有橡胶带、帆布带、塑料带和钢芯带四大类,其中以橡胶输送带应用最

图6-1 带式输送机

广,采用橡胶带的输送机一般称为胶带输送机。带式输送机根据工作要求,结构类型包括:工作位置不变的固定式输送机,工作位置可以变化的移动式输送机,工作方向可以改变的可逆式输送机,机架伸缩以改变输送距离的可伸缩式带式输送机,等。

输送带环绕在前后滚筒之间,下面装有上、下支承装置,以承受物料重量。电动机经减速后驱动滚筒,牵引输送带运动,物料由进料斗导入输送带,由输送带送到目的地后再由卸料装置卸出,输送带由下托辊送回进料处。

固定式胶带输送机应用较为广泛,主要用于散料的输送,既可以做水平方向运动,又可以做小倾角的倾斜输送。在各种输送机械中,它的效率最高、输送距离最长。固定式胶带输送机适应性强,在港口、车站、货栈、库场等均有应用,尤其适用于煤炭、矿石等散货的输送。

移动式胶带输送机主要用于装卸输送,机动性强,使用效率高,输送方向和输送长度均可改变,能及时改变输送作业线,以达到作业要求。

6.2.2 带式输送机的主要部件

输送带、承载托辊、驱动装置、张紧装置、进料斗这五种装置对于一台带式输送机是必不可少的,其他辅助装置还有如制动装置、改向装置、卸料装置、清扫装置等。

1. 输送带

输送带用来传递牵引力和承放被输送的货物,所以对它的要求是强度高、耐磨性好、伸缩率小。传统使用的输送带有橡胶带和塑料带两种。塑料带与橡胶带相比,芯层类似,但它用聚氯乙烯代替橡胶作覆盖层,其特点是成本低、质量好。带与带的连接方法是将两条带的带芯各自拆开,对应打结,然后在两面贴上聚氯乙烯塑料片,热压成型,其强度可达原强度的75%~80%。

随着科技的发展,输送带的新品种不断出现,例如钢丝芯胶带和花纹胶带。其中,钢丝芯胶带是将老产品的棉织物或化纤织物芯层用高强度钢丝绳替代,提高了抗拉强度,而且带的厚度及收缩率也大大减小,从而减小了驱动滚筒的直径,减少了张紧装置,结构更紧凑,使得单机长距离输送成为现实。

花纹胶带是将胶带的承载面设计成凹凸的花纹,从而增大输送带与物料之间的摩擦力,增大输送倾角。在提升同样的高度时,输送带的长度大大减小,从而节省占地面积。

2. 承载托辊

托辊固定安装在机架上,对输送带起支撑作用,减少带的垂度,提高运行稳定性,并且呈一定的槽形,防止在输送过程中物料向两边撒漏。托辊的使用数量较大,上托辊的分布间距通常为1.1~1.2m,装料处为正常值的1/3~1/2,间距过大会引起输送带下垂,间距过小会增大带的磨损和功率消耗。承载托辊如图6-2所示。

托辊的形式有四种:缓冲托辊、槽形托辊、调心托辊和平形托辊。前三种为上支承,平形托辊为下支承(也可以作上支承用于件货的输送)。缓冲托辊用在输送带的受料处,以减小受料时输送带所受的冲击力,所以在结构上应具有弹性,通常有橡胶托辊和弹簧托辊两种。槽形托辊用于输送带的中间,设计了槽角后,可以增大输送带的载货横断面积,并防止带跑偏;但设置槽角后,输送带弯曲应力增加,使用寿命缩短。调心托辊的主要功能是调整输送带的横向位置，保持正常运行。

图 6-2 承载托辊

3. 驱动装置

固定带式输送机大都采用滚筒驱动，即借助滚筒表面和输送带之间的摩擦力使输送带运转。通常以电动机作为原动力，经减速器和联轴器带动滚筒，再驱动输送带。短距离和小功率输送机均采用单滚筒驱动，长距离输送机则采用多滚筒驱动。滚筒表面分光面和胶面两种，后者表面摩擦因数较大。如环境湿度小且功率不大，可采用光面滚筒；反之，则采用胶面滚筒，以防打滑。

移动带式输送机的驱动通常有两种形式：一是电动机、传动带、链条或一级开式齿轮，另外一种是电动滚筒。前者较为简单；后者将电动机和传动装置放在滚筒内，使其结构更为紧凑，但电动机散热条件差，检修不便。

驱动装置除滚筒之外，还有一种中间带加滚筒驱动的方式：驱动带和输送带紧贴在一起，利用摩擦力驱动。其主要优点是驱动带与输送带之间为直线接触，避免了多滚筒驱动的多次弯曲，从而减少了输送带的弯曲应力。其缺点是间歇性供料时驱动带与输送带之间的摩擦力随压力的减小而减小，从而引起牵引力减小；过载时易打滑，除减载外，其他措施均不易见效。

4. 张紧装置

张紧装置的主要作用是使输送带保持一定的张力，以免在驱动滚筒上打滑失效，同时避免输送带下垂度过大。张紧装置包括重锤式张紧装置、螺旋式张紧装置（见图 6-3）等。螺旋式张紧装置的工作过程：如果输送带过松，旋动螺杆使滚动轴承沿机架向右移动，从而拉紧输送带；如过紧，则相反。螺旋式张紧装置结构简单、操作方便，多用于小功率输送带。

图 6-3 螺旋式张紧装置

1—螺杆　2—滚筒　3—机架　4—可移动的滚动轴承座

5. 进料斗

对进料斗的要求是装载均匀、防止撒漏、冲击要尽量小。为了满足这样的要求，进料斗的槽宽一般为带宽的2/3，槽壁倾斜度尽量小，使物料离开槽壁时的速度方向与输送带运动方向尽量接近，当然这个倾斜角要比物料对槽壁的摩擦角度稍大些。

6.2.3 新型带式输送机

随着带式输送机技术的不断发展，许多新型带式输送机得到了广泛的应用，常见的类型有气垫带式输送机、磁垫带式输送机、封闭型带式输送机和波状挡边带式输送机等。

1. 气垫带式输送机

气垫带式输送机（见图6-4）是用带孔的气垫平槽替代圆托辊，由薄气膜形成气垫以支承输送带，将按一定距离布置的圆托辊支承变为连续布置的气垫支承，使输送带与托辊间的滚动摩擦变为输送带与盘槽间以空气为介质的流体摩擦，摩擦力大大减小。气垫带式输送机上装有专用的压气泵，向输送带下方的气室中供送具有一定压力的空气。

图6-4 气垫带式输送机

与托辊带式输送机相比较，气垫带式输送机的突出优点是：输送量大，运行阻力小，功率消耗低；便于密闭输送，不洒料，避免粉尘飞扬，保护环境；运行平稳，工作可靠，许用输送倾角增加；皮带磨损小，使用寿命长。但该种方式的气垫较难控制，仅适用于连续均匀轻载，而不适合间歇式运输。

2. 磁垫带式输送机

磁垫带式输送机是利用磁铁的磁极同性相斥、异性相吸的原理，将胶带磁化为磁弹性体，则此磁性胶带与磁性支承之间产生斥力，使胶带悬浮。

磁垫带式输送机的优点在于它在整条带上能产生稳定的悬浮力，工作阻力小且无噪声，设备运动部件少，安装维修简单。其缺点是需专门磁性胶带，且需保证胶带横向磁性的可靠。另外该输送机物料的输送范围受到一定的限制，铁磁货物不能输送，所以一般较少应用。

3. 封闭型带式输送机

封闭型带式输送机（见图6-5）是在托辊带式输送机的基础上加装封闭罩而构成的

图6-5 封闭型带式输送机

一种带式输送机，其最大的优点是可以密闭输送物料，在输送途中物料不飞扬、不洒落，减少污染。另外，有的封闭型带式输送机把输送带改成圆管状（或三角形、扁圆形等）断面的封闭型带，托辊采用多边形托辊组环绕在封闭带的周围。其中圆管输送机应用圆管状环形托辊将特制的胶带圈成圆管状，极大地提高了运载能力，减少了粉尘飞扬污染，但机架较高、体积较大。

4. 波状挡边带式输送机

波状挡边带式输送机如图 6-6 所示，它能以任意倾角连续输送各种散

图 6-6　波状挡边带式输送机

料，实现了普通带或花纹带所不能达到的输送角度，输送量较大、使用范围较广，占地小、无转运点、土建投资少、维护费用低。

6.3　链板输送机

链板输送机（图 6-7）是以链条作为传动构件，在链条上固定安装一定规格的板片作为承载构件而构成的链式输送机。链板输送机与带式输送机相似，二者的区别在于：带式输送机用输送带牵引和承载货物，靠摩擦驱动并传递牵引力；而链板输送机则用链条牵引，用固定在链条上的板片承载货物，靠啮合驱动并传递牵引力，主要适用于输送成件货物，广泛应用在仓库、配送中心及自动分拣线等各种物流作业场所。

图 6-7　链板输送机

链板输送机由头部驱动装置、尾轮装置、拉紧装置、链板和机架五个部分组成，其主要特点是：

1）链板输送机的输送面平坦光滑，摩擦力小，物料在输送线之间的过渡平稳，可输送各类玻璃瓶、PET 瓶、易拉罐等物料，也可输送各类箱包。

2）链板有不锈钢和工程塑料等材质，规格品种繁多，可根据输送物料和工艺要求选用，能满足各行各业不同的需求。

3）输送能力大，可承载较大的载荷，如用于电动车、摩托车、发电机等行业。

4）输送速度准确、稳定，能保证精确同步输送。

5）链板输送机一般都可以直接用水冲洗或直接浸泡在水中。设备清洁方便，能满足食品、饮料行业对卫生的要求。

6）设备布局灵活，可以在一条输送线上完成水平、倾斜和转弯输送。

7）设备结构简单，维护方便。

链板材质包括碳钢、不锈钢、热塑链，根据需要可选取不同宽度、不同形状的链板来完成平面输送、平面转弯、提升、下降等功能。

6.4 刮板输送机与埋刮板输送机

刮板输送机和埋刮板输送机广泛适用于冶金、建材、电力、化工、水泥、港口、码头、煤炭、矿山、粮油、食品、饲料等行业。埋刮板输送机的工作环境是完全密闭的，除了进料口和出料口，其他环境都全封闭。

6.4.1 基本结构

各种类型刮板输送机组成部件的形式和布置方式不完全相同，但主要结构和基本组成部件是相同的。刮板输送机（见图6-8）一般是由机头部、机身部和机尾部三个部分组成。

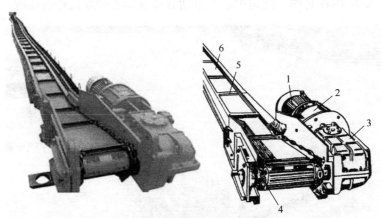

图6-8 刮板输送机
1—电动机 2—液力耦合器 3—减速器 4—链条 5—刮板 6—溜槽

机头部：由机头架和安装其上的链轮组件、联轴器、减速箱和电动机组成。

机尾部：由机尾架、链轮组件、联轴器、减速箱、电动机组成。

机身部：由中部槽、刮板链、铲料板、挡料板组成。

除此之外，还有紧链装置、推移装置和锚固定装置等辅助性装置。

埋刮板输送机和刮板输送机的主要结构和组成部件基本相同，也是由机头部、中间部和机尾部三个部分组成。

6.4.2 工作原理

刮板输送机是一种有挠性牵引机构的连续运输机械。溜槽是散料的承载机构，其牵引推运机构是绕过机头链轮和机尾链轮（或滚筒）而进行循环运动的无极闭合刮板链。启动电动机，经液力联轴器、减速器、传动链轮而驱动刮板链连续运转，将装在溜槽中的散料推运到机头处卸载转运。

埋刮板输送机（见图 6-9）是利用散粒物料具有内摩擦力和侧压力等特点来工作的。常用的通用埋刮板输送机根据输送方向的不同可分为三种类型，即水平或小倾角倾斜的 MS 型、垂直或大倾角倾斜的 MC 型、从水平到垂直再转到水平的 MZ 型。

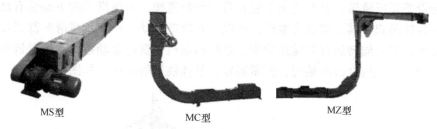

图 6-9 埋刮板输送机

埋刮板输送机在水平输送时，由于刮板链条在槽底运动，刮板之间的物料被拖动向前成为牵引层。当牵引层物料对其上层物料的内摩擦力大于物料与机槽两侧壁间的外摩擦力时，上层物料就随着刮板链条向前运动。刮板以上的料层受到内摩擦力和外摩擦力作用，内摩擦力是带动物料层运动的，它由重力作用而在物料层与牵引层之间产生。

埋刮板输送机在垂直输送时，机槽内的物料不仅受到刮板向上的推力和下部不断供入的物料对上部物料的支撑作用，同时物料的侧压力会引起运动物料对周围的物料产生向上的内摩擦力。此外物料还有起拱的特性，有利于随板运动。当以上作用能够克服物料与槽壁间的外摩擦力及物料自身的重力作用时，物料就形成连续整体的料流随刮板链条向上输送。由于刮板链条在运动中有振动，料拱会时而形成时而被破坏，使物料在输送过程中相对于链条滞后，影响生产率。

6.4.3 主要特点

1. 刮板输送机的特点

（1）优点。机身低矮，可以弯曲，运输能力强，结构强度高，可以适应较恶劣的工作条件。例如在采煤工作面，可作为采煤机运行轨道，有时还可作为移置液压支架的支点；在推移刮板输送机的时候，铲煤板可自动清扫机道浮煤；挡煤板后面有安全电缆、水管的槽架，并对电缆、水管起保护作用，推移输送机时，电缆、水管同时移动。

（2）缺点。运行阻力大，耗电量高，溜槽磨损严重；使用、维护不当时，易发生掉链、漂链、卡链、甚至断链等事故，影响正常运行。

2. 埋刮板输送机的特点

（1）优点。埋刮板输送机构造简单，体积小，重量较轻，密封好，输送距离长

（50~60m），输送易扬尘的物料时可防止环境污染；能做水平、倾斜及垂直输送，兼有水平螺旋输送机和斗式提升机的作用；输送线路布置灵活，安装维修比较方便，可多点加料、多点卸料。

（2）缺点。链条埋在物料层中，工作条件恶劣，刮板和槽底间相互接触，因而磨损严重，基槽也易磨损；不宜输送黏性、磨琢性很大和易结块的、怕碎的物料。因磨损较大，故输送速度和生产率较低，功率消耗较大。

6.5 悬挂输送机

悬挂输送机是一种空间作业的连续输送机，是链式输送机的一种特殊形式。它在车间上空架设着运行轨道，并在轨道上装有若干承载滑架，承载滑架的下端装有吊具，可以把货物悬挂吊起，其上端装有滚轮，可以沿着轨道滚动，所有承载滑架都通过链条的传动在整个轨道上周转运行并输送货物。悬挂输送机主要由驱动装置、输送链条、滑架和载货小货车、轨道及改向装置、张紧装置、悬挂装置等组成，如图6-10所示。

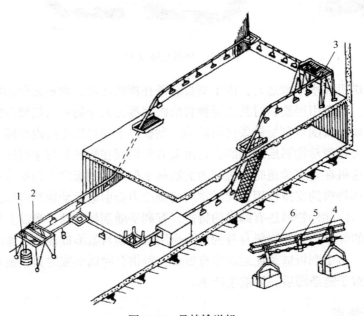

图6-10 悬挂输送机

1—平衡重 2—张紧装置 3—驱动装置 4—悬挂装置 5—滑架 6—轨道

6.5.1 工作原理

悬挂输送机按链条工作方式分为牵引式、推动式与拖动式三类。

（1）牵引式。这种输送机的输送链被驱动装置驱动后产生必要的张力并沿轨道移动，被输送物件挂在滑架上。同时，滑架也把链条以与轨道相同的几何轨迹同轨道连接在一起。所以，链条实际上是作为牵引构件带动滑架和货物移动完成输送作业。

（2）推动式。这类输送机有相互平行且几何轨迹相同的上下两组轨道，带有承载吊具的载货小车由承载轨道支承，输送链通过推进滑架挂靠在牵引轨道上。输送链被驱动装置驱动后,沿牵引轨道运行,并通过推进滑架推动载货小车沿承载轨道运行。这种输送机的特点在于借助道岔装置可使载货小车由一条承载轨道(主线)进入另一条承载轨道或支线(辅线),从而可以实现被输送物品的分类、储存及运输的自动化。

(3)拖动式。基本和牵引式输送机相同,只是被牵引的是地面行车。由于失去了空中输送的优势,所以这类输送机的应用相对来说要少些。

6.5.2 主要应用

悬挂输送机适用于机械制造(铸造总装、汽车制造、食品、纺织、橡胶以及建材等工业部门),主要用来连续地运送毛坯、机器零件、半成品、成品等各种成件物品和装在容器内的散装物料。

6.5.3 主要特点

(1)优点。具有空间性,可以布置在空间的任何方向,容易适应工艺过程的改变,并可在输送的过程中完成一定的工艺操作;可以做长距离的输送,其范围从几米到几百米,当采用多机驱动时可达1km左右;被输送物品在特性、形状、尺寸(长度由几毫米到几米)和质量(可由不到1kg到几吨)等方面可以是多种多样的;可以固装在厂房的建筑物上,对地面设备的布置及生产工作没有影响或影响很小,因而提高了地面生产面积的经济性;有可能消除各个工序间的中间储存场所,因为整个悬挂输送机本身可直接使工件形成活动的储存场所;动力消耗少。

(2)缺点。由于装卸过程中要使工件或物料沿高度方向移动,所以较难实现自动化;一般来说,轻便的物品由人工装卸,笨重的则需用各种起重设备和专用的升降台,此时不如地面输送机装卸料方便;成本较高;若输送线路某一部分出现故障,将影响整个线路,并导致全部停产。高速运行时可大致达到20m/min。

6.6 辊道输送机

6.6.1 辊道输送机的概念和分类

1. 辊道输送机的概念

辊道输送机是以一系列按一定间距排列的刚性辊子作为传动构件和承载构件的大型输送机械。它利用辊子连续不断地旋转运动,使货件从装货端移动到卸货端,可用于沿水平方向或小倾角倾斜方向输送成件货物。为了能顺利输送货物,货物的底部必须有沿输送方向的连续支承面,而且该支承面至少应能同时接触4个辊子。所以辊道输送机适宜输送具有较坚硬的平直底面的货物,如托盘、箱类、容器、板材和规则型材料,以及具有平底的各种工件。

辊道输送机在连续生产流水线和自动分拣线中大量被采用,它不仅可以连接生产工艺过程,而且可以直接参与生产工艺过程,因而在机械制造、电子、化工、轻工、家电、食品、纺织及邮电等行业和部门的物流系统中,尤其在各种加工、装配、包装、储运和配送等流水生产线中得到了广泛应用。

现代物流装备

辊道输送机可以进行直线输送，也可以改变输送方向进行曲线方向或者直线交叉方向的货物输送。用于曲线传动时，通常采用锥形辊子布置成扇形，有的场合也使用滚轮形辊子。

2. 辊道输送机的分类

（1）按照运动方式分类，可分为无动力式辊道输送机和动力式辊道输送机两大类。

无动力式辊道输送机自身无驱动装置，辊子转动呈被动状态，物品依靠人力、重力或外部推拉装置的作用进行移动。它有水平和倾斜两种布置形式。水平布置形式依靠人力或外部推拉装置移动物品。人力推动用于货件重量较轻、输送距离短、工作不频繁的场合；外部推拉可采用链条牵引、胶带牵引、液压动力装置推拉等方式，可以按要求的速度移动物品，便于控制运行状态，用于货件重量较大、输送距离较长、作业比较频繁的场合。倾斜布置形式依靠物品自身重力沿斜面下滑进行输送，这种形式结构简单、经济实用，适用于重力式高架仓库及工序间的短距离输送，但不易控制物品运动状态，物品之间易发生撞击，不宜输送易碎物品。

动力式辊道输送机以电动机为动力，并通过一定的传动方式使所有的辊子都进行旋转，货物在辊子的圆周力推动下向前移动，辊子的转动呈主动状态。动力式辊道输送机可以严格控制物品运动状态，按规定的速度精确、平稳、可靠地输送物品，便于实现输送过程的自动控制。

（2）按照辊子的形状分类，可分为圆柱形辊道输送机、圆锥形辊道输送机和滚轮形辊道输送机等类型。

圆柱形辊道输送机（见图6-11a）的辊子形状为圆柱形。它通用性好，可以输送具有平直底部的各类物品，允许物品的宽度在较大范围内变动，一般用于输送机线路的直线段。

圆锥形辊道输送机（见图6-11b）的辊子形状为圆锥形。它主要用于输送机圆弧段曲线输送线路，多与圆柱形辊道输送机直线段配合使用，可以避免物品在圆弧段运行时发生滑动和错位现象，保持正常方位。

a) b)

图6-11 圆柱与圆锥形辊道输送机

滚轮形辊道输送机（见图6-12）的辊子形状是滚轮，通常是在同一根轴上安装若干个滚轮。滚轮形辊道输送机可用于直线输送线路，也可用于曲线输送线路。滚轮形辊道输送机的辊子自重轻，运行阻力小，便于安装布置，多用于生产流水线和自动分拣线

第 6 章　连续输送设备

等输送线路的主线与支线衔接处，或线路转弯处。

图 6-12　滚轮形辊道输送机

6.6.2　动力式辊道输送机的驱动方式

动力式辊道输送机的驱动方式主要有以下五种：

1) 每个辊子都配备一个电动机和一个减速器，单独驱动，辊子一般采用星形传动或谐波传动减速器。由于每个辊子都组成一个独立的系统，因此更换维修比较方便，但费用较高。

2) 每个辊子轴上装两个链轮，相邻两个辊子链轮由一个链条相互连接。首先由电动机、减速器和链条传动装置驱动第一个辊子，然后由第一个辊子通过链条驱动第二个辊子，这样依次传递，实现全部辊子的转动。

3) 用一根链条通过张紧轮驱动所有辊子。当货物尺寸较长、辊子间距较大时，这种方式比较容易实现。

4) 用一根纵向的通轴，在通轴上，对应每个辊子的位置都开着凹槽，用环形传动带扭成"8"字形分别套在通轴和辊子上，当通轴在电动机的驱动下旋转时，通过传动带把驱动力传递给辊子，使所有辊子一起转动。当货物较轻、对驱动力的要求不大时，可以采用这种驱动方式。

5) 在辊子底下布置一条胶带，用压辊顶起胶带，使之与辊子接触；靠摩擦力的作用，当胶带向一个方向运行时，辊子的转动使货物向相反方向移动。把压辊放下，使胶带脱开辊子，辊子就失去了驱动力。有选择地控制压辊的顶起和放下，即可使一部分辊子转动，而另一部分辊子不转动，从而实现货物在辊道上的暂存，起到工序间的缓冲作用。

6.6.3　辊道输送机的特点

1) 布置灵活，方向易变。可以采用直线和曲线输送线路布置，也可以根据需要组成分支、合流等各种形式的输送线路，还可以灵活改变输送方向，并且输送线路易于封闭。

2) 衔接方式简单紧凑，可以利用升降台补足工艺和设备的高差要求，组成立体输送线路，便于与生产工艺设备的衔接配套。

3) 功能多样，在输送线路上可完成货件的回转和升降，以满足工艺流程的要求，而且可以并排组成宽度大的输送机，运送大型货件。

4）输送平稳，便于对输送过程中的物品进行加工、检验和装配等各种工艺操作。

5）容易实现精确定位，适用于组成各种自动化生产流水线。

6）结构简单，运转可靠，伸缩自如，使用方便，经济、节能，占地面积小。

但由于辊子间距较小，因而输送线路上辊子数较多，在输送距离相同的条件下，其设备投资较其他输送方式（如带式输送机）要大。

6.6.4 辊道输送机的布置形式

（1）水平布置形式。水平布置形式适用于物料的水平输送，应用最广，也是物料在输送过程中最安全最平稳的输送方式。

（2）倾斜布置形式。倾斜布置形式一般用于满足物料从较高处往较低处输送要求的一种布置方式。由于辊道输送机自身的移动速度无法控制，易发生碰撞，故这种方式不被广泛应用。

（3）U形布置形式。U形布置形式是将物料沿U形路线输送的一种方式，用锥形辊子按扇形布置来实现。

（4）S形布置形式。S形布置形式即每个单元由8只辊筒组成，每个单元都可独立使用，也可多个单元连接使用，安装方便；S形辊道输送机占地面积小，伸缩自如，可灵活改变输送方向。

（5）交叉布置形式。交叉布置形式需设计专门装置，解决辊道输送机同高度两个垂直方向物料直线输送和垂直转向问题。

6.7 螺旋输送机

6.7.1 概述

螺旋式输送机是利用带有螺旋叶片螺旋轴的旋转运动，推动物料沿着料槽向前运动，进而实现物料连续输送的机械。螺旋式输送机以刚性的螺旋轴作为传动构件，所以是一种刚性传动构件式连续输送机械。螺旋式输送机又称为绞龙，主要适用于输送粉末状、颗粒状和小块状散货、谷物、化肥、矿砂和水泥等，是港口散货码头、化工企业中应用较为普遍的输送设备。

螺旋输送机可以水平或小倾角输送散料，也可以垂直输送；既可以固定安装，也可以制成移动式。螺旋叶片是输送机的主要部件，物料就是依靠叶片的旋转而被推进的。在推进过程中，物料被不断地搅拌，同时叶片也受到摩擦，所以功率消耗较大。螺旋输送机的输送量通常为 $20\sim40m^3/h$，最大可达 $100m^3/h$。常用的输送范围为水平50m、垂直10m。

螺旋输送机的主要优点是结构简单、紧凑，占地少，无空返，维修方便；缺点是功率消耗较大，叶片和料槽易磨损，物料易被磨碎，对超载敏感、易堵塞。

螺旋输送机在输送形式上分为有轴螺旋输送机和无轴螺旋输送机两种，在外形上分为U型螺旋输送机和管式螺旋输送机。有轴螺旋输送机适用于无黏性的干粉物料和小颗粒物料（例如水泥、粉煤灰、石灰、粮食等）。无轴螺旋输送机适用于输送有黏性的、易缠绕的物料（例如污泥、垃圾等）。

根据输送物料的特性要求和结构不同，螺旋输送机有水平螺旋输送机（见图 6-13）、垂直螺旋输送机、可弯曲螺旋输送机、螺旋管（滚筒输送机）输送机等。

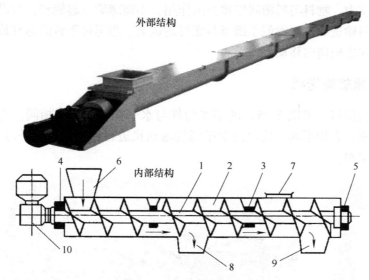

图 6-13　水平螺旋输送机
1—螺旋轴　2—料槽　3—中间轴承　4—首端轴承　5—末端轴承　6—进料口　7—中间装载口
8—中间出料口　9—末端出料口　10—驱动装置

6.7.2　水平螺旋输送机

水平螺旋输送机的一般构造，由驱动装置（电动机、减速器、联轴节）、螺旋器、轴承、料槽、进料口、出料口等部分组成。

根据机体的结构，螺旋输送机可以分为头节、中间节、尾节三部分，其中头、尾两节的长度基本固定，中间节的长度可以根据实际需要而确定。进料口和出料口也并非一定要装于首尾两端，整个输送长度上都可以装、卸料，料槽将输送机整体封闭，防止灰尘飞扬。螺旋可以制成左旋、右旋或左右旋，从而改变输送的方向。螺旋是由叶片和轴焊接而成，由于叶片的形式不同，螺旋可以分为实体式、带式、叶片式和齿形式四种（见图 6-14）。

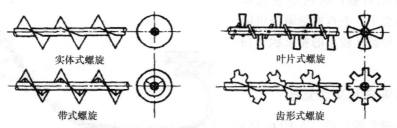

图 6-14　螺旋输送机的螺旋形状

四种形式各有优点。实体式螺旋结构简单，适用于流动性好、干燥的粉状散料，且效率较高。带式螺旋适用于黏性或块状物料。叶片式螺旋适用于易被压紧的物料，可以在输送过程中起搅拌作用，使物料松散。齿式螺旋是带式和叶片式两种螺旋的综合，兼具两者的优点。

输送散货的水平螺旋输送机的工作原理是：螺旋在料槽内旋转时，装入料槽的物料由于受到本身重力、物料与料槽间摩擦力的作用，不随螺旋一起旋转，而沿着料槽轴线方向移动，物料输送的过程类似于螺母与螺杆的运动。当螺母不转而螺杆旋转时，螺母就沿着螺杆轴线方向向前移动。

6.7.3 垂直螺旋输送机

垂直螺旋输送机（见图 6-15）的基本构件与水平螺旋输送机相同。它采用实体螺旋和圆柱形料槽，利用下部一段短的水平螺旋输送机进行供料。若水平螺旋不加罩壳，可直接从货堆取料。

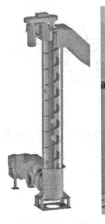

图 6-15　垂直螺旋输送机

垂直螺旋输送机的运动阻力和功率消耗比水平螺旋输送机大。在各种连续输送机中，它的功率消耗仅低于气力输送机。垂直螺旋输送机的工作原理与水平螺旋输送机不同，物料的自重是向下的，螺旋旋转时物料与螺旋叶片之间的摩擦力使物料也跟着旋转。

垂直螺旋输送机的主要优点是结构简单，占用空间小，易于密闭输送，制造费用较低；缺点是输送量小，输送高度小。垂直螺旋输送机适合于输送各种黏性较小的粉末状和颗粒状物料。

6.7.4 可弯曲螺旋输送机

可弯曲螺旋输送机（见图 6-16）的螺旋体心轴为可挠曲的，因此输送线路可根据需要，按空间曲线布置。

图 6-16　可弯曲螺旋输送机

第6章 连续输送设备

根据布置线路中水平及垂直（大倾角）段的长度比例不同，其工作原理按普通螺旋输送机或垂直螺旋输送机设计。

可弯曲螺旋输送机用于输送线路需要按空间曲线任意布置，以及需要避免物料转载的场合；当机壳内进入过多的物料或有硬块物料时，螺旋体会自由浮起，不会产生卡堵现象。可弯曲螺旋输送机主要用于同时完成物料的水平和垂直输送，垂直输送时一般要求转速较高，不能低于 1000r/min。

该种输送机结构新颖，密封性能好，技术先进，装置维护方便，运转平稳，噪声小，可在若干位置进行中间加载和多点加载，操作安全、方便。

6.7.5 螺旋管输送机

螺旋管输送机是在圆筒形机壳内焊有连续的螺旋叶片，机壳与螺旋叶片一起转动。加入的物料由于离心力和摩擦力的作用随机壳一起转动而并被提升后，在物料的重力作用下又沿螺旋面下滑，使物料随螺旋管一起旋转从而实现物料的向前移动；如同不旋转的螺杆沿着转动的螺母做平移运动一样，达到输送物料的目的。

该种输送机能耗低，维修费用低；在端部进料时，能适应不均匀进料要求，可同时完成输送、搅拌、混合等各种工艺要求，物料进入过多时也不会产生卡阻现象；便于多点装料与卸料；可输送温度较高的物料。螺旋管输送机对高温、供料不均匀、有防破碎要求、防污染要求的物料和需多点加卸料的工艺有较好的适应性。实践证明，在输送水泥熟料、干燥的石灰石、磷矿石、钛铁矿粉、煤和矿渣等物料时效果良好。

由端部进料口加入的物料，其粒度不能大于 1/4 的螺旋直径；自中间进料口加料的物料，其粒度均不得大于 30mm。为保证筒体不产生变形，加料温度必须控制在 300℃以下。该种输送机在输送磨琢性大的物料时对叶片和料槽的磨损极为严重。

6.8 气力输送机

气力输送机是利用具有一定速度和压力的空气，带动粉末状、颗粒状物料在密闭的管道内，沿设定的管路方向进行输送的设备。它常用于港口、仓库、工厂等场所，对大批量粮食、矿砂、煤粉等散装物料进行输送。

气力输送机主要由鼓风机、供料器、输送管道、分离器、卸料器和除尘器等部分组成。鼓风机是气力输送机的动力装置，用以使管道两端产生一定的压力差；供料器用来使物料与气流混合；输送管道用来输送物料；分离器和卸料器用来将物料与空气流分离并卸出物料；除尘器用以收集和清除输送过程中产生的粉尘。

气力输送机的输送过程完全由空气的动力特征来控制，遵循气相和固相两相流的基本原理。在垂直管路中，当空气速度处于特定临界范围时，物料呈悬浮状态，即物料的重力与空气的动力达到平衡；低于临界范围，物料下沉；高于临界范围，物料被输送。输送不同粒度和密度的粉粒所需要的空气流动速度和压力有很大不同，所以气力输送机的专用性较强，通用性较差。

气力输送机的主要优点是：采用密封的管道输送物料，粉尘和热量的散发大大减少，对环境的污染小；设备简单，管道输送布置比较灵活，占地面积小；使用投资少，见效快。其缺点是：动力消耗较大，相应的输送物料量不够大；输送的物料较潮湿时，容易造成管道堵塞，影响输送效率；工作中设备有一定的噪声。

根据气力输送机管路内的空气压力大小，可以分为三种：吸送式、压送式和混合式。

6.8.1 吸送式气力输送机

吸送式气力输送机的主要特点是通过鼓风机从整个管路系统中抽气，使管路内的空气压力低于大气压力，形成一定的真空度。物料在吸嘴处与空气混合，由于管路内的真空度而被吸入输送管路并沿管路输送；到达卸料点后，经分离器将空气与物料分离，空气经除尘、消声处理后排入大气（见图 6-17）。

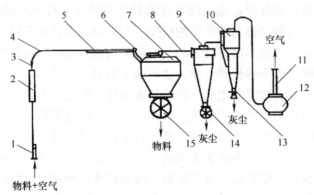

图 6-17 吸送式气力输送机结构原理示意图
1—吸嘴 2—垂直伸缩管 3—软管 4—弯管 5—水平伸缩管 6—铰接弯管
7—分离器 8—风管 9、10—除尘器 11—消声器 12—鼓风机 13、14—卸灰器 15—卸料器

吸送式气力输送机的最大优点是进料方便，可以由一根或多根吸料管，从一个或多个供料点进料，而且粉尘较少。其缺点是输送距离受到限制，因为距离增加，阻力上升，对真空度的要求就高，但真空度达到一定值后，空气变得稀薄，输送力下降。保证一定的真空度，对吸送式气力输送机相当重要，除鼓风机外，管路应该严格密封，以免漏气。

6.8.2 压送式气力输送机

与吸送式气力输送机不同，压送式气力输送机管路内的气压高于大气压力，空气经鼓风机压缩后进入输送管路，物料由料斗进入，混合后沿管路输送，至卸料点经分离器分离，物料由下方排出，空气经除尘、消声后排入大气（见图 6-18）。

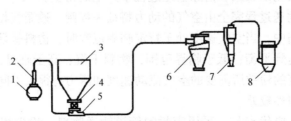

图 6-18 压送式气力输送机结构原理示意图
1—鼓风机 2—消声器 3—料斗 4—供料器 5—喷嘴 6—分离器 7、8—除尘器

压送式气力输送机的最大优点是可以长距离输送,缺点是供料器结构复杂,因为供料器要将物料送入高压管路中时还必须防止管路内的高压空气冲出。压送式气力输送机在散装水泥的装卸作业中应用较多。

6.8.3　混合式气力输送机

由于吸送式或压送式气力输送机都有一定局限,也有各自的优点——吸送式气力输送机进料方便,压送式气力输送机长距离输送,因而结合两者优点的混合式气力输送机应运而生(见图 6-19)。

物料从吸嘴 1 至分离器 3 是吸送部分;从分离器的底部进入输送管路后是压送部分。混合式气力输送机具有吸送式和压送式的优点,但结构复杂,进入压送部分鼓风机的空气大部分是从吸送部分分离出来的,所以含尘量较高。

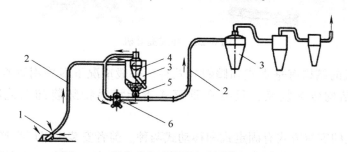

图 6-19　混合式气力输送机结构原理示意图
1—吸嘴　2—管道　3—分离器　4—除尘器　5—旋转式供料器　6—风机

6.9　斗式提升机

6.9.1　斗式提升机的组成和类型

斗式提升机是在垂直或接近垂直的方向上连续提升粉粒状物料的输送机械,一般由牵引构件(胶带或链条)、料斗、机头、机身、机座、驱动装置、张紧装置等部分组成,如图 6-20 所示。它的牵引构件(胶带或链条)绕过上部和底部的滚筒或链轮,牵引构件上每隔一定距离装一料斗,由上部滚筒或链轮驱动,形成具有上升的有载分支和下降的无载分支的无端闭合环路。物料从有载分支的下部供入,由料斗把物料提升至上部卸料口卸出。

斗式提升机的料斗固定于胶带(或链条)上,其形式通常有深斗、浅斗、三角斗三种。深斗适合于松散物料,浅斗适合于黏性较大的物料,三角斗适合于比重较大且成块状的物料。斗式提升机整个设备外壳全部封闭,以免输送过程中灰尘飞扬。外壳上部称为机头,内装有驱动装置、传动装置(减速器、传动带或链条)和止逆器(制动器或滚动止逆器);中间为机身,通常为薄钢板焊接而成的方形罩壳,其长度可根据实际提升高度调节,机身中装有传动传感报警器,一旦胶带或链条跑偏即会报警,机头端设有防爆孔;下部为机座,装有张紧装置(或链轮);机座上设有进料口,机头上设有出料口。

现代物流装备

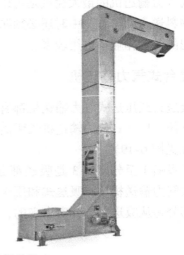

图 6-20　斗式提升机

斗式提升机的结构有垂直式和倾斜式两种。一般情况下多采用垂直式，因为倾斜式斗式提升机结构较为复杂，只有在垂直式不能满足特殊装卸工艺时，才采用倾斜式。

斗式提升机的安装方式有固定式和移动式两种。前者安装于工厂生产车间、仓库等处，生产能力较大；后者使用方便灵活，多作为粮仓的装卸设备。按牵引构件的不同，可分为带式和链式两种，物料温度低于60℃时适用于前者，反之用后者。

6.9.2　斗式提升机的工作过程

斗式提升机的整个工作过程可分为装料、提升、卸料三个阶段。其中，装料与卸料尤为重要，对斗式提升机的生产率起决定性作用。提升相对较为简单，只要胶带或链条强度保证输送过程中无打滑或抖动现象，基本上就可以保证提升平稳、不洒料。斗式提升机一般在底部装载，顶部卸载。

1. 装料

斗式提升机在底部装料，装料方式有顺向进料和逆向进料两种，或称为掏取法和流入法。

顺向掏取进料如图 6-21a 所示，物料进入机体时由于重力作用直接流向机座下部。这种方式主要用于粉末状、颗粒状、小块状等无磨琢性的散状物料，其料斗分布相对稀疏。由于掏取时阻力较小，料斗的运行速度可以较快，在 0.2~2m/s 之间。

逆向流入进料如图 6-21b 所示，物料进入机座时与料斗正面相遇，料斗运动方向与进料方向相反，这种方式适用于块大且比重大的物料或磨琢性强的物料。对这些物料如采用顺向掏取进料法，则很难将料斗装满。逆向流入进料的料斗分布较密，以防止物料在料斗之间散落。装料时料斗的运行速度应该较低，否则物料不易装满，一般不超过 1m/s。

2. 卸料

斗式提升机的卸料过程，就是料斗进入驱动轮之后，随驱动轮做旋转运动而将物料倒出的过程。料斗内的物料在旋转过程中受到重力和离心力的作用（见图 6-22）。根据物料具体受力状态的不同，可以分为重力式、离心式、离心-重力混合式三种卸料方式。

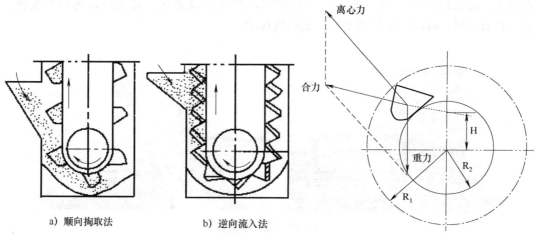

a) 顺向掏取法　　b) 逆向流入法

图 6-21　斗式提升机的装料方式　　　图 6-22　斗式提升机卸料工作原理图

(1) 重力式卸料方式。当驱动轮的旋转速度较小，物料所受到的重力大于离心力时，物料沿着料斗的内壁运动，以重力方式倾卸。重力卸料适用于磨琢性较大的块状物料，或湿度高、黏性大、散落性差的物料，如煤块、矿石等。料斗宜采用浅斗。通常用链条作牵引构件，料斗的运行速度在 0.4~0.8m/s 之间。

(2) 离心式卸料方式。当驱动轮的运动速度较大时，物料所受到的离心力大于重力，料斗中的物料紧贴料斗的外壁，以离心方式卸出。该方式适用于流动性好的粉末状、粒状及小块状物料，且多用胶带作牵引构件，料斗通常选用深斗。料斗的运行速度可达 1~2m/s。

(3) 离心-重力混合式卸料方式。这种状况物料的受力状态介于两者之间，物料中有一部分紧贴料斗外壁被离心抛出，另一部分沿内壁靠重力倾卸出去。该方式适合于湿度大、流动性不良的粉状或小颗粒物料。常用链条作为牵引构件，料斗的运行速度在 0.6~0.8m/s 范围之间。

6.9.3　斗式提升机的特点和应用

斗式提升机的主要优点是：结构比较简单，横向尺寸小，因而可节约占地面积；可以在全封闭的罩壳内工作，能够减少灰尘对环境的污染；必要时还可将斗式提升机底部插入货堆中自行取货；工作阻力较小，因而耗用动力较小；提升高度在 60~100m，而且输送效率高。其主要缺点是对过载较敏感，可输送的物料受到一定限制。

斗式提升机的应用范围极其广泛，特别适用于煤炭、水泥、石子、石灰、砂、黏土、矿石、粮食等货物的垂直输送，在煤炭、建材、粮食等加工和储运行业以及港口散货装卸作业中都有大量的应用。

链斗卸船机（见图 6-23）是斗式提升机的典型应用，主要用于港口码头上煤炭、矿石等散货船的装卸作业。常用的链斗卸船机有两种：一种是悬链式，适用于甲板驳，链斗在取料段没有刚性支架，是悬垂的，落在舱面上作业的料斗在船舶颠簸时，可以随着舱面上下浮动，所以料斗可以紧贴舱面工作、有清舱能力；另一种是"L"形链斗卸船机，链斗把物料挖出，并提升到顶上，通过螺旋漏斗卸料器，将物料卸在臂架带式输送机上，运送到后方。"L"形链斗卸船机的取料头可以旋转，臂架可以俯仰及旋转。通过自动控制，可以保证取料头按一定路线移动。

图 6-23　链斗卸船机

复习思考题

1. 连续输送设备的特点是什么？
2. 皮带输送机的主要部件和应用有哪些？
3. 简述埋刮板输送机与刮板输送机的异同。
4. 简述辊道输送机的特点、分类与布置形式。
5. 简述气力输送机的工作原理、结构特点与用途。
6. 悬挂输送机的结构主要由哪些部分组成？
7. 简述斗式提升机的工作过程。

第 7 章　集装与包装设备

学习要点

1. 理解物料活性的含义、集装的基本概念和类型、集装的特点和基本原则。
2. 掌握物流模数的概念和应用,了解其对装卸搬运的意义。
3. 熟悉托盘的概念、特点、循环使用及标准化现状。
4. 熟悉常用托盘的类型及特点,了解托盘货物的堆码方式和紧固方法。
5. 了解集装袋、集装网、周转箱等其他常见集装器具的基本结构和用途。
6. 理解包装的作用和类别,掌握常用包装设备的分类、组成和应用。
7. 掌握包装自动生产线的概念和基本组成,了解典型包装自动生产线。

7.1　物流集装概述

7.1.1　集装的基本概念和类型

1. 集装的基本概念

我国国家标准《物流术语》(GB/T 18354—2006)对集装化的定义为:用集装单元器具或采用捆扎方法,把物品组成集装单元的物流作业方式。国际上对集装化的定义为:用集装器具或捆扎方法,把物品组成标准规格的单元货件,以加快装卸、搬运、储存、运输等物流活动。物品捆装集装化如图 7-1 所示。也有资料将其解读为将成件包装物、散裸装物品组合而形成一个便于装卸、搬运、储存和运输的单元体的工作过程。集装作业是将分散的或小批量的物品集中起来,以便进行运输、配送的作业,可以减少或避免车辆轻载现象,提高车辆的运输效率和降低运输成本。

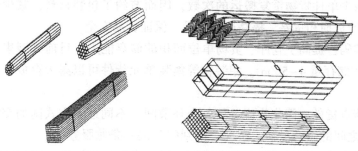

图 7-1　物品捆装集装化

物流集装是现代物流生产活动中最重要、效率最高的作业方式。由于在物流过程中处理的物品大小、形状和重量千变万化,如果都以单件方式进行装卸、搬运、储存和运

现代物流装备

输,其作业效率非常低。在物流生产实践中,通常都是采用一定的方法,把许多重量较轻、体积较小的同种或异种单件物品集中在一起,组合成一个重量较重、体积较大的单元货件,从而大大提高物流作业效率。从广义上讲,这种把许多零散的物品集合成较大的单元货件的方式都属于集装。从现代物流的意义上说,物流集装是以标准化为基础,为便于装卸、搬运、储存和运输,将货物用专门器具盛放或捆扎处理成标准规格单元货件的作业过程。通常把物流集装化作业的单元货件限定为具有统一的、标准规格的集装单元货件。

2. 集装的基本类型

集装的基本类型按使用工具可以分为集装箱化、托盘化、网袋化、货捆化、框架化、滑板化和半挂车化。物流中常用的集装单元器具有集装箱、托盘、集装袋和周转箱等。其中集装箱、托盘应用最为广泛,而且已经在国际范围内发展出了统一的标准规格系列,形成了比较完善的集装箱化和托盘化的集装化物流作业系统。

3. 物流集装的基本方法

一般采用专门的集装单元器具盛放物品,把物品集装成一定规格的集装单元,或者采用捆扎的方法,把物品捆扎成一定规格的货捆。其中最主要的、应用最广泛的集装化方法是采用集装单元器具。捆扎的方法一般用于处理长条形材料和板材等物料,应用范围较狭窄。集装单元器具是指用于承载物品,并可把各种物品组成一个便于储运的基础单元的一种载体。

7.1.2 物流集装的特点

1. 物流集装的优点

货物集装之所以能够发展迅速,是因为它在物流过程中具有突出的优点:

1)便于装卸搬运,为装卸作业机械化、自动化创造了条件,从而提高了装卸效率,降低了劳动强度,加速了运输工具的周转,缩短了货物送达时间,还可缩短货物运输在途时间,从总体上提高运输工具载重量和容积利用率,其效果是显而易见的。例如铁路60t 棚车,用人工装载日用杂货约需 10 个工时(5 个工人,工作 2h),同样是这些杂货,如用小型集装箱装卸作业,2 个工人仅需 20min,工效提高 15 倍。

2)由于减少单件货物重复搬运的次数,因而节约了包装材料,减少包装费用,减少物流过程中的货损和货差,提高运输质量,保证货品安全。

3)便于堆码,提高了仓库、货场单位面积的储存能力。目前大型集装箱已可堆高 5 层,单位面积储存量 $4 \sim 5t/m^2$。集装箱等集装单元货件可以露天存放,从而节省了仓库的储存费用。

4)便于清点货件,简化物流过程各个环节间、不同运输方式间的交接手续,促进不同运输方式之间的联合运输,实现"门到门"的一条龙服务。

5)按单元交接,简化手续,节省时间,提高物流运作效率。例如高铁物流采用集装化的方式,极大地提高了运作效率。

6)减轻或完全避免污秽货物对运输工具和作业场所的污染,改善了环境状态。

7)使用集装箱还能节约包装材料和费用,降低物流成本。

第7章 集装与包装设备

2. 物流集装存在的不足

货物的集装化也给物流管理带来一些新问题，主要是：

1) 由于货物运输的流向不平衡，出现集装单元器具的"回空"问题（特别是集装箱的"回空"问题），造成运力浪费。

2) 需要配置相应的装卸搬运机械和运输设备与之配套，从而增加了设备投资。在某些不具备装备条件的地方，又限制了集装化的应用和推广。

3) 增加了装卸搬运中的附加重量（集装单元器具的自重）和体积，因而增加了货物物流过程中的附加重量和体积，降低了运输工具和库房的有效装载和储存能力，从而增加了储运费用。

7.1.3 集装的基本原则

为了保证在物流过程中能够顺利实施集装化，充分发挥物流集装化的优越性，全面提高物流作业速度和效率，在实施物流集装化过程中，必须遵循通用化、标准化和系统化三个基本原则。

1. 通用化原则

物流是由多个作业环节构成的生产活动过程，而且货物常常需要在多个企业和多种作业场合之间进行转移。通用化原则就是要与物流全过程的设备与工艺相适应，不同形式的集装化方法之间、同一种集装化方法不同规格的集装工具之间应相协调，以便在物流全过程中畅通无阻。例如，在国际货物多式联运过程中，国际通用集装箱、联运通用平托盘等都可以在各个国家的多种运输工具上实现通用，保证了国际货物多式联运的顺利进行。通用化是物流集装化的必备条件，只有物流集装单元器具在物流全过程都通用，才能够保证物流集装化有效实施。无论在哪一个环节不能使用，都会造成物流过程的障碍甚至中断。

2. 标准化原则

标准化原则是要求物流集装工具的外形和重量，集装工具材质、性能、试验方法，装卸搬运加固规则以及编号和标志，都必须标准化（包括国家标准和国际标准），以便进行全社会和国际流通和交换。集装单元器具标准化是集装单元货件标准化的基础，是实现物流集装单元器具通用化的前提条件，只有集装单元器具标准化才能够实现集装单元器具的通用化。集装单元器具标准化有利于集装单元器具的流通和周转使用，减少物流作业的技术障碍，而且便于集装单元器具大量生产，节约材料，并有利于维修和管理。因此，在实施物流集装化过程中，必须全面推行标准化集装单元器具的应用，各种集装单元器具都必须依照国际标准和国家标准进行设计和制造。

3. 系统化原则

集装的概念不单纯是指集装工具，而是包括集装工具在内的成套物流设施、设备、工艺和管理的总和，是一个联系生产与生产、生产与消费的动态系统。所以，物流集装化本身就是一个复杂的系统，系统化是物流集装化必不可少的基本条件。例如大型集装箱的总质量可以达到30t，在集装箱装卸作业场所必须配备相应的装卸搬运设备，才能实现集装箱的快速装卸和搬运。如果没有相应的设备，集装箱就无法进行装卸和搬运，也就不能够完全发挥其应有的优势。因此，在实施物流集装化过程中，必须遵循系统化原则，全面规划集装单元器具的应用以及整个物流集装化系统的构建。

7.2 物料活性与物流模数

7.2.1 物料活性

物料活性是指对物品进行装卸作业的难易程度。在堆放物品时，事先要考虑物品装卸作业的方便性和灵活性。物品装卸、搬运的灵活性，根据物品所处的状态，即物品装卸、搬运的难易程度，可分为不同的级别，如图7-2所示。

0级：物品杂乱地堆在地面上的状态。

1级：物品装箱或经捆扎后的状态。

2级：装箱或被捆扎后的物品，下面放有枕木或其他衬垫，便于叉车或其他机械作业的状态。

3级：被放于台车上或用起重机吊钩钩住，即移动状态。

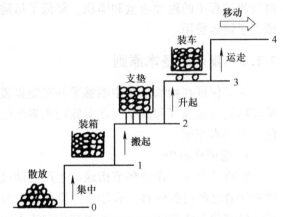

图7-2 装卸搬运活性指数示意图

4级：被装卸、搬运的物品，已经被启动，处于直接作业的状态。

为了量化分析物品搬运的灵活程度，通常采用平均活性指数的方法。该方法是对某一物流过程中物品所具备的活性情况进行量化，累加后计算其平均值，用δ表示。δ值的大小是确定改变搬运方式的信号。如：

当$\delta<0.5$时，表明所分析的搬运系统半数以上处于活性指数为0的状态，即大部分物品处于散装情况。其改进方式可采用料箱、推车等存放物品。

当$0.5<\delta<1.3$时，则表明大部分物资处于集装状态。其改进方式可采用叉车和动力搬运车。

当$1.3<\delta<2.3$时，表明装卸、搬运系统大多处于活性指数为2的状态，可采用单元化物资的连续装卸和运输。

当$\delta>2.3$时，则说明大部分物资处于活性指数为3的状态。其改进方法可选用拖车、机车车头拖挂的装卸搬运方式。

从理论上讲，活性指数越高越好，但也必须考虑实施的可能性。任何事物都有正反两个方面，所以适度才是最合理的，物料活性也是这样。例如物品在储存阶段中，活性指数为4的输送带和活性指数为3的车辆，在一般的仓库中很少被采用，这是因为大批量的货物不可能存放在输送带和车辆上。

装卸搬运的活性分析，除了上述指数分析法外，还可采用活性分析图法。活性分析图法是将某一物流过程通过图示来表示出装卸、搬运的活性程度。活性分析图法具有明确的直观性能，表达清晰，薄弱环节容易被发现和改进。运用活性分析图法通常分三步进行：第一步，绘制装卸搬运图；第二步，按搬运作业顺序做出物品活性指数变化图，并计算活性指数;第三步,对装卸搬运作业的缺点进行分析改进,做出改进设计图,计算改进后的活性指数。

7.2.2 物流模数

1. 物流模数的概念与作用

物流模数(logistics modulus)是物流标准化活动中的一个重要概念,对于物流集装化的顺利开展具有十分重要的意义。根据国家标准《物流术语》(GB/T 18354—2006)的定义:物流模数是指物流设施与设备的尺寸基准。

所谓模数,是指在某种系统(如制品或构筑物)的设计、计算和布局中普遍重复应用的一种尺寸基准。以模数为基础制定的一套尺寸协调的标准称为模数制。它是在确定标准化对象的参数以及对这些参数进行分档、分级时而采用的一种科学的数值分级制度。以此作为选用参数数值的统一标准,以保证不同的部门、不同的设计制造单位,在分别确定有关联性的参数时,能够做到彼此协调。

物流活动是一种涉及多个领域和部门的活动,包括货物的包装、运输、装卸、搬运、仓储和流通加工等许多作业环节,而且在这些作业环节中所处理的货物尺寸规格也千差万别。如果不对如此繁杂的货件尺寸规格进行统一和简化,将会给物流作业带来极大的困难:一方面会因货件尺寸规格繁多而使物流作业对象复杂、难以应对(包括运输、装卸、搬运工具及仓储设备的种类、规格的复杂化),另一方面会因货件尺寸规格不统一而造成各个作业环节之间不协调。因此,物流模数的意义就在于它能够使物流作业的对象——货件的尺寸规格得到统一和简化,并能够保证物流作业的各个环节得到协调。

物流模数作为物流设施与设备的尺寸基准,相关联的物流要素主要包括物流集装单元化器具,以及包装、运输、装卸、搬运和储存等各个作业系统中的设施与设备,这些相关要素的配合尺寸必须以统一的物流模数为基准进行设计。物流模数就是以标准的数值关系来约束物流系统各种相关要素的相互配合尺寸,从而促进物流活动标准化的全面实现。

2. 物流基础模数尺寸

模数的取值称为模数值,也称为基础模数值。对于一定的系统(如制品或构筑物),可以根据实际需要,由基础模数值乘以或除以正整数得出相应的模数尺寸系列。由基础模数值乘以正整数所得到的模数尺寸称为组合模数尺寸(倍数关系),这时基础模数值为最小值,它表示以内件为基准采用组合的方式而构成的结构;由基础模数值除以正整数所得到的模数尺寸称为分割模数尺寸(约数关系),这时基础模数值为最大值,它表示以外件的最大包容尺寸为基准,采用分割的方式而构成的结构。

参照 ISO 标准和其他国家的数据,我国规定的物流基础模数尺寸值为 600mm×400mm,该尺寸值是各种物流设施与设备设计和制造的尺寸基准。也就是说,物流系统各个环节中相关的各种物流设施建设、设备制造以及物流系统与其他系统的相关配合尺寸,都要以此数值为依据进行设计和制造。在具体的设计制造过程中,可以根据实际需要,按照倍数关系或约数关系选取具体尺寸。

7.3 托盘

7.3.1 托盘概述

托盘是指在运输、搬运和储存过程中,将物品规整为货物单元时作为承载面并包括承载面上辅助结构件的装置。从结构上看,最普通的托盘就是一种具有一定面积和承载能力的水平台板,为了便于使用叉车等搬运设备对其进行搬运作业,台板底部还必须设有供叉车插入的叉孔,其最低高度应能适应叉车、托盘搬运车等设备的作业要求。从功能上看,托盘就是用来集装、堆放零散的单件货物,以便把若干单件物品集装成较大规格的单元货件,从而提高货物装卸搬运、储存和运输的作业速度和效率。

1. 托盘的特点

作为一种集装化器具,托盘与集装箱相比主要有以下优点:

1) 托盘自重很小,因而用于装卸搬运和运输所消耗的劳动较小,无效运输和无效装卸搬运作业量也都很小。

2) 托盘造价不高,体积较小,只要组织得当,托盘比较容易在贸易各方之间实现交换使用,因而可以减少空托盘运输。

3) 托盘返空运输比较容易,而且返空运输时占用运输设备的载运空间也很少。

4) 托盘使用方便灵活,货物装盘卸盘比较容易,适宜的作业场合和货物种类也比较广泛。

与集装箱相比,托盘的主要缺点是对货物的保护性差,长途搬运和运输需要可靠地固定货物;而且不能露天存放,需要有仓库等配套设施。

2. 托盘在现代物流中的作用

托盘作为一种重要的集装化器具,可以极大地提高物流作业速度和效率。特别是采用托盘一贯化作业,可以彻底改变单件作业的低效率作业方式,极大地发挥托盘的功用。所谓托盘作业一贯化,就是以托盘货物为单位组织物流活动,从发货地到收货地中途不更换托盘,始终保持托盘货物单元状态的物流作业方式。托盘作业一贯化是一种先进的高效率物流作业方式。它在物流活动全过程的所有环节中,都始终一贯地采用同一托盘进行作业,直至把货物送达最终货主,这样可以避免物流过程中货物倒换托盘和重复装卸等无效劳动,从而最大限度地提高物流速度和效率。

随着现代物流业的快速发展,托盘在物流的运输、储存和装卸搬运等各个作业环节中的应用越来越广泛,发挥着越来越重要的作用。具体而言,托盘在现代化物流中的基本作用主要体现在以下几个方面:

1) 利用托盘将若干零散的单件物品集装成较大规格的装卸搬运单元货件,可以加大每一次装卸搬运货物的数量,便于实现装卸搬运作业机械化、自动化,提高装卸作业的速度和效率。

2) 利用托盘进行理货和装卸搬运作业,可以提高货物的搬运活性,便于迅速将货物从一种状态转入另一种状态,从一个物流环节转入另一个物流环节,全面提高物流作业速度。

3) 以托盘为依托,将零散货物集装成一个较大的包装单元,可以简化商品的运输

第 7 章　集装与包装设备

包装,节约包装材料和费用,并且便于货物数量清点及管理,降低货损货差率。

4)在仓储过程中利用托盘储存货物,便于货物高层堆码或采用高层货架存放货物,实现立体化储存,可充分利用仓库空间,提高仓库容积利用率,并且便于实现机械化、自动化存取作业。

5)利用托盘进行货物运输,便于货物快速装卸,便于快速从一种运输方式向另一种运输方式转换,避免单件货物的重复倒装等无效劳动,提高货物中转运输作业速度,加快运输工具的周转速度。

7.3.2　常用托盘的类型

托盘的种类繁多,通常按照托盘的结构可分为平托盘、立柱式托盘、箱式托盘、轮式托盘、特种货物专用托盘等多种类型。

1. 平托盘

平托盘是由承载面和一组纵梁相结合而构成的平板货盘,其承载面上一般没有辅助结构件,底部设有叉车叉孔,可用于集装物料,可使用叉车或托盘搬运车等进行作业。

平托盘是最主要的通用托盘,是物流活动中使用量最多、应用最广泛的一种托盘,在各种物流作业场合、各种运输方式以及国际贸易运输中,平托盘具有广泛的通用性。在一般情况下所称的托盘,主要是指平托盘。

(1)平托盘的结构类型。平托盘根据承载面的数量和形状可以分为单面型、单面使用型、双面使用型和翼边型等类型;根据叉车货叉的插入方式可以分为双向进叉型、四向进叉型等类型,由此组合形成的平托盘基本结构类型如图 7-3 所示。

单面型托盘是指只有一面铺板的平托盘;双面型托盘是指有上下两面铺板的平托盘;双面使用型托盘是指上下两面有相同铺板的双面平托盘,任何一面都可以用来堆放货物,并且具有相同的承载能力;单面使用型托盘是指仅有一面用于堆码货物的双面平托盘;翼边型托盘是指托盘的单面或双面铺板的两端伸出纵梁之外,在两边形成翼边(其他托盘铺板的两端与纵梁外侧面平齐);双向进叉型托盘是指叉车或托盘搬运车的货叉可以从两个相反方向插入的托盘;四向进叉型托盘是指允许叉车或托盘搬运车的货叉从四个方向插入的托盘。

(2)平托盘的材料类型。平托盘根据制造材料不同,可以分为木制平托盘、塑料平托盘、钢制平托盘、铝合金平托盘、复合材料平托盘、纸质平托盘等多种类型。

1)木制平托盘,是应用最广泛的平托盘。木制平托盘制造简单,价格便宜,重量较轻,维修方便,所以在一般物流作业场所都有大量的木制平托盘在使用。但是木制平托盘易破损、使用寿命短,严重消耗木材资源,而且在国际贸易中必须进行防虫害熏蒸,否则会造成贸易障碍。因此,随着托盘使用量的不断增加以及环保型复合材料托盘的广泛应用,应当尽量限制和减少使用木制平托盘。

2)塑料平托盘,是采用热塑性塑料通过注塑或吹塑等工艺制造的平托盘。由于塑料本身强度较低,所以很少有翼边型的平托盘。塑料制平托盘最主要的特点是重量轻,耐腐蚀性强,不易破损,使用寿命较长,而且塑料托盘报废之后可以回收再利用;但其承载能力不如钢制、木制平托盘,而且价格较高。塑料平托盘的结构类型很多,其承载面有单面型和双面型,进叉方向一般都为四向进叉型,如图 7-4 所示。

图 7-3 平托盘结构类型

图 7-4 塑料平托盘

3) 钢制平托盘,是采用型钢或钢板焊接制成的平托盘,其承载面结构主要有框格型和平面型。与木制平托盘一样,钢制平托盘有单面使用型、双面使用型、双向进叉和四向进叉等类型。钢制平托盘易于制成翼边型结构,不仅可以利用叉车装卸,而且可以利用翼边套吊吊具进行吊装作业。钢制平托盘的最大特点是强度高,承载能力强,不易损坏和变形,维修工作量较小,常用于工厂车间、铁路货运站等场所,主要用来装运金

第7章 集装与包装设备

属制品和重型货件。随着轻量化制造技术的发展,钢制平托盘在物流运输和国际贸易中的应用越来越广泛。

4) 铝合金平托盘,与钢制平托盘相似,一般采用铝合金型材加工制成。铝合金平托盘重量较轻,坚固耐用,不易损坏和变形,使用寿命长,耐腐蚀性好,清洁美观,维修工作量较小,主要适用于需要清洁、耐腐蚀的作业场所,在冷链物流系统中得到广泛应用。

5) 纸制平托盘,是以纸为原料制成的平托盘。根据制造方式不同,常见的纸制平托盘主要分为瓦楞纸板平托盘、蜂窝纸平托盘、纸浆压塑平托盘等多种类型,如图7-5所示。纸制平托盘的最大优点是重量轻,价格便宜,而且用于国际贸易中不需要进行防虫害熏蒸处理,在很多物流场合能够替代木制平托盘,可以大量减少木材消耗。纸制平托盘的缺点是强度较低,易于破损,使用寿命较短。纸制平托盘在物流运输和包装领域应用非常广泛,有很多产品的包装把纸制平托盘与包装纸箱制成一体,使得包装既简单又牢固,而且操作十分方便。纸制平托盘广泛用于商品出口中,可以替代木制平托盘作为一次性托盘使用,大大降低了物流费用。

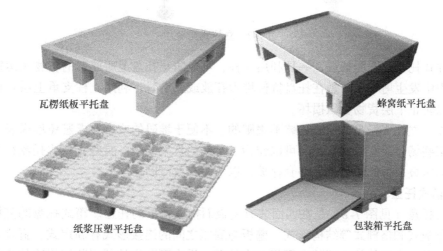

图 7-5 纸制平托盘

6) 复合材料平托盘。复合材料是指由两种或两种以上的材料,经过先进的复合加工工艺形成的新型材料。复合材料平托盘即是采用复合材料制成的平托盘。用于制作托盘的复合材料种类很多,常用的有塑木平托盘、高密度复合板平托盘、贴面刨花板平托盘等多种类型(见图7-6)。复合材料的主要特点是充分利用各种废弃物,所以复合材料托盘制造成本较低,而且由于复合材料的强度一般都较高,因而托盘比较坚固耐用。随着物流的绿色化发展以及复合材料生产技术的不断提高,复合材料平托盘的应用会越来越广泛,而且各种新型的绿色复合材料平托盘也在不断地产生和应用。

2. 立柱式托盘

立柱式托盘(见图7-7)是指带有用于支承堆码货物的立柱的托盘。立柱式托盘的基本结构是在托盘的四个角设置钢制立柱。立柱与托盘之间的连接形式有固定式、折叠式和可拆装式三种。有的柱式托盘为了增强立柱的支撑刚度,在立柱之间用横梁相互连接,形成框架式结构。

现代物流装备

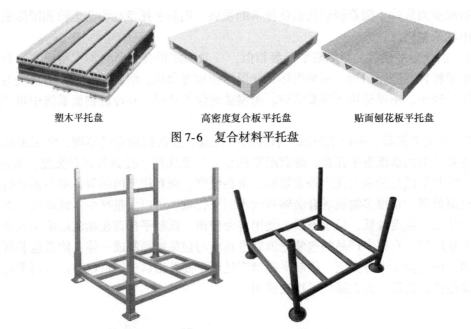

塑木平托盘　　　高密度复合板平托盘　　　贴面刨花板平托盘

图 7-6　复合材料平托盘

图 7-7　立柱式托盘

立柱式托盘的性能特点：一是利用立柱，可以防止托盘上所放置的货物在运输、装卸等过程中发生坍塌；二是在托盘货件堆垛存放或运输时，利用立柱支承上层货物的重量，可以防止下层货物受压损坏。

所以，立柱式托盘适用于集装不规则的、不便于堆码的或者要求避免堆垛积压的货物。在某些场合，立柱式托盘还可以作为可移动的货架使用。有些立柱式托盘在不使用时，可以折叠、拆卸或者相互叠套存放，以节约存放空间。

3. 箱式托盘

箱式托盘（见图 7-8）是在四面装有壁板而构成箱形的托盘。箱式托盘的壁板有整板式、条板式和格栅式等结构形式。壁板与底座之间的连接形式有固定式、折叠式、可拆卸式三种。有的箱体上还装有顶板；有的壁板设有可开启的便于装卸货物的箱门；还有的箱式托盘采用网式壁板，这种托盘也称笼式托盘。

图 7-8　箱式托盘

箱式托盘的特点与立柱式托盘相同，而且对货物的防护能力更强，可以更有效地防止货物塌垛和货损。箱式托盘装载货物的适应性也更强，可装载各种特异类型、不能稳

第 7 章 集装与包装设备

定堆码的货物，应用范围更为广泛。

4. 轮式托盘

轮式托盘是在立柱式托盘或箱式托盘的基础上，在底部装有小型轮子而构成的一种托盘，如图 7-9 所示。轮式托盘也称为物流笼车，它具有立柱式托盘和箱式托盘的共同优点，而且轮式托盘还能够方便地短距离移动，在不能够使用机械搬运时便于通过人力推动搬运，便于在运输车辆和船舶上进行滚上滚下式的装卸。轮式托盘适用于配送中心与用户之间的物流配送、企业各工序之间的物流搬运，既可作为托盘随车运送，又可以作为移动式货架存放货物，适用性强，在各种物流作业场所得到了越来越广泛的应用。

图 7-9 轮式托盘

5. 特种货物专用托盘

上述各种托盘，对于一般货物和大多数物流作业场合都适用，具有广泛的通用性。对于一些特殊行业和特殊货物，在物流作业过程中，为了提高货物的装卸搬运、储存与运输的便利性和作业效率，通常会根据货物的特殊性质而专门设计制造一些特殊的专用托盘，因此形成了多种多样的特种货物专用托盘。这些托盘结构特殊，形式多样，种类繁多，适用范围较小，但是功能专一，使用效率较高，对于特殊货物物流作业具有重要的作用。常见的比较典型的特种货物专用托盘主要有以下几种。

（1）平板玻璃专用托盘。平板玻璃托盘是专门用于集装大规格平板玻璃的托盘，也称为平板玻璃集装架，如图 7-10 所示。平板玻璃托盘的结构类型有很多种，常用的有 L 型单面装放平板玻璃单面进叉式，有"A"形双面装放平板玻璃双向进叉式，还有吊叉结合式和框架式等形式。平板玻璃托盘的特点是结构牢固，自重较轻，能够支撑和固定竖向放置的大规格平板玻璃，便于进行装卸和运输，玻璃破损率小，车辆运输满载率高，空载时可堆码存放，一般既可用叉车也可用吊车进行装卸。平板玻璃专用托盘是平板玻璃集装运输的理想器具。

（2）轮胎专用托盘。轮胎专用托盘是专门用于装运汽车及工程机械轮胎的托盘，其结构如图 7-11 所示。轮胎专用托盘一般采用单层或多层框架式结构，实际上是一种特殊的立柱式托盘。轮胎竖立摆放于托盘框架之内，利用横梁将轮胎限位以防止滚动；分层放置，可以避免轮胎相互挤压；托盘载货堆垛时，可以利用立柱的支承作用防止造

现代物流装备

图 7-10　平板玻璃专用托盘

成挤压。橡胶轮胎的特点是耐水、耐蚀，但是储运过程中怕挤、怕压；利用专用托盘装运轮胎，可多层码放，不会造成挤压，既能够有效地保护轮胎，又大大地提高了装卸搬运和运输储存效率。

图 7-11　轮胎专用托盘

（3）油桶专用托盘。油桶专用托盘（见图 7-12）是指专门用于装运油桶等桶类货物的托盘。油桶一般采用卧式摆放和立式摆放两种方式，所以其托盘相应也有两种：卧式油桶托盘一般在托盘平面上设有挡板或挡块，防止油桶发生滚动；立式油桶托盘一般在托盘平面上设有凸出的挡边，将油桶直立放进之后可以形成有效的限位。

图 7-12　油桶专用托盘

7.3.3　托盘标准化

1. 托盘标准化的意义

托盘是最基本的物流集装器具，也是静态货物转变成动态货物的载体，还是装卸搬

第7章 集装与包装设备

运、仓储保管以及运输过程中均可利用的工具。

随着我国现代物流的发展，建立托盘联运系统、实行托盘作业一贯化是大势所趋。要实现托盘联运，首要的问题是实现托盘规格尺寸的标准化，只有实现了托盘标准化，货物才能顺畅地流通。托盘的规格尺寸与其装载的货物、货架、运输车辆以及集装箱的尺寸都有制约关系，只有它们的规格相互协调，物流系统才能高效运行。因此，在确定物流系统各种设备的基本参数时，所选用的托盘规格是首先要考虑的因素。

从技术角度讲，要顺利实现托盘在各个物流环节之间，在各个不同的国家、地区和企业之间顺畅流通，就必须使托盘与相应的各种装卸搬运设备、运输设备、集装箱、货架等设备的相关结构尺寸相匹配。为此，在整个物流过程中只有采用尺寸规格相互统一的标准化托盘，才能克服托盘流通使用的技术障碍。要全面、深入地实现托盘标准化，必须做好以下几方面的工作。

1) 全面贯彻执行托盘新标准。2008年3月1日起，国家标准《联运通用平托盘主要尺寸及公差》（GB/T 2934—2007）正式实施。国家标准是规范和统一我国托盘尺寸规格的准则和指导性文件，所有涉及托盘生产、经营和使用的企业和部门，都必须全面贯彻执行托盘新标准。

2) 严格抓好标准托盘生产制造关，避免生产非标准托盘，从源头上避免非标准托盘的产生。

3) 大力推广使用标准托盘，按照标准托盘的规格尺寸，科学地设计各种货物的包装尺寸和进行托盘单元货件的拼装，按照标准托盘尺寸进行货架及其他仓储设施的设计建造，实现整个托盘作业系统的标准化。

4) 积极改造和淘汰在用非标准托盘。进行托盘标准尺寸规格转换势必会影响一部分企业的当前利益，甚至可能造成一定的经济损失。但是，为了能够顺利实现托盘作业一贯化，促进托盘高效的利用，提高全社会的物流运作效益，每个企业应当能够舍弃眼前利益而着眼长远利益，舍弃局部利益而顾及全局利益，积极采用标准化托盘，彻底淘汰、废弃非标准托盘。

2. 我国托盘标准化概况

全世界主要的工业国家都有自己的标准托盘，但所用尺寸各国不同。每个国家都希望自己国内已普遍使用的尺寸规格成为国际标准，以便在国际经济交流中更有利。因此要想在全世界范围内采用同一种尺寸规格是不可能的，国际标准化组织无法进行绝对的统一，只能接受既成事实，做到相对统一。

1988年国际标准化组织制定的托盘国际标准《联运通用平托盘 主要尺寸及公差》（ISO 6780—1988）规定了4种托盘标准规格：1200mm×800mm，1200mm×1000mm，1219mm×1016mm，1140mm×1140mm。2003年，国际标准化组织又对国际标准ISO 6780进行了修订，在原来4种托盘标准规格的基础上，又增加了1100mm×1100mm和1067mm×1067mm两种规格。所以，现行的国际平托盘标准尺寸共有6种规格。

我国于1982年制定了第一个托盘国家标准《联运平托盘外部尺寸系列》（GB 2934—1982），规定了我国联运平托盘外部尺寸系列为800mm×1000mm、800mm×1200mm和1000mm×1200mm三种规格。1996年，对该国家标准进行了第一次修订，等同采用了国际标准ISO 6780，规定了与国际标准相同的4种托盘标准规格，标准名称也改为

《联运通用平托盘 主要尺寸及公差》（GB/T 2934—1996）。2007 年，国家标准再次进行了修订，从现行国际标准的 6 种尺寸规格中，选取了 2 种规格作为我国今后推行使用的标准托盘规格尺寸，即 1200mm×1000mm 和 1100mm×1100mm，其中优先推荐 1200mm×1000mm。

这两种标准托盘中，1200mm×1000mm 为长方形托盘，1100mm×1100mm 为正方形托盘（见图 7-13）。国家标准规定这样两种规格的托盘，便于在物流作业过程中根据装载的货物尺寸规格、集装箱和运输车辆的车厢尺寸等条件，灵活选用合适规格和形状的托盘。

此外，托盘高度以及叉孔的相关尺寸，主要取决于托盘的具体结构，国家标准从保证便于叉车等搬运设备叉取作业的角度规定了相应的尺寸限值。

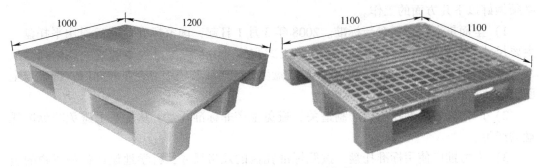

图 7-13 标准托盘平面尺寸规格

3. 托盘的循环使用管理

从托盘使用的管理角度看，一个企业把托盘随货物发往各地之后，除了价格便宜的一次性托盘随货物发出后不需回收以外，其他可重复使用的托盘要想再收回来进行循环使用是相当困难的。通常可重复使用托盘的费用都较高，如果也作为一次性托盘使用而不进行回收，将其成本一次性计入货物的运输成本中，则会使货物的运费大幅度增加；而且对于最终收货用户而言，托盘只能作为包装物被废弃，造成严重的资源浪费。所以通常不能将可重复使用的托盘作为一次性托盘使用。然而，要将托盘重复使用，托盘的回收则是难度较大的问题，它是制约托盘周转循环使用的最大瓶颈。解决托盘回收循环使用问题最有效的办法是在一定物流范围内乃至全国和世界更大的物流范围内建立社会化的托盘共用系统。

托盘共用系统是指使用符合统一规定的具有互换性的托盘，为众多用户共同服务的组织系统。一些发达国家托盘共用系统的运营方式主要有交换制和租赁制等形式。交换制方式是在托盘共用系统中，托盘不专属于某个固定用户，不强调每个托盘的归属和返还，可以在全系统中按数量广泛地进行交换使用；租赁制方式则是由专门的托盘公司统一经营，托盘用户以租赁的方式在本地托盘经营机构租用托盘，并交付一定的租金，托盘随货物到达任何地方的最终收货方，卸货拆盘后，可以就近交还给当地的相关托盘经营机构，进行循环租用。

社会化的托盘共用方式，克服了托盘的产权障碍，方便了托盘在各个物流环节之间进行转换和交接，促进了托盘回收和循环使用，减少了托盘浪费和回收费用，从而便于物流托盘作业一贯化的实施。

第 7 章 集装与包装设备

当然,社会化托盘共用系统的建立本身就是一个复杂的系统工程,需要有巨大的投资、庞大的经营管理系统、众多的经营回收站点等。因此需要有政府的支持和引导,有众多的托盘经营企业、物流企业和托盘使用企业共同参与,依靠社会的力量共同构建。

7.3.4 托盘堆码与紧固

1. 托盘常用的堆码方式

托盘在物流中的应用,即是以托盘为承载面进行单件货物的集装,形成完整的、规格统一的标准化托盘单元货件。因此,使用托盘首先必须按照一定的规则和要求做好托盘货物的堆码作业。从货物在托盘上堆码时的行列配置形式来看,托盘货物的堆码主要有以下几种基本堆码方式。

(1) 重叠式堆码。重叠式堆码即各层货物的放置方式相同、上下对应,如图 7-14 所示。这种方式的优点是,工人操作速度快,包装货物的四个角和边重叠垂直,能够承受较大的荷重。其缺点是各层之间缺少咬合作用,堆码高度过高时容易发生塌垛,稳定性较差。在货物底面积较大、堆码高度不太高的情况下,采用这种方式具有足够的稳定性,如果再配上相应的紧固方式,则不但能保持稳定,还可以保留装卸操作省力的优点。

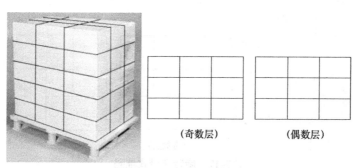

图 7-14 重叠式堆码

(2) 纵横交错式堆码。纵横交错式堆码即对于同种扁长形货物,一层纵向摆放,另一层调转 90°横向摆放,相邻两层货物形成纵横交错的堆码方法,如图 7-15 所示。这种堆码方式,各层货物之间具有一定的咬合作用,但咬合强度不高。

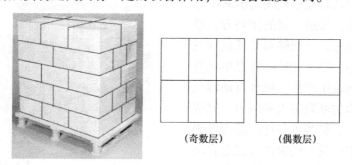

图 7-15 纵横交错式堆码

(3) 正反交错式堆码。正反交错式堆码即在同一层中,不同列的货物相互调转 90°交错摆放,相邻两层货物之间相互再调转 180°交错摆放,如图 7-16 所示。这种方式类似于建筑上的砌砖方式，不同层间咬合强度较高，相邻层之间不重缝，形成压缝码放，因而码放后稳定性较高。但这种堆码方式操作较为麻烦，且包装体之间不能以垂直面相互承受载荷，容易使下部货物受力不均而造成破损。

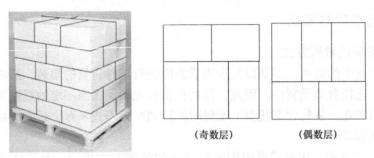

图 7-16　正反交错式堆码

（4）旋转交错式堆码。旋转交错式堆码是把每一层相邻的两个包装件按互相垂直方向交错摆放，两层之间的货物再相互调转 180°码放，如图 7-17 所示。这种堆码方式相邻两层之间互相咬合交叉，托盘货体的稳定性较高，不易塌垛。其缺点是码放的难度较大，且中间容易形成空穴，会降低托盘的利用效率。

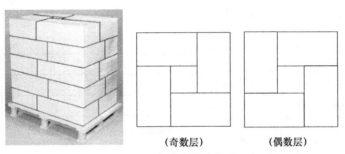

图 7-17　旋转交错式堆码

2. 托盘自动堆码机

托盘自动堆码机（图 7-18）是能够自动完成托盘货物堆码作业的设备。托盘自动堆码机通常是自动包装生产线的组成部分，其功能是对从自动包装线上出来的已包装完好的产品，按照一定的排列方式整齐地堆码在托盘上，并能够对整托盘货物进行捆扎或裹包，形成完整的托盘单元货件，送下自动包装生产线。托盘自动堆码机能够按照要求的堆码方式和层数，完成对袋类、瓶罐类、箱类等各种产品的堆码作业，适用范围广泛。码垛过程完全自动化，正常运转时无须人工干预，动作平稳、可靠，码垛整齐、稳定。一般托盘自动堆码机堆码速度约每分钟 15~30 件。

图 7-18　托盘自动堆码机

使用托盘自动堆码机能够大大减轻工人的劳动强度，改善劳动条件，提高企业劳动生产率。随着物流作业托盘化的发展，托盘自动堆码机在大批量产品的生产和物流自动包装过程中的应用越来越广泛。

3. 托盘堆码机器人

随着物流系统高新技术的应用开发，机器人技术得到了广泛的应用。在仓储系统的装卸搬运作业区，托盘堆码机器人（图 7-19）能按照预先设定的命令，高速、准确地将不同外形、尺寸的包装货物整齐、自动地堆码（或拆垛）在托盘上，完成仓库中货物的码盘、搬运、堆垛和拣选作业。特别是在有污染、高温、低温等特殊环境和重复单调的作业环境中，更能够发挥其显著的优势。

图 7-19　托盘堆码机器人

托盘堆码机器人在物流活动中主要用于完成以下作业：

（1）搬运。被运送到仓库中的货物通过人工或机械化手段放到载货平台上后，由具有智能系统的机器人对放在载货平台上的货物进行识别并分类，然后将货物搬运到指定的输送系统上。

（2）挑选和堆垛。仓库中作业的机器人能够根据客户的不同要求和出库信息完成货物挑选作业，并按照计算机控制系统发出的指令完成堆垛作业。

机器人的作业特点有：

（1）通用性。托盘堆码机器人的用途非常广泛：它既可以用于仓库，进行货物的堆码和搬运作业；也可以用于车间生产线，进行物料搬运、工件装配、产品下线装箱和包装等作业。

（2）生产柔性。当生产环境发生变化时，如产品的品种和规格发生变化，生产工艺有了改进等，要求机器人实现新的操作，这时只要对机器人软件系统进行改造即可，硬件设备无须改变。

（3）自动性。机器人完全依据其软件系统自动进行一系列动作，不需要人的参与，从而节省了劳动力。

（4）准确性。机器人各零部件的制作和安装都非常精确，同时依据其软件系统进行工作，因而其动作具有高度的精确性。

4. 托盘货物的紧固方法

（1）捆扎。捆扎（见图 7-20）是用绳索、打包带等柔软索具对托盘货体进行捆扎以保证货体稳定的方法，在防止箱形货物（瓦楞纸箱、木箱）散垛时用得较多。捆扎按扎带方向可以分成水平、垂直和对角等捆扎方式，捆扎打结的方法有结扎、钻合、热融、加卡箍等。捆扎方式的特点是扎带部分可以防止货物移动；但有未扎带部分容易发生货物脱出的缺点，而且因保管时多层货物的堆压以及输送中的振动冲击而使扎带变松，从而降低紧固效果。

  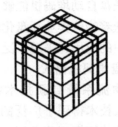

图 7-20 捆扎

（2）黏合。黏合有两种方法，一是在下一层货箱上涂上胶水使上下货箱黏合；二是每层之间贴上双面胶条，将两层货箱通过胶条黏合在一起，防止物流中托盘货物从层间滑落。这种方式对水平方向滑动的抵抗能力强，在分离托盘的货载时，垂直方向容易分开。黏合方式的主要缺点是胶的黏度随温度发生变化，在使用时应选择适合温度条件的黏合剂（例如水剂胶在低温下使用时，胶冻结成冰，难以使用）。另外，在使用时必须根据货物的特性（重量、包装形态等）来决定用量和涂布方法。与黏合方式相近的，有在货物表面涂上耐热树脂，货物间不相互胶结而靠增加摩擦力来防止散垛。

（3）加框架紧固。将墙板式的框架或者金属框架（见图 7-21）加在托盘货物相对的两面或四面以至顶部，用以增加托盘货体刚性。框架的材料以木板、胶合板、瓦楞纸板、金属板等为主。加固方法有固定式和组合式两种，其中组合式需要打包带紧固，使托盘和货物结合成一体。

（4）网罩紧固。网罩紧固（见图 7-22）方式主要用于装有同类货物托盘的紧固，多见于航空运输。将航空专用托盘与网罩结合起来，就可达到紧固的目的。将网罩套在托盘货物上，再将网罩下端的金属配件挂在托盘周围的固定金属片上（或将绳网下部缚牢在托盘的边缘上），以防形状不整齐的货物发生倒塌。为了防水，可在网罩之下用防水层加以覆盖。网罩一般采用棉绳、布绳和其他纤维绳等材料制成，绳的粗细视托盘货物的重量而定。

图 7-21 金属框架紧固托盘　　　　　图 7-22 网罩紧固

（5）专用金属卡具固定。对某些托盘货物，最上部如可伸入金属夹卡则可用专用夹卡将相邻的包装物卡住，以使每层货物通过金属卡具形成一个整体，防止个别货物分离滑落。

（6）中间夹摩擦材料紧固。将具有防滑性能的纸板夹在各层货物之间，以增加摩擦力，防止水平移动（滑动）或冲击时托盘货物各层间的移位。除纸板外，防滑片还有软质聚氨酯泡沫塑料等片状物。另外，在包装容器表面涂布二氧化硅溶液也有较好的防滑效果。

(7) 收缩薄膜紧固。收缩薄膜紧固（见图7-23a）是将热缩塑料薄膜制成一定尺寸的套子套于托盘货垛上，然后进行热缩处理，塑料薄膜收紧后，便将托盘与货物紧推成一体。这种紧固形式属五面封，它不但起到紧固和防止塌垛的作用，而且由于塑料薄膜不透水，还可起到防雨水的作用。这有利于克服托盘货体不能露天存放、需要仓库的缺点，可大大扩展托盘的应用领域。但由于通气性不好，以及要在高温（120~150℃）下加热处理，所以有些商品及容器材料不适合采用这一方法。

(8) 拉伸薄膜紧固。拉伸薄膜紧固（见图7-23b）用拉伸塑料薄膜将货物与托盘一起缠绕裹包形成集装件。顶部不加塑料薄膜时形成四面封，顶部加塑料薄膜时形成五面封。拉伸包装不能形成六面封，不能防潮，但它不进行热缩包装那样的热处理，对需要防止高温的货物是适用的。由于塑料薄膜的透气性较差，所以对需要透气的水果等货物，也有以网状树脂薄膜代用的方法。另外拉伸薄膜比收缩薄膜束缚力差，只能用于轻量物品的集装。

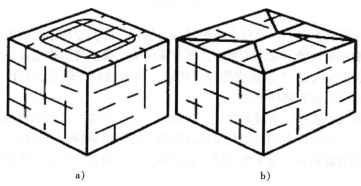

a)   b)

图 7-23　收缩与拉伸薄膜紧固

(9) 平托盘周边垫高加固。平托盘周边垫高加固（见图7-24）将平托盘周边稍稍垫高，托盘上所放货物会向中心相互靠拢，在物流中发生摇摆、振动时可防止层间滑动错位，防止货垛外倾，因而能起到加固作用。

(10) 胶带紧固。托盘货体用单面不干胶包装带黏捆，即使是胶带部分损坏，由于全部贴于货物表面，也不会出现散捆。

7.4　其他集装器具

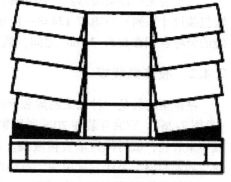

图 7-24　平托盘周边垫高加固

7.4.1　集装袋

集装袋是一种袋式集装容器，也称柔性袋。集装袋主要用于装运散装固体颗粒状或粉末状货物，常用于化肥、水泥、砂糖、纯碱、矿砂等货物的运输。

1. 集装袋的基本结构

集装袋的基本结构（见图 7-25）主要由袋体、吊带组成。袋体的形状有圆形和方形两种，吊带的形式有顶部吊带式、底部吊带式和无吊带式。集装袋装卸物料的方式不同，有的在顶部设有装料口、在底部设有卸料口，有的只在顶部设有装卸货共用的料口。

图 7-25 集装袋

集装袋的制作材料一般以高强度纺织材料为基材，表面涂覆橡胶或塑料等材料以提高袋体的强度和密封性能。常用的基材主要有聚丙烯、聚乙烯等聚酯纤维纺织材料，而且有的沿袋体横向设有 2~3 道加强腰箍。所以，集装袋具有较高的柔性和强度，既可一次性使用，又可以反复周转使用。

集装袋的主要特点是：重量非常轻，柔性好，可以折叠，基本不占物料体积，运输附加重量很小，回空运输占用空间几乎可以忽略；使用集装袋装运货物，可以简化货物包装，便于货物装卸搬运，便于堆垛储存和运输，而且密封性能好，货物之间不易相互污染。

2. 集装袋的尺寸系列

集装袋是一种集装器具。国家标准《集装袋》（GB/T 10454—2000）和《集装袋运输包装尺寸系列》（GB/T 17448—1998）制定了各种集装袋的标准尺寸系列。标准集装袋的公称容积在 $0.5~2.3m^3$ 之间，载重量一般在 500~3000kg 之间。

7.4.2 液体集装袋

液体集装袋是一种以聚乙烯和聚丙烯等柔性材料制成的装运液体货物的密闭包装袋（见图 7-26），它通常装在 20in 通用集装箱内进行载运，所以液体集装袋也称为集装箱液体集装袋，或简称为集装箱液袋。液体集装袋主要用于装运各类散装非危险液体货物，如葡萄酒、果汁、食用油、石油产品、化学产品等。

以集装箱液袋进行液体运输的主要优越性在于：它实际上就是一种集装箱运输，因而具备了集装箱运输的各种优点；采用集装箱液袋运输与采用桶装运输相比，装载量提高了 10%~20%；聚乙烯液体集装袋价格便宜，可以一次性使用，卸货之后液袋可就地报废处理，无须对集装箱进行清洗即可进行其他货物运输，不需要像桶装或罐箱那样空返运输；专袋专用，始终采用全新的液袋装运货物，可确保产品品质，有效避免货物被运输包装污染的危险。

第 7 章　集装与包装设备

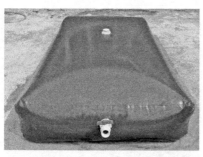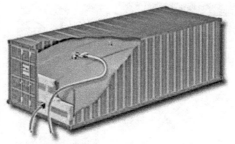

图 7-26　集装箱液体袋

液体集装袋通常针对不同的液体特性，采用不同的液袋材料。根据不同的液袋材料，常用的液体集装袋可分为以下几种。

1）食品专用液袋：食品类液体货物专用的液袋，所有材料必须全部符合食品卫生标准。

2）化工专用液袋：化工液体大都具有很强的腐蚀性，针对腐蚀性的化工产品，需要采用具有抗腐蚀性能的液袋材料和阀门。

3）油脂专用液袋：油脂类的专用液袋适用于各种油脂类液体的运输。

4）耐高温液袋：针对需要在高温状态下进行处理或运输的液体，必须采用抗高温的液袋材料。

7.4.3　滑板

滑板是指在一个或多个边上设有翼板的平板，用它作为搬运、存储或运输单元载荷形式的货物或产品的底板，如图 7-27 所示。滑板实际上是平托盘的一种特殊形式，所以也称为滑板托盘。

图 7-27　滑板及载货状态

由于滑板只有承载面，没有底梁和叉孔等结构，因此滑板的使用需要与装有带钳口的推拉器式叉车相配合，实现滑板的装卸搬运作业，如图 7-28 所示。叉车叉取货物时，将推拉器伸出，先用推拉器的钳口夹住滑板的一边翼板，然后将滑板连同货物一起拉上平板式货叉；卸货时，叉车运行到指定位置，然后用推拉器将滑板连同货物一体推出，将货体稳定就位。

滑板的材料主要是纸板和塑料板。纸制滑板用于产品运输时一般一次性使用，用于货物存储时则可以重复使用；塑料滑板可以用于重复使用。滑板的厚度一般在 0.8～

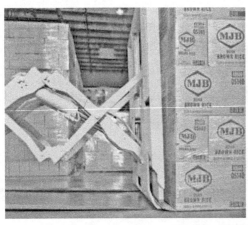 

图7-28 滑板叉车装卸作业

2.0mm左右,薄型滑板的承载重量一般小于500kg,厚型滑板的承载重量可以达到2000kg。

1. 滑板的结构类型

滑板的结构根据其翼板的数量和位置可以划分为:单翼板滑板、对边双翼板滑板、临边双翼板滑板、三翼板滑板(最常用)和四翼板滑板。各种类型滑板的结构形式如图7-29所示。

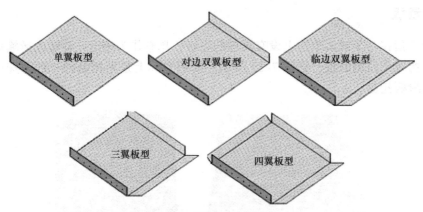

图7-29 滑板的结构形式

2. 滑板的特点及应用

滑板作为一种集装化器具,与普通平托盘相比具有以下优点:

1)滑板的外形如同一张薄纸板,厚度和体积都很小,所以能更好地利用仓储和运输车辆的储运空间。

2)重量轻,无效装卸搬运和运输作业量小,能节约装卸搬运和运输费用。

3)价格便宜,无须修理,所以使用费用低,而且没有周转费用。

4)可以作为一次性托盘使用,无须周转管理或循环控制,没有周转费用。

5)出口使用时可以免商检、免熏蒸、免消毒。

滑板的缺点是需要与带推拉器的叉车一起使用,使用条件受到一定限制,而且强度

第7章 集装与包装设备

较低,反复使用则寿命较短。

滑板在欧美等国家应用相当广泛,目前在我国许多行业中也得到了较广泛的应用,特别是越来越多地被国内的出口企业所采用。滑板特别适用于产品销售、出口运输、仓库货物储存,适用的产品范围也非常广泛。

7.4.4 集装网

集装网是用高强度纤维材料制成的网状集装器具。常用的集装网有盘式集装网、箱式集装网等形式。盘式集装网一般由合成纤维绳编织而成,强度较高,耐腐蚀性好,但耐热性、耐光性稍差;箱式集装网的网体用柔性较好的钢丝绳加强,钢丝绳的四个端头设有钢质吊环,强度高、刚性大、稳定性好。集装网主要用于装运包装货物、无包装的块状货物和形状不规则的成件货物,其载重量一般为500~1500kg,在装卸中采取吊装方式。

集装网自身重量很轻,因而使用集装网装卸搬运和运输作业时的无效作业量很小,而且集装网价格便宜,使用费用较低。其缺点是对货物的防护能力较差,因而应用范围受到较大限制。

7.4.5 周转箱

周转箱即物流周转箱,也简称为物流箱,主要是指以聚烯烃塑料为原料,采用注射成型方法生产的塑料周转箱。周转箱是一般物流作业场所常用的一种集装器具,能够耐酸耐碱、耐油污,无毒无味,承载强度大,适宜盛放机械零部件、电子元件、日用商品、生熟食品等各种各样的物品,而且使用方便、周转便捷、堆放整齐、清洁卫生、便于管理。周转箱广泛用于机械、汽车、家电、轻工、电子、食品等行业,适用于工商企业和物流中的运输、配送、储存、流通加工等各个环节,可以反复周转使用。周转箱可与多种物流容器和工位器具配合,用于各类仓库、生产现场等各种场合,有利于实现物流容器的通用化、一体化管理,有利于生产企业及流通企业完善现代化物流管理。

1. 周转箱的类型

周转箱按照外形结构,可分为通用型、折叠型和斜插型等类型。

(1) 通用型周转箱。通用型周转箱(见图7-30)的四面箱壁与底面相互垂直。箱底面外围四边的尺寸与箱口内沿四边的尺寸一致,小于箱外壁的尺寸,因而在箱底上方构成堆垛凸台,以便周转堆垛时将上层箱的箱底卡入底层箱的箱口内,形成较紧密的配合,保证堆垛稳定可靠,并且可以保证在小倾角偏斜时不会造成滑垛。所以,通用型周转箱也称为可堆式周转箱,可以把相同规格或具有相同模数关系的周转箱多层堆垛。一般不带盖的周转箱满载时可堆叠7~8层,带盖时可堆叠5层。通用型周转箱有的设有箱盖,有的没有箱盖。箱盖的形式有扣盖和翻盖等类型。箱壁外侧一般都设有加强筋,以提高周转箱的装载能力,并减轻箱壁的变形。周转箱的短边两侧设有把手,以便于人工搬运。

(2) 折叠型周转箱。折叠型周转箱如图7-31所示,箱的四面壁板可以折叠放平,以便于空箱堆垛或回空运输时将周转箱折叠堆垛,从而大大减小所占用的空间,提高仓库和运输工具的有效空间利用率。

现代物流装备

图 7-30　通用型周转箱

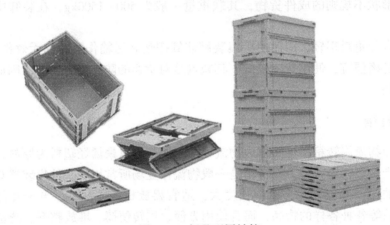

图 7-31　折叠型周转箱

（3）斜插型周转箱。斜插型周转箱如图 7-32 所示，四面箱壁与箱底面之间具有一定的倾斜角度，形成上大下小的倒梯形结构，以便于空箱堆垛时，上层箱可以插入底层箱内，从而减小所占用的空间，提高仓库和运输工具的有效空间利用率。

图 7-32　斜插型周转箱

2. 周转箱的规格尺寸系列

根据我国包装行业标准《塑料物流周转箱》（BB/T 0043—2007）的规定，标准规格的周转箱规格尺寸（长×宽）优先系列为：600mm×400mm、400mm×300mm、300mm×

200mm；高度优先系列为：120mm、160mm、230mm、290mm、340mm。采用标准规格尺寸系列，便于周转箱与托盘等物流器具实现完好的尺寸配合关系。标准规格周转箱的设计载重量一般为70kg。

7.4.6 航空集装板

航空集装板（见图7-33）是具有标准尺寸、带有中间夹层的硬质铝合金制成的平板。它是航空货物运输专用的一种集装器具，用于集装货物、行李或邮件，并使用专用的网套加以固定，组成一个集装单元进行运输。

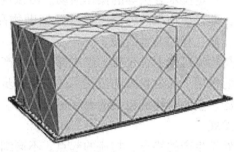

图7-33 航空集装板

集装板由底表面平坦的平板和边框等组成，四边带有卡锁轨或网带卡锁孔。网套（也称为集装板网）通常为柔性带编网或绳索网，套装在货物外围，并通过卡锁装置与集装板连接，将货物紧固成一个整体以防止滑动。集装板上的货物也可以采用专用的集装棚、集装罩进行固定。集装板货件装进飞机货舱后，通过货舱底板的限位装置予以固定。

航空集装板作为一种标准化的集装器具，其规格尺寸和装载质量都有统一的标准，而且各种集装板装载货物的最大高度也有限定。国家标准《航空货运集装板技术条件和试验方法》（GB/T 18227—2000）中规定的标准航空集装板分为4种型号，其规格尺寸和最大总质量见表7-1。此外在实际应用中，很多航空公司还常使用一些非标准集装板（通常称为非注册集装板），这些集装板一般只适用于特定机型的特定货舱。装载普通货物使用的集装板厚度一般为2mm，用于装运重质货物的集装板厚度可达到6mm。

表7-1 标准航空集装板型号、公称尺寸和最大总质量

集装板型号	公称尺寸（mm×mm）	最大总质量（kg）
PAG	2235×3175	6804
PBJ	2235×2743	4536
PLB	1534×3175	3175
PMC	2438×3175	6804

由于航空运输的特殊性，物流企业在进行航空货运时，必须按照航空公司的规定，使用规定的集装板和网集装货物。

7.5 包装的作用与类别

7.5.1 包装的概念

根据国家标准《包装术语 第 1 部分：基础》（GB/T 4122.1—2008）的定义，包装是指为在流通过程中保护产品、方便储运、促进销售，按一定技术方法而采用的容器、材料及辅助物等的总体名称；也指为了达到上述目的而采用容器、材料和辅助物的过程中施加一定技术方法等的操作活动。由该定义可以看出，包装具有两重含义：一是指包装物，即盛装物品的容器、材料及辅助物品；二是指包装作业，即对物品进行盛装、裹包、捆扎等的技术活动。

包装是物流运作系统重要的组成部分，在产品的生产、流通、仓储等环节都发挥着不可或缺的作用。随着我国物流技术的不断进步，特别是自动化物流系统与设备的应用越来越广泛，企业对物流包装的要求也在提高。包装理念需要不断更新，包装技术需要不断升级发展。

包装处于生产的终点、物流的起点。不同细分行业对于物流包装的要求存在一定的差异，因此包装产品和包装技术供应商应把握不同行业的特点，紧随客户需求的变化，提供更便捷、更绿色、更经济、更高效的包装产品和解决方案。

7.5.2 包装的功能

1. 保护功能

保护功能即保护物品不受损伤的功能，它体现了包装的主要目的。

1）防止物品的破损变形。为了防止物品的破损变形，物品包装必须能承受在装卸、运输、保管等过程中的各种冲击、振动、颠簸、压缩、摩擦等外力的作用，形成对物品的防护。

2）防止物品发生化学变化。为防止物品受潮、发霉、变质、生锈等化学变化，物品包装必须能在一定程度上起到阻隔水分、潮气、光线，以及空气中各种有害气体的作用，避免外界不良因素的影响。

3）防止有害生物对物品的影响。鼠、虫及其他有害生物对物品有很大的破坏性，包装封闭不严，会给细菌、虫类侵入之机，导致物品变质、腐烂，特别是对食品危害性更大。

4）防止异物混入、污物污染、丢失、散失。

2. 方便功能

方便功能是指物品包装具有方便流通、方便消费的功能。

1）方便储存。从物品保管角度看，物品的包装为保管工作提供了方便条件，便于维护物品本身原有的使用价值。包装物的各种标志，易于管理者识别、存取、盘点，有特殊要求的物品易于引起注意；从验收角度上看，易于开包、便于重新打包的包装方式为验收提供了方便。包装的集合方法和定量性，在节约验收时间、加快验收速度等方面起到了十分重要的作用。

第 7 章 集装与包装设备

2) 方便装卸。从搬运、装卸的角度看，包装的规格尺寸、重量、形态要适合作业。物品经适当的包装后便于各种装卸、搬运设备的使用，有利于提高装卸、搬运设备的生产效率。包装的规格尺寸标准化后，为集合包装提供了条件，从而能极大地提高装卸效率。

3) 方便运输。包装的规格、形状、重量等与货物运输关系密切，包装尺寸与运输车辆、船、飞机等运输工具箱仓容积相吻合，方便了运输，提高了运输效率。

3. 销售功能

在商业交易中促进商品销售的手段很多，其中包装的装潢设计占有重要地位。精美的包装能唤起人们的购买欲望。包装的外部形态是商品很好的宣传品，能刺激客户的购买行为。

综上所述，包装的保护功能和方便功能是与物流密切相关的两大功能，销售功能是与商流相关的功能。

7.5.3 包装的分类

1. 按包装功能不同分类

（1）工业包装。工业包装又称为运输包装，是物品运输、保管等物流环节所要求的必要包装。工业包装以强化运输、保护物品、便于储运为主要目的。

（2）商业包装。商业包装是以促进商品销售为主要目的的包装。这种包装的特点是：外形美观，有必要的装潢，包装单位应适合客户购买量和售卖设施的要求。

2. 按包装层次不同分类

（1）个包装。个包装是指以一个商品为一个销售单位的包装形式。个包装直接与商品接触，在生产中与商品装配成一个整体。它以销售为主要目的，一般随同商品销售给客户，又称为销售包装或小包装。

（2）中包装（内包装）。中包装是指若干个单体商品包装组成一个小的整体包装。它是介于个包装与外包装的中间包装，属于商品的内层包装。中包装在销售过程中，一部分随同商品出售，一部分则在销售中被消耗掉，因而被列为销售包装。在商品流通过程中，中包装起着进一步保护商品、方便使用和销售的作用，方便商品分拨和销售过程中的点数和计量，方便包装组合等。

（3）外包装（运输包装或大包装）。外包装是指商品的最外层包装。在商品流通过程中，外包装起着保护商品，方便运输、装卸和储存等作用。

3. 按包装使用范围分类

（1）专用包装。专用包装是指专供某种或某类商品使用的一种或一系列的包装。

（2）通用包装。通用包装是指一种能盛装多种商品、被广泛使用的包装容器。通用包装一般不进行专门设计制造，而是根据标准系列尺寸制造，用以包装各种无特殊要求的或标准规格的产品。

4. 按包装使用的次数分类

（1）一次用包装。一次用包装是指只能使用一次、不再回收复用的包装。它是随同商品一起出售或销售过程中被消耗掉的销售包装。

（2）多次用包装。多次用包装是指回收后经适当加工整理，仍可重复使用的包装。

现代物流装备

多次用包装主要是商品的外包装和一部分中包装。

（3）周转用包装。周转用包装是指工厂和商店用于固定周转、多次复用的包装容器。

5. 包装的其他分类方法

（1）按运输方式不同。按运输方式不同，可分为铁路运输包装、卡车货物包装、船舶货物包装、航空货物包装、零担包装和集合包装等。

（2）按包装防护目的不同。按包装防护目的不同，可分为防潮包装、防锈包装、防霉包装、防震包装、防水包装、遮光包装、防热包装、真空包装、危险品包装等。

（3）按包装操作方法不同。按包装操作方法不同，可分为罐装包装、捆扎包装、裹包包装、收缩包装、压缩包装和缠绕包装等。

7.6 包装设备的分类与组成

7.6.1 包装设备的概念和作用

包装设备是指能完成全部或部分产品和商品包装过程的设备。包装过程包括充填、裹包、封口等主要工序，以及与其相关的前后工序，如清洗、堆码和拆卸等。此外，包装还包括计量或在包装件上盖印等工序。使用设备包装产品，可提高生产率、减轻劳动强度、适应大规模生产的需要，并满足清洁卫生的要求。全自动包装设备中的全自动软抽式面巾纸包装机如图 7-34 所示。

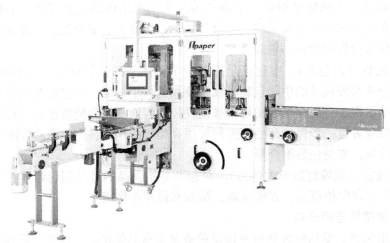

图 7-34 全自动软抽式面巾纸包装机

我国包装设备标准化工作伴随着行业发展，历经多年、从无到有，现已建立了较为完善的包装设备标准化体系。2018 年，我国成为国际标准化组织 ISO/TC 313 包装设备标准化技术委员会的成员国，标志着我国包装设备标准化工作正式走上了国际舞台。

包装设备的作用概括如下：

（1）可大大提高劳动生产率。包装设备的工作效率比手工包装高出许多，如糖果包装，手工包糖每分钟只能包十几块，而糖果包装机每分钟可达数百块甚至上千块，提高效率数十倍。

(2) 能有效地保证包装质量。设备包装可根据包装物品的要求，按照需要的形态、大小，得到规格一致的包装物，而手工包装是无法保证的。这对出口商品尤为重要，只有设备包装才能实现包装规格化、标准化，符合集合包装的要求。

(3) 能实现手工包装无法实现的操作。有些包装操作，如真空包装、充气包装、贴体包装、等压灌装等，都是手工包装无法实现的，只能用设备包装实现。

(4) 可降低劳动强度，改善劳动条件。手工包装的劳动强度很大，如用手工包装体积大、重量重的产品，既耗体力又不安全。对轻小产品，由于频率高、动作单调，工人同样易于疲劳。

(5) 有利于工人的劳动保护。对于某些严重影响身体健康的产品，如粉尘严重、有毒的产品、有刺激性、放射性的产品，手工包装难免危害健康，而设备包装则可避免，且能有效地保护环境不被污染。

(6) 可降低包装成本，节省储运费用。对松散产品，如棉花、烟叶、丝、麻等，采用压缩包装机压缩打包，可大大缩小体积，从而降低包装成本。同时由于体积大大缩小，节省了仓容，减少了保管费用，有利于运输。

(7) 能可靠地保证产品卫生。某些产品，如食品、药品的包装，根据《食品卫生法》是不允许用手工包装的，而设备包装避免了人手直接接触食品、药品，保证了卫生质量。

(8) 可促进相关工业的发展。包装设备是一门综合性科学，涉及材料、工艺、设备、电子、电器、自动控制等多门学科，要求各相关学科同步、协调地发展，任何学科的问题都将影响包装设备的整体性能，因此包装设备的发展将有力地促进相关学科的进步。另外，为适应包装设备高速化的需要，其相关的前后工序也势必要与之适应，也就推动了相关工业的同步发展。

7.6.2 包装设备的分类

(1) 按包装设备的基本功能分，可分为单功能包装机械和多功能包装机械

单功能包装机械是只能完成一种包装工序的包装机械，通常根据其具体功能可分为充填机械、灌装机械、裹包机械、封口机械、贴标机械、清洗机械、干燥机械、杀菌机械、捆扎机械、集装机械，以及完成其他包装作业的辅助包装机械等类别。多功能包装机械是指在同一台设备上可以完成两个或两个以上包装工序的包装机械。

(2) 按包装设备的作业范围分，可分为专用包装机械、通用包装机械和多用包装机械等

专用包装机械是专门用于包装某一类物品的包装机械，其功能单一；通用包装机械是指在指定范围内适用于包装两种或两种以上不同类型物品的机械；多用包装机械是指通过更换或调整有关机构或零部件，可用于包装两种或两种以上物品的包装机械。

(3) 按包装设备的自动化程度分，可分为半自动包装机械、全自动包装机械和自动包装生产线等

半自动包装机械是指由人工供送包装材料和被包装物品，而由设备自动完成其他包装作业工序的包装机械；全自动包装机械是自动供送包装材料和被包装物品，并自动完

成其他包装工序的包装机械；自动包装生产线则是由数个包装机和其他辅助设备连接成的，能完成一系列包装作业的生产线。

7.6.3 包装设备的基本组成

各种类型的包装机械，外部形状千差万别，结构有繁有简，但从包装设备的基本工作原理和基本结构来看，一般包装机械通常都由以下部分组成。

（1）包装材料整理与供送装置。包装材料整理与供送装置的作用是将包装材料按照一定的规格进行裁剪或整理，并逐个输送到预定工位，有的包装机械在包装材料供送过程中还能完成制袋或包装容器的定型和定位等动作。

（2）被包装物品计量与供送装置。被包装物品计量与供送装置的作用是对被包装物品进行计量、整理和排列，并输送到预定工位，有的还可以完成被包装物品的分割、定型等作业。

（3）主传送装置。主传送装置的作用是将包装材料和被包装物品由一个包装工位顺序传送到下一个包装工位。全部包装工序在包装机上往往分散成多个工位来协同完成，所以必须由专门的机构来传送包装材料和被包装物品。主传送机构的形式一般决定了包装机的形式，并影响其外形，单工位包装机没有传送装置。

（4）包装执行机构。包装执行机构是直接完成包装操作的机构，即完成裹包、灌装、封口、贴标和捆扎等操作的机构，由它来实现包装材料和被包装物品的结合，形成完整的包装成品。

（5）成品输出机构。成品输出机构是把包装好的物品从包装机上卸下、定向排列并输出的机构。有的包装机械成品输出是由主传送机构完成的，或是靠包装物品的自重卸下的。

（6）动力装置与传动机构。动力装置是整个包装机械工作的动力源，通常都是由电动机作为动力装置，个别情况也可以采用内燃机或其他动力装置。传动机构的作用是指将动力装置的动力与运动传给执行机构和控制系统，使其实现预定动作。包装机械传动机构的传动方式有机械、电力、液力和气力等多种形式。

（7）控制系统。控制系统由各种手动、自动装置组成。在包装过程中，从动力的输出、传动机构的运转、包装执行机构的动作及相互配合到包装产品的输出，都是由控制系统通过指令操纵的。现代包装机械的控制方式有机械控制、电气控制、气动控制、光电控制和电子控制等形式，可根据包装机械的自动化水平和生产要求选择。

此外，各种包装机械都还具有不同结构形式的机身部分，用以安装、固定和支撑以上各种装置和所有零部件。

7.7 常用包装机械

7.7.1 充填机械

充填机械是将物品按照预定量充填到包装容器内的包装机械。它主要用于包装粉末状、颗粒状、小块状的固体物料和膏状物料。

第 7 章　集装与包装设备

1. 充填机械的类型

由于物品的性质、状态不同，所要求的计量精度也各不相同，所采用的充填方法就各有不同，因而形成不同形式的充填机械。

按照物料计量方式的不同，可以分为容积计量式充填机、计数式充填机和称重式充填机三种类别；按照被充填物品的物理形态，可以分为粉状物料充填机、颗粒状物料充填机、小块状物料充填机、膏状物料充填机等类型；按充填机械的功能，可分为制袋充填机、成型充填机和仅能完成充填功能的单功能充填机。

2. 容积计量式充填机

容积计量式充填机是将物料按预定的容积充填至包装容器内的充填机械，结构简单、价格低廉、计量速度快，但计量精度较低；常用于价格较便宜、密度较稳定、体积要求比质量要求更重要的干散物料或膏状物料的充填。

根据物料容积计量的方式不同，容积计量式充填包装机可分为量杯计量式包装机、螺杆计量式包装机和计量泵式包装机等多种类型。

量杯计量式充填机是利用定量量杯来计量物料的容积，并将其充填到包装容器内的包装机。适用于颗粒较小而且均匀的干散物料包装，如图 7-35 所示。当充填机下料闸门打开时，料斗中的物料靠重力自由下落到量杯中；当量杯转到卸料工位时，量杯底盖开启，使物料自由落下充填到其下方的容器中。

螺杆计量式充填机是利用螺杆螺旋槽的容腔来计量物料，并将其充填到包装容器内，如图 7-36 所示。由于螺杆每个螺距之间的螺旋槽都有一定的容积，因此只要准确控制螺杆的转数或旋转时间，就能获得较为精确的计量值。螺杆计量式充填机结构紧凑，无粉尘飞扬，并可通过改变螺杆参数来扩大计量范围，因此应用范围较广。它主要用于流动性良好的颗粒状、粉状固体物料，例如砂糖、奶粉、盐、味精、化学药粉等，也可用于膏状流体物料，但不宜用于装填易碎的片状物料或密度较大的物料。

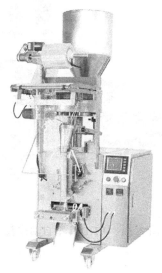　　　　　　　　　　

图 7-35　KDS-160K 量杯计量式颗粒充填机　　图 7-36　定量螺杆计量式充填机

3. 计数式充填机

计数式充填机是将物料按预定数目充填至包装容器内的包装机械。按计数的方式不

现代物流装备

同,可分单件计数式和多件计数式两类;按物品排列形式不同,可分为物品规则排列充填机(包括长度计数式、容积计数式、堆积计数式)和物品杂乱无序充填机(包括转鼓式、转盘式和推板式)。

长度计数式充填机(图7-37)主要用于长度固定的物品的充填,例如饼干等食品的包装,或物品小盒包装后的第二次大包装等,主要用于食品和化工等行业。

容积计数式充填机通常用于等直径和等长度类物品的包装,如钢珠、药丸等物品的充填包装。

数粒计数充填机主要有转鼓式、转盘式和推板式,主要应用于小颗粒物品的计数包装,如胶囊、药片的包装,图7-38为一种胶囊计数充填机。

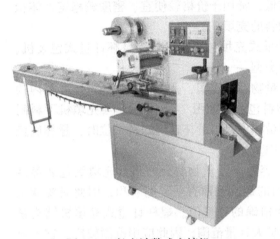

图 7-37　长度计数式充填机　　　　　图 7-38　胶囊计数充填机

4. 称重式充填机

称重式充填机(见图7-39)是将物料按预定质量填充到包装容器内的机械。由于容积式填充机计量精度不高,对一些流动性差、密度变化较大或易结块的物料的包装,往往效果不佳。因此对于计量精度要求较高的各类物料包装,可采用称重式充填机。称重式充填机结构比较复杂、体积较大、计量速度较低,但是计量精度较高,主要适用于颗粒状、粉末状和块状散装物品的称重充填,例如水泥、粮食等。

图 7-39　DH-DB1型自动称重式充填机

7.7.2　灌装机械

灌装机械是将液体物品按预定量灌注到包装容器内的包装机械。它主要应用于食品领域的饮料、乳品、酒类、植物油和调味品等液体物料的包装,还包括洗涤剂、矿物油以及农药等化工类液体的包装。灌装包装所用的容器主要有玻璃瓶、金属罐、塑料瓶、

第 7 章　集装与包装设备

塑料袋、复合纸袋、复合纸盒等。

灌装机械的基本结构一般由包装容器供给装置、灌装液体供给装置和灌装阀三个部分组成。包装容器供给装置的主要作用是将包装容器传送到灌装工位，并在灌装工作完成后，再将容器送出灌装机；灌装液体供给装置一般包括储液箱和计量装置，其主要作用是将灌装液体送到灌装阀；灌装阀是直接与灌装容器相连，实现液体物料灌注的部件，其主要任务是根据灌装工艺要求切断或沟通储液箱、气室和待灌装容器之间液料流通的通道。

灌装机械因包装容器、包装物料、计量方法以及灌装工艺的不同而形成多种多样的种类。按照灌装方法的不同，可分为常压灌装机、负压灌装机、等压灌装机和压力灌装机；按照包装容器传送形式，可分为直线型灌装机和回转型灌装机；按照计量方法，可分为定位灌装机、定量灌装机和称重灌装机。

1. 常压灌装机

常压灌装机是指在常压状态下，将储液箱和计量装置处于高位置，依靠物料的自重将液体物料灌装到包装容器内的灌装机（见图 7-40）。它适宜灌装低黏度、不含气体的液体物料，如牛奶、酱油、矿泉水及日化类产品。常压灌装机能适应由各种材料制成的包装容器，如玻璃瓶、塑料瓶、金属易拉罐、塑料袋及金属桶等。

图 7-40　常压灌装机

2. 负压灌装机

负压灌装机是先对包装容器抽气形成负压，然后将液体充填到包装容器内的灌装机。根据灌注方法不同，负压灌装机分为压差式负压灌装机和重力式负压灌装机。压差式负压灌装机是将储液箱内处于常压，只对包装容器抽气使之形成负压，依靠储液箱与包装容器之间的压力差将液体灌装到包装容器内。重力式负压灌装机是将储液箱和包装容器都抽气使之形成相等的负压，然后使液体依靠自重灌装到包装容器内。

3. 压力灌装机

压力灌装机是对液体物料进行加压，依靠压力作用将物料定量地灌注到包装容器内的灌装机。压力灌装机（见图 7-41）一般采用卡瓶预定位灌装，在灌装转台上设有液体分配器，分配器的一端连接到安装在储液罐中的液泵，另一端用软管连接到各个灌装阀。灌装阀在随灌装转台的回转中沿凸轮下降，当阀咀与灌装容器口对正并密封时，随之顶开灌装阀，储液罐中的液泵通过灌装机上的分配器向容器供液，灌装至预定容量，液体在灌装容器中的液面高度可以调节。容器内的气体以及灌装满口后的余液将由回流管返回储液罐。

4. 直线型灌装机

直线型灌装机（见图 7-42）的包装容器沿直线灌装台运行，包装容器运行到灌注位置时停下进行灌注，灌注结束再继续运行输出。所以，直线型灌装机属于间歇式作业，效率较低，但结构简单，灌装平稳。

图 7-41　压力灌装机

5. 回转型灌装机

回转型灌装机采用旋转型灌装台（见图 7-43），包装容器随转台连续旋转，液体在旋转过程中连续灌注，所以其灌注效率较高。

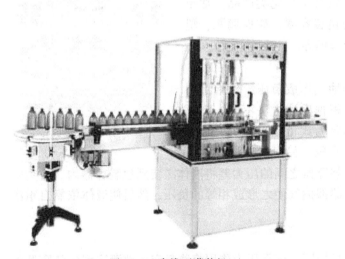

图 7-42　直线型灌装机

图 7-43　回转型灌装机

7.7.3　裹包机械

裹包机械是指用挠性包装材料全部或局部裹包物品的包装机械。常用的挠性包装材料有玻璃纸、塑料薄膜、复合膜、拉伸膜和收缩膜等，主要适用于对块状并具有一定强度的物品进行包装，广泛应用于食品、烟草、药品、日化用品、音像制品以及托盘货件等的包装。

裹包机械的种类很多，结构也比较复杂，常用的裹包机械有折叠式裹包机、接缝式包装机、缠绕式裹包机、热收缩式裹包机和贴体包装机等多种类型。

1. 折叠式裹包机

折叠式裹包机是将挠性包装材料按照一定的工艺方式折叠封闭的裹包机，一般是先

第 7 章　集装与包装设备

将物料置于包装材料上，然后按顺序折叠各边。在折边过程中根据工艺要求，有的在最后一道折边之前上胶黏合，有的用电热熨合，有的则只靠包装材料受力变形而成型。折叠式裹包机使用广泛，包装外形美观规整，视觉效果好，主要应用于长方体物品（如糖果、巧克力、卷烟等）的包装。

2. 接缝式包装机

接缝式包装机是将挠性包装材料按同面黏结的方式加热加压封闭的包装机，如图 7-44 所示。主要应用于各类固定形状物品的单件或多件连续包装，一般能自动完成制袋、充填、封口、切断和成品排出等工序的包装，是包装机械中应用最广泛、自动化程度最高、系列品种最齐全的一类包装机械。接缝式包装机适用于一般块状、筒状规则物品及无规则异形物品等的包装，几乎不限制包装物的体积和质量等。

3. 缠绕式裹包机

缠绕式裹包机是采用成卷的挠性包装材料对产品进行多圈缠绕裹包的裹包机，一般用于单件物品或集装单元物品的裹包包装，图 7-45 所示为一种常用的拉伸缠绕式裹包机。

图 7-44　热压接缝式包装机

图 7-45　拉伸缠绕式裹包机

4. 热收缩式裹包机

热收缩式裹包机是用热收缩薄膜对物品进行裹包封闭，然后再进行加热，使薄膜收缩后包裹物品进行裹包。常见的热收缩式裹包机的加热方式有烘道式、烘箱式、柜式、枪式等类型。如图 7-46 所示为一种烘道加热式热收缩式裹包机，用薄膜裹包的物品，从加热烘道中通过之后，即被收缩裹紧。热收缩式裹包机常用于啤酒、饮料的瓶装物品以及其他小型单件物品的集合包装。

5. 贴体包装机

贴体包装机是将物品置于底板上，用覆盖物品的塑料薄片在加热和抽真空作用下紧贴物品，并与底板封闭的包装机械。贴体包装可把被包装物品紧紧裹包在贴体膜和底板之间，可以防潮防震，并且有较强的立体感，广泛用于五金、工量具、电子元件、小型零部件、装饰品、工艺品、玩具以及食品等行业产品的包装，如图 7-47 所示。

现代物流装备

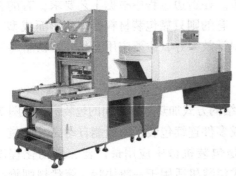 

图 7-46　烘道加热式热收缩式裹包机　　　　图 7-47　贴体包装机

7.7.4　捆扎机械

捆扎通常是指直接将单个或数个包装物用绳、钢带或塑料带等捆紧扎牢以便于运输、保管和装卸的一种包装作业。它是包装的最后一道工序。捆扎机械是将纸箱、木箱货物或者物品捆扎的设备。

由于不同的包装物对捆扎的要求不同，因而捆扎形式多种多样，被捆扎的包装件以长方体和正方体居多，常见的捆扎形式如图 7-48 所示。

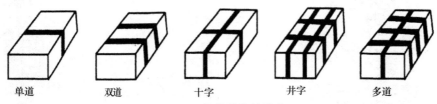

图 7-48　捆扎的常见形式

托盘捆扎机（见图 7-49）俗称托盘打包机，是使用捆扎带缠绕物品或包装件，然后收紧并将两端通过热效应熔融或使用包扣等材料连接的机器。捆扎机的功用是使塑料带能紧贴于被捆扎包件表面，保证包件在运输、储存中不因捆扎不牢而散落，同时还应捆扎得整齐美观。托盘捆扎机用于食品、医药、五金等行业纸箱打包、纸张打包等各种较大货物的自动打包捆扎。

7.7.5　装箱机械

装箱机是一种将无包装的物品或者

图 7-49　托盘捆扎机

小包装的物品半自动或者自动装入运输包装的一种设备，主要适用于啤酒瓶、汽水瓶等瓶装容器装箱。其工作原理是将物品按一定排列方式和定量装入箱（瓦楞纸箱、塑料

第 7 章 集装与包装设备

箱、托盘）中，并把箱的开口部分闭合或封牢。按照装箱的要求，它应具有纸箱成形（或打开纸箱）、计量、装箱的功能，有些还配有封口或者捆扎功能（见图 7-50）。

自动和半自动装箱机的主要形式有卧式、垂直下落式、夹持式、裹包式和托盘成型式等。

7.7.6 贴标签机械

贴标机械是指采用黏合剂或其他方式将标签展示在包装件或物品上的机械。标签是指加在包装容器或物品上的纸条或其他材料，上面印有物品说明和图样，或者是直接印在包装容器或物品上的物品说明和图样。

图 7-50 装箱机械

纸箱贴标机的工作过程：纸箱在传送带上以一个不变的速度向贴标机进给，机械上的固定装置将纸箱之间分开固定距离，并推动纸箱沿传送带的方向前进。贴标机的机械系统包括一个驱动轮、一个贴标轮和一个卷轴。驱动轮间歇性地拖动标签带运动，标签带从卷轴中被拉出的同时经过贴标轮，贴标轮会将标签带压在纸箱上。在卷轴上采用了开环的位移控制，用来保持标签带的张力，因为标签在标签带上是彼此紧密相连的，所以标签带必须不断起停。

标签是在贴标轮与纸箱移动速度相同的情况下被贴在纸箱上的。当传送带到达某个特定的位置时，标签带驱动轮会加速到与传送带匹配的速度，贴上标签后，再减速到停止。

由于标签带有可能会产生滑动，所以它上面有登记标志，用来保证每一张标签都被正确地放置。登记标志通过一个传感器来读取，在标签带减速阶段，驱动轮会重新调整位置以修正标签带上的任何位置错误。

贴标机可以实现不平整表面上的贴标，可根据需要灵活加配喷码装置，在物品上喷印产品批号、生产日期等相关信息，可灵活连接自动流水线或单机使用。

7.8 包装自动生产线

7.8.1 包装自动生产线的概念

包装自动生产线是指按照物品的包装工艺顺序，将数台不同功能的自动包装机、自动供料装置以及其他辅助包装设备，利用一系列输送装置连接成连续的包装作业线，并通过自动控制系统进行全程控制，使被包装物品、包装容器、包装材料、包装辅助材料等按预定的包装要求相互结合，自动完成物品包装全过程的工作系统。

在现代化大规模生产和物流系统中，随着物品包装作业量的不断增加，各种包装设备单机作业的速度和效率远远不能满足生产速度的要求，取而代之的是包装自动生产线。采用包装自动生产线，物品的包装不再是以单机一道一道地完成单个包装工序，而是将各自独立的自动或半自动包装设备和辅助设备，按照包装工艺的先后顺序组合成一个连续的流水线。被包装物品从流水线一端进入，以一定的生产节拍，按照设定的包装工艺顺序，依次经过各个包装工位，通过各工位的包装设备使包装材料与被包装物品结合，完成一系列包装工序之后，包装成品从流水线的末端不断输出。

采用包装自动生产线，可以全面提高包装作业速度，能够可靠地保证物品包装质量，可以提高设备利用率，合理利用资源，降低物品包装成本，并且可以改善劳动条件，提高劳动生产率。包装自动生产线适用于少品种、大批量物品的包装作业，是大规模包装生产的重要装备。

从工艺角度来看，包装自动生产线除了具有流水线的一般特征以外，还具有更严格的生产节奏性和协调性。各行业的产品包装中，广泛应用着各种不同形式的包装自动生产线。

7.8.2 包装自动生产线的类型

1. 按包装机的组合布局形式分

包装自动生产线按照包装机的组合布局形式，可分为串联式、并联式和混联式三种类型。

（1）串联式包装自动生产线。串联式包装自动生产线是将各包装机按工艺流程单向顺序连接，各单机生产节奏相同。这种生产线的结构比较简单，布局比较紧凑，要求各包装机的作业速度比较均衡。

（2）并联式包装自动生产线。为平衡生产节拍，提高生产能力，将具有相同功能的包装机分成数组平行的包装线，分别共同完成同一包装作业。在此类包装自动生产线之间，一般需要设置一些换向或合流装置。

（3）混联式包装自动生产线。在一条包装自动生产线上，同时采用串联和并联两种连接形式，其主要目的是为了平衡各包装机的生产节拍，实现各包装机的生产率匹配，一般混联式包装自动生产线较长、机器数量较多，其输送、换向、分流、合流装置种类繁杂。

2. 按包装机之间的连接特征分

按照包装机之间的连接特征，可分为刚性、柔性和半柔性包装自动生产线三种类型。

（1）刚性包装自动生产线。被包装物在生产线上完成全部包装工序，均由前一台包装机直接传递给下一台包装机，所有机器按同一节拍工作，如果其中一台包装机出现故障，其余各机均应停机。

（2）柔性包装自动生产线。被包装物在生产线上完成前道包装工序后，经中间储存装置储存，根据需要由输送装置送至下一包装工序。即使生产线中某台包装机出现故障，也不影响其余包装机正常工作。

（3）半柔性包装自动生产线。生产线由若干个区段组成，每个区段内的各台包装机间又以刚性连接，各区段间为柔性连接。

目前，刚性和半柔性生产线较常用。

3. 按被包装物品的类型分

被包装物品的类型不同,所采用的包装设备也不同,因此其包装自动生产线的组成有较大差异。按照被包装物品的不同类型,可分为液体物品包装自动生产线、粉粒物品包装自动生产线、小块状物品包装自动生产线等多种类型。

(1) 液体物品包装自动生产线。液体物品包装自动生产线是对液体物品(包括膏体类物品)进行灌装的自动包装生产线,例如啤酒、饮料等的罐式容器包装自动生产线,矿泉水、调味品等的瓶类容器包装自动生产线,牛奶、果酱等软袋包装自动生产线等。

(2) 粉粒物品包装自动生产线。粉粒物品包装自动生产线是对粉粒物品进行充填包装的自动包装生产线,例如奶粉、蛋白粉、砂糖、精盐、洗衣粉等粉粒物品的罐式容器充填包装、软袋容器包装的自动包装生产线等。

(3) 小块状物品包装自动生产线。小块状物品包装自动生产线是对大批量小块状物品进行裹包或充填的自动包装生产线,例如糖果、巧克力、糕点、肥皂、化工等的裹包自动生产线,对药片、药丸、胶囊、口香糖等的充填包装自动生产线。

7.8.3 包装自动生产线的组成

不同类型的包装自动生产线,结构形式也各有不同。但从原理上讲,各种包装自动生产线一般都由一系列自动包装机、输送装置、辅助工艺设备以及自动控制系统等部分组成。

1. 自动包装机

自动包装机是自动包装生产线最基本的工艺设备,是包装生产线的主体,包括各种单一包装功能的包装机械,如充填机、灌装机、装箱机、捆扎机和封口机等。自动包装生产线的各种包装机能够在自动控制系统的作用下,按照统一的生产节拍自动完成相应的包装作业,不需要人工参与操作。

2. 输送装置

输送装置的作用是将各个自动包装机连接起来,使它们成为一条连续的自动生产线,并在各个自动包装机的工序之间传送包装材料和被包装物品,并最终把包装成品送出包装生产线。

3. 辅助工艺设备

辅助工艺设备是指自动包装生产线上完成包装辅助作业的各种装置,包括打印机、整理机、检验机、选别机、投料装置、转向装置、分流装置和合流装置等。它们能够对包装材料、包装容器、包装辅助物或包装件等进行一些主要包装工序以外的其他辅助作业。例如,转向装置用于改变被包装物品的输送方向,打印机可以在包装容器外部打印出生产日期、生产批号等信息。

4. 自动控制系统

自动控制系统是指控制包装机和辅助装置,使生产线中各台设备工作同步,即包装速度、输送速度等相协调,从而获得最佳的工作状态、达到理想的包装质量和产量要求的系统。

复习思考题

1. 简述集装的基本含义。
2. 物流模数是如何确定的?
3. 托盘作为现代物流行业普遍使用的集装器具,其标准化的意义是什么?
4. 采用托盘化物流的前提条件是什么?
5. 平托盘按材料分类可以分为哪几类?各有哪些优缺点?
6. 柱式托盘的作用是什么?
7. 简述托盘的四种堆码方式及其优缺点。
8. 托盘货物的紧固方法有哪些?它们都有什么特点?
9. 包装按功能的不同可以分为哪几类?
10. 简述常用包装设备的工作原理与应用。
11. 什么是自动包装生产线?主要由哪些部分组成?

第 8 章　流通加工设备

学习要点

1. 了解流通加工的概念和类型，理解流通加工的作用。
2. 掌握流通加工设备的概念与分类。
3. 掌握冷链系统的组成，熟悉常用冷链设备的类型、功用和基本结构。
4. 了解生鲜食品加工的类型和主要加工设备的结构和用途。
5. 理解自动分拣系统的概念及作业特点，熟悉自动分拣系统的构成及工作原理。
6. 掌握常用自动分拣设备的主要类型、基本结构及应用特点。
7. 了解自动分拣系统的主要应用领域。

8.1　流通加工概述

8.1.1　流通加工的概念和特点

流通加工是根据顾客的需要，在流通过程中对商品实施的简单加工作业活动（如包装、分割、计量、分拣、刷标志、拴标签、组装等）的总称。

流通过程是指商品从生产过程进入消费过程的中间运动过程，流通加工就是在这一过程中对商品进行的加工作业活动。与产品制造业的生产加工相比较，流通加工具有以下特点：

1）流通加工的目的是为了维护商品质量、促进产品销售和消费、提高流通效率。

2）流通加工的对象是进入流通领域的原材料、中间产品或最终消费品，它们经过流通加工之后，将进入生产环节或最终生活消费环节。

3）流通加工的内容都属于简单加工，一般不改变加工对象的性质，不能生产出新的产品；它只是生产加工的补充作业，但可以改变产品的形态。

4）流通加工是商品流通过程中的辅助性生产活动，由从事流通工作的人实施和完成。

5）流通加工不能创造产品的使用价值，而能够通过增值性作业完善产品的使用价值并提高其价值。

所以，流通加工是实现生产与消费的重要桥梁和纽带，在产品流通过程中发挥着重要的作用。

8.1.2　流通加工的作业类型

流通加工的作业类型非常繁杂，对于不同的产品、不同的作业目的，可以形成多种

现代物流装备

多样的作业类型。

1. 根据作业性质的不同

根据作业性质的不同,流通加工可以分为以下三种基本作业类型:

(1) 对原材料的初级加工。对原材料的初级加工,主要包括对钢材、木材、石材、玻璃、煤炭、水泥等原材料的各种加工,这是加工作业量较大的一类流通加工。常见的加工作业如对大型卷钢的剪裁加工,木材、石材、玻璃的切割加工,煤炭的粉碎、配兑加工,混凝土搅拌加工等。

(2) 对产品的增值性加工。例如对农副产品的切分、洗净、脱皮、分选,对生鲜食品的精制加工等流通加工作业。对产品进行增值性加工的目的是提升产品的质量,可以起到维护产品、提高产品价值的作用,既可促进产品销售,又可以方便顾客的使用。

(3) 对产品的辅助性加工。对产品的辅助性加工,主要包括对产品的包装、分拣、分装、组装、贴标签、拴标志牌等,这些加工作业主要是为了组织产品运输、储存、配送和销售活动所进行的辅助性作业。对产品的辅助性加工不改变产品本身的形态,但可以改变其外观形式。这些加工作业一般都是物流活动中必不可少的作业环节。

2. 根据流通加工的作业目的不同

根据流通加工的作业目的不同,可以分为以下五种作业类型。

(1) 为保护产品质量的流通加工。这种流通加工形式的目的是使产品的使用价值得到妥善维护,延长产品从生产到使用的有效时间过程。其中对于生活消费品的流通加工,是为了可靠地保证产品的质量,满足消费者对产品质量的要求。例如对水产品、肉类、蛋类保鲜保质的冷冻加工、防腐加工等,丝、棉、麻制品的防虫、防霉加工等。对于生产资料,随着时间的推移其使用价值会不同程度地降低,如金属的锈蚀、木材的干裂等。为了防止此类现象的发生,必须进行相应的维护性加工,如对金属材料的喷漆、涂防锈油,对木材的防腐朽、防干裂维护加工等。

(2) 为满足用户多样化需要的流通加工。生产企业的大批量生产不能满足不同用户的多样化需求,用户经常不得不自己设置加工环节来解决这一问题,带来很多不便。所以,对一些原材料进行改制加工,满足用户多样化需求,是非常重要的一种流通加工形式。例如对钢材卷板的舒展、剪切加工,平板玻璃按需要规格的开片加工,圆木改制成方材、板材的加工等。

(3) 为方便消费的流通加工。这种流通加工形式主要是对产品进行精细加工和辅助性加工,在加工的深度上更接近消费,以便于消费者直接使用,使消费者感到更加省力、省时,更加方便。如对贝类挑选、除杂,使用加工除杂机去除粮食杂质,将过大包装或散装物分装成适宜消费者直接使用的小包装的分装加工,将木材制成可以直接使用的各种型材,等等。

(4) 为提高物流效率的流通加工。有些物品本身的形态不规则,难以进行物流操作,而且物品在运输、装卸搬运过程中极易受损,因此需要进行适当的流通加工,从而使物流各环节易于操作,提高物流效率,降低物流损失。例如,对于自行车及某些机电设备类的产品,以成品形式运输困难较大,一方面不易进行包装,或者包装成本过高,另一方面运输装载效率较低。而这些产品的装配比较简单,装配技术要求不高,装配后无须进行复杂的检测及调试。所以为了解决储运问题、降低储运费用,通常是以半成品

(部件)形式进行出厂包装和向消费地运输,到达消费地进行组装加工之后再进行销售,这样可以极大地提高运输效率、降低运输费用。

(5) 为商品配送进行的流通加工。配送中心为实现配送活动,满足用户对商品供应数量、品类构成的要求,需要在配送过程中对产品进行各种加工活动。例如零售商品配送中心需要按客户订单,对商品进行拆整化零、定量备货;汽车零部件配送中心,需要将各种零部件按汽车的装配要求进行配货,有的还需要先将零部件组装成总成,然后送往汽车总装线;建筑材料配送中心,可以根据客户的要求,把沙子、水泥、石子、水等各种不同材料,按比例装入混凝土搅拌运输车中,边搅拌边运送,按时送往工地。

8.1.3 流通加工在物流中的作用

流通加工是现代物流的基本功能之一,是物流生产活动的重要组成部分,它在现代物流中主要有以下几个方面的作用。

(1) 可以提高原材料利用率。原材料在流通过程中进行加工,可以将从生产厂直接运来的单一规格产品,按使用部门的要求进行集中统一下料。例如将炼钢厂出品的大规格钢板剪切裁制成适用的小规格钢板,将圆钢裁制成毛坯,将原木加工成各种不同规格的板材、方料等。集中统一下料可以优材优用、小材大用、合理套裁,有很好的技术经济效果。

(2) 可以进行初级加工,方便用户。很多原材料用量小或临时需要的用户,缺乏高效率初级加工的能力,依靠流通加工点的机械设备进行流通加工,可以为其节省设备投资及人力配备,减少用户的生产作业环节,方便用户。目前发展较快的初级加工有将水泥加工成混凝土,冷拉钢筋及冲制异型零件,钢板预处理、整形、打孔等。

(3) 可以提高设备利用率和加工效率。建立集中的流通加工点,可以采用效率高、技术先进、加工能力强的专用加工设备。这样既能够提高设备利用率,也能够提高加工效率,还能够提高加工质量、降低加工费用及原材料成本。例如一般的使用部门在对钢板下料时,采用气割的方法需要留出较大的加工余量,不但出材率低,而且由于热加工容易改变钢的组织,加工质量也不好。集中加工则可配置高效率的剪切设备,能够有效地提高钢材加工质量和加工效率。

(4) 可以提高各种运输设备的运输效率。流通加工环节一般设置在消费地,流通加工点将实物的流通过程分成两个阶段:第一阶段是从生产厂到流通加工点,这一阶段运输距离一般较长,而且是在少数生产厂与流通加工点之间进行定点、直达、大批量的干线运输,因此可以采用船舶、火车等大型运输设备来完成大量的集中运输;第二阶段是从流通加工点到消费地,这一阶段运输距离一般较短,可以利用汽车和其他小型运输设备,完成多品种、小批量、多用户的支线输送。所以通过流通加工环节,可以更好地发挥各种运输设备的作用,加快运输速度,减少运力运费。

(5) 能够提高产品附加值,增加收益。流通加工在很大程度上可以通过提高产品的附加值,使产品的价值得到提高,从而增加企业的收益;而且流通加工也是物流企业重要的利润来源。例如,对有些轻工产品进行简单的包装和装潢加工,对一些农副产品进行简单的精制加工，可以改变产品外观功能，从而使产品售价得到提高，产生较大的经济效益。流通加工是物流领域中高附加值的生产活动，可以充分体现现代物流着眼于满足用户需求的服务功能。

8.1.4 流通加工设备的分类

流通加工设备是进行各种流通加工作业的设备的统称。由于流通加工的范围非常广泛、作业类型非常繁杂，所以流通加工设备的类型也多种多样。根据流通加工的作业类型，可以将流通加工设备分为以下三种。

1. 原材料初级加工设备

原材料初级加工设备包括钢材剪切加工设备、木材加工设备、煤炭加工设备、混凝土加工设备、玻璃加工设备等。

（1）钢材剪切加工设备。钢材剪切加工设备主要是用于进行钢板下料、加工的剪板机等设备，可以将大规格的钢板裁小或裁成工件毛坯。

（2）木材加工设备。木材加工设备用于在木材流通加工中将原木材锯裁成各种板材或条材。

（3）煤炭加工设备。煤炭加工设备用于将煤炭及其他发热物质，按不同的配方进行掺兑加工，生产出各种不同发热量的燃料。

（4）混凝土加工设备。混凝土加工设备用于将水泥及沙石等骨料加水配制加工成商品混凝土，并按用户需要进行配送供应。

（5）玻璃加工设备。玻璃加工设备用于大规格平板玻璃的切割加工，按用户需求切割成各种小规格尺寸的成品玻璃。

2. 产品增值性加工设备

产品增值性加工设备包括冷冻加工设备、分选加工设备、精制加工设备等。

（1）冷冻加工设备。冷冻加工设备用于对鲜肉、鲜鱼等生鲜食品或药品等进行低温冷藏保鲜加工。

（2）分选加工设备。分选加工设备主要用于对农副产品按不同规格、质量进行分选加工。

（3）精制加工设备。精制加工设备主要用于对农副产品和生鲜食品等产品进行切分、洗净、分装等简单加工。

3. 产品辅助性加工设备

产品辅助性加工设备包括包装设备、分装设备、组装加工设备、贴标签设备等。

（1）包装设备。包装设备是指用于商品流通过程中的各种包装作业设备。

（2）分装设备。分装设备是指为了便于产品销售，在销售地对产品进行重新包装，如大包装改小包装、散装改小包装、运输包装改为销售包装等的设备。各种产品的分装设备大多是采用相应的包装设备。

（3）组装加工设备。组装加工设备主要是指对采用零部件或半成品包装出厂的产品，在消费地进行组装加工成成品的设备。组装加工设备一般针对不同的产品配置相应的专用设备。

（4）贴标签设备。贴标签设备主要是指商品流通过程中的各种贴标签机械设备。

8.2 原材料流通加工设备

8.2.1 剪板机

剪板机是用于剪切钢板等金属板材的机械。在钢材流通加工中,剪板机是应用最为广泛的加工设备,可用于各种规格的钢板、钢卷等材料的剪裁加工。

热轧钢板和钢带等板材出厂交货长度可达7~12m,有的是成卷交货。流通过程中,在固定的流通加工点配置剪板机,可以根据用户的不同需要进行钢板的剪板下料加工,将大规格钢板裁小或裁制成毛坯向用户供应,可以方便用户,节省用户的设备投资,并可节约原材料。

剪板机有很多种类型,一般按其用途可分为多用途剪板机和专用剪板机,按其传动方式可分为机械传动式剪板机和液压传动式剪板机,按其上下刀片相对位置不同可分为平刃剪板机和斜刃剪板机,按其刀架运动方式不同可分为直线式剪板机和摆动式剪板机等。

1. 典型剪板机

典型剪板机包括机械式剪板机、液压摆式剪板机、多功能剪板机、纵切分条机等。

(1) 机械式剪板机。机械式剪板机(见图8-1)的传动装置为齿轮传动,有上传动式和下传动式等不同的结构形式。其工作过程是:通过电动机驱动飞轮轴,再通过离合器和齿轮减速系统驱动偏心轴,然后通过连杆带动上刀架,使其做上下往复运动,进行剪切工作。一般下传动式用于剪切厚度小于6mm的板材,属于小规格剪板机。机械式剪板机结构简单、运动平稳、行程次数高、易于维护、使用寿命较长,而且价格低廉,因而应用比较广泛。

(2) 液压摆式剪板机。液压摆式剪板机(见图8-2)的传动方式为液压传动,剪板机的上刀架在剪切过程中绕着一固定轴线做摆转运动,剪切断面的表面粗糙度较小,尺寸精度较高,而且切口与板料平面垂直。液压摆式剪板机主要用于板厚大于6mm、板宽不大于4m的剪切工作。液压摆式剪板机又可以分为直剪式和直斜两用式,直斜两用式主要用于剪切30°焊接坡口断面。

图8-1 机械式剪板机

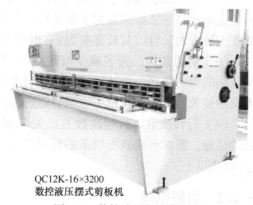

QC12K-16×3200
数控液压摆式剪板机

图8-2 数控液压摆式剪板机

现代物流装备

（3）多功能剪板机。多功能剪板机是既能够进行板材剪切，也能够进行其他加工作业的剪板机。常见的主要有板材折弯剪切机和板材型材剪切机等类型。板材折弯剪切机在同一台剪切机上可以完成两种工艺，剪切机下部进行板材剪切，上部进行板材折弯成型；也有的剪切机前部进行板材剪切，后部进行板材折弯。板材型材剪切机既能剪切板材又能剪切型材，可以根据需要进行板材和不同型材的剪切加工（见图8-3）。

（4）纵切分条机。为了将宽卷料剪成窄卷料，或者将板料同时剪裁成多条条材，可以利用纵切分条机下料。纵切分条机在两个平行布置的刀轴上，按条材的宽度安装若干个圆盘形刀片，由电动机及齿轮传动装置驱动圆盘刀轴转动，刀轴带动圆盘形刀片转动，把宽料或卷料剪成若干所需宽度的条材或窄卷料（见图8-4）。一般在滚卷机前后分别配置展卷机和卷绕机，将其卷料展开、滚剪之后再绕成卷料放在支架上。滚剪机的剪裁材料宽度由圆盘形刀片的宽度垫圈决定，因此滚剪的材料宽度精度较高。

图8-3　板材型材剪板机

图8-4　纵切分条机

2. 剪板机的技术参数

（1）剪切厚度。剪板机的剪切厚度一方面取决于剪切力的大小，另一方面受剪板机结构强度的限制。影响剪切厚度的因素很多，如刀刃锋利程度、上下刀刃间隙、剪切角度、剪切速度、剪切温度、剪切面宽度等；而最主要的还是被剪切材料的强度。目前国内外剪板机的最大剪切厚度多为32mm以下，从设备的利用率和经济性来看剪切厚度过大都是不可取的。

（2）剪切板料宽度。剪切板料宽度是指沿着剪板机刀刃方向，一次剪切完成的板料最大尺寸。它依据钢板宽度和使用厂家的要求来确定。随着工业的发展，要求的剪板宽度不断增大，目前剪板宽度为6m的剪板机已经比较普遍，最大的剪板宽度可达10m。

（3）剪切角度。为了减少剪切板料的弯曲和扭曲变形，提高剪切质量，一般应采用较小的剪切角度；但这样可能使剪切力增大，对剪板机受力部件的强度、刚度就会有更高的要求。所以，使用中应当合理选定剪切角度。

（4）行程次数。行程次数直接关系到生产效率，随着生产的发展及各种上下料装置的出现，要求剪板机有较多的行程次数。对于机械传动的小型剪板机，一般每分钟可达50次以上。

8.2.2　切割机械

切割机械是用于对金属、玻璃、石料等原材料进行切割加工的机械。切割机械的种类很多,一般按用途不同,可分为金属切割机、玻璃切割机、石料切割机等类型;按切割方式,可分为等离子切割机、高压水切割机、火焰切割机、激光切割机、电火花线切割机等类型。

1. 金属切割机

金属切割机是用于切割加工各种金属板材、管材、型材等金属材料的加工机械。金属切割机一般主要采用火焰切割机、等离子切割机、激光切割机、高压水切割机等类型。

(1) 火焰金属切割机。火焰金属切割机具有切割大厚度碳钢板材的切割能力,切割费用较低,但切割变形较大,切割精度不高,而且切割速度较低,切割预热时间、穿孔时间长,而且较难适应全自动化操作的需要。它主要应用于碳钢、大厚度金属板材的切割加工。

(2) 等离子金属切割机。等离子金属切割机可用于切割各种金属板材,切割速度快,效率高,在水下切割能消除切割时产生的噪声、粉尘、有害气体和弧光的污染,有效地改善工作环境。等离子切割精度比火焰切割高,采用精细等离子切割的切割质量水平接近激光切割质量水平,大功率等离子切割机的切割厚度已超过100mm。

(3) 激光金属切割机。激光金属切割机(见图8-5)利用激光束照射到金属工件表面时释放的能量来使金属工件融化并蒸发,以达到切割或雕刻

图 8-5 激光金属切割机

的目的。激光金属切割机具有精度高、切割快速、不局限于切割图案限制、自动排版、节省材料、加工成本低、切口平滑等优点。但激光金属切割机价格昂贵,切割费用高,目前一般用于薄板切割以及加工精度要求高的场合。

激光金属切割机,主要由切割机主体、大功率激光电源、水冷柜及计算机操作控制台等部分组成。激光金属切割机是集光、机、电一体化的金属加工设备,适用于不锈钢、碳钢、合金钢,弹簧钢、铝、银、铜、钛等金属板材及管材的切割,广泛应用于钣金结构、五金、金属工艺品、机械零件以及金属材料流通加工等行业。

2. 平板玻璃切割机

平板玻璃切割机主要用于平板玻璃流通过程中,对大规格平板玻璃集中套裁开片切割加工。玻璃流通加工中心可根据用户需求并按用户提供的图样统一套裁开片,向用户供应成品,用户可以直接用于安装。常用平板玻璃切割机主要有玻璃自动切割机、夹层玻璃自动切割机、异型玻璃切割机等多种类型。

(1) 玻璃自动切割机。玻璃自动切割机由切桌、切割桥、计算机控制箱、掰板台、供电柜等主要部件组成(见图8-6)。切割桥是横跨于切桌上空的金属结构桥架,支撑于切桌纵向外侧的金属导轨上,可以沿着该导轨做纵向运动。切割玻璃的切割刀头装于切割桥侧面的导轨上,通过齿条传动驱动切割刀头沿着导轨做横向运动。切割刀头上安

现代物流装备

装有硬质合金钢制成的刀轮，刀轮施加于玻璃表面的压力由小型气缸进行调节。

（2）夹层玻璃自动切割机。夹层玻璃是由两层或多层玻璃片中间夹嵌透明塑料薄片（PVB膜），经热压黏合而成的一种安全玻璃。夹层玻璃能够承受较大的冲击和震动，破裂时仅呈现裂纹而不会粉碎，因而一般不会造成伤害，广泛用于汽车、大型建筑中。夹层玻璃自动切割机（图8-7）的基本结构与单层玻璃自动切割机类似。

图 8-6　玻璃自动切割机

图 8-7　夹层玻璃自动切割机

（3）异型玻璃切割机。异型玻璃切割机（图8-8）由底架机构、横梁机构、玻璃加工桌面、刀头机构、输送机构、机械定位机构、电气控制系统等组成。异型玻璃切割机采用计算机数控系统控制，由交流伺服系统实现X、Y、Z轴三个方向的点位控制，三轴联动，对玻璃进行全自动、高速、精确的切割作业。异型玻璃切割机具有操作方便，使用范围广，切割速度高，切割尺寸精度高，起动和制动快、稳、准等特点。可单机使用，也可与自动上片台、掰片台组合成一条自动切割机组，是玻璃深加工行业进行规模化生产的常用设备。

图 8-8　全自动异型玻璃切割机

8.3　冷链物流装备

8.3.1　冷链物流装备的概念及功用

冷链是根据物品特性，为保持其品质而采取的从生产到消费的过程中始终处于低温状态的物流网络。冷链物流是包括产品生产、储存、运输、销售等多个环节的物流。冷链物流的适用范围主要包括初级农副产品（如蔬菜、水果、肉、禽、蛋等），冷冻水产品，保鲜食品（如速冻食品、包装熟食品、冰淇淋和奶制品等），快餐原料，花卉产品，以及一些特殊商品（如药品、活性疫苗生物制品）等。

冷链物流装备是指在整个冷链物流过程中所采用的各种低温冷藏设施与设备的总称。常用的冷链物流装备主要包括冷库、冷藏车、冷藏容器、冰箱冷柜等。冷链物流装备的主要功用是对生鲜、易腐食品及其他需要低温保存的物品进行运输和储存，有效地控制物品在物流过程中的温度，以保持物品的鲜度和品质。

第8章 流通加工设备

通常冷链物流从产品采购进货、加工整理、包装、入库、待发，以及装车运输，直至门店后的上货架，都有严格的冷链温度控制。例如在加工车间的操作现场、在冷藏库内，都设有规范的温度控制点；在配送车辆的运输过程中，冷藏车上的制冷机始终确保车厢内的温度符合冷链要求；产品到达门店后，立即放入温控货架，从而有效保证产品质量。

8.3.2 冷库

冷库是指采用一定的设备进行制冷，并能人为控制和保持稳定低温的储存设施，主要用于生鲜、易腐食品及其他需要低温保存物品的冷藏及冷冻加工。按不同的分类方式，冷库可以分为多种类型。通常按库房容积大小，分为大型、中型和小型冷库；按制冷方式，分为氨制冷式冷库和氟制冷式冷库；按温度高低，分为低温冷库和高温冷库（保鲜库）；按库房建筑方式，分为土建式冷库、装配式冷库和土建装配复合式冷库。

1. 冷库建筑结构

（1）冷库建筑结构的特点和要求。冷库与外界存在较大温差，因此冷库的墙壁、地板及顶部都需要敷设有一定厚度的隔热保温材料，以阻止热量的传递，减少外界传入的热量。目前常用的保温材料有聚氨酯（分板材和现场喷涂两种）、挤塑板、普通泡沫板等多种类型，其中尤以现场喷涂成型的聚氨酯效果最佳，导热系数低且可以连成整体、无拼接缝，性价比很高。为了减少太阳辐射的吸收，冷库外墙表面一般涂成白色或浅颜色。另外，冷库建筑还要防止水蒸气的扩散和空气的渗透。室外空气侵入时不但会增加冷库的耗冷量，而且还会向库房内带入水分，水分的凝结容易引起建筑结构特别是隔热结构受潮冻结而损坏，所以要设置防潮隔热层，使冷库建筑具有良好的密封性和防潮隔气功能。

冷库的地基受低温的影响，土壤中的水分易被冻结。因此，低温冷库地坪除要有有效的隔热层外，隔热层下还必须进行处理，以防止土壤冻结。冷库的楼板既要堆放大量的货物，又要通行各种装卸搬运机械设备，因此其结构应坚固并具有较大的承载能力。低温环境中，特别是在周期性冻结和融解循环过程中，建筑结构易受破坏，因此冷库的建筑材料和各部分构造要有足够的抗冻性能。总体来说，冷库建筑是以其严格的隔热性、密封性、坚固性和抗冻性来保证建筑物的质量的。

（2）冷库的建筑结构形式。

1) 土建式冷库。土建式冷库的主体建筑一般都采用钢筋混凝土结构，其内部保温结构一般采用聚氨酯（PU）夹芯冷库板组装而成，或使用四周喷涂聚氨酯的方式建造。目前国内万吨级以上的大型冷库，基本都采用土建式冷库。

2) 装配式冷库。装配式冷库采用工厂整套定制的彩钢聚氨酯或聚苯乙烯、彩钢夹心保温板现场拼装而成。装配式冷库的主要特点是：库体组合灵活，随意，可根据不同的场地拼装成不同外形尺寸的冷库；可在室外安装，也可以在室内安装，又可拆装搬迁。由于采用了轻钢结构和复合隔热墙板，所以库体重量轻，对基础的压力减小，故整体抗震性能好。

3) 库架一体式冷库。库架一体式冷库即整体式立体冷藏库，一般采用几层、十几层乃至几十层高的货架储存单元货物；其高层货架除了存放货物并承受货物的荷载外，还作为库房的立柱和骨架支撑着屋顶和墙面围护,即货架兼作建筑物承重的结构。库架一体式冷库主要由保温围护结构(库体保温部分)、钢结构货架、冷库基础、全自动制冷系统、有轨巷道堆垛机、输送设备、自动控制系统、计算机监控与管理系统以及其他辅助设备组成。

随着自动化立体仓库的广泛使用,一些大型自动冷库、多层高位货架冷库大量采用库架一体式结构。库架一体式冷库由于库内没有柱网,可以达到单位面积储存量最大化,并且使物流最通畅。但其施工水平、工程细节及精准程度要求较高,目前在国内建造较少。

(3) 冷库门及其密封保温结构。冷库门的设置及其结构形式在冷库中起着十分重要的作用,对冷库的保温效果以及能耗都具有较大影响,因此要求冷库门都必须具有足够的保温性能与气密性能。常见的冷库门有电动平移门和电动滑升门等类型。为了提高冷库门的气密性能,减少冷气散失,冷库门都设有密封门罩或门封(见图8-9),而且大多数冷库都采用封闭式出入库月台结构。

图8-9 冷库门密封保温结构

2. 冷库的制冷系统

制冷系统是冷库的核心部分,在冷库的投资中占有较大比重,由一系列相关设备组合安装构成(见图8-10)。制冷系统主要包括制冷主机、制冷风机、控制系统、管路与阀件系统等组成部分。制冷主机主要包括机头、压力容器、油分离器、阀件等,制冷风机具有不同的布局方式、数量、除霜方式,控制系统由一系列阀件、感应装置和自控装置等组成,管路与阀件系统一般根据制冷系统的具体设计进行规划和配置。与制冷系统配套的还有压力平衡装置、温度感应装置、温度记录装置、电器设备等附属设备。

在冷媒的选择方面,国内主要使用氨系列或氟系列冷媒。另外,在较高温层如12℃作业区,还可规划使用二次冷媒,如冰水或乙二醇。

3. 冷库存储设备

与常温仓库相同,冷链仓库内部的货物存储同样需要各种类型的货架,或自动化立体储存系统(AS/RS)。通常要求食品类货品不允许直接堆叠在地面,必须使用塑料托盘,并用货架存储。从拆零拣货使用的流利式货架,到自动仓库使用的20多米的高层货架,各种类型货架在冷库中均有大量使用。与常温货架不同的是,低温库内使用的货

第 8 章 流通加工设备

图 8-10 冷库制冷系统

架对钢材的材质、荷重、货架的跨度设计均有特殊要求。为了配合货物存储，满足生鲜食品的特殊要求，冷库内通常还需要配置臭氧发生器、加湿器等配套设备。

8.3.3 冷藏车

冷藏运输是冷链物流的重要环节。在运输过程中，应用专用冷藏运输设备，使货物始终处于适宜的温度条件下，从而避免货物在运输途中变质受损。冷藏运输可以根据货物运输量大小、运输距离远近以及运输时间要求等因素，选择公路、铁路、水路或航空运输等不同的运输方式。

各种运输方式都有专用的冷藏运输设备，例如公路运输专用冷藏车、铁路运输专用保温车、水路运输专用冷藏船及专门用于冷藏运输的冷藏集装箱（航空冷藏运输一般采用专用冷藏集装箱）。其中公路运输专用冷藏车是应用最为广泛的冷藏运输设备。

公路运输冷藏车是指专门用于运输冷冻或保鲜货物的专用汽车。它通过一定的制冷和保温方式，能够使车厢内货物在长时间运输过程中始终保持一定的低温状态，适用于要求控制低温条件货物的长途运输。

公路运输冷藏车的基本构造大多数都是由普通汽车底盘和厢式保温车身构成，称为厢式冷藏车。为了适应城市物流配送的需要，也有采用轻型客车车身改装而成的冷藏车（俗称面包式冷藏车），特别适用于城市内小批量货物的冷链配送运输（见图 8-11a）。

冷藏车按承载能力不同可以分为轻型冷藏车、中型冷藏车和大型冷藏车，轻型和中型冷藏车一般为单体汽车，大型冷藏车一般为半挂车（见图 8-11b）。

冷藏车的结构类型除了常用的运输冷冻生鲜食品的通用冷藏车之外，根据不同的用途，还有多种专门用途的冷藏车，常见的有鲜肉冷藏车、奶制品冷藏车、蔬菜水果冷藏车、疫苗冷藏车等。

（1）通用冷藏车。通用冷藏车是指在各种场合广泛使用的、用于运输一般冷冻生鲜食品的冷藏车。一般通用冷藏车的厢体都采用全封闭结构，内外壁板选用优质玻璃钢、合金防锈铝板或不锈钢板，中间夹层为聚氨酯发泡隔热材料。在厢体与门体间加装高低温绝热密封条，厢板无接缝、外表光洁、易清洗、抗冲击、耐腐蚀。

（2）鲜肉冷藏车。鲜肉冷藏车也称为肉钩式冷藏车，在冷藏车车厢内的顶棚上设有不锈钢肉钩及滑道（见图 8-12），方便鲜肉的运输和装卸。

（3）瓜果蔬菜冷藏车。蔬菜水果是鲜活食品，采收后易腐烂，有些贵重的瓜果蔬

a)　　　　　　　　　　　　　　b)

图 8-11　面包式冷藏车与半挂冷藏车

图 8-12　鲜肉冷藏车

菜需要采用冷藏运输。瓜果蔬菜冷藏车在冷藏运输中要保持相对湿度和保证货物四周气流通畅。

(4) 疫苗运输冷藏车。疫苗运输冷藏车专门用于医药卫生防疫系统运输疫苗的活体生物制品,要求车内温度必须保持在规定的温度范围内。在一般气温条件下要保持低温状态,在寒冷地区和季节严寒条件下,还需要对车厢内加热,以保持规定的温度。由于运送疫苗属于特种运输,所以对运输车辆的技术性能和指标要求很高,厢体内一般都装有自动温度记录仪和温度异常报警装置。

(5) 多温区冷藏车。为了便于冷藏物品多品种、小批量、多点的配送,有的冷藏车还可以在车厢内设置多个不同的温区,以适应各种货物对温度的不同要求;如果装卸频繁,还可以根据需要开设多个车门。这种多温区冷藏车特别适用于连锁快餐店和食品专卖店等的配送,可以根据用户的需求专业设计任意侧门、不同厚度厢板,夹隔不同温区。

8.4 生鲜食品流通加工设备

生鲜食品主要是指肉类、水产品、水果蔬菜、禽蛋类、主副熟食品等商品种类，是现代超市最重要的商品经营品种。这些商品物流量和销售量非常大，消费速度快，存货时间短，时效性很强，随时都要补充和更新。随着人们生活方式和商品经营方式的改变，生鲜食品在流通过程中的加工作业量增大，各类产品流通企业和很多大型零售企业，都普遍建立了相应的加工配送中心，促进了生鲜食品的快速流通，满足了市场和人们生活的多样化需求。

8.4.1 生鲜食品流通加工的主要类型

（1）冷冻保鲜加工。生鲜食品基本上都属于易腐物品，为保证其在流通过程中始终处于新鲜状态，需要采取相应的低温处理或冷冻加工。

（2）分选加工。从产地采购的各类生鲜食品的品质、等级差异较大，为了方便销售和提升产品价值，需要对产品进行分选加工，按照一定的规格标准进行产品分级处理。

（3）精制加工。生鲜食品的精制加工主要是对产品进行择净去杂，除掉无用部分，有的还可以进行洗净、分割、分装等加工，还有的可以进行深加工从而制成半成品或成品。这种加工不但大大方便了消费者，而且还可对加工的淘汰物进行综合利用。

（4）分装加工。一般生鲜食品从产地到销售地之间的运输都采用大型包装的运输，也有一些采用集装运输方式，从而保证了运输的高效率。但是许多生鲜食品的零售起点量较小，因此为了便于销售，在销售地区需要按不同的零售起点量对产品进行分装，即把大包装改为小包装，散装改为销售包装，以方便消费者购买。

8.4.2 生鲜食品流通加工的主要设备

由于生鲜食品种类繁多，流通加工设备的应用场合存在较大差异，所以生鲜食品流通加工设备的类型也多种多样。下面简要介绍几种典型的生鲜食品流通加工设备。

（1）智能水果分选设备。图8-13所示的智能水果分选设备，能够自动对水果的重量、大小、果形、色泽、缺陷等进行动态检测与分级，并能够通过多表面检测技术和多指标检测技术对水果品质进行测定。智能水果分选设备适用于柑橘、苹果、梨、桃子、西红柿和土豆等多种水果及农产品的分选加工。

智能水果分选设备由计算机视觉系统、高速分级系统、机械输送系统和自动控制系统等部分组成；同时还可根据用户要求，配套设置水果清洗、抛光和保护性表面喷涂等辅助功能。双通道分选设备每小时可分选处理4.5万~6万颗水果，并可以根据用户需求，实现多线并轨作业，形成每小时分选处理5万~50万颗水果的不同生产规模。

（2）果蔬清洗加工设备。果蔬清洗加工设备是用于对各种水果、蔬菜等生鲜食品进行清洗、消毒的设备，如图8-14所示。此类设备一般可以通过鼓泡、冲浪和喷淋三种方式进行清洗，然后通过毛刷辊进行擦拭，可以有效地清除食品表面的污垢和农药残留物，使果蔬清洁干净。果蔬清洗加工设备广泛用于各种水果和蔬菜的清洗加工。

现代物流装备

图 8-13　智能水果分选设备

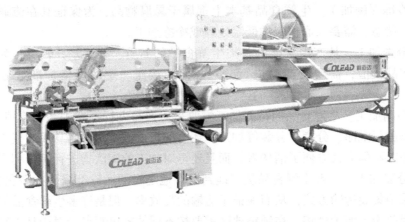

图 8-14　卧式混流喷冲果蔬清洗加工设备

（3）禽蛋清洗包装机械。禽蛋清洗包装机械是一种专用的禽蛋处理设备（见图 8-15）。其主要功能是对大批量的生鲜禽蛋进行表面清洗，以清除蛋壳表面上的污

图 8-15　组合型禽蛋清洗分级装托生产线

物，形成表面清洁的鲜壳蛋；同时还能够对禽蛋的大小、质量进行分级拣选，并按销售需要进行不同形式的包装，供应市场或食品加工企业。禽蛋清洗包装机械广泛用于禽蛋流通过程中的加工作业。

禽蛋加工处理工艺流程为：集蛋→清洗消毒→干燥→上保鲜膜→分级→包装→打码→恒温保鲜。先进的禽蛋清洗包装机械一般都是全自动生产线系统，可以自动完成全部工艺流程。

禽蛋清洗包装机械一般包括气吸式集蛋和传输设备、清洗消毒机、干燥上膜机、分级包装机和计算机打码机等工艺设备，能够对禽蛋进行单个、不接触人的处理，实现全自动、高精度、无破损的清洗处理和分级包装，并且对整个生产环节进行温度控制。气吸式集蛋和传输设备，无破损地完成集蛋和传输工序；清洗消毒机，实现无破损、无残留和完全彻底的清洗消毒；干燥上膜机，风干并采用静电技术均匀上膜保鲜；分级包装机，完成蛋体污物清洁和裂纹探测以及次蛋优选处理，并按大小进行分级，然后使禽蛋大端都朝向同一方向进行包装，以保证包装后蛋的大头向上，避免蛋黄贴壳，从而延长储藏期；计算机打码机或喷码机在每个蛋体或包装盒上粘贴无害化标签或喷码标识（包括分类、商标和生产日期）。生产线自动控制系统对生产工艺过程进行全程自动控制。

8.5 自动分拣系统设备

8.5.1 概述

进入 20 世纪 90 年代后，随着货物品种的增多与配送中心的增多，多品种、高频次、随机性的货物分拣作业得到迅速发展。出错率高、费时费力的人力分类作业，很快被自动分拣设备及其组成的自动分拣系统所替代。尤其随着分拣技术的迅速发展，分拣系统的规模越来越大，分拣能力越来越高，应用范围也越来越广，分拣设备已成为现代仓库不可缺少的先进设备。

自动分拣系统（Automated Sorting System，ASS，见图 8-16）是将随机的、不同类别的、不同去向的货物，按其要求自动进行分类（如按产品类别或产品目的地不同分类）的一种物料搬运系统。它开始于邮政货物分拣系统，是第二次世界大战后在美国、日本的物流中心广泛采用的一种自动化系统，该系统目前已经成为发达国家大中型物流中心不可缺少的一部分。自动分拣系统是完成出货、配送中心拣选、分货、分放作业的现代化设备，是开展分拣、配送作业的强有力的技术保证。目前国内外出现的大容量仓库和配送中心，几乎都配备了自动分拣系统。

自动分拣是货物从进入分拣系统到送至指定的分配位置为止，按照提前设定的程序指令，由一系列装置自动完成分拣任务的作业过程。这些装置包括接受分拣指示信息的控制装置、计算机网络、搬运装置、自动分拣机、分支装置（负责把到达分拣位置的货物分运到别处的装置）、缓冲站（在分拣位置临时存放货物的装置）等。上述装置构成了自动分拣系统，其中自动分拣机是完成分拣动作的主要装置。除了用终端的键盘、鼠标或其他方式向控制装置输入分拣指示信息的作业外，其余全部采用自动控制作业，因此分拣处理能力较强，分拣分类数量也较大。自动分拣系统常与大型自动化仓库连接在

现代物流装备

图 8-16　自动分拣系统全貌

一起，配合自动导引车等其他物流设备组成复杂的大型系统，协同作业。

第二次世界大战以后，自动分拣系统逐渐开始在西方发达国家投入使用，成为发达国家先进的物流中心、配送中心或流通中心所必需的设施条件之一。但因其要求使用者必须具备一定的技术经济条件，因此在发达国家的物流中心、配送中心或流通中心也会出现不使用自动分拣系统的情况，所以在引进和建设自动分拣系统时要考虑一定的适用条件。自动分拣系统具有如下特点。

（1）能连续、大批量地分拣货物。由于采用大生产中使用的流水线自动作业方式，因而自动分拣系统不受气候、时间、人的体力等限制，可以连续运行。自动分拣系统单位时间分拣件数多，而且可以连续运行 100h 以上，每小时可分拣 7000 件包装商品。而人工每小时只能分拣 150 件左右，同时分拣人员也不能在这种劳动强度下连续工作 8h。

（2）分拣误差率极低。自动分拣系统的分拣误差率主要取决于所输入分拣信息的准确性。如果采用人工键盘或语音识别方式输入，则误差率在 3% 以上；如采用条码扫描输入，除非条码的印刷本身有差错，否则不会出错。因此，目前自动分拣系统主要采用条码技术来识别货物。

（3）分拣作业基本实现无人化。国外建立自动分拣系统的目的之一就是为了减少人员的使用，减轻员工的劳动强度，提高人员的使用效率；因此自动分拣系统能最大限度地减少人员的使用，基本做到无人化。分拣作业本身并不需要使用人员，人员的使用仅局限于以下工作：送货车辆抵达自动分拣线的进货端时，由人工接货；人工控制分拣系统的运行；分拣线末端由人工将分拣出来的货物进行集载、装车；自动分拣系统的经营、管理与维护。

（4）一次性投资大，适合具有较强投资能力的企业。自动分拣系统本身需要建设短则 40~50m、长则 150~200m 的机械传输线；还有配套的机电一体化控制系统、计算机网络及通信系统等；这一系统不仅占地面积大，动辄 2 万 m^2 以上，而且一般自动分拣系统都建在自动化立体仓库中，这样就要建 3~4 层楼高的立体仓库，库内需要配备各种自动化的搬运设施，这丝毫不亚于建立一个现代化工厂所需的硬件投资。自动分拣系统的设备复杂，投资和运营成本相当高，这种巨额的先期投入要花 10~20 年才能收回。如果没有可靠的货源作保证，则有可能这类系统只能由大型生产企业或大型专业物流公司投资，小企业无力进行此项投资。

（5）对商品外包装要求高，外包装需要有相对统一的规格。自动分拣机只适于分拣底部平坦且具有刚性包装规则的商品。袋装商品、包装底部柔软且凹凸不平、包装容易变形、易破损、超长、超薄、超重、超高、不能倾覆的商品，不能使用普通的自动分拣机进行分拣，因此为了使大部分商品都能用机械进行自动分拣，可以采取两条措施：

1）推行标准化包装，使大部分商品的包装符合国家标准。
2）根据所分拣的大部分商品的统一包装特性定制特定的分拣机。

但要让所有商品的供应商都执行国家的包装标准是很困难的，定制特定的分拣机又会使硬件成本上升，并且越是特别的其通用性就越差。因此企业要根据经营商品的包装情况来确定是否建或建什么样的自动分拣系统。

（6）需要计算机辅助拣选系统。除自动拣选系统外，国外配送中心对于计算机辅助拣选系统的利用也相当普遍。在流通领域，特别是连锁超市、便利店的配送中心都广泛使用电子标签、RF 等计算机辅助拣选系统。我国则正在努力研发适合自己的分拣系统和技术。

8.5.2 基本组成与工作过程

1. 自动分拣系统的基本组成

为了达到自动分拣的目的，自动分拣系统通常由设定装置、控制装置、输送装置、操纵装置和分拣道口 5 个部分组成。在控制系统的协调作用下，实现货物从供件系统进入分拣系统进行分拣，最后由系统完成货物物理位置的转移和分类，从而达到货物分拣的目的。

（1）分拣信号设定装置。为了对货物进行准确的分拣，即将货物准确地送入指定的分流道口，需要对进入分拣系统的每一件货物进行分拣信号设定。分拣信号设定装置的作用是对进入分拣系统待分拣的货物进行分流道口位置设定，并将货物的识别信息输入控制系统中，形成货物分拣指令信号。

分拣信号设定方式分为外部记忆和内部记忆两种。外部记忆是把分拣指令信息标贴在货物外包装上，系统工作时通过配套的识别装置对其进行区分，然后做出相应的操作指令；内部记忆则是在自动分拣机的货物入口处设置控制盘，利用控制盘，操作者根据货物输入分拣指示信息，货物到达分拣位置时，分拣机接受信息，并开启分支装置。

目前比较常用的分拣信号控制技术是扫描识别技术，即在货物指定位置上贴有某种标识，货物到达分拣位置时，扫描设备对货物标识进行扫描识别，然后按预先设定的程序运行，使货物按指定路线送入指定的分流道口，完成分拣作业。分拣信号设定装置所用标签代码的种类很多，在自动分拣机上可使用条码、光学字符码、无线电射频码、音频码等。其中，条码的应用最为广泛。

在自动分拣系统中，将货物的识别信息转变成分拣指令信号的具体方式主要有以下几种：①人工键盘输入；②条码扫描方式；③计算机程序控制；④声控方式。

（2）分拣系统控制装置。其作用是识别、接收和处理分拣信号，根据分拣信号的

现代物流装备

要求指示自动分拣装置对货物进行分拣。分拣信号通过磁头识别、光电识别和激光识别等多种方式输入分拣控制系统中去，分拣控制系统根据对这些分拣信号的判断，决定某一种货物该进入哪一个分拣道口。

（3）货物输送装置。货物输送装置是由一系列输送机组成的一条连续输送线，其主要作用是将大量待分拣的货物运送至相应的分流道口，以便于分拣操作装置对其进行分拣。

货物输送装置一般由两部分构成：①货物输入输送装置，其作用是将所要分拣的货物送入分拣线。货物输入输送段从分拣线进货端开始，一般在其侧面设有若干上货支线输送装置（也称为喂料装置）。②货物合流输送装置，也称为主输送装置或主输送线，其作用是使从不同入口输入的货物形成合流运动，并将货物连续送往分流出口。主输送装置是分拣线的主要部分，在主输送装置的下线输送段两侧连接若干分流支路，以供货物分流输出。常见的主输送装置的布局形式有直线型和环型，选用哪种布局形式主要取决于库区场地空间结构、作业规模、货物类型等因素。

货物输送装置常用的输送机类型主要有带式输送机（包括胶带式、钢带式）、链板输送机和辊道输送机，少数场合也有采用悬挂式输送机的。其类型的选择主要根据货物类型、货件大小、货件重量、包装形式以及分拣作业量和作业速度要求等因素（见图8-17）。

图 8-17　分拣系统主输送装置

（4）分拣操纵装置。分拣操纵装置是自动分拣系统中直接执行分拣动作的机构。其作用是根据自动控制装置传来的指令，对到达指定分流道口的货物进行分拣操作，把货物从主输送线上拨入分流道口，完成货物的分拣动作。

分拣操纵装置是自动分拣系统的核心执行装置，每一个分流道口都要设置一套分拣操纵装置，所以其数量多少是由分流道口的数量决定的。

分拣操纵装置的类型有很多种，常用的分拣操纵装置主要有挡臂式、滑块式、辊道推出式、导向滚轮式、浮出滚轮导向式、倾翻板式、交叉带式等类型。通常对于分拣系统类别的划分，主要的依据是所采用的分拣操纵装置的类型。

（5）分拣道口。分流输送装置也称为分流支线或分流道口（见图8-18），是货物分拣分流的出口，是使被拣出的货物脱离主输送线进入分流集货区域的通道。从分流输送装置输出的货物集中进入集货站台，由工作人员在集货站台将该道口的所有货物堆码整理之后,或入库储存,或出库配送,即完成全部分拣作业。

图 8-18 分拣系统的分拣道口

根据分流方式的不同,分流输送装置主要分为滑槽式和输送机式两大类型。滑槽式分流输送装置是利用主输送线与分流集货站台的高度差,使货物在自身重力作用下沿着滑槽斜面下滑,实现分流输送。输送机式分流输送装置是采用一定形式的输送机完成货物分流输送,与主输送装置一样,常用的类型包括带式、链板式和辊道式等。

以上五部分装置通过计算机网络连接在一起,配合人工控制及相应的人工处理环节,构成一个完整的自动分拣系统。

2. 自动分拣系统的工作过程

自动分拣系统的工作过程一般包括货物合流输送、分拣信号设定、分拣和分流、分运四个阶段。

(1) 货物合流输送。对于待分拣的货物,首先要将其送入输送线。通常可采用人工搬运方式或机械化、自动化搬运方式送入;对大批量分拣的货物,也可以通过多条输送线送入分拣系统。由各条输送线输入的货物,都汇合于主输送线上,形成合流输送,使货物在主输送线上连续地朝向分拣道口方向运动。

(2) 分拣信号设定。进入分拣系统的货物,要采用条码扫描或键盘输入等方式设定其分拣信号,即确定其在分拣线上的分流去向。采用条码扫描方式是指在货物运动过程中,通过固定的激光扫描器自动对其条码标签进行扫描,并将扫描采集的货物信息传送给计算机,以便计算机下达分拣指令;采用键盘输入方式是指在自动分拣系统的入口处设置控制键盘,操作者利用控制键盘向货物输入分拣指示信息,设定每个货物的分流去向。

(3) 分拣和分流。货物在主输送线上运动到指定的分拣道口时,该处的分拣操纵机构根据计算机指令自行起动,将货物拨出主输送线,进入分流道口实现分流。大型分拣输送线可以高速地把货物分送到数十条输送分支上去。

(4) 分运。分拣出的货物离开主输送线,经过滑槽或分流输送机到达分拣系统的终端,再由操作人员将货物集中搬入容器或搬上车辆,完成货物分运。

8.5.3 常用的自动分拣机

自动分拣系统多种多样:按照主输送装置类型的不同,可分为钢带分拣系统、胶带分拣系统、链板式分拣系统、辊道式分拣系统和悬挂式分拣系统;按照分拣操纵装置类

现代物流装备

型的不同，可分为推挡式、倾翻盘式、导向滚轮式、浮出导向式、交叉带式、斜行胶带式和悬挂式等；按照分流输送装置类型的不同，可分为分流输送机式（包括带式、链板式、辊道式和悬挂式）和滑槽式等。下面主要依据分拣操纵装置的类型来介绍常用自动分拣装备。

1. 推挡式分拣机

推挡式分拣机是指当货物被主输送装置运送到分流道口时，被一侧向力作用，使其强行改变运动方向的一种分拣操纵装置。推挡式分拣机主要包括挡臂式、滑块式和辊道推出式三种。

（1）挡臂式分拣机。挡臂式分拣机是沿主输送线方向对应每个分拣道口设置一个可以转动的挡臂，当货物运送到指定的分拣道口附近时，挡臂在控制系统的指令下迅速向分拣道口方向转动，高速运行的货物受到挡臂的阻挡作用后，迅速改变方向，沿着挡臂的斜面滑入分拣道口，从而实现货物的分拣作业，如图8-19所示。

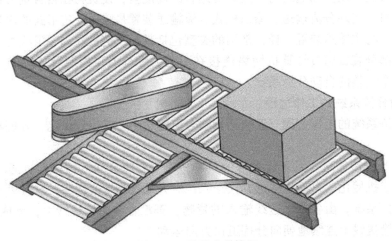

图8-19 挡臂式分拣机

（2）滑块式分拣机。该分拣机的主输送装置是一种特殊的链板输送机。输送机的表面用金属条板或管子构成，且每个条板或管子上有一枚用硬质材料制成的滑块并能沿条板横向滑动，无分拣动作时滑块停在输送机的侧边。滑块的下部有销子与条板下的导向杆连接，通过计算机控制，滑块能有序地自动向输送机的对面一侧滑动，因而物品就被引出主输送道。滑块式分拣机对物品姿态没有特殊要求，可进行平稳分类且物品受冲击力小，分拣动作比较柔和，适用于分拣易翻倒或易碎物品。对分拣物品的形状、重量、大小、包装形式等适应性强，适用于各种箱包、袋、扁平件等无滚动物件的分拣。由于导向滑块可以向双侧滑动，因此主输送线双侧均可设置分拣道口，以节约占地面积。分拣时所需物品间隔小，分拣速度快，分拣能力高达18000件/h。可以长距离布设，最长可达110m，可以布置较多分拣道口（见图8-20）。

（3）辊道推出式分拣机。横向辊道推出式分拣机以辊道输送机为主体，在分拣口处的辊子间隙中安装了一系列由链条拖动的细长导板，平时导板位于辊子的一端且排成一条直线，不影响货物的运行。分拣时，导板沿辊子的间隙移动，逐步将货物推向侧面进入分拣道口，分拣道口也采用辊道。这种分拣机呈直线布置，结构紧凑、可靠、耐

第8章 流通加工设备

图 8-20 滑块式分拣机

用，使用成本低，操作安全，可以单、双侧布置。分拣动作比较柔和，适用于分拣易翻倒或易碎物品（见图 8-21）。

图 8-21 辊道推出式分拣机

2. 浮出导向式分拣机

浮出导向式分拣机是把货物从主输送机上托起，从而将其引导出主输送机的一种结构形式。从引离主输送机的方向看，浮出导向式分拣机可以分为两种：一种是引出方向与主输送机构成直角，另一种是呈一定夹角（通常是 30°~45°）。前者比后者生产率低，且对货物容易产生较大的冲击力。

浮出导向式分拣机的分拣机构大致有以下几种形式。

（1）皮带（链条）浮出导向式分拣机。主输送装置一般采用辊道输送机，在主输送线与分拣道口交接处装有一组小型皮带（或者链条）传动装置，作为浮出导向式分拣机构，如图 8-22 所示。通常情况下，皮带（链条）沉在辊道输送机下方而且不转动；执行分拣动作时，在控制装置的操作下，使皮带（链条）浮出并朝分拣道口方向转动，皮带（链条）的表面高出辊道输送机将货物托起，在皮带（链条）的传动作用下，将货物送入分拣道口，实现货物分拣作业。

（2）滚轮浮出导向式分拣机。滚轮浮出导向式分拣机（见图 8-23）主要由一组可

现代物流装备

图 8-22 皮带（链条）浮出导向式分拣机

转向的滚轮组成。通常滚轮沉落在传动带下方，货物通过时不能接触到滚轮；执行分拣动作时，滚轮接收到分拣信号后立即浮出，使滚轮的表面高出主传送带 10mm，并根据信号要求向某侧分拣道口方向偏转，使快速直线运动过来的货物在接触滚轮的一瞬间迅速转向，实现货物分拣作业。

图 8-23 滚轮浮出导向式分拣机

浮出导向式分拣机的主输送装置可以采用整体式平皮带传动，也可以采用辊道式输送机。滚轮的排数可为一排或两排，每排一般有 8~10 个滚轮。一般主要根据被分拣货物的重量、体积、形状等因素来选择。

浮出导向式分拣机的特点是可以在两侧分拣，并可设置较多分拣滑道；对货物的冲击力小，噪声和运行费用低，耗电少，分拣速度可达 7500 箱/h。但它对分拣货物包装形状要求较高，适合分拣底部平整的箱型货物和托盘货物，不能分拣底部不平的或软性包装的货物，也不适宜分拣重物或轻薄货物，而且一般不允许在包装箱上捆扎包装带。

3. 倾斜型分拣机

（1）条板倾斜式分拣机。这是一种特殊形式的条板输送机，货物装载在输送机的条板上，当运送到需要分拣的位置时，条板的一端自动升起，通过倾斜将货物移离主输送机。货物占用的条板数是随不同货物的长度而定的，所占用的条板如同一个单元同时倾斜。因此对这种分拣机而言，货物的长度在一定范围内是不受限制的（见图 8-24）。

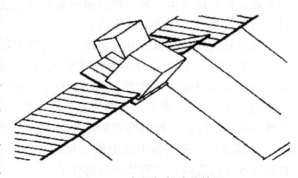

图 8-24 条板倾斜式分拣机

第8章 流通加工设备

(2) 翻盘式分拣机。这种分拣机由一系列的盘子组成。盘子为铰接式结构,可向左或向右倾斜。货物装载在盘子上输送到一定位置时,盘子倾斜,将货物翻倒在旁边的滑道中。为减轻货物倾倒时所受的冲击力,有的分拣机能控制货物以抛物线状被倾倒出。这种分拣机对分拣货物的形状和大小可以不限(但不能超出盘子)。长形货物可以跨越两个盘子放置,倾倒时两个盘子同时倾斜。其特点主要有:可适应不同大小、重量、形状的各种货物;分拣时动作轻柔、准确;可向两侧同时倾翻;分拣能力强、机身长、出口多。该分拣机通常采用环状连续布置方式,用以减少占地面积(见图 8-25)。

4. 气推式分拣机

气缸侧推式分拣机部件很少,结构简单、可靠、稳定,通常与钢带输送机配合使用,适用于处理标准包装的货物。分拣过程中在货物输送到指定的部位时,靠推杆的横向推送让货物离开主输送线从而达到分拣目的。钢带运行速度很高,有的能达到 120m/min,因此分拣能力很强。分拣的货物不受纸箱、袋装、木箱等包装形态的特殊限制,能用钢带输送的货物都可分拣,但分拣时对分拣货物有一定的冲击(见图 8-26)。

图 8-25 翻盘式分拣机

图 8-26 气推式分拣机

5. 悬挂式分拣机

悬挂式分拣机是用牵引链(或钢丝绳)做牵引的分拣设备。按照有无支线,它可分为固定悬挂和推式悬挂两种机型。前者用于分拣、输送货物,只有主输送线路,吊具和牵引链是连接在一起的;后者除主输送线路外还具备储存支线,并有分拣、储存、输送货物等多种功能。固定悬挂式分拣机主要由吊挂小车、输送轨道、驱动装置、张紧装置、编码装置、夹钳等组成。分拣时,货物吊夹在吊挂小车的夹钳中,通过编码装置控制,由夹钳释放机构将货物卸落到指定的搬运小车或分拣滑道上。推式悬挂式分拣机具有线路布置灵活、允许线路爬升等优点,普遍用于货物分拣和储存业务。悬挂式分拣机具有悬挂在空中,利用空间进行作业的特点;适用于分拣箱类、袋类货物,对包装物形状要求不高,分拣货物重量大,一般在 100kg 以上,但该分拣机需要专用场地。

6. 交叉带式分拣机

交叉带式分拣机是由主传动带式输送机和一系列横向布置的可以独自运转的小型带式输送机(简称"小台车")连接在一起而构成的。在上位计算机的总体控制下,分拣系统将货物从上包台精确送到环线上的指定小车;货物是由每个小台车的皮带独立承载的,工作过程中小台车在主传动带式输送机的牵引下一起沿着主输送线运行;当承载货物的小台车运行到指定的分拣道口位置时,在控制系统的指令下小台车皮带立即转动，将货物迅速送入分流口的滑槽中，即完成货物分拣作业。交叉带式分拣机适用于分拣各类小件物品，如包裹、邮件、旅行行李、食品、化妆品及衣物等，在邮政、快递和机场等物流分拣场所得到了广泛的应用（见图8-27）。

图8-27 交叉带式分拣机

7. 导向滚轮式分拣机

导向滚轮式分拣机如图8-28所示，其主输送线与分拣道口交叉成45°，在主输送线与分拣道口交接处装有一组可以改变轴线方向的导向滚轮，其轴线可以向左、向右偏转45°。通常情况下导向滚轮轴线与主输送机辊子轴线相平行，即导向滚轮与主输送机辊子转动方向相同，货物经过导向滚轮时不会改变方向而是继续沿着主输送线运行；当执行分拣动作时，在控制系统的指令下导向滚轮轴线向左（或向右）偏转成45°，此时被分拣货物经过导向滚轮，就会在导向滚轮的旋转作用下迅速调转45°方向进入分拣道口，完成分拣动作。

图8-28 导向滚轮式分拣机

这种分拣系统的主输送装置也可以采用胶带输送机，其工作原理相同，只是为了便于衔接和布置。分道输送装置一般采用辊道输送机。

导向滚轮式分拣机对物品冲击力小，分拣轻柔、快速、准确，适用于硬纸箱、塑料箱等平底面物品的分拣，分流出口数量多。由于采用辊子输送，所以不适合分拣体积较小的物品。

第8章 流通加工设备

8. AGV 分拣系统

AGV 分拣系统即自动导引车分拣系统，其工作过程完全由控制系统组织。AGV 分拣系统包括地面（上位）控制系统、车载（单机）控制系统及导航导引系统。地面控制系统是指 AGV 系统的固定设备，主要负责任务分配、车辆调度、路径（线）管理、交通管理、自动充电等。车载控制系统在收到上位系统的指令后，负责 AGV 的导航计算，导引实现车辆行走、装卸操作等功能。导航导引系统为 AGV 单机提供绝对或相对位置及航向。在分拣过程中，供货人员把需要分拣的货物放置到 AGV 小车上，AGV 小车经过条码扫描系统识别包裹目的地，调度控制系统为 AGV 小车规划路径，可以在无人为干预的情况下自动沿着设定好的路径行驶，并且自动完成货物的识别、分拣、装卸等功能（见图 8-29）。

图 8-29　AGV 小车

8.5.4　自动分拣系统的应用

随着我国制造业加快转型升级，越来越多的企业开始了"智造之路"的探索。物流装备作为智慧物流的重要组成部分，其自动化、智能化水平也在大幅提升。面对市场的新形势，物流智能化设备在各领域中的应用更加广泛，特别是物流自动分拣系统。由于自动分拣系统能连续、大批量地分拣货物，分拣误差率极低，分拣作业基本实现无人化等，所以其在机场行李分拣、医药冷链、电商物流等领域都有着广泛的应用。

1. 机场行李分拣系统

机场行李分拣系统是服务于旅客的一种快速识别并自动分拣行李的系统，能够将旅客行李进行分拣并输送到对应的航班。国内外航班各不相同，旅客行李挂上电子标签并通过传送带进行输送，行李的引导系统会将行李导入翻碟式分拣机中。

北京首都国际机场是世界上最大的机场之一，年旅客吞吐量约 6000 万人次，年货运吞吐量约 180 万 t，年飞机起降约 50 万架次。位于航站楼地下的行李分拣系统，为北京首都机场实现每分钟起落两架次飞机做出了重要贡献。该系统是世界上最大、最快的行李分拣系统之一，拥有约 50km 的传送带，最高速度达 40km/h。行李穿过国内和国际候机厅之间约 2.5km 的距离，并在旅客的脚下顺畅传输。

（1）运作原理。机场行李自动分拣系统采用射频识别技术（Radio Frequency Identification，RFID）。行李自动分拣系统给每一个飞机旅客随机托运的行李上粘贴 RFID 电子标签，电子标签中记录了旅客个人信息、出发港、到达港、航班号、停机位、起飞时间等信息。行李流动的各个控制节点上，如分拣、装机处、行李提取处安装 RFID 读写器。当带有标签信息的行李通过各个节点的时候，RFID 读写器会读取这些信息，传到数据库，实现行李在输送全流程中的信息共享和监控。

（2）系统流程。从机场出发的旅客在出发值机柜台办理行李托运，工作人员根据旅客登机牌完成托运登记并打印 RFID 行李标签，将 RFID 行李标签安装在行李上后放入行李输送机。输送机安装有 RFID 采集通道，当行李通过 RFID 采集通道时，其相关信息即被采集并上传给输送机控制系统，输送机控制系统根据得到的信息即可将行李正确地分拣到对应航班的行李房格口槽。最后搬运工将对应航班的行李转送到行李箱，再用牵引车运上飞机货舱。机场自动分拣流程如图 8-30 所示。

图 8-30　机场自动分拣流程

（3）系统关键技术。

1）高速的数据采集。为应对机场日益增长的旅客行李数量，机场中特别是大中型机场中输送机的传送速度日趋高速化。更高的传送速度对 RFID 读写器的采集速度有更高的要求。

2）稳定性。航空机场行李自动分拣系统全年 365 天，每天 24h 连续运行，RFID 设备必须满足该环境下的稳定运行。

3）可靠性。行李分拣系统必须准确地获取每一件行李的信息才能正确地完成分拣，这就要求 RFID 设备必须有非常高的可靠性，对每一件行李信息都能准确采集。

4）兼容性。行李自动分拣系统的核心控制部分一般采用可编程控制器（Programmable Logic Controller，PLC）。为达到高速准确分拣的目的，PLC 如何获取 RFID 设备采集到的数据也非常关键，这也就要求 RFID 设备必须能与 PLC 兼容。支持指令集控制的 RFID 设备可以与 PLC 良好兼容。

2. 药品自动分拣系统

药品自动分拣主要适用于药品配送中心。配送中心类型不同，分拣所占作业量的比例也有差别。药品自动分拣流程如图 8-31 所示。

根据药品分拣单位的不同可以分为整件药品自动分拣系统和拆零药品自动分拣系统。

第8章 流通加工设备

图 8-31 电子标签药品自动分拣线

(1) 整件药品自动分拣系统。药品整件分拣就是以药品入库时的最大原始包装形态为单位进行的分拣作业，常见的有托盘到托盘分拣、托盘到包装箱分拣和包装箱到包装箱分拣。

1) 托盘到托盘分拣。药品以托盘为单位进行存储、输送和分拣，订单信息由上位机通过仓库管理系统传输到自动仓储系统的计算机上，后者控制堆垛机或叉车将整托盘药品从储位取出，经由输送机或穿梭车将整托盘药品输送到指定的发货位置。

2) 托盘到包装箱分拣。药品以托盘为单位存储和输送，但是以包装箱为单位分拣。可使用多自由度关节式机器人进行分拣，相当于拆盘作业，具有机动灵活、适应性强的优点；也可以针对某一特定药品包装，采用框架式直角坐标机械手，具有结构简单、成本低的优点。分拣出来的成箱药品可以由机器人直接码垛，也可以采用输送机汇集到指定的发货位置。

3) 包装箱到包装箱分拣。药品以包装箱为单位存储、输送和分拣，一般使用各种输送式分拣设备（如摆臂式分拣机等），分拣出来的成箱药品利用输送机汇集到指定的发货位置。

(2) 拆零药品自动分拣系统。药品拆零分拣，就是以上一级包装之内的次一级包装物品为单位进行的分拣作业。该次一级包装之内可以含有更次一级的包装，也可为单品。药品拆零分拣广泛适用于医药配送中心、医院药房和零售药店等场合。目前，用于药品拆零分拣的设备主要由电子标签分拣系统、垂直旋转货柜、A 字机、直角坐标式拣选机械手、斜槽式自动分拣机、片剂分拣机、自动分拣药库等组成。

1) 电子标签分拣系统。从本质上看，电子标签分拣系统仍属于计算机信息系统辅助下的人工分拣系统，但由于实现了信息自动处理，因而节省了人工判断和思考的时间，大大降低了拣货错误率、提高了拣货的效率，目前仍在广泛使用。由于电子标签分拣系统还是依靠传统的人工完成分拣作业，因而适合一些形状不规则、大包装、贵重及易碎药品的分拣。

2) 垂直旋转货柜。将垂直旋转货柜与电子标签分拣系统相结合，可进一步缩短分拣作业时人员的走动距离，大幅度降低劳动强度，提高分拣效率。垂直旋转货柜还具有占地面积小、空间利用率高、可实现药品的封闭式存储等特点。

3）直角坐标式拣选机械手。将抓取药品的机械手安装在垂直面上的直角坐标移动装置上，可以实现机械手上下左右移动，从矩阵式分布的药品储位上拣取药品。其工作原理是：当需要取药时，控制系统发出指令，机械手在直角坐标移动机构带动下移动到指定药瓶的储位，然后电磁铁通电吸合将药瓶吸出，实现拣取动作。

4）斜槽式自动分拣机。利用在垂直方向上呈矩形排列的倾斜滑槽储放盒装药品，在每个滑槽的低端出口安装分拣机构实现药品的分拣。当排在前面的药盒分拣出去后，后面的药盒在重力作用下立即补充上去。斜槽式自动分拣机与机械手式分拣机的分拣效率要高得多，适用于发药频次高、出库量大的药品自动分拣作业。

根据药品分拣的功能，相应地可以将药品自动分拣系统功能分为储药功能、分拣功能、补药功能、输送功能及电器控制功能五部分。

复习思考题

1. 简述流通加工的概念、作用和类型。
2. 流通加工设备是如何分类的？
3. 什么是冷链物流？它主要包括哪些环节？
4. 简述冷库的结构形式和制冷系统的组成。
5. 常用冷藏车有哪些类型？
6. 简述常见生鲜食品流通加工设备的类型和用途。
7. 自动分拣系统的主要特点是什么？
8. 简述自动分拣系统的基本组成和工作原理。
9. 交叉带式分拣机是由哪些结构组成的？其工作过程和特点是什么？
10. 机场行李分拣系统具有哪些特点？

第 9 章 物流安全管理

学习要点

1. 了解物流安全的概念及特征,理解物流安全管理的意义。
2. 了解通用安全生产相关基础知识。
3. 理解物流运输事故的特征、管理制度、预防与控制措施。
4. 了解大型物件和危险品运输的安全管理措施。
5. 理解仓储安全的含义,了解常用仓库消防设施的工作原理。
6. 了解装卸搬运安全相关常识,掌握事故预防措施。

9.1 物流安全概述

9.1.1 物流安全的基本概念与特征

安全是人类永恒的话题,是人类生存和发展的最基本需求之一。凡是人类生产和生活的活动空间领域,都普遍存在着安全问题,人类生存、繁衍和发展离不开生产与安全。人类在社会活动和经济活动中,既有给人类提供物质财富、促进社会发展的一面,但也有给人类带来灾难的一面。在物流活动中,运输过程中可能发生交通事故,装卸搬运过程中可能发生事故,储存过程中可能发生火灾等,因此安全管理工作贯穿于物流活动的始终。从安全科学的概念上看,"安全"通常是指免受人员伤害、疾病或死亡,避免设备、财产破坏或损失的状态。由安全的定义可以看出,它既涉及人又涉及物,而且也涉及各种情况下的局部或整体损失。

在我国的物流发展过程中,物流安全越来越受到重视,但系统化的物流安全理论和技术基本没有形成。大部分物流安全都只停留在各个物流因素的各自领域内,没有形成物流安全的系统化理论。我国国家标准《物流术语》(GB/T 18354—2006)对物流(Logistics)的定义是:"物品从供应地向接收地的实体流动过程。根据实际需要,将运输、储存、装卸、搬运、包装、流通加工、配送、信息处理等基本功能实施有机结合"。根据现代物流发展情况和物流对安全的需求,可以认为,物流安全是为了保证物品从供应地向接收地的实体流动过程中的运输、储存、装卸、搬运、包装、流通加工、配送、信息处理等基本功能的顺利实现,人员免受伤害、疾病或死亡,设备、财产免受破坏或损失,确保最大的经济和安全效益。

要把物流安全工作做好,确保物流功能的正常发挥,必须深刻认识物流安全的基本特征,以实现最佳的经济效益和安全效益。物流安全主要有以下几个特征:

(1) 物流安全的必要性和普遍性。安全是人类生存的必要前提,安全作为人的身

现代物流装备

心状态及其保障条件,是绝对必要的。而在物流过程中,人和物遭遇到人为或自然的危害或损坏又是常见的,因此在物流系统中,不安全因素是客观存在的。这体现了物流安全的普遍性,要求在物流活动中尽量使其趋向本质安全化,使人能控制和减少灾害,维护人与物、物与人、人与人、物与物相互间协调运转,保证物流功能的实现。

(2)物流安全的随机性。物流安全取决于物流活动中人、物和人与物的关系协调,如果这些关系失调就会出现危害或损坏。安全状态的存在和维持时间、地点及其动态平衡的方式都带有随机性。在物流活动中,时空在不断变化,安全状态也在不断变化。因此,实现物流安全要尽量做到使不安全的概率极小(即安全性极高),尽量避免事故。

(3)物流安全标准的相对性。在物流活动中,影响安全的因素很多,以显式或隐式表征客观(宏观)安全。物流安全的内涵引申程度及标准取决于人们的生理和心理承受能力、科技发展的水平和政治经济状况、社会的伦理道德和安全法学观念、人民的物质和精神文明水平等现实条件。公众接受的相对安全与本质安全之间是有差距的,现实安全是有条件的,安全标准是随着社会的物质文明和精神文明水平提高而提高的。

(4)物流安全的局部稳定性。物流系统是一个复杂的、巨大的系统,无条件地追求绝对安全是不可能的。但有条件地实现人的局部安全和追求物的本质安全则是可能的、必需的。只要利用系统工程原理调节,控制安全的三个要素,就能实现局部稳定的安全。

(5)物流安全的经济性。物流安全与经济效益密切相关,保障物流安全的必要经济投入,如维护劳动者生产能力的基本条件,包括安全装置、安全技能培训、防护设施、改善安全与卫生条件、防护用品等方面的投入,是促进物流活动持续稳定进行、物流效益稳步增长的重要保证。物流安全保障减少了危险伤害和损坏本身就是减少了经济负效益,等于创造了经济效益。

(6)物流安全的复杂性。物流安全取决于人、物(机)和人与物(机)的关系,实际形成了人(主体)—机(对象)—环境(条件)运转系统,这是一个自然与社会相结合的开放性系统。在物流安全活动中,由于人的主导作用和本质属性,包括人的思维、心理、生理等因素以及人与社会的关系,即人的生物性和社会性,因而使物流安全具有极大的复杂性。

(7)物流安全的社会性。物流安全与社会的安定、稳定直接相关。在物流活动中,无论是人为的灾害还是自然的灾害,如物流运输配送中的交通事故,仓储场所的火灾,包装过程中的有毒物质泄漏,装卸搬运中的事故等,都将给个人、家庭、企事业单位带来伤害,成为影响社会安定、稳定的重要因素。物流安全的社会性还在于物流安全影响到政府决策和政策制定等。

9.1.2 物流安全的意义

做好物流安全,对于生产企业和物流企业都有着不可替代的作用和重大意义。

(1)物流安全是企业生产的前提保证。物流安全能够保证物流功能的顺利实现,从而为企业创造经营的外部环境,保证企业的正常输入和输出。物流安全保证物流功能活动的连续性和衔接性,使企业的生产得到支持。

(2)物流安全可以降低企业成本。物流安全保障减少了危险伤害和损坏,即减少

第9章 物流安全管理

了经济负效益,等于创造了经济效益。物流企业还可以采用安全经济原理和手段,如选择合适的安全保险,通过安全分析后选择最优的安全方案等,保证企业获得最大的经济利益。

(3)物流安全可以提高企业的生存能力。第一,物流安全保证了企业生产的顺利进行,保证物流活动的连续性和时间性,使企业在现代的竞争大潮中,能够取信于上下游企业,取信于消费者,对于企业的信用建设有着重要意义。第二,物流安全可以使企业更加和谐,可以减少企业的人员伤害,使员工的利益得到保证,增加企业的凝聚力,营造和谐的氛围。

9.2 部分通用安全生产基础知识

9.2.1 安全生产概述

"安全生产"这一概念,一般意义上讲,是指在社会生产活动中,通过人、机、物料、环境、方法的和谐运作,使生产过程中潜在的各种事故风险和伤害因素始终处于有效控制状态,切实保护劳动者的生命安全和身体健康。也就是说,安全生产是指为了使劳动过程在符合安全要求的物质条件和工作秩序下进行,防止人身伤亡、财产损失等生产事故,消除或控制危险有害因素,保障劳动者的安全健康和设备设施免受损坏、环境免受破坏的一切行为。

安全生产是安全与生产的统一,其宗旨是安全促进生产,生产必须安全。搞好安全工作,改善劳动条件,可以调动职工的生产积极性;减少职工伤亡,可以减少劳动力的损失;减少财产损失,可以增加企业效益,无疑会促进生产的发展。生产必须安全,则是因为安全是生产的前提条件,没有安全就无法生产。

安全生产的范围包括工业、商业、交通、建筑、矿山、农林等企事业单位职工的人身安全和财产设备安全,还包括铁路、公路运输及航运、民航、水利电力、消防、农业以及工业、建筑产品的质量安全(特种设备、建筑产品、劳动防护用品、安全仪器仪表、电气产品等)。

9.2.2 安全色和安全标志

(1)安全色。安全色是表达安全信息的颜色,表示禁止、警告、指令、提示等含义。正确使用安全色,可以使人员能够对威胁安全和健康的物体和环境做出及时反应,迅速发现和分辨安全标志,及时得到提醒,以防止事故、危害发生。安全色要求醒目,容易识别,其作用在于迅速指示危险,或指示在安全方面有着重要意义的器材和设备的位置,应该有统一的规定。

国际标准化组织建议采用红色、黄色和绿色三种颜色作为安全色,并用蓝色作为辅助色。中国国家标准 GB 2893—2008 规定红、蓝、黄、绿四种颜色为安全色。

红色:表示禁止、停止,用于禁止标志、停止信号、车辆上的紧急制动手柄等。

蓝色:表示指令、必须遵守的规定,一般用于指令标志。

黄色:表示警告、注意,用于警告警戒标志、行车道中线等。

绿色：表示提示安全状态、通行，用于提示标志、行人和车辆通行标志等。

（2）安全标志。由安全色、几何图形和图形符号构成的，用以表达特定安全信息的标记称为安全标志。安全标志的作用是引起人们对不安全因素的注意，预防发生事故。

国家标准 GB 2894—2008《安全标志及其使用导则》明确规定，安全标志分禁止标志、警告标志、指令标志和提示标志四大类型。

1）禁止标志：禁止或制止人们的某些行动。禁止标志的几何图形是带斜杠的圆边框，其中圆环与斜杠相连，用红色；图形符号用黑色，背景用白色，如图 9-1 所示。如禁止吸烟、禁止明火作业、禁止启动、禁止堆放、禁止戴手套、禁止通行等。

2）警告标志：警告人们可能发生的危险。警告标志的几何图形是黑色的正三角形边框、黑色符号和黄色背景，如图 9-2 所示。如注意安全、当心火灾、当心爆炸、当心触电、当心机械伤人、当心坠落等。

图 9-1 禁止标志

图 9-2 警告标志

3）指令标志：指令人们必须做出某种动作或采用防范措施的图形标志。其基本形式是圆形边框，图形符号为白色，衬底为蓝色，如图 9-3 所示。如必须戴防毒面具、必须戴防护眼镜、必须戴安全帽、必须用防护装置、必须加锁等。

4）提示标志：采用正方形边框，用浅绿色背景（消防设备提示标志用红色），并有方向性，如图 9-4 所示。含义是提供目标所在位置与方向性的信息，如安全通道、紧急出口、可动火区、灭火器、地上消防栓等。

图 9-3 指令标志

图 9-4 提示标志

9.2.3 劳动防护用品

劳动防护用品是为了保护劳动者在生产过程中的安全和健康而发给劳动者个人使用的防护用品。用于防护有灼伤、烫伤或者容易发生机械外伤等危险的操作，在强烈辐射热或者低温条件下的操作，散放毒性、刺激性、感染性物质或者大量粉尘的操作，以及经常使衣服腐蚀、潮湿或者特别肮脏的操作等。根据具体操作过程中的不同需要，应供

第 9 章 物流安全管理

给劳动者的防护用品主要有：工作服、工作帽、围裙、口罩、手套、护腿、防毒面具、防护眼镜、防护药膏、防寒用品、防晒防雨的用品等，按用途分类如下：

（1）头部护具类。头部护具类是指用于保护头部，防撞击、挤压伤害、防物料喷溅、防粉尘等的护具。主要有玻璃钢、塑料、橡胶、玻璃、胶纸、防寒和竹藤安全帽以及防尘帽、防冲击面罩等。

（2）呼吸护具类。呼吸护具类是预防尘肺病和其他职业病的重要护品。按用途分为防尘、防毒、供氧三类，按作用原理分为过滤式、隔绝式两类。

（3）眼防护具。眼防护具用以保护劳动者的眼睛、面部，防止外来伤害，可分为焊接用眼防护具、炉窑用眼防护具、防冲击眼防护具、微波防护具、激光防护镜以及防X射线、防化学、防尘等眼防护具。

（4）听力护具。长期在噪声 90dB 以上或短时在噪声 115dB 以上环境中工作时，应使用听力护具。听力护具有耳塞、耳罩和帽盔三类。

（5）防护鞋。防护鞋用于保护足部免受伤害，目前主要产品有防砸、绝缘、防静电、耐酸碱、耐油、防滑鞋等。

（6）防护手套。防护手套用于手部保护，主要有耐酸碱手套、电工绝缘手套、电焊手套、防 X 射线手套、石棉手套、丁腈手套等。

（7）防护服。防护服用于保护劳动者免受劳动环境中的物理、化学因素伤害。

（8）防坠落护具。防坠落护具用于防止坠落事故发生，主要有安全带、安全绳和安全网。

（9）护肤用品。护肤用品用于外露皮肤的保护，分为护肤膏和洗涤剂。

9.3　道路运输安全管理

9.3.1　物流运输事故的特征

1. 物流运输事故既有随机性又有必然性

对于某种运输方式和运输工具来说，何时、何地因何原因发生交通事故是随机的，具有一定的偶然性。但每一起运输事故的发生都是一定因素综合作用的必然结果，事故的发生和发展都具有一定的必然性。只有认识到事故的必然性，掌握事故发生和发展的规律，才能够尽早发现事故发生的苗头，及时采取有效措施防止事故的发生。事故的随机性又要求人们随时都应注意运输安全，增加运输安全意识，加强运输安全管理，才能确保物流运输的安全和顺畅。

2. 运输事故是小概率、频发性事件

物流运输事故是由多种因素综合作用的结果，每个因素的出现都有一定的概率，但是由于因素繁多，在运输过程中时刻都可能出现事故隐患，运输事故隐患具有频发性。据统计，在我国每个机动车驾驶员每天至少遇到 200 次的事故隐患。尽管运输事故隐患具有频发性，但由于应用于公共运输的技术都是经过长期发展的、可靠程度较高的技术，因而在设计、制造运输工具和交通系统时已经考虑其安全性能，配备了相应的安全设备，制定了有关规定。绝大多数的失误和故障都会被及时纠正或排除，遗留下来的失

现代物流装备

误和故障大部分在潜伏一段时间后被发现并排除，或和其他因素一起引起一些无关大局的小事故而被排除。运输事故是多种因素综合作用的结果，由概率论可知，多种因素同时出现的概率为每个因素出现概率的乘积，因素越多，概率越小。以上原因决定了物流运输事故是小概率事件，有研究表明，我国大约每 150 万次交通事故隐患中才出现 1 次交通事故。运输事故是小概率事件这一规律决定了物流运输安全的管理、预测和控制是有一定难度的。

3. 物流运输事故的突发性

运输事故的发生常常没有任何先兆，即具有突发性。道路、水路、航空运输中，驾驶员从感知到危险到事故发生的时间通常较短暂，往往短于驾驶员的反应时间与采取相应措施所需的时间之和。物流运输中操作失误、设备缺陷等往往突然引发泄漏、爆炸等事故，因此物流运输事故具有突发性。

4. 物流运输事故的社会性

物流活动是随着社会和经济发展而发展的一种社会现象，是人们客观需要的一种活动，是现代市场经济不可或缺的部分。在目前现代化的城市中，由于大生产带来的社会分工越来越细，人际间的协作和交往也越来越密切，使得运输活动日趋频繁，而成为一种社会的客观需求。

物流运输事故是伴随着物流运输的产生而产生的。只要有人参与运输活动，就存在着发生运输事故的危险性和可能性。物流活动是随着社会发展而产生和发展的活动，随之而来的物流运输事故是客观存在的社会现象，即物流运输事故具有社会性。物流运输事故的危害性不仅在于对人民财产安全的侵害，更在于：它造成的巨大损失会干扰社会的正常运转，延缓经济发展；恶化人类的生活质量，危害生态环境，降低人们生活的实际质量；破坏正常的生活秩序，危及社会安定；事故导致二次灾害的后果常常比交通事故本身更具有危害性。由于物流运输活动与社会的生产、人民的生活息息相关，因而进一步证明了物流运输事故具有社会性。

9.3.2 物流企业道路运输安全管理

1. 管理机构的主要职责

物流企业道路运输安全管理机构主要具有以下职责：

1) 贯彻执行国家有关安全生产的方针、政策，落实安全生产各项制度、标准和办法。

2) 对企业安全生产实行统一监管，实现对企业安全生产的综合管理，加强对基层各级安全管理机构的业务指导和检查，及时协调，定期考评。

3) 建立健全一套具有监督、反馈、制约、激励等诸多功能的安全管理运行机制，制定并完善企业安全生产规章制度，制定安全生产考核指标方案，健全和落实安全生产岗位责任制，落实重特大事故救援应急预案。

4) 定期组织召开本级范围内的安全例会，随时掌握各基层单位的安全生产动态，督促落实各项安全生产规章制度和责任制，出现问题及时协调和解决。

5) 组织企业范围内的安全生产教育和培训，组织开展多种形式的安全竞赛活动，组织总结、交流、推广安全生产先进经验。向企业领导人推荐可表彰的安全先进单位及

第9章 物流安全管理

安全先进个人，提出有关责任单位或责任人的处理建议。

6）负责组织对单位车辆机械、动力、设备的安全性能、维护及安全操作管理及特殊工种持证上岗等情况的监督、检查和考核。

7）根据有关规定，随时抽查企业车辆的安全运行情况，并充分运用卫星定位系统、汽车行驶记录仪等管理手段，对车辆实施监控和动态管理，及时纠正违章行为。

8）负责对驾驶员的资格、资历审查，并建立相应的台账。

9）负责行车事故的调查、统计和上报工作，办理车辆的各项保险、索赔手续。对各类事故执行"四不放过"原则（事故原因不查清不放过、责任人员未处理不放过、整改措施未落实不放过、有关人员未受到教育不放过），按事故处理权限对事故责任人提出处理意见或做出处理决定。

10）负责建立企业安全生产各项基础管理工作台账，妥善保管各项原始记录和资料档案，建立和完善企业安全管理信息系统。根据相关管理机构要求，及时、准确地提供有关安全生产方面的信息资料。

2. 安全生产责任制

1）认真贯彻执行"安全第一、预防为主"的方针，遵守国家法律法规和安全生产操作规程，守法经营，落实各级交通主管部门的安全生产管理规定，组织学习安全生产知识，最大限度地控制和减少道路交通事故的发生。

2）道路运输经营者负责经营许可范围内的安全生产工作，是安全生产第一责任人，对安全生产工作负总责。

3）聘请符合道路运输经营条件的驾驶人员，并与驾驶员签订安全生产责任书，将责任书内容分解到每个工作环节和工作岗位，职责明确，责任分清，层层落实安全生产责任制。

4）积极参与各项安全生产活动，设立安全生产专项经费，保证安全生产工作的开展。

5）落实事故处理"四不放过"原则。

6）建立营运车辆维护、检修工作制度，督促车辆按时做好综合性能检测及二级维护，确保车辆技术状况良好。

3. 安全生产操作规程

1）严格遵守安全生产法律法规及工作规范，严肃安全生产操作规程，落实各项安全生产工作制度，组织开展安全生产活动和安全知识学习，提高全员安全生产意识。

2）对道路运输驾驶人员要求做到"八不"，即不超载超限、不超速行车、不强行超车、不开带病车、不开情绪车、不开急躁车、不开冒险车、不酒后开车。保证精力充沛，谨慎驾驶，严格遵守道路交通规则和交通运输法规。

3）做好危险路段记录并积极采取应对措施，特别是山区道路行车安全，要做到"一慢、二看、三通过"。

4）不运输法律、行政法规禁止运输的货物；法律、行政法规规定必须办理有关手续后方可运输的货物，应当按规定查验有关手续，符合要求的方可承运。

5）保持车辆良好技术状况，不擅自改装营运车辆。

6）做到"反三违"，即不违反劳动纪律、不违章指挥、不违反操作规程。

现代物流装备

7) 发生事故时,应立即停车、保护现场、及时报警、抢救伤员和货物财产,协助事故调查。

8) 采取必要措施,防止货物脱落、扬撒等。

9) 不违章作业,驾驶员连续驾驶时间不超过4h。

4. 安全生产监督检查制度

1) 每月至少进行一次全面安全检查,重点检查安全生产责任制、规章制度的建立和完善、安全隐患整改、应急预案、有关法律法规及会议精神的学习贯彻落实情况,并做好记录。

2) 做好出车前的准备、停车后的检查工作,确保行车安全,发现隐患要及时修复后方可出车。

3) 装货时严查超载和擅自装载危险品。

4) 不定期检查车辆的安全装置、灯光信号、证件。

5) 检查驾驶员是否带病或疲劳开车,是否违反安全生产操作规程。

6) 检查消防设施是否安全有效。

7) 建立安全生产奖惩制度,依制度进行奖惩。

5. 消除安全生产事故隐患制度

1) 对交通主管部门检查发现的安全生产隐患整改事项,按时逐项予以整改、落实。

2) 每月至少开展一次全面安全检查,发现存在安全隐患立即通知整改,并立即抓好落实,及时消除。

3) 驾驶员要定期做健康体检及心理的职业适应性检查。

4) 每次出车前,要对车辆的安全性能进行全方位检查,发现问题及时排除,不消除隐患不得出车。

5) 装载货物时,须检查超载及危险品等情况,确认无误后方可出车。

6) 要不定时检查驾驶员及车辆是否符合安全管理规定。

7) 车辆经检测、二级维护,查出的隐患要及时整改,整改不到位不得出车。

8) 定期对车辆和办公场所的消防器材、电路、车辆机械等进行自查自纠。

9) 对安全隐患不及时整改的责任者给予从严追究。

10) 建立健全安全生产事故隐患档案,吸取经验教训,举一反三,组织研究和探讨新技术应用。

6. 交通事故应急预案

1) 发生交通事故,当事人应立即进行自救,并报警(交警电话122,消防电话119,急救电话120)。应简明讲清事故地点、伤亡、损失等情况,以及事故对周围环境的危害程度。保护现场,抢救伤员,保护货物财产并通报运输经营者与保险公司。

2) 当事人应立即切断车辆电源开关,使用消防器材,布置好安全警戒线,应果断处置,不要惊慌出错,避免造成更大的灾害。

3) 对伤者的外伤应立即进行包扎止血处理,发生骨折者应就地取材进行骨折定位,并移至安全地带,对死亡人员也应移至安全地带妥善安置。积极协助救护人员救死扶伤,避免事故扩大化,把伤害减至最低程度。

4) 保护好自身的安全,积极配合交警、消防等部门进行救护并做好各项善后工作。

第 9 章 物流安全管理

5）发生一次死亡 3 人以上的运输事故，应在 6h 内报告当地交通主管部门。

9.3.3 物流运输事故的预防与控制

根据事故致因理论可知，交通事故的发生是人（道路交通参与者、交通安全管理人员等）和物（车辆、道路环境等）两大系列轨迹交叉的结果。因此，防止事故发生的基本原理就是使人和物的运动轨迹中断，使两者不能交叉。具体地说：如果消除了物的不安全状态，就消除了物的连锁；如果加强了对人的交通安全教育、培训，提高了安全意识和安全技能，进行科学、系统的安全管理，从生理和心理方面预防不安全行为的产生，就有可能消除人的连锁。这样，人和物系列轨迹就不会相交，事故就可以得到避免。在上述两个连锁中，消除人的连锁无疑是非常重要的，应该给予充分的重视。首先要对人员的结构和素质情况进行分析，找出容易发生事故的个人、群体和不安全行为。然后，在对人的身体、生理、心理进行检查测验的基础上合理选配人员。从研究行为科学出发，加强对人的教育、训练和管理，提高生理、心理素质，增强交通安全意识，提高交通安全技能，可以最大限度地减少和消除人的不安全行为。但也应该看到，人是有自由意志的，个人所处的社会环境和生活环境会对人产生巨大的影响，这些影响因素对人的影响程度和范围将随时间的推移而发生变化，进而造成人的生理和心理状态不稳定，致使人的安全可靠性也随时间的变化而发生波动。在交通活动过程中，道路交通参与者往往会由于一些偶然因素而产生事先难以预料的不安全行为。从某种意义上讲，人的不安全行为发生概率不可能为零，要想完全防止人的不安全行为是不可能的，因此消除物的不安全状态就显得非常必要了。

消除物的不安全状态，应该把重点放在提高车辆的主动与被动安全措施和提高道路的安全等级、完善道路交通安全设施等方面，物的安全化水平提高有助于交通安全管理的改善。人物轨迹交叉是在一定的环境条件下进行的，因此除了人和物外，为了防止交通事故的发生，还应致力于道路交通环境的改善。此外，还应从人机工程学原理入手，解决好人、车辆、道路环境的合理匹配问题，使车辆的设计和道路设计符合人的生理和心理需求。

人、车辆、道路环境等因素是造成事故的主要原因。道路交通参与者安全素质和安全技能的提高、车辆的控制和安全防护措施的加强、道路交通环境的改善等都有赖于安全管理水平和效能的提高，事故预防措施最终都是管理方面的措施。为此，必须大力关注管理的改进，大力推进运输安全管理的科学化、现代化；应该对安全管理的状况进行全面的调查分析，找出管理上存在的薄弱环节，在此基础上确定从交通安全管理角度出发的预防事故发生的各项措施。

9.3.4 大型物件运输安全管理

由于大型物件本身具有较大的长度、体积和重量，在运输过程中应特别注意安全技术措施和安全管理。大型物件运输的安全管理主要应注意以下几个方面：

1）大型物件运输的装卸作业，由承运人负责的，应根据托运人的要求、货物的特点和装卸操作规程进行作业；由托运人负责的，承运人应按约定的时间将车开到装卸地点，并监装、监卸。

现代物流装备

2）承运人要了解货物的尺寸、货物的实际重量及形状、货物的重心位置、装运中有何特殊要求、可否卧倒装运等。

3）装卸货物前，应察看装卸场地附近有无电缆、水管、煤气管道、沟管及其他地下建筑物，车辆能否进入装卸场地，现场是否适合机械装卸。

4）货物装车后，必须用垫木、铁丝绳或钢丝绳固定牢固，以防滑动；货物长度超过车身时，应在后栏板用坚固方木垫高或使其呈前低后高状；对于圆柱体及易于滚动的货物，必须使用座架或凹木加固。

5）在货物的装卸过程中，由于操作不当或违反操作规程造成车货损失或第三者损失的，由承担装卸的一方负责赔偿。

6）承运人应根据大型物件的外形尺寸和车货总重量，在起运前会同托运人勘察作业现场和运行路线，了解沿途道路线形和桥涵通过能力，并制订运输组织方案和应急措施。涉及其他部门的应事先向有关部门申报并征得同意方可起运。要随时勘察运行路线是否能通过。

7）运输大型物件，应按有关部门核定的路线行车；运送货物之前，应对承运路线的道路和桥梁的宽度、弯道半径、承载能力以及其他车辆的流通情况进行充分的调查研究，并请公路及有关部门在沿途和现场做技术指导，必要时还要对桥梁加固，以确保安全运行。

8）对于超高、长大、笨重货物，为确保安全通行，运输时需由托运人配备电工、携带应用材料、工具随车护送，必要时还需请有关部门协同在前引道开路，以便排除障碍，顺利通行和提示过往车辆注意。

9）运输中要悬挂明显的标志，以引起其他车辆和行人的注意；标志要悬挂在货物超限的末端，白天行车时，悬挂标志旗；夜晚行车和停车休息时悬挂、装设标志灯。

10）驾驶员要集中精力，谨慎驾驶，密切注意运行情况，利用灯光、扬声器、广播等配合运输。

9.3.5 危险化学品运输安全管理

1. 危险化学品安全基础知识

危险化学品，是指具有毒害、腐蚀、爆炸、燃烧、助燃等性质，对人体、设施、环境具有危害的剧毒化学品和其他化学品（见图9-5）。危险化学品的主要危险特性包括：

1）燃烧性。爆炸品、压缩气体和液化气体中的可燃性气体、易燃液体、易燃固体、自燃物品、遇湿易燃物品、有机过氧化物等，在条件具备时均可能发生燃烧。

2）爆炸性。爆炸品、压缩气体和液化气体、易燃液体、易燃固体、自燃物品、遇湿易燃物品、氧化剂和有机过氧化物等危险化学品均可能由于其化学活性或易燃性引发爆炸事故。

3）毒害性。许多危险化学品可通过一种或多种途径进入人体和动物体内，当其在人体累积到一定量时，便会扰乱或破坏肌体的正常生理功能，引起暂时性或持久性的病理改变，甚至危及生命。

4）腐蚀性。强酸、强碱等物质能对人体组织、金属等物品造成损坏，接触人的皮肤、眼睛或肺部等时，会引起表皮组织坏死而造成灼伤。内部器官被灼伤后可引起炎

第 9 章 物流安全管理

图 9-5 危险化学品标志

症,甚至会造成死亡。

5)放射性。放射性危险化学品放出的射线可阻碍和伤害人体细胞活动机能并导致细胞死亡。

2. 危险化学品运输安全管理

1)国家对危险化学品的运输实行资质认定制度,未经资质认定,不得运输危险化学品。

2)托运危险物品必须出示有关证明,在指定的铁路、交通、航运等部门办理手续。托运物品必须与托运单上所列的品名相符。

3)危险物品的装卸人员,应按装运危险物品的性质,佩戴相应的防护用品,装卸时必须轻装轻卸,严禁摔拖、重压和摩擦,不得损毁包装容器,并注意标志,堆放稳妥。

4)危险物品装卸前,应对车(船)、搬运工具进行必要的通风和清扫,不得留有残渣,对装有剧毒物品的车(船),卸车后必须洗刷干净。

5)装运爆炸、剧毒、放射性、易燃液体、可燃气体等物品,必须使用符合安全要求的运输工具:禁止用电瓶车、翻斗车、铲车、自行车等运输爆炸物品;运输强氧化剂、爆炸品及用铁桶包装的一级易燃液体时,如果没有采取可靠的安全措施,不得用铁底板车及汽车挂车;禁止用叉车、铲车、翻斗车搬运易燃、易爆液化气体等危险物品;温度较高地区装运液化气体和易燃液体等危险物品,要有防晒设施;放射性物品应用专用运输搬运车和抬架搬运,装卸机械应按规定负荷降低 25%;遇水燃烧物品及有毒物品,禁止用小型机帆船、小木船和水泥船承运。

6)运输爆炸、剧毒和放射性物品,应指派专人押运,押运人员不得少于 2 人。

7)运输危险物品的车辆,必须保持安全车速,保持车距,严禁超车、超速和强行会车。运输危险物品的行车路线,必须事先经当地公安交通管理部门批准,按指定的路线和时间运输,不可在繁华街道行驶和停留。

8)运输易燃、易爆物品的机动车,其排气管应装阻火器,并悬挂"危险品"标志。

9)运输散装固体危险物品,应根据性质,采取防火、防爆、防水、防粉尘飞扬和遮阳等措施。

10)禁止利用内河以及其他封闭水域运输剧毒化学品。通过公路运输剧毒化学品的，托运人应当向目的地县级人民政府公安部门申请办理剧毒化学品公路运输通行证。办理剧毒化学品公路运输通行证时，托运人应当向公安部门提交有关危险化学品的品名、数量、运输始发地和目的地、运输路线、运输单位、驾驶人员、押运人员、经营单位和购买单位资质情况的材料。

11）运输危险化学品需要添加抑制剂或者稳定剂的，托运人交付托运时应当添加抑制剂或者稳定剂，并告知承运人。

12）危险化学品运输企业，应当对其驾驶员、船员、装卸管理人员、押运人员进行有关安全知识培训。驾驶员、装卸管理人员、押运人员必须掌握危险化学品运输的安全知识，并经所在地设区的市级人民政府交通部门考核合格；船员经海事管理机构考核合格，取得上岗资格证，方可上岗作业。

9.4 仓储消防安全管理

9.4.1 仓储安全概述

物流储存保管的过程一般都发生在物流中心的仓库中，仓库的安全管理应始终贯穿于整个仓储管理的全过程。从商品入库验收、堆垛，到商品保管、养护，直至商品出库点交，都离不开安全工作。

现代仓储的安全管理是其他一切管理工作的基础和前提，具有十分重要的意义。现代仓储的安全管理主要包括人的安全管理和仓储设施、设备、仓储物品等物的安全管理。仓储过程的不安全因素很多，如火灾、水灾、爆炸、盗窃、破坏等，此外还有放射性物品、腐蚀性物品、有毒物品等，均会对仓储管理人员人身安全造成威胁。针对所有这些不安全因素，只有努力克服和预防，才能保证现代仓储过程的安全，也才能使仓库的生产活动得以正常进行。

仓储安全管理的重点内容包括消防安全、储存通风、防止物品腐烂霉变、特殊物品如储罐以及危险品的储存保管等，其中消防安全是重中之重。

9.4.2 火灾探测器

根据火灾的探测方法及原理，火灾探测器通常可分为五类：感烟火灾探测器、感温火灾探测器、感光火灾探测器、可燃气体式火灾探测器和复合式火灾探测器。每一类型又按其工作原理分为若干种。仓储消防中常用的火灾探测器有感烟式、感温式和感光式三类。

感烟火灾探测器（见图9-6）用于探测物质初期燃烧所产生的气溶胶或烟粒子含量，又可分为点型感烟探测器和线型感烟探测器。其中点型感烟探测器有离子感烟探测器、光电感烟探测器、电容式感烟探测器和半导体式感烟探测器。线型感烟探测器包括红外光束感烟探测器和激光型感烟探测器。线型感烟探测器由两部分组成，其中一部分为发光器，另一部分为接收器，中间形成光束区，当有烟雾进入光束区时，接收的光束衰减，从而发出报警信号。红外光束感烟探测器用于无遮挡大空间或有特殊要求的场所。

感温火灾探测器对异常温度、温升速率和温差等火灾信号予以响应。感温火灾探测

第 9 章 物流安全管理

器也可分为点型和线型两类。点型感温火灾探测器（见图 9-7）又称定点型探测器，其外形与感烟火灾探测器类似。感温火灾探测器有定温、差温和差定温三种；按其构造又分为机械定温、机械差温、机械差定温、电子定温、电子差温和电子差定温等。缆式线型定温探测器适用于电缆隧道、电缆竖井、电缆夹层、电缆桥架、配电装置、开关设备、变压器、各种皮带输送装置、控制室和计算机室的闷顶内、地板下和重要设施的隐蔽处等。空气管式线型差温探测器用于可能产生油类火灾且环境恶劣的场所，以及不宜安装点型探测器的夹层、闷顶。

图 9-6　感烟火灾探测器

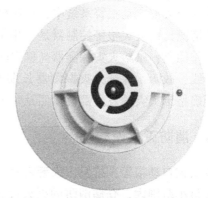

图 9-7　点型感温火灾探测器

感光火灾探测器又称为火焰探测器（见图 9-8），主要对火焰辐射出的红外、紫外、可见光予以响应，常用的有红外火焰型和紫外火焰型两种。按火灾的规律，发光是在烟生成及高温之后，因此感光火灾探测器属于晚期探测器，但对于易燃、易爆物有特殊的作用。紫外火焰型探测器对火焰发出的紫外光产生反应，红外火焰型探测器对火焰发出的红外光产生反应，而对灯光、太阳光、闪电、烟尘和热量均不反应。

可燃性气体式火灾探测器（见图 9-9）主要用于探测易燃、易爆场所中可燃气体（粉尘）的含量，其动作报警整定值一般整定在爆炸体积分数下限 1/4～1/6。可燃气体式火灾探测器主要用于宾馆厨房或燃料气储备间、汽车库、压气机站、过滤车间、溶剂库、燃油电厂等有可燃气体的场所。

图 9-8　三波长红外火焰探测器

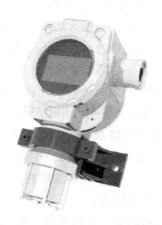

图 9-9　点型可燃气体探测器

现代物流装备

复合式火灾探测器可以响应两种或两种以上火灾参数，主要有感温感烟型、感光感烟型和感光感温型等。

9.4.3 火灾报警控制器

火灾报警控制器是火灾自动报警系统中重要的组成部分。它不仅为系统中的火灾探测器、控制模块等供电，同时用以接收、显示和传递火灾报警信号，是发出控制信号并具有其他辅助功能的控制和指示设备。

在一个火灾自动报警系统中，火灾探测器是系统的"感觉器官"，随时监视着周围环境的情况。而火灾报警控制器是"中枢神经系统"，是系统的核心。火灾报警控制器的主要作用是：供给火灾探测器高稳定的工作电源；监视连接各火灾探测器的传输导线有无断线、故障，保证火灾探测器长期有效稳定工作；当火灾探测器探测到火灾形成时，明确指出火灾的发生部位以便及时采取有效的处理措施。

9.4.4 消防灭火设施

在火灾自动报警系统发出火警之后，应尽可能早地采取灭火措施灭火，将事故损失控制在最小范围内。仓储消防的灭火设施主要包括自动喷水灭火系统、泡沫灭火系统、气体灭火系统和干粉灭火系统等。

1. 自动喷水灭火系统

自动喷水灭火系统是一种在发生火灾时能自动喷水灭火并同时发出火警信号的灭火系统。经实践证明，该灭火系统具有很高的灵敏度和灭火成功率，是扑灭初期火灾非常有效的一种灭火设备。

(1) 湿式自动喷水灭火系统。湿式自动喷水灭火系统是世界上使用最早、应用最广泛、灭火速度快、控火效率高的自动喷水灭火系统。其结构如图 9-10 所示，由消防水池、管道系统、湿式报警阀、喷头、水力警铃、压力开关、联动控制柜和水泵电控柜等组成。由于该系统在报警阀的前后管道内始终充满着压力水，所以称作湿式自动喷水灭火系统（以下简称湿式系统）。

火灾发生时，高温火焰或高温气流使闭式喷头的热敏元件炸裂或熔化脱落，喷水灭火。此时，管网中的水由静止变为流动，则水流指示器被感应而送出电信号。在联动控制柜上显示某一区域已在喷水，持续喷水造成湿式报警阀的上部水压低于下部水压，原来处于关闭状态的阀片自动开启。此时，压力水通过湿式报警阀，流向干管和配水管，同时水进入延迟器，继而压力开关动作、水力警铃发出火警信号。此外，压力开关直接连锁自动启动消防水泵或根据水流指标器和压力开关的信号，水泵电控柜自动起动消防水泵向管网加压供水，达到持续自动喷水灭火的目的。

湿式系统适用于环境温度在 4~70℃ 的建筑物和场所（不能用水扑救的建筑和场所除外），其主要特点：

1) 结构简单，使用可靠。湿式系统与其他自动喷水灭火系统相比，结构最简单，管理简单易行，安全可靠。

第9章 物流安全管理

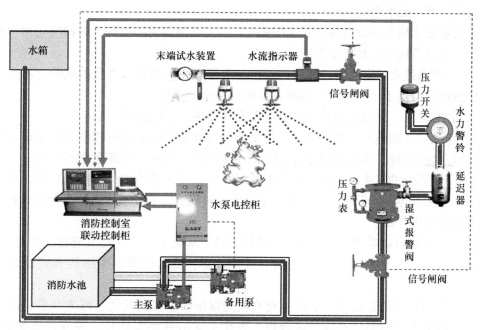

图 9-10 湿式自动喷水灭火系统

2）系统施工简单、方便。湿式系统的喷头安装方向，可根据吊顶形式、美观和安全的要求向上或向下安装，灵活方便。与其他系统相比，湿式系统在施工中对管道接头、敷设坡度等都不如干式系统或预作用系统严格，施工比较简单。

3）灭火速度快、控火效率高。湿式系统由于管网经常充有压力水，一旦发生火灾，在喷头开启后，能迅速出水，灭火、控火效果较干式系统要好。

4）系统投入少，使用经济。由于湿式系统简单可靠，安装和管理方便，初期建设投入和日常管理、维护费用都比较低。

5）适用范围广。除不能用水扑救的建筑物和场所，大部分建筑物和场所均可使用。

（2）干式自动喷水灭火系统。干式自动喷水灭火系统（以下简称干式系统）是除湿式系统以外使用历史最长的一种闭式自动喷水灭火系统，主要用于不适宜采用湿式系统的场所，其灭火效率低于湿式系统，造价也高于湿式系统。

干式系统与湿式系统相似，只是报警阀的结构和作用原理不同。它一般由闭式喷头、管道系统、充气设备、干式报警阀、报警装置和供水设备等组成。其喷头应采用直立型喷头向上安装或采用干式下垂喷头。

平时，干式报警阀前与水源相连并充满水，其后的管道充以压缩空气，处于关闭状态。发生火灾时，闭式喷头热敏元件动作，喷头首先喷出压缩空气，管网内的气压逐渐下降；当降到某一气压值时干式报警阀的下部水压力大于上部气压力，干式报警阀打开，压力水进入供水管网，将剩余压缩空气从已打开的喷头处推赶出去，然后再喷水灭火；干式报警阀处的另一路压力水进入信号管，推动水警铃和压力开关报警，并启动水泵加压供水。干式系统的主要工作过程与湿式系统无本质区别，只是在喷头动作后有一个排气过程，这将降低灭火的速度和效果。较大的干式系统，常在干式报警阀出口管道上附加一个排气加速器，以加快报警阀的启动过程，使压力水迅速进入充气管网，缩短排气时间，及早喷水灭火。

干式系统适用于环境温度低于4℃或高于70℃的建筑物和场所，如物流仓储中的冷冻仓库。干式系统主要具有以下特点：

1) 干式系统在报警阀后的管网内无水，故可避免冻结和水汽化的危险，不受环境温度的限制，可用于一些无法使用湿式系统的场所。

2) 投资较高。因为干式系统需要使用充气设备，因而造价较高。

3) 干式系统的施工和维护管理较为复杂，对管道的气密性有较严格的要求。管道平时的气压应保持在一定的范围内，当气压下降到一定值时，就需要进行充气。

4) 干式系统的喷水灭火速度不如湿式系统快。干式系统喷头受热开启后，首先要排除管道中的气体，然后再出水，延误了灭火的时机。这也是干式系统不如湿式系统灭火效率高的原因之一。

(3) 预作用自动喷水灭火系统。预作用自动喷水灭火系统（以下简称预作用系统）一般由闭式喷头、管道系统预作用阀、报警装置、供水设备、探测器和控制装置等组成。

在预作用阀后的管道中，平时不充水而充以压缩空气或氮气，或为空管，闭式喷头和火灾探测器同时布置在保护区域内，发生火灾时探测器动作，并发出火警信号，报警器核实信号无误后，发出动作指令，打开预作用阀，并开启排气阀使管网充水待命，管网充水时间不超过3min。随着火势的继续扩大，闭式喷头上的热敏元件熔化或炸裂，喷头自动喷水灭火，系统中的控制装置根据管道内水压的降低自动启动消防泵灭火。

预作用系统可以用在干式系统、湿式系统和干湿式系统所能使用的任何场所，而且还能用于这三个系统都不适宜的一些场所。预作用系统同时具备了干式系统和湿式系统的特点，可以代替干式系统提高灭火速度，也可代替湿式系统用于管道和喷头易于被损坏而产生喷水和漏水以致造成严重水渍的场所，还可用于对自动喷水灭火系统安全要求较高的建筑物中，如物流仓储中危险化学品的储藏仓库。预作用系统的主要特点有：

1) 预作用系统将电子技术、自动化技术结合起来，集湿式系统和干式系统的优点于一体，克服了干式系统喷水迟缓和湿式系统由于误动作而造成水渍的缺点，应用范围广。

2) 系统中火灾探测器的早期报警和系统的自动监测功能可随时发现系统中的渗漏和损坏情况，从而提高了系统的安全可靠度，其灭火效率也高于湿式系统。

3) 预作用系统的系统组成较其他系统复杂，投资较高，因此预作用系统通常用于不能使用干式系统或湿式系统的场所，或对系统安全程度要求较高的一些场所。

2. 气体灭火系统

以气体作为灭火介质的灭火系统称为气体灭火系统。根据灭火介质的不同，气体灭火系统可分为卤代烷1211灭火系统、卤代烷1301灭火系统、二氧化碳灭火系统、新型惰性气体灭火系统、卤代烃类哈龙替代灭火系统、水蒸气灭火系统、细水雾灭火系统等。其中二氧化碳灭火系统根据储存压力的不同又可分为高压二氧化碳灭火系统与低压二氧化碳灭火系统。

第 9 章　物流安全管理

高压二氧化碳灭火系统的工作原理如图 9-11 所示。当采用气体灭火系统保护的防护区发生火灾后，火灾探测器将燃烧产生的温、烟、光等变化转化成电信号输入火灾报警控制器，经火灾报警控制器鉴别确认后，启动火灾报警装置，发出火灾声、光报警信号，并将信号输入灭火控制盘。灭火控制盘启动开口关闭装置、通风机等联动设备，并经延时再启动阀驱动装置，同时打开选择阀及灭火剂储存装置，将灭火剂施放到防护区进行灭火。灭火剂施放时压力信号器可给出反馈信号，通过灭火控制盘再发出施放灭火剂的声、光报警信号。

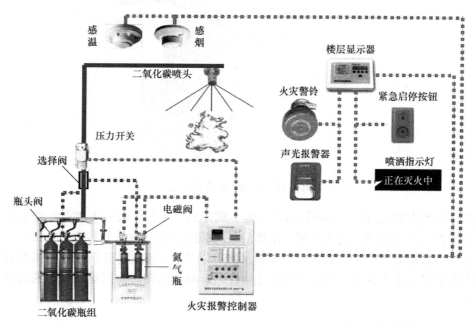

图 9-11　高压二氧化碳灭火系统

当系统处于手动操作状态时，人员发现火灾后，按下手动启动按钮，通过灭火控制盘施放灭火剂。如果火灾报警系统或其供电系统发生故障时，则应采取应急启动方式，直接启动驱动装置施放灭火剂。

3. 干粉灭火系统

干粉灭火系统（见图 9-12）是一种不需要内燃机、水泵等动力源，而依靠高压气体（氮气、二氧化碳或燃气）的压力，携带干粉，通过输粉管，经喷头（或喷枪）喷出并扑向火源，短时间内达到灭火目的的设施。

（1）普通型干粉灭火剂。这是我国目前生产量最大、应用最普遍的干粉灭火剂。这类灭火剂可扑救 B 类（可燃液体）火灾、C 类（可燃气体）火灾和电气火灾，因而又称为 BC 干粉。属于这一类的干粉灭火剂有以碳酸氢钠为基料的钠盐干粉（小苏打干粉）、以碳酸氢钾为基料的紫钾盐干粉、以氯化钾为基料的超级钾盐干粉、以硫酸钾为基料的钾盐干粉、以碳酸氢钠和钾盐为基料的混合型干粉、以尿素和碳酸氢钠（或碳酸氢钾）的反应产物为基料的干粉（毛耐克斯 Monnex 干粉，即氨基干粉）。这几种干粉灭火剂中氨基干粉灭火效率最高。

（2）多用型干粉灭火剂。这类干粉灭火剂除可扑救 BC 类火灾外，还可扑救一般固

现代物流装备

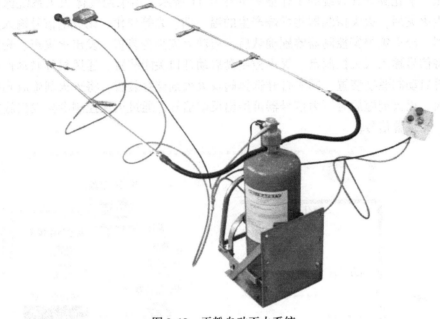

图 9-12 干粉自动灭火系统

体火灾（A 类火灾），因而又叫作 ABC 干粉。属于这一类的干粉灭火剂有以磷酸盐（磷酸二氢铵等）为基料的干粉灭火剂、以磷酸铵与硫酸铵混合物为基料的干粉灭火剂、以聚磷酸铵为基料的干粉灭火剂。ABC 干粉虽然可以扑救一般固体物质火灾，但是对一般固体物质深层火或阴燃火，由于干粉抗复燃性差、喷射时间短，因而不能达到满意的灭火效果。

9.4.5 仓储消防安全管理

1. 仓库消防安全常识

1）注意货物禁止随意摆放。需要时常清理堆放在仓库的货物，把堆放货物依照可燃、易燃和不燃性质分别码放，禁止随处乱堆乱放。

2）提升员工消防安全认知。物流仓库应确立一位防火安全管制负责人，负责人需要专心学习安全防范和消防安全知识，娴熟操作灭火器材。

3）充足配备消防配置。由于物流仓库面积大、高度大、跨度大，构筑物耐火等级较低、空间大量排烟困难等特点，物流场所应当在专业人士的指导下，配备充足的消防配置。

4）确保电路安全。仓库电源需要装置分闸，电路需要穿管敷设，并且按期对仓库地域的电气线路实行查验，若是有老化的线路必须及时更新。

5）禁止三合一局面。因为担心货物遗失，私自在库房里面安置人员食住来看管货物，以至于拉设简陋的电气线路，此类举动存有非常严重的安全隐患，应该制止。

6）确保仓库的防火距离。整理仓库的防火分区，整理消防车过道，避免在发生火灾时妨碍灭火救助工作。

2. 组织管理

仓库应确定一位主要领导为防火负责人，负责仓库消防安全管理工作。防火负责人

第 9 章 物流安全管理

负责组织消防宣传和培训等活动，制定值班巡逻等制度。仓库根据等级和危险性配备专职或兼职消防人员，新职工要经过消防培训再入职。

3. 储存管理

仓库按照储存物品的火灾危险程度分为甲、乙、丙、丁、戊五类。甲类是危险等级最高的，甲类仓库原则上可以放置甲、乙、丙、丁、戊类的物质。乙类仓库除不能放置甲类物质外，其余都可以放置。丙类仓库不能放甲、乙类物质，可以放另外三类物质，以此类推。

露天存放物品应当分类、分堆、分组和分垛，并留出必要的防火间距。

甲、乙类桶装液体，不宜露天存放。必须露天存放时，炎热季节须采取降温措施。

库存物品应当分类、分垛储存，每垛占地面积不宜大于 $100m^2$，垛与垛间距不小于 $1m$，垛与墙间距不小于 $0.5m$，垛与梁、柱间距不小于 $0.3m$，主要通道的宽度不小于 $2m$。

甲、乙类物品和一般物品，以及容易相互发生化学反应或者灭火方法不同的物品，必须分间、分库储存，并在醒目处标明储存物品的名称、性质和灭火方法。

易自燃或者遇水分解的物品，必须在温度较低、通风良好和空气干燥的场所储存，并安装专用仪器定时检测，严格控制湿度与温度。

物品入库前应当有专人负责检查，确定无火种等隐患后，方准入库。

甲、乙类物品的包装容器应当牢固、密封，发现破损、残缺、变形和物品变质、分解等情况时，应当及时进行安全处理，严防跑、冒、滴、漏。

使用过的油棉纱等沾油纤维物品以及可燃包装，应当存放在安全地点，定期处理。

库房内采暖时，水暖、散热器、供暖管道与储存物品距离不小于 $0.3m$。

甲、乙类物品库房内不准设办公室、休息室。其他库房必须设办公室时，可以贴邻库房一角设置无孔洞的一、二级耐火等级的建筑，其门窗直通库外。

储存甲、乙、丙类物品的库房布局、储存类别不得擅自改变。

4. 装卸管理

进入库区的所有机动车辆，必须安装防火罩。

汽车、拖拉机不准进入甲、乙、丙类物品库房。

进入甲、乙类物品库房的电瓶车、铲车必须是防爆型的；进入丙类物品库房的电瓶车、铲车，必须装有防止火花溅出的安全装置。

各种机动车辆装卸物品后，不准在库区、库房、货场内停放和修理。

库区内不得搭建临时建筑和构筑物。因装卸作业确需搭建时，必须经单位防火负责人批准，装卸作业结束后立即拆除。

装卸甲、乙类物品时，操作员不得穿易产生静电的服装和使用易产生火花的工具。

库房内固定的吊装设备需要维修时，应当采取防火安全措施。

装卸作业结束后，应当对库区、库房进行检查，确认安全后，方可离人。

5. 电器管理

仓库的电气装置必须符合国家现行的有关电气设计和施工安装验收标准的规定。

甲、乙、丙类物品库房的电气装置，须符合国家有关爆炸危险场所的电气安全规定。

储存丙类固体物品的库房，不准使用碘钨灯和超过 60 瓦以上的白炽灯等高温照明灯具。当使用防燃型照明灯具时，应当对镇流器采取隔热、散热等防火保护措施，确保安全。

库房内不准设置移动照明灯具，照明灯具下方不准堆放物品。

库房内敷设的配电线路，需穿金属管或用非燃硬塑料管保护。

库区的每个库房应当在库房外单独安装开关箱，保管人员离库时，必须拉闸断电。

库房内不准使用电炉、电烙铁、电熨斗等电热器具和电视机、电冰箱等家用电器。

仓库电器设备的周围和架空线路的下方严禁堆放物品。对提升、码垛等机械设备易产生火花的部位，要设置防护罩。

仓库必须按照国家有关防雷设计安装规范的规定，设置防雷装置，并定期检测。

仓库的电器设备，必须由持合格证的电工进行安装、检查和维修保养。

6. 火源管理

仓库应当设置防火标志，进入甲、乙类物品库的人员，须登记并交出携带的火种。

库房内严禁使用明火。库房外动用明火作业时，须办理动火证，经单位防火负责人批准。动火证应注明动火地点、时间、动火人、现场监护人、批准人和防火措施等内容。

库房内不准使用火炉取暖；在库区使用时，应当经防火负责人批准。

防火负责人在审批火炉的使用地点时，必须根据储存物品的分类，按照有关防火间距的规定审批，并制定防火安全管理制度，落实到人。

库区以及周围 50m 内，严禁燃放烟花爆竹。

7. 消防设施和器材管理

仓库内应当按照国家有关消防技术规范，设置并配备消防设施和器材。

消防器材应当设置在明显和便于取用的地点，周围不准堆放物品和杂物。

仓库的消防设施、器材，应当由专人管理，负责检查、维修、保养、更换和添置。

甲、乙、丙类物品国家储备库、专业性仓库以及其他大型物资仓库，应当按照国家有关技术规范的规定安装相应的报警装置。

对消防水池、消火栓、灭火器等消防设施、器材，应当经常进行检查，保持完整好用。地处寒区的仓库，寒冷季节要采取防冻措施。

库区的消防车道和仓库的安全出口、疏散楼梯等消防通道，严禁堆放物品。

9.5 装卸搬运安全管理

9.5.1 人力搬运作业安全

1) 搬运重物之前，应采取防护措施，戴防护手套、穿防护鞋等，衣着要全套、轻便。

2) 搬运重物之前，检查物体上是否有钉子、尖利物等，以免造成损伤。

3) 应用手掌紧握物体，不可只用手指抓住物体，以免脱落。

4) 靠近物体，将身体蹲下，用伸直双腿的力量，不要用背脊的力量，缓慢平稳地将物体搬起，不要突然猛举或扭转躯干。

5）当传送重物时，应移动双脚而不是扭转腰部。当需要同时提起和传递重物时，应先将身体指向欲搬往的方向，然后再搬运。

6）不要一下子将重物提至腰以上的高度，而应先将重物放于半腰高的工作台或适当的地方，纠正好手掌的位置，然后再搬起。

7）搬运重物时，应特别小心工作台、滑坡、楼梯等一些容易滑倒的地方，经过门口搬运重物时应确保门的宽度，以防撞伤或擦伤手指。

8）搬运重物时，重物的高度不要超过人的眼睛。

9）当有两人或两人以上一起搬运重物时，应由一人指挥，以保证步伐统一，同时提起和放下物体。

10）当用小车推物时，无论是推、拉，物体都要在人的前方。

9.5.2 叉车作业安全要求

1. 人员

1）驾驶叉车的人员必须经过专业培训，通过安全生产监督部门的考核，取得特种作业操作证，并经公司同意后方能驾驶，严禁无证操作。

2）严禁酒后驾驶，行驶中不得吸烟、饮食、闲谈、打手机等。

2. 检查车辆

1）叉车作业前后，应检查外观，加注燃料、润滑油和冷却水。

2）检查起动、运转及制动安全性能。

3）检查灯光、喇叭信号是否齐全、有效。

4）叉车运转过程中应检查压力、温度是否正常。

5）叉车运行后还应检查外泄漏情况并及时更换密封件。

3. 起步

1）起步前，观察四周，确认无妨碍行车安全的障碍后，先鸣笛、后起步。

2）液压（气压）式制动的车辆，制动液压（气压）表必须达到安全方可起步。

3）叉车在载物起步时，驾驶员应先确认所载货物平稳、可靠。

4）起步必须缓慢、平稳。

4. 行驶

1）行驶时，货叉底端距地高度应保持300~400mm，门架须后倾。

2）行驶时不得将货叉升得太高。进出作业现场或行驶途中，要注意上空有无障碍物刮碰。载物行驶时，货叉不准升得太高，影响叉车的稳定性。

3）卸货后应先降落货叉至正常的行驶位置后再行驶。

4）转弯时，如附近有行人或车辆，应先发出行驶信号。禁止高速急转弯，高速急转弯会导致车辆失去横向稳定而倾翻。

5）行驶叉车在下坡时严禁熄火滑行，非特殊情况禁止载物行驶中急刹车。

6）叉车在运行时要遵守交通规则，必须与前面车辆保持一定的安全距离。

7）叉车运行时，载荷必须处于不妨碍行驶的最低位置，门架要适当后倾。除堆垛或装车时，不得升高载荷。

8) 载物高度不得遮挡驾驶员视线，特殊情况物品影响前行视线时，倒车时要低速行驶。

9) 禁止在坡道上转弯，也不应横跨坡道行驶。

10) 叉车厂区安全行驶速度不得超过 5km/h，进入生产车间区域必须低速安全行驶。

11) 叉车起重升降或行驶时，禁止人员站在货叉上把持物品和起平衡作用。

12) 发现问题及时检修和上报，绝不带病作业和隐瞒不报。

5. 装卸

1) 叉载物品时应调整货叉位置，使货叉负荷均衡，不得偏斜，物品的一面应贴靠挡物架。

2) 禁止用叉顶物、拉物，特殊情况拉物必须设立安全警示牌提醒周围行人。

3) 在物品的装卸过程中，必须用制动器制动叉车。

4) 车速应缓慢平稳，注意车轮不要碾压物品垫木，以免碾压物伤人。

5) 用货叉叉货时，货叉应尽可能深地叉入载荷下面，还要注意货叉尖不能碰到其他货物或物件。应采用最小的门架后倾角来稳定载荷，以免载荷滑动。放下载荷时可使门架稍前倾，以便于安放货物和抽出货叉。

6) 禁止高速叉取货物和用叉头向坚硬物体碰撞。

7) 叉车叉物作业时，禁止人员站在货叉周围，以免货物倒塌伤人。

8) 禁止超载，禁止用货叉举升人员从事高处作业，以免发生高空坠落事故。

9) 不准用制动惯性溜放圆形或易滚动物品。

10) 不准用货叉挑、翻栈板的方法卸货。

6. 离开叉车

1) 禁止货叉上物品悬空时离开叉车，离开叉车前必须卸下货物或降下货叉架。

2) 停车制动手柄拉死或压下手刹开关。

3) 发动机熄火，停电（除特殊情况，如驾驶员不离开车辆视线且不超过 1min）。

4) 拔下钥匙。

7. 停车注意事项

1) 发动机熄火前，应使发动机怠速运转 2~3min 后熄火，发动机熄火停车后，应拉紧制动手柄。

2) 低温季节（在 0℃ 以下），应放尽冷却水，或者加入防冻液。

3) 当气温低于 -15℃ 时，应拆下蓄电池并搬入室内，以免冻裂。转动机油滤清器手柄 1~2 转，检查螺栓、螺母有无松脱现象，并及时排除不正常情况。

4) 将叉车冲洗擦拭干净，进行日常例行保养后，停放车库或指定地点。

8. 遇到意外时的处理方法

1) 紧伏到方向盘或操作手柄上，并抓紧方向盘或操作手柄。

2) 身体靠在叉车倾倒方向的反面。

3) 注意防止损伤头部或胸部，叉车翻车时千万不能跳车。

第9章 物流安全管理

9.5.3 起重作业安全

1. 起重安全常见事故

1) 钢丝绳断裂事故。原因有：使用不合格的钢丝绳，造成钢丝绳断丝、断股损坏；起吊物重量与钢丝绳受载能力不相符；被吊物捆绑受力点有容易割断钢丝绳的地方，没有采取有效的阻挡保护措施；无安全限位装置或失灵，造成起升机构上行过卷扬事故而使钢丝绳断裂。

2) 过卷扬事故。原因有：没有安装上升极限位置限制器或限制器失灵，使吊具（钩）持续上升冲顶，拉断钢丝绳；起升机构件主接触器失灵，不能及时切断电源；操作人员操作时图省事，依赖极限安全装置动作来终止吊钩上行，没及时发现故障隐患。

3) 被吊物挤压、坠落、起重机倾翻事故。原因有：起重作业通道堵塞；作业环境没有进行清理；吊具、索具、工夹具断裂；吊车驾驶员没有按照起重作业安全规定操作并响铃预警，或精力不集中，指挥信号不明、指挥协调不力；被吊物放置不当或摆放不稳，现场管理混乱；被吊物重量与起重机承载不符等。

4) 高空坠落事故。原因有：起重安全管理工作不到位，包括工具、转动机械零部件从高空坠落使地面人员致伤；检修人员、驾驶员没有采取必要的安全措施而发生坠落；起重作业范围内没有设立围栏，禁止其他无关人员进现场。

5) 其他事故。例如：电气部件失灵（空气潮湿引发的电气元件发生黏连，电气元件损坏）；触电事故（设备无零相位接地保护，驾驶员触碰滑线，电缆破损漏电）；作业人员跌倒致伤事故（作业人员对作业环境不熟悉，作业现场留存安全隐患，如孔洞、坑道未及时处理）。

2. 防范措施

1) 起重机械必须定期请具有检验资质的机构进行检验。

2) 起重机械应设有能从地面辨别额定荷重的铭牌，严禁超负荷作业。

3) 建筑物上的安装检修设备或运送物料用的吊钩、吊臂梁等，设计时应考虑必要的安全系数，并在醒目处标出起吊的极限载荷量。

4) 桥式起重机应安装安全装置，如超载限制器、升降限位器和运行限位器、连锁保护装置、缓冲器、防冲撞装置、轨道端部止挡、登吊车信号装置及门连锁装置等，并保证良好、有效。

5) 每班第一次工作前，应认真检查吊具是否完好，并进行负荷试吊，即将额定负荷的重物提升离地面 0.5m 的高度，然后下降以检查起升制动器工作的可靠性。起重机车运行前，应先鸣铃。运行中禁止起升制动，禁止起吊物从人上方经过。

6) 在起重机上，凡是高度不低于 2m 的一切合理作业点，包括进入作业点的配套设施，都应予以防护，设置防护栏杆，且防护栏高不低于 1.05m。

7) 起重机械电气设备金属外壳、电线保护金属管、金属结构等，按电气安全要求，必须连接成连续的导体，可靠接地（接零）。通过车轮和轨道接地（接零）的起重机轨道两端应采取接地或接零保护。轨道的接地电阻，以及起重机上任何一点的接地电阻均不得大于 4Ω。

8) 一般情况下不得同时使用两台起重机起吊同一重物。在特殊情况下，确实需要两台起重机起吊同一重物时,重物及吊具的总重量不得超过较小一台的起吊额定重量的两倍,并应有可靠的安全措施,工厂技术负责人须在场监督。

9.5.4 皮带输送机常见事故与处理

1)输送带跑偏事故。造成跑偏的主要原因有:槽形托辊不正,传动滚筒与尾部滚筒不平行;滚筒表面黏有煤粉类杂质;输送带接口与输送带中心线不垂直等。对输送带跑偏,可针对具体原因进行矫正,还必须装设防跑偏装置。

2)输送带打滑。主要原因是滚筒上沾有水,输送带过长而张紧力不足。处理方法是擦去滚筒上的水,调整张紧装置的拉力或裁去一节过长输送带再重接,安装防滑保护装置。

3)输送带被撕裂。输送带被撕裂是严重跑偏或被卡住的铁器、尖硬石头等利器刺破撕开而造成的。处理时应清除利器,纠正跑偏,将撕坏的输送带部分割掉,撕裂严重时要进行修补或更换,还要求安装防撕裂保护装置。

4)托辊运转不灵活致使运行阻力和功率消耗增大,输送带磨损增加,使用寿命缩短。主要原因是托辊质量差,密封不好,轴承内进入了污物或缺油等。

5)输送带被压住,起动、运行困难。主要原因是过负荷运行,或装满物料造成输送机满载停车后再起动困难。处理方法是卸掉输送带上一部分货载,使其能起动和正常运行,还应装设过负荷保护和堆料保护等装置。

9.5.5 装卸搬运安全管理

1. 装卸场地和堆场

1)根据生产规模、原材料储备量,应设置相应的装卸场地和堆场。装卸场地和堆场的地面应平坦、坚固,坡度不得大于2%,并应有良好的排水设施。

2)装卸场地和堆场应保证装卸人员、装卸机械和车辆有足够的活动范围和必要的安全距离,其主要通道的宽度不得小于3.5m,物料堆垛的间距不得小于1m,并设置安全标志。

3)装卸场地应有良好的照明装置,其照度不得小于3lx。

4)物料应按其品种、特性和安全要求分类堆放。成箱、成捆等规则形状的物料,应码成稳固的堆垛,机械装卸时高度不得大于5m,人工装卸时高度不得大于2m。散装物料应根据其性质确定堆放高度。

5)装卸场地和堆场应根据需要设置消防和防护设施。

2. 装卸机械及吊挂用具的安全要求

1)装卸机械应实行包机制。

2)装卸机械的制动器、限位器、指示器和安全防护装置等齐全有效,照明和信号装置的作用良好,在工作中不得超过其额定负荷量使用。

3)在作业前应对装卸设备进行检查和试车,如发现有不安全因素,及时排除后方准作业。作业完毕后机械各部件应恢复到规定的安全位置。

4)吊钩、吊环、钢丝绳和链条等吊挂用具,应在使用前检查,并定期试验,严禁降低安全系数使用。

第9章　物流安全管理

5) 钢丝绳有下列情况之一时，禁止使用：有被烧伤、明显轧伤或受过死角拧扭、部分受压变形；断丝在一个捻距内大于10%，吊危险物品的大于5%；钢丝表面磨损、腐蚀达到钢丝直径的30%以上；整股钢丝绳折断；在遭受突然停车等猛烈拉力下有损坏，或者损坏长度超过5%时。

6) 吊钩、吊环有下列情况之一时，禁止使用：表面有裂纹、破口；钩颈有永久性变形；挂绳处断面磨损超过原直径的10%；焊补过的吊钩、吊环。

7) 装卸机械不准停放在距交叉路口、道口、消防设备、车间和仓库进出口等处20m以内，以及铁路线钢轨外侧3m以内的地点。

3. 机械装卸作业

1) 作业前应制订作业计划，检查装卸场地和装卸机械的运行路线，针对可能出现的不安全因素，采取必要的安全防护措施。

2) 工厂应制定机械装卸作业的统一指挥手势、信号，作业时要有专人负责指挥。

3) 露天工作的装卸机械在大雨、大雪、大雾和六级以上大风等恶劣天气下不能保证安全时，应停止作业。

4) 机械与人工同时进行装卸作业时，相互间应保持足够的安全距离。

5) 履带或轮胎式的装卸机械，不准跨越铁路线路行走和进行作业。推土机在铁路两旁推料转堆时，推铲距轨道枕木不得小于0.3m。

6) 履带式装卸机械通过道口前，必须取得铁路有关单位同意；通过无人看守道口时，应在道口两侧铁路线路上适当地点进行防护。

7) 装卸机械所使用的卷扬机在作业中处于最大限位时，卷筒上的钢丝绳至少应留有三圈以上。

8) 使用起重机吊物料时应先试吊，不准斜吊、拉吊。信号不明、挂钩不当、物件有尖锐棱角未垫好、重量不明或超负荷等不准起吊，吊杆下及其转动范围内禁止站人。

4. 铁路车辆货物装卸

1) 作业前，必须在车辆两端或尽头线来车一端不小于20m处的来车方向左侧钢轨上安设带有脱轨器的红色防护信号。作业完毕，清除线路障碍物后方可撤除。

2) 须用人力推动车辆对货位时，应征得行车有关人员同意，并符合下列规定：仅限于在同一线路内短距离移动车辆，不得有两组车辆同时进行，每组不得超过两辆；最高时速不得超过3km/h；不得在超过2.5‰坡道的线路上手推车辆，推动滚动轴承车辆的线路坡度不得超过1.5‰；被推车辆的手制动机械必须良好，并派专人负责制动；不准手推装载易燃、易爆等危险货物的车辆和装载不良、货物有脱落危险的车辆。

3) 在装卸线上使用机械移动车辆时，只准使用轨道车和卷扬机。

4) 开关车门应指定专人负责，车门前不准站人。开车门时，应使用拉门绳，安设车门卡；关车门时，应将销子插牢。

5) 货物装载不得端、偏、集重和超限，如需装卸超限货物时，须经运输部门检查，确认符合安全要求后方准装运。

6) 铁路正线不准卸车。在装卸线旁堆放货物应距钢轨外侧不小于1.5m；在有卸车机的线路上，堆放货物应距卸车机走行轨道外侧不小于1m。

7) 使用抓斗或卸车机卸车时，不准装卸人员进入车内。如需上车清理物料时，必须停止机械作业。作业完毕，卸车机的链斗或刮板应升高到安全位置。

5. 机动车辆的货物装卸

1) 机动车驾驶员应负责监督装卸作业。用起重机装卸货物时，机动车驾驶员和随车人员应离开车辆。

2) 装卸时应按货物堆放顺序进行作业。

3) 装载成件货物应靠紧稳固。对能移动的货物，应使用支杆、垫板或挡板固定。高出车厢栏板的货物应使用绳索捆绑牢固。

4) 机动车装卸时的停车距离应遵守下列规定：多辆机动车同时进行装卸时，沿纵向前后车的间距应不小于2m；沿横向两车栏板的间距不小于1.5m；车身后栏板与建筑物的间距应不小于0.5m；靠近火车直接倒装时，距铁路车辆应不小于0.5m；与货垛的间距不小于1m，与滚动货物的间距应不小于2m。

5) 不准在5%以上的坡道上横向起吊作业，如必须作业时，须将车身垫平。

6. 工厂码头的货物装卸

1) 码头的护木、系船柱应经常保持良好的技术状态，船舶停靠要停稳、拴牢。

2) 码头上门式吊车的走行轨道距码头边缘应不小于2m。

3) 船舶装卸时，船与码头、船与船之间应挂好安全网。

4) 装卸人员上、下船舶时，不准跨越船帮，上、下船舱扶梯不准披衣、提物，严禁从舱口跳入舱内。

5) 用起重机吊钩拆装船舶舱口钢架和开关舱口盖板时，应有专人指挥，严防吊具撞击或钩挂船体部位。

6) 起重机使用吊钩进出船舱作业时，舱内装卸人员应避开，并保持不小于3m的安全距离。用抓斗吊装的散装物料，要防止坠落。

7) 使用斜面卷扬机（缆车）装卸船舶时，应有防止溜车的有效装置。缆车上、下时，车上不准载人，坡道上和卷扬机正下方不准站人。

7. 危险品的装卸、搬运

1) 装卸负责人应事先制定安全措施，作业前应向作业人员详细说明，作业中对执行情况进行监督检查。

2) 装卸搬运危险品的机械和工具应按其额定负荷降低20%使用。

3) 装卸、搬运危险品时，必须轻拿轻放，严防震动、撞击、摩擦、重压和倾倒。

4) 易燃、易爆、有毒害、放射性物品及一切影响人身安全的危险品，应有专用的装卸场地、仓库和指定的装卸线路，并应有保证安全所需的装卸、搬运设备。

5) 易燃、易爆等危险品装卸时，须杜绝明火，并应有防爆、防静电火花的措施，与周围建筑物应保持必要的安全距离。

6) 罐车装车充满系数，油品不得大于95%，液化气不得大于85%。油品自流装车流速不得大于3m/s。

复习思考题

1. 物流安全有哪些特征？其意义是什么？

第 9 章 物流安全管理

2. 常见的安全标志有哪些?
3. 物流运输事故的特征是什么? 预防措施应该从哪些方面考虑?
4. 道路运输的安全管理规章制度有哪些?
5. 常见的火灾探测器有哪些?
6. 仓库自动灭火设施有哪几种? 其工作原理是什么?
7. 叉车作业有哪些安全要求?
8. 常见的起重安全事故有哪些?
9. 简述皮带输送机的安全事故及防范措施。
10. 简述危险化学品的概念和主要危险特性。

参 考 文 献

[1] 曲衍国,张振华. 物流技术装备 [M]. 北京:机械工业出版社,2014.
[2] 陈鹏,黄立君. 物流设施与设备 [M]. 北京:北京理工大学出版社,2012.
[3] 孙宏岭. 商品与商品养护 [M]. 北京:中国财富出版社,2016.
[4] 傅莉萍. 物流技术与装备 [M]. 北京:清华大学出版社,2016.
[5] 徐辉增. 物流设施与设备 [M]. 北京:中国财富出版社,2014.
[6] 陆大明. 中国物流装备产业回顾与展望 [J]. 物流技术与应用,2019,24(1):48-49.
[7] 李加棋,陈端海,曾玉湘. 物流设施设备 [M]. 长沙:湖南大学出版社,2013.
[8] 傅莉萍. 运输管理 [M]. 北京:清华大学出版社,2015.
[9] 唐四元,马静. 现代物流技术与装备 [M]. 北京:清华大学出版社,2018.
[10] 高洪涛,李红启. 道路甩挂运输组织理论与实践 [M]. 北京:人民交通出版社,2010.
[11] 李旸,陈启新. 物流经济地理 [M]. 3版. 北京:北京理工大学出版社,2017.
[12] 樊超. 甩挂运输问题及其求解算法研究 [D]. 杭州:浙江工业大学,2018.
[13] 郭杨. 网络型甩挂运输的牵引车调度研究 [D]. 北京:北京交通大学,2019.
[14] 汪时珍,张爱国. 现代运输管理 [M]. 2版. 合肥:安徽大学出版社,2015.
[15] 黄勇. 交通运输 [M]. 南宁:广西美术出版社,2013.
[16] 鲍香台,何杰. 运输组织学 [M]. 南京:东南大学出版社,2015.
[17] 赵小军. 铁道概论 [M]. 上海:上海交通大学出版社,2017.
[18] 常治平. 铁路线路及站场 [M]. 2版. 北京:中国铁道出版社,2016.
[19] 杨浩. 铁路运输组织学 [M]. 3版. 北京:中国铁道出版社,2011.
[20] 覃娜,张坚. "一带一路"倡议下我国国际铁路货物联运探析 [J]. 对外经贸,2017(7):30.
[21] 马斌. 中欧班列的发展现状、问题与应对 [J]. 国际问题研究,2018(6):72.
[22] 连义平. 综合交通运输概论 [M]. 3版. 成都:西南交通大学出版社,2014.
[23] 姜大立,王丰,刘洪娟. 现代物流装备 [M]. 3版. 北京:首都经济贸易大学出版社,2016.
[24] 王丽坤. 现代港口理论与实务 [M]. 上海:上海交通大学出版社,2011.
[25] 王益友. 航空物流 [M]. 北京:清华大学出版社,2015.
[26] 唐四元,马静. 现代物流技术与装备 [M]. 3版. 北京:清华大学出版社,2018.
[27] 孙玥,葛楚华,梁冬梅,等. 集装箱运输实务 [M]. 北京:中国铁道出版社,2016.
[28] 陶经辉,王声绪,徐标. 集装箱港口智能化管理优化策略 [M]. 北京:中国财富出版社,2016.
[29] 戴彤焱,孙学琴. 运输组织学 [M]. 北京:机械工业出版社,2006.
[30] 罗勋杰. 全自动化集装箱码头关键装备技术与发展 [J]. 港口装卸,2019(1):1-5.
[31] 李蔚田,神会存. 智能物流 [M]. 北京:北京大学出版社,2013.
[32] 刘丽艳. 集装箱运输与多式联运 [M]. 北京:清华大学出版社,2017.
[33] 温兆麟,李玲俐,高志刚,等. 物流设施与设备 [M]. 北京:清华大学出版社,2013.
[34] 张晓川. 现代仓储物流技术与装备 [M]. 北京:化学工业出版社,2013.
[35] 鲁晓春,吴志强. 物流设施与设备 [M]. 北京:清华大学出版社,2005.
[36] 马向国,姜旭,胡贵彦. 自动化立体仓库规划设计、仿真与绩效评估 [M]. 北京:中国财富出版社,2017.
[37] 刘小玲,刘海东. 物流装卸搬运设备与技术 [M]. 杭州:浙江大学出版社,2018.
[38] 徐正林,刘昌祺,毛建云. 一本书看懂现代化物流 [M]. 北京:化学工业出版社,2017.
[39] 王伟,孙金丹. 物流设备应用与管理 [M]. 2版. 杭州:浙江大学出版社,2014.

[40] 文豪. 起重机械 [M]. 北京：机械工业出版社，2013.
[41] 郭虎虎. 物料搬运自动导引车设计及轨迹跟踪控制研究 [D]. 太原：太原理工大学，2019.
[42] 于汶艳，田振中，刘文歌. 物流设施与设备 [M]. 北京：清华大学出版社，2013.
[43] 蒋祖星. 物流设施与设备 [M]. 4版. 北京：机械工业出版社，2016.
[44] 崔介何. 物流学概论 [M]. 5版. 北京：北京大学出版社，2015.
[45] 李松庆. 物流学 [M]. 北京：清华大学出版社，2012.
[46] 李文斐，苏荣球. 现代物流技术与装备 [M]. 北京：中国人民大学出版社，2013.
[47] 蒋亮. 物流设施与设备 [M]. 2版. 北京：清华大学出版社，2018.
[48] 钱芝网. 医药仓储与配送管理实务 [M]. 上海：上海财经大学出版社，2015.
[49] 林振强. 物流包装设备的分类与选择 [J]. 物流技术与应用，2019，24（6）：113-117.
[50] 肖生苓. 现代物流装备 [M]. 北京：科学出版社，2009.
[51] 胡勇. 自动分拣系统一本通 [M]. 北京：中国物资出版社，2011.
[52] 周全申. 现代物流工程技术与装备 [M]. 北京：中国财富出版社，2016.
[53] 史建平. 智能物流交叉带分拣机的设计 [M]. 镇江：江苏大学出版社，2017.
[54] 沈斐敏. 物流安全 [M]. 北京：机械工业出版社，2011.
[55] 刘广红，程泽坤，林浩，等. 自动化集装箱码头总体布局模式对比分析 [J]. 水运工程，2016（9）：14-18.
[56] 吴青一. 中国托盘手册 [M]. 2版. 北京：中国财富出版社，2014.